한국사회 도시노인의 삶의 질 연구

한 형 수 지음

청목출판사

고금 우리집 후록에 잠드신 조부모님 부모님께 삼가 이 졸저를 올립니다.

머리말

오늘날에는 지역과 국가를 막론하고 정도의 차이는 있으나 거의 보편적으로 인구의 고령화추세를 경험하고 있다. 그 가운데에서도 우리나라는 세계적으로 유래 없는 고령화속도를 나타내고 있어 2000년 65세 이상 노인인구가 전체 인구의 7%를 차지하는 '고령화사회(Aging society)'에 접어든 데 이어 2018년에는 65세 이상 노인인구가 전체 인구의 14%에 이르는 '고령사회(Aged society)'에 진입할 것으로 보이고 있다. 그리고 불과 8년 후인 2026년에는 20% 이상이 노인인구가 되는 이른바 '초고령사회(Super aged society)'에 들어설 것으로 예측되고 있는데 이는 100여 년에 걸쳐 고령화가 진행되었던 서구 선진국은 물론 우리와 유사하게 급속도로 고령사회에 접어든 일본에 비해서도 빠른 속도이다.

특히 우리나라의 경우 급속도의 인구고령화와 더불어 출산율이 급격하게 감소하여 2009년에는 합계출산율이 1.15명으로 세계 최저 수준에 머물렀다. 따라서 현재와 같은 아주 낮은 출산율수준에서 우리나라가 보여주고 있는 빠른 고령화 속도는 단순히 '오래 산다'는 사실을 뛰어넘어 사회 전체의 근간을 뒤흔드는 엄청난 변화로 자리 잡을 수도 있다는 것을 의미한다. 실제로 여러 사회적 지표들이 보여 주듯이 고령화로 인한 사회적 비용의 증가, 사회구조의 변화에 따른 노인부양의 문제 등은 고령화 현상이 단순히 노인세대의 증가뿐만 아니라 그 이상의 과급적 영향으로 우리에게 다가올 수 있다는 것이다.

우리나라는 압축적 산업화와 급격한 도시화를 경험하였다. 해방 이후 한국전쟁과 그 상흔 등으로 절대빈곤의 상태를 벗어나지 못했던 우리나라는 60년대부터 국가 주도의 경제개발개획을 통해 소위 '한강의 기적'이라는 놀라운 경제의 양적 성장을 이끌어 냈다. 이러한 과정에서 산업구조가 2차산업 중심으로 개편됨에 따라 이촌향도의 물결이 일어나 인구가 도시로 특히 대도시로 급속하게 집중되어 이른바 '과잉도시화 · 종주도시화'가 또한 빠르게 진행되었다.

우리나라가 이 압축적 산업화와 급격한 도시화가 진행된 시기에는 절대적 빈곤을 벗어나기 위한 경제의 양적 성장에 치중하였다면 오늘날은 이제 삶의 질에 대한 관심과 그 향상 문제가 크게 대두되고 있다. 빠른 고령화 속도로 노인세대가 급증하고 있는 한국사회에서는 특히 노인의 삶의 질에 대한 문제가 향후 사회복지정책의 중요한 이슈가 될 것으로 예상된다.

그런데 삶의 질의 문제는 단순히 정부 차원에서 해결할 수 있는 것이 아니라 개인, 가정, 국가가 모두 나서서 노력해야 할 문제다. 또한 삶의 질을 구성하고 있는 영역도 사회적인 제도를 이루고 있는 여러 분야와 관련이 있으며 그 가운데서도 보건, 복지, 환경, 문화 등이 크게 영향을 미치고 있다 하겠다.

이제 우리나라도 고령사회의 도래에 대응하는 노인의 삶의 질을 향상시키기 위한 제 1, 2차 저출산 고령사회 기본계획이 수립·시행되고 있으며 이를 구체적으로 뒷받침할 수 있는 노인 삶의 질 분석과 그 향상에 관한 연구도 다양하게 이루어지고 있다. 기존의 노인의 삶의 질에 관한 연구들은 대부분 주관적인 만족도나 객관적 지표 어느 한 가지 측면의 척도로만 삶의 질을 파악하여 노인의 종합적인 삶의 질을 파악하는 데는 제한점이 적지 않았다.

따라서 본서의 수행은 이와 같이 종래의 단일차원으로 구성된 노인의 삶의 질 연구가 지닌 설명력의 제한점을 극복하고, 삶의 질은 인간생활의 객관적 조건과 주관적 심리상태를 포괄하는 종합적 개념으로 접근되어야 한다는 문제의식에서 비롯되었다. 이를 구체화하여 본서에서는 특히 한국사회에서의 도시노인에 주목하였고 그 삶의 질을 파악하는 데에 객관적 지표, 개인적 욕구, 주관적 만족도 그리고 종합적 삶의 질로 결합하는 분석틀을 구성하여 경험적 분석의 접근방법으로 적용하였다. 한국사회가 이른바 압축적 산업화 과잉도시화의 급격한 사회변동을 거치면서 도시노인의 생활세계가 보여주는 구조적 상황에서 도시노인의 삶의 질을 형성하는 주요 영역을 건강생활, 경제생활, 주거생활, 가족관계, 사회관계 및 취업활동, 여가활동 등 여섯 영역으로 설정하여 이를 도시노인의 삶의 질의 내용으로 다음과 같은 다단계의 분석을 진행하였다.

첫째 단계로, 각 영역마다 연구 성과 논의에서는 도시노인의 삶의 영역에 대한 주요개념과 삶의 질과의 관계성을 파악하기 위하여 선행연구들을 검토하고 경험적 분석을 위한 토대를 마련하였다.

둘째 단계로, 한국사회에서의 도시노인의 삶의 질에 대한 경험적 분석을 수행함에 그 조사 대상으로 대도시인 서울시에 거주하고 있는 도시노인의 삶의 질을 객관적 지표, 개인적 욕구, 주관적 만족도 그리고 이를 결합시킨 종합적 삶의 질을 분석틀로 적용하여 그 분석결과를 도출하여 체계화하였다.

셋째 단계로, 앞의 경험적 분석의 연구결과를 도시노인의 삶의 질을 이루는 제영역에서 현재 시행되고 있는 정책 및 서비스의 현황 및 문제점과 연결시켜 그 삶의 질을 향상시킬 수 있는 개선 방안을 도출하여 제시하였다.

본서의 내용은 이상과 같이 먼저, 한국사회에서의 도시노인의 삶의 질을 객관적 지표나 주관적 만족도를 파악하는 단일차원을 넘어 다차원성의 종합적 접근의 분석틀을 적용하였다는 점과 다음으로, 이를 한국사회에서의 도시노인의 삶의 질을 이루는 건강생활, 경제생활, 주거생활, 가족관계, 사회관계 및 취업활동, 여가활동 등 영역별로 적용시켜서 첫째 단계 연구 성과 논의, 둘째 단계 경험적 분석, 셋째 단계 정책 및 서비스를 결부시킨 심층적인 분석을 도모하려는 데 주안점을 두었다는 것을 거듭 밝혀 두고자 한다.

본서가 나오기까지에는 여러분의 도움이 있었다. 먼저 경험적 분석을 수행하는 데 많은 조력을 해준 류명석 서울시복지재단 정책개발실장과 적실성 있는 정책 및 서비스 방안을 제시함에 많은 도움을 준 김승용 백석대학교 기독교복지학부 교수에게 감사한다.

또한 자료분석과 정리에 수고해준 이정면 국민건강보험공단 주임연구원과 이희종 한국보건복지정보개발원 주임연구원에게 고마움을 전한다.

본서는 부족한 부분이 적지 않지만 앞으로 한국사회의 도시노인의 삶의 질 분야의 보다 심층적인 연구를 하는 디딤돌이 될 수 있었으면 하는 기대가 있으며 아울러 한국사회가 고령사회로 접어드는 현 단계에 노인의 삶의 질을 향상시킬 수 있는 비전 제시에 기초자료가 되기를 희망한다.

2011년 2월

지은이 한 형 수

차 례

표 차례

제 1 장

서 론

한국사회의 인구고령화는 세계 다른 국가들에 비해 현저히 빠른 속도로 진행되고 있다. 2008년 기준으로 우리나라는 65세 이상 인구가 전체 인구의 10.3%를 차지하고 있다. 통계청의 추계에 따르면, 2018년에 노인인구의 비율이 14%를 상회하는 고령사회, 2026년에는 노인인구 비율이 20%가 넘는 초고령사회가 될 전망이다.[1] 그리고 평균수명이 늘어남과 동시에 75세 이상의 후기고령인구가 지속적으로 증가하고 있으며, 앞으로도 더욱 빠르게 늘어날 것으로 예상된다.[2]

그런데 노인인구 비율의 증가와는 달리 노인의 생활환경은 어려워지고 있다. 도시화에 따른 산업구조와 노동 수요의 급속한 변화는 노인이 독립적인 사회구성원으로서 살아갈 수 있는 여지를 더욱 좁히고 있다. 또한 전통적으로 노인 부양을 담당해 오던 가족의 기능은 최근 들어 급속히 약화되고 있으며, 많은 노인들이 빈곤과 건강악화, 정서적

---

1) 국가통계포탈(www.kosis.kr) 참고

2) 통계청의 자료에 의하면, 2009년 기준으로 65세 이상 노인인구 가운데 65-69세가 35.0%, 70-74세가 28.6%, 75세 이상이 36.4%를 차지하고 있다. 즉 후기고령인구가 전체 노인의 3분의 1을 넘어섰다.

고독을 겪고 있다. 빠른 속도의 고령화는 여성의 사회적 역할의 확대, 가족기능의 변화 등과 같은 한국사회의 변동과 맞물려 노인부양을 비롯하여 다양한 유형의 사회문제들을 유발하고 있으며, 이의 해결은 국가적 차원의 중요 과제로 대두되고 있다.

오늘날의 노인세대는 과거 세대와는 구분되는 특징들을 갖고 있다. 먼저 평균수명은 늘어나는데 비해 사회적인 은퇴 시기는 그대로 유지됨으로써 노인집단 내의 연령 이질성이 커지고 있다. 또 압축적인 산업화 과정에서 나타난 사회계층화의 결과로 노인들의 사회경제적 지위의 폭이 넓어지고 있으며, 보편적 생활수준의 향상과 함께 노인들의 욕구수준이 높아지고 다양화 되고 있다. 즉 현재 노인들은 인구사회학적, 경제적, 문화적 차원에서 다양성을 내포하고 있는 새로운 세대로 규정할 수 있다. 노인들의 삶의 조건과 욕구가 변화하고 다양화되는 상황에서 고령사회가 직면하는 문제들에 대한 적절한 해결 방안은 노인의 삶의 객관적 조건들과 개인적 욕구, 그리고 주관적 만족도에 대한 종합적인 평가에 기초해야 한다. 이와 같은 배경에서 우리사회에서도 노인의 삶의 질(quality of life)에 대한 체계적인 분석에 기초한 연구의 필요성이 제기되는 것이다.

삶의 질은 안녕(well-being), 복지(welfare), 만족도(satisfaction), 행복감(happiness) 등과 유사한 개념으로 사용되어 왔다(Schuessler, 1985).[3] 특히 1960년대 서구사회에서는 바람직한 사회변화에 대한 방향 설정에 대한 필요성이 제기되면서 삶의 질에 관한 논의가 확산되었다. 우리나라에서도 1980년대 후반 이후 그 동안의 압축적 산업화와 물질적 성장 속에서 간과되었던 사회문제들에 대한 위기의식이 고조되면서 삶의 질

3) 삶의 질이 추상적이고 포괄적인 의미를 담고 있기 때문에 삶의 질에 대한 명확한 개념적 정의는 존재하지 않으며 연구의 대상과 방향에 따라 다른 방식으로 정의될 여지가 많다(고승덕 · 조숙행, 1995).

에 관한 논의가 활발하게 이루어졌다. 기본적 욕구를 충족시킬 수 있는 토대가 마련되면서 우리들은 일상생활의 물질적이고 양적인 가치에서 나아가 삶의 질적 차원에 큰 의미를 부여하고 있다.

1. 객관적 지표, 주관적 만족도와 종합적 삶의 질

삶의 질에 관한 연구 방향은 포괄적이고 객관적인 생활조건을 중시하는 접근과 구체적인 삶의 경험에 대한 주관적인 평가를 강조하는 접근으로 크게 구분된다. 삶의 질에 관한 객관적 지표는 건강, 경제생활, 직업생활, 안전, 이웃, 사회관계, 여가활동 등에 대한 객관적 평가를 포함한다. 그러나 삶에 대한 객관적 지표가 개인의 행복감과 항상 일치하지 않는다는 점에서 1970년대 이후 삶의 질에 대한 연구에서는 개인의 삶의 주관적 측면에 더 많은 관심이 집중되고 있다. 삶의 질에 대한 주관적 접근은 건강 및 물질적 안녕, 사회관계, 사회적 및 지역사회 활동, 그리고 개인적 발전 등과 같은 삶의 주요 영역들에 대한 인지적 평가에 중점을 둔다(Schalock, 1996: 47).

최근 들어 단일 차원으로 구성된 삶의 질 연구는 설명력이 떨어지며, 삶의 질이 인간생활의 객관적 조건과 주관적 심리상태 모두를 망라하는 종합적인 개념으로 정의되어야 한다는 주장이 강조된다(임희섭, 1996). 여기서 삶의 질은 생활환경의 객관적 차원뿐만 아니라 주어진 환경 속에서 개인들이 체험하는 만족감 또는 행복감 등을 통해 가늠되어야 하는 다차원적 구성물(multidimensional construct)로 규정된다(Felce and Perry, 1996). 이처럼 삶의 질에 관한 바람직한 접근은 객관적 측면과 주관적 측면을 결합하여 종합적으로 규명하는 것이지만 이를 충족시키는 경험적인 연구는 아직까지 발견되지 않고 있다. 왜냐하면 인간생활의 객관적 측면과 주관적 측면을 동시에 고려한 종합적인 접근은 이론적·논리적으로는 가능하지만 경험적인 접근은 상당히 어렵기 때문이다. 그리고 삶의 질을 구성하는 주관적 만족도와 객관적 지표 간의 관계에서 일관된 관련성을 발견할 수 없다는 주장도 존재한다(Chaturvedi, 1991; Davis and Fine-Davis, 1991, Lin, 1991).[4)]

이와 같은 어려움을 극복할 수 있는 효과적인 방안은 종합적 삶의 질을 사회적 조건과 개인 간의 상호작용을 고려하여 개인의 삶을 가치있고 윤택한 것으로 만들어 주는 총량으로서의 만족감으로 정의하는 것이다(김상균 외, 1996). 노인의 삶의 질을 규명하기 위해서는 다른 연령집단들과는 구별되는 노년의 생활세계의 특성들을 고려하는 동시에 삶의 객관적 차원과 주관적 차원을 종합적으로 조명하는 것이 필요하며(김익기 외, 1997), 삶에 대한 만족감은 두 가지 차원에서 접근할 수 있다(이현송, 2001). 먼저 삶에 대한 만족을 귀납적 과정으로 파악하는 접근이다. 이 접근에 따르면 삶을 구성하는 개별 영역에 대해 만족할 때 삶 전반에 대한 만족을 얻으며, 삶의 개별 영역에 대한 만족은 그 영역의 객관적 조건을 반영한다는 것이다. 이 관점에서 노인의 삶에 있어서 육체적, 물질적, 사회적, 심리적 안녕에 대한 주관적 평가는 이 영역들의 객관적 조건을 일정 정도 반영한다고 볼 수 있다. 다른 하나의 관점은 삶의 만족을 연역적 과정으로 파악하는 것이다. 삶의 제 영역들에 대한 객관적 조건과 주관적 만족간의 관계의 강도가 낮기 때문에 개인의 심리적 특성에 관심을 기울여야 한다고 주장한다. 즉 개인에 따라 동일한 객관적 조건에 대해 느끼는 주관적인 만족의

4) 일부 연구에서는 삶에 대한 주관적 만족도가 객관적 지표를 일정 정도 반영한다고 주장되는 한편, 또 다른 연구에서는 객관적 척도와 주관적 척도 사이에 일관된 관계가 존재하지 않는 것으로 보고되고 있다.

정도가 다를 수 있기 때문이다.

삶의 질에 대한 종합적 접근이 안고 있는 경험적 한계점을 극복할 수 있는 전략은 욕구(needs) 개념을 삶의 질 연구에 도입하는 것이다. 왜냐하면 개인의 욕구수준은 객관적 지표뿐만 아니라 주관적 만족도와 논리적, 경험적으로 밀접한 관련을 갖기 때문이다. 노인의 삶에 대한 객관적 지표와 주관적 만족도간의 관계는 개인적 욕구(needs)를 매개로 할 때 보다 명확하게 된다. 예를 들어 경제적 수입에 대한 주관적 만족도는 객관적 지표로서의 소득수준과 물질적 욕구에 대한 강도에 달려 있다. 객관적 차원에서 소득이 일정 정도 증가하더라도 물질에 대한 개인적 욕구가 상대적으로 더 많이 상승하였다면 소득에 대한 주관적 만족도는 떨어질 수밖에 없다. 이와 같은 인간이 갖는 개인적 욕구와 자기 정체성은 삶의 환경 속에서 개발되고 조정된다.

본서에서는 삶의 질에 대한 종합적 접근의 다차원성은 받아들이면서도 그것의 경험적 검증을 위해 노인의 삶의 질을 종합적 삶의 만족도로 규정하고 있다. 도시노인의 삶을 건강생활, 경제생활, 주거생활, 가족관계, 사회관계 및 취업활동, 여가활동의 영역으로 설정하였다. 본서는 노인의 생활세계의 객관적 차원뿐만 아니라 삶에 대한 개인적 욕구, 그리고 이러한 자극과 제약 속에서 주관적으로 인식되고 구성된 삶의 만족도간의 관계에 경험적 분석을 적용함으로써 노인의 삶의 질을 종합적으로 접근하려는 목적을 가지고 수행된 것이다. 이를 통해 노인의 삶의 질에 대한 종합적 접근의 완성도를 진전시킬 수 있는 이론적, 경험적 토대를 구축하는데 일조하고자 한다. 우리사회의 중요한 화두인 인구고령화에 적극적으로 대응하기 위한 관건의 하나로써 노인의 삶의 질에 대한 연구는 그 다양성과 심각성이 더해 가고 있는 노인문제의 해결책을 모색하는데 도움이 될 수 있을 것이다.

기존의 일반론적인 삶의 질 또는 노인의 삶의 질 연구들과 비교하여 본서는 도시노인의 삶의 질에 관한 다양한 이론적 논의와 삶의 질의 영역별 연구 성과 논의, 종합적 접근의 경험적 분석, 그리고 삶의 질 향상과 관련한 정책 및 서비스 방안을 통합적으로 제시하고 있다는 점에서 차별성을 갖는다. 이를 위해 한국사회의 현실에서 타당성을 갖는 도시노인의 삶의 질의 개념 규정과 측정방법을 모색하고자 하였다. 따라서 여기서는 압축적 산업화, 급속한 도시화가 펼쳐지고 이제 빠르게 고령사회로 진입하고 있는 한국사회에서 도시노인들의 삶이 어떻게 변화하고 있는가를 객관적 지표를 통해 접근한다. 그리고 도시노인의 삶의 질을 구성하는 객관적 지표와 주관적 만족도를 통합한 종합적 접근을 시도한 하나의 분석틀로써 삶의 질 전체상을 파악한다.

2. 접근 방법

한국사회에서의 도시노인의 삶의 질에 대한 체계적이며 종합적인 분석을 위해 다음과 같은 접근방법을 적용하고자 한다.

첫째, 한국사회의 현실에서 타당성을 지니는 도시노인의 삶의 질에 대한 개념을 규정하고 이를 측정하기 위한 방법을 모색한다. 현재 삶의 질에 대한 개념은 그 동안 안녕(well-being), 복지(welfare), 생활수준(standard of life), 만족도(satisfaction), 행복감(happiness) 등과 같이 매우 다양한 용어로 사용되어 왔듯이(Schuessler, 1985) 아직까지 명확한 개념정의가 정립되지 않고 있다. 이렇게 삶의 질에 대한 개념 규정이 명확하지 않은 이유는

1) 서로 관련성은 있으나 차별화되지 않은 여러 가지 질문들이 제기

되고 있고,

2) 삶의 질이 의미하는 바가 매우 광범위하고 포괄적이기 때문에,

3) 삶의 질에 영향을 미치는 독립 변인이 무엇이냐에 따라 삶의 질의 내용이 크게 달라지며,

4) 삶의 질에 대한 연구가 그동안 이론적 측면보다 실용적인 차원에서 진행되었으며,

5) '질(Quality)'이라는 용어의 의미가 매우 함축적이며 애매하기 때문에 연구자들 간의 합의가 이루어지지 않아서이다.

삶의 질의 개념규정이 난해함에도 불구하고 삶의 질이란 인간생활의 객관적 조건과 주관적 심리상태 모두를 망라하는 종합적인 개념으로 사용되고 있다(임희섭, 1996). 또한 현재 논의되고 있는 삶의 질에 대한 개념화는 서구사회의 관점에서 논의되는 것이므로 이를 기계적으로 한국사회에 적용하는 것은 연구의 타당성을 저해하는 요인이 될 수 있을 것이다. 사회에 따라 경제적, 사회적, 문화적 환경이 상이하며, 노인의 삶의 방식과 욕구 또한 상이하게 나타날 수밖에 없으므로 한국사회 도시노인의 삶의 질을 규명하기 위해 한국적인 특수성을 고려한 삶의 질의 분석틀과 측정방법을 모색한다.

둘째, 주지하였듯이 급속하게 고령사회로 진입하고 있는 한국사회에서 도시노인들의 삶이 어떻게 변모하고 있는지를 생활세계에 대한 객관적 지표를 통해 파악한다. 노인의 삶의 질에 대한 객관적 지표는 노인의 건강, 소득, 주거, 가족관계, 사회관계 및 취업활동, 여가활동 등을 포함하고 있다. 이러한 객관적 지표에는 신체적 차원에서 일상생활수행능력(ADL), 물질적 요인으로서 주거환경과 관련된 주택형태, 소유형태, 독립공간의 유무 등이 있으며 경제생활과 관련한 재산의 규모, 월평균 수입 규모, 월평균 생활비 정도 등이 있다. 또한 배우자 유무,

자녀 생존율 등의 가족 관계자의 존재, 가족의 형태와 부양방식, 가족원들과의 유대관계 등 가족관계와 관련된 객관적 지표가 있으며 사회관계와 관련된 지표로는 친척, 친구, 이웃 등과의 상호작용의 크기 및 내용 등이 있고 취업활동과 관련된 지표로는 직업활동 유무 등이 있다. 또한 여가활동과 관련하여 그 활동 여부 등이 객관적 지표로 활용될 수 있다. 또한 인구사회학적 변인들에 따라 객관적 지표를 통한 도시노인들의 생활조건의 차이가 존재하는지를 분석한다.

셋째, 한국사회 도시노인들의 욕구구조를 확인한다. Maslow(1954)의 욕구단계이론에 근거하여 삶의 질의 객관적 차원과 주관적 차원을 연결할 수 있는 매개체로서의 개인적 욕구를 몇 가지의 유형으로 분류한 다음 각각의 욕구에 대한 정도를 살펴보고, 인구사회학적 변인을 고려하여 개인적 욕구가 상대적으로 어떻게 드러나는지를 확인한다. 특히 인간의 생존, 안전, 소속, 자존, 자아실현에 대한 욕구는 생활환경의 지원에 따라 욕구의 정도가 달라질 수 있다. 예를 들어 주거환경의 편이성과 쾌락성은 인간의 생리적 욕구와 신체적 안전의 욕구를 충족시켜줄 것이며, 경제적 자원은 노인에게 자율성과 자존심을 고취할 것이고 다양한 여가활동은 인간의 자아실현의 기회를 부여하고 심리적 안정과 건강을 향상시킬 것이다. 화목한 가족관계는 노인에게 소속감과 자존의 욕구충족을 부여하며 친구와 이웃, 지역과의 통합은 인간에게 자기정체성과 공동체의 소속감을 제공할 것이다.

넷째, 노인의 삶의 질에 대한 주관적인 만족도를 객관적 지표와 개인적 욕구와의 관계를 통해 심도있게 분석한다. 삶의 질에 대한 주관적 만족도의 측정은 단일 차원과 종합적 차원으로 구분할 수 있는데 삶의 만족도 측정도구가 Salamon과 Conte(1984), Oppong과 동료들(1988), Mookherjee(1992), 최성재(1986), 이가옥 외(1994), 김익기 외

(1997) 등에서 개발되었다. 또한 주관적 만족도는 삶의 다양한 영역별로 측정되기도 하는데 건강, 경제적 요인, 사회관계, 여가, 주거, 취업활동 등이 삶의 질에 대한 주관적 만족도와 관계가 되는 것임을 여러 연구 성과 논의들을 통해 알 수 있다. 따라서 삶의 질에 대한 주관적 만족도의 측정을 위해 이미 개발된 지표를 통해 삶의 다양한 영역에 대해 측정을 시도하며 이를 통해 한국사회에서의 도시노인의 삶의 질에 대한 주관적인 만족도가 객관적 지표와 어떤 관계를 지니고 있는지를 규명하고 이어 주관적 만족도에 대한 객관적 지표와 개인적 욕구의 영향력을 분석한다.

다섯째, 도시노인의 삶의 객관적 지표와 개인적 욕구, 주관적 만족도를 통합하여 하나의 분석틀로써 종합적인 삶의 질을 측정할 수 있는 방법을 모색한다. 삶의 질을 측정하는 과정에서 가장 큰 문제는 삶을 구성하는 많은 영역들을 측정하기 위한 지표들을 어떻게 결합할 것이며 여러 지표 혹은 영역들을 결합하는 데 있어서 개별 지표 혹은 영역들의 가중치를 어떻게 둘 것인지 하는 것이다. 삶의 질을 종합적으로 파악하기 위해서는 노인을 둘러싸고 있는 생활세계의 영역에 따른 객관적 측면뿐만 아니라 노인 개개인의 각 영역에 따른 개인적 욕구, 각 영역에 대해 주관적으로 인식하는 만족도에 이르기까지 모든 측면을 살펴보아야 할 필요가 있다. 따라서 본서에서 측정한 객관적 지표와 개인적 욕구, 주관적 만족도가 각각 어떻게 영향을 미치고 있는지를 살펴보고 이를 바탕으로 종합적인 삶의 질에 대한 측정을 시도한다. 또한 도시노인의 삶의 질의 각 영역별 정책 및 서비스에 대한 인지도, 이용 여부, 필요도 등을 파악하여 이들과 삶의 질의 각 변인들과의 관계를 분석하여 정책 및 서비스가 삶의 질의 각 변인들과 어떠한 관계를 지니고 있는지를 검토한다.

여섯째, 앞의 다섯 가지 연구과제 수행을 통해 궁극적으로는 한국사회에서의 도시노인의 삶의 질 향상을 이끌어낼 수 있는 연구과제와 정책 및 서비스와의 관련성을 파악하고 이를 바탕으로 도시노인의 삶의 질 향상을 위한 정책 및 서비스의 개선 방안을 수립한다. 즉 삶의 질의 영역별인 건강생활, 경제생활, 주거생활, 가족관계, 사회관계 및 취업활동, 여가활동과 관련하여 현재 시행되고 있는 정책 및 서비스 현황을 검토하고 문제점을 파악한 뒤 이를 토대로 개선 방안을 도출하여 도시노인의 삶의 질 향상을 위한 정책적 제언을 하려는 것이다.

3. 영역별 경험적 분석과 정책 및 서비스

본서의 수행은 도시노인의 삶의 질에 관한 분석의 틀을 구성하는 데 토대가 되는 다양한 이론적 논의들에 대한 검토로부터 비롯한다. 먼저 근대화 과정에서의 한국사회의 변화와 도시노인의 삶을 조망하기 위하여 도시화, 산업화 과정에서 나타난 사회변화와 노인인구의 특성 및 변화, 도시 사회공간과 노인의 삶의 특성, 그리고 노인의 생활세계를 정리한다. 그리고 삶의 질의 개념 및 이론적 관점, 구성 요소, 그리고 경험적 측정방안에 대한 연구 성과 논의들을 살펴본다. 여기에는 삶의 질의 개념을 비롯하여 객관적 접근과 주관적 접근, 종합적 접근의 특성 및 구성 요소들에 대한 논의들을 포함하려 한다. 이어 도시노인의 삶의 질을 실제 연구함에 있어 고려해야 할 구성 요소들을 도출하는 과정이 제시되고 연구 성과 논의들에 기초하여 객관적 지표와 개인적 욕구, 주관적 만족도, 그리고 종합적 삶의 질의 내용을 재구성하고 경험적 분석의 토대를 마련하고자 한다.

도시노인의 생활세계와 삶의 질 전반에 걸친 이론적 논의에 기초하여 연구방법을 구체적으로 적용하기 위한 조사절차로 노인의 삶을 구성하는 주요 영역인 건강생활과 경제생활, 주거생활, 가족관계, 사회관계 및 취업활동, 여가활동에 대한 연구 성과 논의와 경험적 분석, 정책 및 서비스들을 연계시켜 진행하려 한다. 먼저 각 영역의 연구 성과 논의 부분에서는 노인의 삶의 영역별로 주요한 개념들을 기술하고 이들 개념들과 노인의 삶의 질과의 관계성을 다루며 또한 각 영역별로 노인의 삶의 질과 관련된 쟁점들을 논의하려 한다. 경험적 분석 부분에서는 서울시 거주 60세 이상의 도시노인 1,000명을 대상으로 실시한 면접조사에서 얻은 자료들에 기초하여 도시노인의 삶의 질의 객관적 지표와 개인적 욕구, 주관적 만족도, 그리고 종합적 삶의 질을 분석하고 그 결과를 체계적으로 기술한다. 마지막으로 도시노인의 삶의 질 향상을 위한 정책과 서비스의 현황 및 문제점을 파악하고 이를 바탕으로 구체적인 개선 방안들을 도출하려 한다.

먼저 건강생활의 영역에서 도시노인의 삶에 있어서 건강의 의미를 도출하는 동시에 건강이 노인의 삶의 질에 미치는 영향을 연구 성과 논의와 경험적 분석을 통해 파악하고 각각의 차원이 도시노인의 건강생활에 어떠한 관계를 지니고 있는지를 살펴본다. 특히 건강생활에서도 만성질환, 일상생활수행능력 등을 객관적 지표와 개인적 욕구, 주관적 만족도, 그리고 종합적인 삶의 질의 측면에서 통계적인 분석을 통해 파악한다. 그리고 연구 성과 논의와 경험적 분석을 바탕으로 건강생활의 삶의 질을 위한 의료보장 관련 정책 및 서비스의 현황과 문제점 및 개선 방안을 검토한다.

둘째로 건강생활과 더불어 노인의 삶에 가장 기본적인 영역이라고 할 수 있는 경제생활의 영역에서 도시노인의 삶에 있어서 소득과 지출이 차지하는 의미를 파악하고 이들과 삶의 질 간의 관계를 연구 성과 논의와 경험적 분석을 통해 살펴본다. 특히 경제생활에서도 재산규모와 수입, 지출, 용돈규모 등에 관한 객관적 지표와 개인적 욕구, 주관적 만족도, 그리고 종합적인 삶의 질의 측면에서 통계적인 분석을 통해 파악한다. 그리고 연구 성과 논의와 경험적 분석을 바탕으로 경제생활의 삶의 질을 위한 소득보장 관련 정책 및 서비스의 현황과 문제점 및 개선방안을 검토한다.

셋째로 도시노인의 주거생활의 영역을 대상으로 여기서는 도시라는 공간적 특수성을 고려하여 삶의 질에 접근하는 것이 필요하다. 도시노인의 삶에 있어서 주거생활의 편리성과 독립성 등이 차지하는 의미를 파악하고 이들과 삶의 질과의 관계를 연구 성과 논의와 경험적 분석을 통해 살펴본다. 특히 주거생활에서도 주거환경, 주거욕구 등에 대한 객관적 지표와 개인적 욕구, 주관적 만족도, 그리고 종합적 삶의 질의 측면에서 통계적인 분석을 통해 파악한다. 그리고 연구 성과 논의와 경험적 분석을 바탕으로 주거생활의 삶의 질을 위한 주거복지 관련 정책 및 서비스의 현황과 문제점 및 개선 방안을 검토한다.

넷째로 도시노인의 가족관계의 영역에서 한국의 특성상 노인에게는 여러 인간관계 가운데 가족관계가 가장 중심이 되는 것을 감안하여 가족관계의 특성, 만족도 등이 도시노인의 삶의 질에 미치는 영향을 연구 성과 논의와 경험적 분석을 통해 살펴본다. 특히 가족의 규모, 친밀도 등에 대한 객관적 지표와 개인적 욕구, 주관적 만족도, 그리고 종합적 삶의 질의 측면에서 통계적인 분석을 통해 파악한다. 그리고 연구 성과 논의와 경험적 분석을 바탕으로 가족관계의 삶의 질을 위한 가족복지 관련 정책 및 서비스의 현황과 문제점 및 개선 방안을 검토한다.

다섯째로 도시노인의 사회관계 및 취업활동의 영역에서 평균수명이 증가함에 따라 노인인구의 은퇴 후 사회로의 재진입과 그에 따른 재취업 등이 최근 이슈화되고 있는바 도시노인의 사회 내에서의 사회적 참여, 취업활동 등이 삶의 질에 미치는 영향을 연구 성과 논의와 경험적 분석을 통해 살펴본다. 특히 사회관계의 실태, 취업활동의 현황 등에 대한 객관적 지표와 개인적 욕구, 주관적 만족도, 그리고 종합적 삶의 질의 측면에서 통계적인 분석을 통해 파악한다. 그리고 연구 성과 논의와 경험적 분석을 바탕으로 사회관계 및 취업활동의 삶의 질을 위한 고용보장 관련 정책 및 서비스의 현황과 문제점 및 개선 방안을 검토한다.

마지막으로 성공적 노후(successful aging)를 위한 여가활동의 영역에 대해 도시노인의 여가활동의 특성과 실태 등이 삶의 질에 미치는 영향을 연구 성과 논의와 경험적 분석을 통해 살펴본다. 특히 여가활동의 유형, 여가프로그램 및 서비스 등에 대한 객관적 지표와 개인적 욕구, 주관적 만족도, 그리고 종합적 삶의 질의 측면에서 통계적인 분석을 통해 파악한다. 그리고 연구 성과 논의와 경험적 분석을 바탕으로 여가활동의 삶의 질을 위한 여가복지 관련 정책 및 서비스의 현황과 문제점 및 개선 방안을 검토한다.

이렇게 한국사회 도시노인의 삶을 구성하는 여섯 가지의 영역에 대한 각각의 연구 성과 논의, 과학적 조사방법을 통한 객관적 지표, 개인적 욕구, 주관적 만족도, 그리고 종합적 삶의 질을 파악하는 경험적 분석에 의한 접근을 시도하려 한다. 이를 바탕으로 각 영역별 삶의 질을 위한 정책 및 서비스의 현황 및 문제점을 파악하고 그 개선 방안을 도출함으로써 21세기 고령사회 도래에 대응하려는 한국사회에 적용할 수 있는 도시노인의 삶의 질 향상을 위한 정책적 비전을 제시하려 한다.

제 2 장

사회변화와 도시노인의 삶의 질

1. 한국사회의 변화와 도시노인의 삶

1) 노인과 사회변화

(1) 고령화와 사회변화

노인인구의 증가는 한국사회뿐만 아니라 전 세계적으로 나타나는 보편적인 현상이기도 하다. 동북아의 경우 2004년 일본에 있어서 65세 이상의 노인이 전체 인구의 19.2%를 차지하고 한국의 경우 9.0%이며 중국의 경우 7.5%이다(김영모, 2007: 3). 일반적으로 노인 인구가 전체 인구의 7% 이상이면 고령화 사회(aging society)라고 하고 14% 이상이면 고령사회(aged society) 그리고 20% 이상이면 초고령사회(super aged society)라고 하는데 일본의 경우 초고령사회에 진입하였고 한국과 중국의 경우 고령화사회라고 할 수 있다. 우리나라의 경우

산업화, 도시화의 과정 속에서 과학기술의 발달과 경제성장, 그리고 보건위생이 증진됨에 따라 노인인구가 증가하고 있다. 2008년 기준으로 전체 인구 중 65세 이상 노인인구가 차지하는 비율은 10.3%에 달하고 있으며, 2020년에는 15.6%로 급증할 것으로 예상하고 있다(통계청, 2008 한국의 사회지표).

인구의 고령화는 정기적 소득원이 없는 인구수의 증가를 의미한다. 현대 산업사회에서는 정년퇴직제도가 정착되었으며, 은퇴 전에도 쉽게 감원의 대상이 되며 은퇴 후에 재취업이 어려운 상황이다. 대부분의 한국 노인들은 노후준비가 미비한 상태이며, 사회보장제도 역시 취약한 상태에서 노인들의 경제생활은 일반적으로 불안정한 상황이다. 반면에 현대사회에서 가족구조는 날로 핵가족화되어 노인 부양의 가족기능이 점차 약화되어 가는 상황에서 누가 노인을 부양해야 할 것인가의 문제가 나타난다. 부양지수의 증가는 노인을 부양해야 하는 부양자의 부담인 동시에 부양을 받아야 하는 노인들의 부담이 되기도 한다. 자신이 독립적인 존재가 아니라 종속적인 존재로 기능과 역할이 바뀐 노인은 삶에 대한 결정권을 상실하게 되어 삶의 질에 여러 가지 영향을 받게 된다.

Cowgill과 Holmes(1972)의 현대화 이론(modernization theory)에 따르면, 사회변화 과정에서 현대화란 불가피한 것이며 이러한 현대화는 노인의 지위를 하락시킨다고 하였다. 즉, 문명이 발달되지 않는 전통사회구조에서의 노인의 지위는 절대적이지만 사회구조가 현대화되면 될수록 노인의 지위는 상대적으로 낮아진다는 것이다. 왜냐하면 현대화는 산업화와 밀접한 관계를 가지고 있는데 산업사회에서의 주요 특성은 과학기술의 발달로 인한 생활수준의 향상과 도시화, 핵가족화를 수반하며 이러한 현상들은 옛 지식을 소유한 노년층의 경험과 지식을 무용하게 만들어 노인계층을 사회로부터 배제하는 결과를 초래하게 된다는 것이다. 따라서 현대화 이론에 의하면 산업화는 전통사회에서 지녔던 노인의 사회적 지위를 저하시켜 과거와는 매우 다른 지위를 부여하며 이런 지위는 노인을 무력한 존재로 여기게 한다는 것이다(최순남, 1997).

현대화 이론에서 지적한 바와 같이 노인은 사회적 지위의 저하와 함께 배우자의 사망, 자식에 의한 부양의무의 상실 등의 역할 상실을 거의 동시에 경험한다. 노인들은 일정한 연령에 도달하면 사회적 역할을 상실함으로써 그 경제적인 기반을 잃어버리고 사회적 지위도 크게 약화되어 사회관계에서 소외감을 느끼게 된다. 산업구조의 변화와 노동과정에서의 자동화 등은 노동력에 대한 수요의 축소와 노동의 가치하락을 유발하였으며, 사회적으로 반강제적으로 부과되는 은퇴의 연령이 점차 낮아져서 젊은 노인들을 양산하고 있다. 이와 같은 노인들에게 부과되는 직업역할의 배제는 경제적 고통과 함께 사회적 역할상실을 경험하게 한다.

역할상실의 문제는 사회적 역할에서 뿐만 아니라 가정 내 역할에 있어서도 심각한 문제이다. 직업 역할 배제는 경제적인 면에서 상실감을 가지게 하는 것인 동시에 가장으로서의 역할을 빼앗는 결과를 낳는다. 즉, 한 가계의 소득원이었던 가장으로서의 노인이 소득원의 상실로 인하여 가정 내에서도 권위가 사라지게 되는 것이다. 노인들은 배우자의 상실에서 오는 아내 또는 남편으로서의 역할상실, 자녀가 성장하여 독립할 때 겪는 부모역할의 상실 등을 겪는다. 우리나라 노인의 가정 내 역할에 관한 연구들(권혁, 1985; 박루미, 1986; 구소원, 1987; 김애련, 1989)에서는 노인들은 가사보조나 손자녀 양육과 같이 자녀 주도에 의한 보조적 역할을 주로 수행하고 있으며, 이것 역시 상당히 미약한 수준에 머물고 있는 것으로 나타난다. 이러한 역할상실은 상호작용의 기회 감소 와 상실을 초래하여 역할활동을 감소시키고 역할활동을 통해 받을 수 있는 역할지지를 감소시킨다. 노인에게 있어서 역할상실은 역할활동을 일시적 또는 지속적으로 감소시켜 생활만족도를 낮추는 요인이 된다.

노인이 노후생활의 만족도를 높이기 위해서는 기존 활동을 유지해야 하며, 노후에 포기해야만 하는 기존의 사회적 역할에 대해서는 그것을 대신할 수 있는 새로운 역할을 찾아야 한다(Hooyman & Kiyak, 1988). 역할 상실 속에서 노인은 부정적 자아개념을 갖게 되기 쉬우며 노인의 자아개념이 강화되기 위해서는 역할지지를 받을 수 있는 활동이 필요하다(이춘희 · 옥선화, 1994).

평균수명이 증가하고 출산율이 감소함에 따라 가족 내의 세대수는 증가하는 반면에 각 세대내의 구성원 수는 감소함으로써 수직화된 가족구조를 보이게 되었다(최혜경, 2000). 수직화된 가족구조 속에서 노인들은 수평적인 가족관계보다는 수직적인 관계를 주로 가질 것이다. 형제자매와 같은 세대내 가족보다는 부모-자식, 조부모-손자녀 같은 세대간 관계가 더 다양해지고 많아진다는 것이다. 이렇게 핵가족이 보편화되고 가족크기가 감소됨으로써 노인세대는 자녀가족으로부터 소외될 가능성이 커지고 있다. 노인을 부양할 성인자녀의 수가 적어지고 노인부양이 소수의 가족원으로 구성된 핵가족단위로 이루어지므로 부양으로 인한 부담이 특정 핵가족 또는 특정 가족원에게 집중된다. 이와 같은 가족구조의 변화는 노인을 위한 가족부양이 충분히 활성화되지 않을 가능성이 있음을 시사해 준다.

Caplan(1982)은 노인부양에 대하여 정서적 지원과 필요한 자원을 노인에게 제공하고 노인이 의미있는 사람과 지속적인 연계를 유지할 수 있도록 하는 것이라고 보았는데, 이러한 관점에서 볼 때 노인에게 부양은 정서적인 안정을 취할 수 있게 하는 주요 요소이다. Warren(1981)에서도 부양을 물질적 원조, 정서적 지지, 신체적 고통을 보살펴 주는 일, 외로울 때 위로와 시중을 해 주는 등의 서비스라고 한 것처럼 아무리 가족구조가 변한다 하더라도 노인부양에 대한 가족의 역할은 간과될 수 없다고 하겠다.

산업화, 도시화라는 급격한 사회변동의 과정에서 전통적인 유교적 가족가치관의 수용에도 큰 변화가 나타났다. 정치, 경제, 사회, 문화 등 사회체계 전반에서 가족이 중심이 되던 전통사회의 유교적 원리가 붕괴되면서 가부장권, 효의 개념, 성역할 구분에 근거하는 가족가치관이 크게 변화하게 되었다. 가족가치관의 변화는 성과 연령, 교육수준, 소득수준, 종교, 거주지역 등에 따라 다른 속도로 진행되고 있으며(박부진, 1996; 신수진, 1998) 한국사회는 가족주의에 대한 전통성과 근대성이 공존하는 '문화적 이중구조' 속에서 많은 혼란을 경험하고 있다.

(2) 노인인구의 변화

평균수명의 증대에 따른 노년기의 확대는 삶의 질이란 측면에서 노인에게 유리한 방향으로만 작용하지는 않을 것으로 판단된다. 노동시장에서 노인세대와 젊은 세대 간의 갈등이 발생할 수 있으며, 가정과 사회에서 노인부양을 둘러싼 갈등도 유발될 수 있다. 젊은 노인들이 보다 연로한 노인을 부양해야 하는 문제는 경제적 능력이 없는 노인이 부양을 해야 하는 매우 불안정한 부양의 형태를 가져온다. 노인 스스로 부양을 책임져야 하는 문제 또한 경제력이 약하기는 일반이어서 이에 대한 사회적 비용의 지출은 증가할 수밖에 없을 전망이다. 이미 가족구조는 핵가족 형태로 변화되어 부양의 주체가 가정에서 점차 사회라는 책임의 소재가 보다 불분명하고 불명확한 범위로 나아가게 되었고 늘어난 노년기에 대한 효과적인 대책도 부족한 실정이다.

급속하게 진행되는 고령화 과정에서 노인인구는 규모가 크게 늘어났고 동시에 사회적 지위나 개인적 욕구 차원도 매우 다양화되고 있다. 오늘날 노인들은 젊은 노인과 연로한 노인, 건강한 노인과 건강치 못한 노인, 저소득층 노인과 중산층 이상 노인 등으로 분화되고 있다. 이들은 서로 상이한 지위와 역할 속에서 상이한 복지욕구를 가지고 있다. 특히 노년기가 길어지면서 노인들은 자신이 스스로 노동능력이 있는 것으로 판단하고 있다. 다시 말해 노인이라고 하여 과거처럼 무능력하거나 무기력한 존재가 아니라 이제 근로능력을 갖춘 노인들이 출현하여 과거와 다른 사회적 위상을 점하고 있는 것이다. 노인의 사회적 지위가 이처럼 다양해지는 것은 사회가 점차 분화되어 가는 현상이 노인층에도 그대로 투영되는 결과라고 할 수 있다. 앞으로 점차 고학력 노인들이 증가되고 고소득 노인이 많아짐에 따라 그 정도는 더욱 심화될 것으로 생각되는데, 이러한 사회적 지위의 다양성은 다양한 복지욕구로 나타날 수밖에 없을 것이다.

경제적인 조건은 노인의 소비에 필요한 소득을 보장한다는 측면에서 볼 때 성공적인 노후생활에 매우 중요하며, 노인들의 경제적 욕구는 건강한 신체상태를 유지하며 경제적인 어려움 없이 여가활동이나 취미생활로 여유있고 윤택한 생활을 하면서 재산상속 등의 여생의 마무리를 잘 하고자 하는 것이라고 볼 수 있다. 구체적으로는 자녀들로부터 경제적으로 독립할 수 있는 생활이어야 하고 노화현상으로 인한 질병을 치료할 수 있어야 하고 거동이 불편한 경우 자녀의 도움 없이도 의료, 복지시설을 이용할 수 있는 생활, 적정한 수준의 여가활동을 스스로 할 수 있는 생활이어야 한다.

건강은 대개 개인이 신체적인 독립상태를 유지하고 일상생활을 기능적으로 영위해 가며 사회생활에서 기대되는 역할수행 및 사회적 통합을 이루기 위한 기본적인 조건으로서 개인적인 측면뿐만 아니라 사회적인 측면에서도 중요한 의미를 지니고 있다. 특히 노인의 신체적인 건강은 삶의 만족과 직접적으로 관련되는 변인으로 나타나고 있다(강주령 외, 1991, 홍성희, 1998). 노인의 신체적인 건강상태가 좋을수록 노년기 적응과 생활만족도가 높은 것으로 나타나고 있으며 자신의 인생에 대해 수용적이고 긍정적으로 생각하고 있는 것으로 드러나고 있다. 따라서 노인들의 노화와 관련한 특성으로 인해 노인들의 건강에 관한 욕구는 지속적으로 증가하고 있다 하겠다.

사회심리적 욕구는 노년기에 이르러 다양한 사회적 연계망이 파괴되거나 단절되면서 심리적 지지가 상실될 때 나타난다. 노인의 특성 중에 나타나는 것이 우울증의 증가, 내향성 및 수동성의 증가, 조심성 혹은 의존성의 증가로 보다 소극성을 가지게 된다(윤진, 1985). 한국 갤럽의 조사(1990)에서 노인의 73.1%가 근심걱정을 가지고 있는 것으로 나타난 바와 같이 노인들은 심리적으로 불안한 상태에 있으므로 사회심리적인 지지를 필요로 한다. 생활수준이 향상되면서 여가활동이 인간생활의 기본문제로 제기될 뿐만 아니라 이러한 여가시간의 대처가 개인적으로나 사회적으로 매우 중요한 의미를 지니고 있다. 오늘날 노인들의 여러 당면 문제 중 평균수명이 연장되었으나 역할이 상실됨으로 야기된 노인의 여가는 노후의 생활시간의 활용이라는 관점에서 큰 비중을 차지하는 노인문제로 등장하게 되었다.

2) 도시사회 공간과 노인의 삶

노인이 된다는 것은 사회적으로 역할축소의 과정을 경험하는 것을 의미한다. 다른 연령집단과 마찬가지로 노인들은 가정과 지역, 그리고 직장을 기본적 생활공간으로 삼고 있다. 생물학적, 사회적인 이유에서 수반되는 역할 축소의 과정은 남성들의 경우 장년기 이후 직업 현장으로부터의 배제에서 시작된다. 사실상 많은 사람들은 65세 이전부터 상당한 역할축소를 경험한다. 이 직업구조가 주로 사회적 지위와 일의 역할과를 관계시켜 주기 때문에 직업 역할의 상실은 사회적 지위의 상실을 수반한다. 직업적 역할의 상실은 가계를 유지할 수 있는 능력의 약화를 수반함으로써 가족 내에서의 역할의 축소로 이어지게 된다. 산업화 도시화와의 관련 속에서 노인의 사회와 가족 양 방면에서의 역할 축소는 상당 부분 필연적이라고 할 수 있다.

직장과 가정에서의 역할축소를 경험한 또는 경험하는 노인들에게 있어서 사회관계, 근린관계는 매우 중요하다(金子勇, 1993). 노인에게 있어서 장기적인 차원에서 직장을 매개로 한 사회적 지원은 상실되며, 마찬가지로 가족의 기능 역시 약화될 가능성이 매우 크다. 반대로 상호 지원의 기반으로서의 지역의 의미는 확대되며, 공식적 조직이나 집단이나 친구 역시 상당히 중요한 지원의 역할을 수행한다. 지역에서의 사회적 지원은 공식적 관계를 통해 이루어지는 것이 드물고 일반적으로는 비공식적인 관계, 무엇보다 친척과 근린의 형태로 존재한다고 생각된다(金子勇, 1993). 그러나 친척은 공간적으로 멀리 떨어져 있는 경우 일상적인 상호 지원의 기능을 갖지 못한다. 즉 멀리 떨어져 사는 친척보다는 가까운 이웃이나 친구의 경제적, 육체적, 정서적 지원이 보다 현실적이다.

노인 단독세대가 증가하고 있는 현실은 가족, 친족 중심의 지원만으로는 이미 사회적인 대응이라고 말할 수 없는 것을 의미한다. 가족, 친족과 직장에서 역할축소를 매우 심하게 겪게 되는 노인에게 기대되는 역할은 지역사회관계에서 강화되어 간다. 일본에서 이루어진 노인의 사회관계에 관한 연구에서 동거중심의 일반노인보다 혼자 사는 노인이 이웃관계의 친밀성이 높은 것으로 나타났다(金子勇, 1993). 그리고 노인의 사회관계와 도시화의 정도와의 관계는 역 상관관계를 보이고 있다. 혼자 사는 노인에 관해서는 도시화의 정도가 낮은 쪽이 친밀성이 높게 나타나고 있다. 도시화와 거주형태 어느 쪽이 사회관계의 친밀성과 높은 상관관계를 표시할지는 불명확하다. 혼자 사는 노인은 가족내부로부터 부과되는 역할이 없기 때문에 지역사회나 이웃과의 교류를 중요하게 여기게 된다. 노인이 가족과 관련하여 갖는 고정적 역할과 이웃과의 관계에서 갖는 교류역할은 상호 보완적 성격을 가질 수 있다. 따라서 노인이 증가하는 사회에서는 이웃이 갖는 의미가 높아질 수밖에 없다.

고령자의 근린관계는 결코 고립적이지만은 않고 오히려 다소 친밀성이 풍부한 것으로 볼 수 있다. 가족과 동거하는 노인과 부부가 함께 사는 노인보다도 혼자 사는 노인 즉 독거노인이 일반적으로 근린관계의 친밀성이 강하다. 고령자의 거주형태 가운데 앞으로 증가할 것으로 예상되는 독거형태는 역할이론에서 볼 때, 근린관계를 촉진시키는 방향으로 작용한다. 또한 산업화, 도시화에서 유발되는 핵가족화에 의한 가정 내의 역할 축소, 도시에만 존재하는 공간적으로 단절된 친족관계, 또한 정년제를 포함한 직장에서의 역할 감소 등도 지역사회의 중요성을 강화시킨다.

사회참여의 양식에서 생각하면 근린관계의 친밀성은 지역활동형의 생활행동 패턴의 핵으로서, 커뮤니티 형성을 전망케 한다. 별거하고 있는 자녀와의 교류에서는 3세대동거의 노인을 중심으로 하는 일반 노인 쪽이 혼자 사는 노인보다 높은 교류정도를 나타낸다. 집단활동을 지역사회 특성으로 유형화하면, 도시에서는 협회(association)형, 농촌에서는 커뮤니티형으로 정리된다. 남녀별로는 남성의 경우 커뮤니티형이 어느 정도 우세함이 경험적으로 증명되었는데, 여성은 집단적인 특징이 파악되지 않는다.

도시사회에서 노인의 사회연결망(social network)은 개인이 포함되어 있는 사회관계로 표현할 수 있다(金子勇, 1993). 노인의 사회연결망 체계는 친족과 이웃, 직장 등 다양한 영역의 연결망의 총화로서 구성되어 있다고 말할 수 있다. 도시의 사회관계에는 소위 게마인샤프트와 게젤샤프트의 양 측면이 존재한다. 산업화, 도시화에 의해 게젤샤프트의 부분이 확대되었으나 게마인샤프트의 부분이 결코 소실된 것은 아니라는 점 또한 지적되고 있다. 즉 게마인샤프트와 게젤샤프트의 관계는 일원적인 것이 아니라 각각의 축이 교차한다는 이해의 방법이 존재한다(Yim Seong Hi, 1965). 도시 커뮤니티 수준에서 집합적으로 공유된 문화적 요소와 상징적 요소의 영속성을 확인하는 관점도 존재한다. 일반적으로 도시화는 개인의 분절화된 역할을 통해 다양한 사람들 간의 접촉을 필연적인 것으로 만들지만, 각각의 상호작용의 정도는 선택적으로 결정된다(Yim Seong Hi, 1990; 한형수, 1991).

노인은 역할축소과정을 경험하는 존재이기 때문에 노화는 역할을 통한 필연적인 접촉을 감소시킨다. 그러나 노인이 될 때까지 생애과정에서 유지되어 온 선택적 관계에 기초한 상호작용은 강하게 남는 경향이 있기 때문에, 노인을 단순히 '고립적 존재'로 위치시킬 수는 없다. 개개인의 상호작용의 정도는 지역사회 내의 사회연결망을 축으로 해서 상당히 높게 나타나기 때문이고 또 그것이 삶의 보람으로 직결되기 쉽기 때문이다. 도시화가 탈지역화를 촉진시키는 힘이라면, 고령화는 지역회귀를 촉진하는 힘으로 작용할 수도 있다.

신체적, 경제적으로 아직 활동능력이 있지만 사회적으로는 대중으로부터 소외된 사회적 노인계층의 경우, 자녀와의 동거나 노부부만의 생활보다는 노인들의 동질적인 집합주거문화를 선호하는 사람들이 50% 이상을 차지한다. 이러한 성향은 독립적인 생활이 가져오는 세대간의 편리함에 대한 인식과 독립적인 노후생활을 가능하게 하는 사회경제구조의 변화 그리고 노인전용주거시설의 안정성과 편리성에 대한 인식에서 비롯된다(이인수, 1996).

도시 내 노인전용주거시설이 급증하기 시작한 것은 90년대 초 노인복지법규에 유료노인시설이 명문화되면서부터이다. 생활보호대상자 및 노약자 보호시설 외에 노인의 자발적 선택에 의해 입주하는 노인전용주거시설은 점차로 증가하고 있는 추세이다. 하지만 노인전용 주거시설에는 의료보호와 일상생활관리 문제가 있다. 심각한 것 중 하나는 입주자들의 사회적 배경 차이에서 오는 상호 이질감의 해소이다(Pynos, 1993; 강수지, 1996). 입주자들의 사회적 배경에는 과거의 직업, 교육수준, 혼인상태, 종교 등이 있는데 노인이 오랫동안 살아온 거주지역의 특성에서 비롯된 정서와 생활습관이야말로 입주자간 융화감, 혹은 위화감에 많은 영향을 미칠 수 있다.

도시 노인은 문화혜택 수준은 높지만 환경오염과 자연녹지공간의 부족, 교통사고, 범죄 등의 부담을 겪는 특성을 지닌다. 이가옥(1990) 등의 연구에 의하면 도시 단독거주 노인의 약 15%만이 걸어서 30분 이내의 거리에 자녀가 거주하고 있는 것으로 나타났다. 자녀와의 먼 거리는 오랫동안 누적되어 생활습관, 정서적 특성에서 큰 변화를 가져올 수 있는 개연성을 가진다.

3) 도시노인의 생활세계

(1) 건강생활

건강은 개인이 신체적 독립상태를 유지하고, 일상생활을 기능적으로 영위해 나가며, 사회에서의 역할수행과 사회적 통합을 이루기 위한 기본적인 수단으로서의 의미를 지닌다(이가옥, 2002). 노년기가 되면 생물학적인 세포활동의 둔화와 함께 신체적인 활동의 감퇴로 인하여 건강이 약화되는 것은 자연적인 현상이라고 볼 수 있다. 그러나 자연적인 현상으로서 받아들일 수 없는 수준의 건강 악화는 문제적 상태로 간주된다.

노인의 건강문제는 일상생활을 수행하는 기능에도 영향을 미친다. 예를 들어 노인이 스스로 씻을 수 없거나, 옷을 갈아입을 수 없거나, 혼자 외출할 수 없다면, 독립적인 생활이 불가능할 것이고 이러한 노인은 건강한 삶을 살고 있다고 볼 수 없다(이가옥, 2002). 노년기의 질병은 일상생활에서의 활동성을 제약함으로써 다양한 삶과 여가에 대한 접근성을 가로막고 심리적인 위축을 유발하여 노인의 삶의 질을 저하시킨다.

노년의 건강문제는 점진적인 생리적인 쇠약, 충분치 못한 영양 섭취, 여러 질병의 복합 증세, 그리고 치료를 위한 약물 때문에 더 심각해진다. 그리고 수발 보호가 필요한 많은 노인들이 가정에서 보호를 받아야 하는 상황에서 노인단독가구 및 노인부부가구의 증가, 여성의 사회활동 증가 그리고 노인요양시설 및 서비스의 미비 등은 노인의 건강문제를 큰 쟁점으로 만들고 있다. 신체적으로나 정신적으로 심한 손상이나 장애를 가진 노인의 경우 개인적인 역할 뿐만 아니라 사회적 역할을 상실하여 타인에의 의존도가 높아지고 자아평가나 생활만족도에도 부정적인 영향을 미치는 것으로 나타나고 있다(오승환・윤동성, 2006).

우리사회의 노인들은 노화로 인해 건강의 약화를 경험하고 있는데 전체 노인 중 관절염, 요통, 좌골통, 고혈압 등 3개월 이상 지속되는 만성질환을 적어도 한 가지 이상 앓고 있는 노인 인구의 비율이 86.7%로 조사(정경희 외, 2005)되고 있어 대다수의 노인들이 만성질환으로 고생하고 있음을 알 수 있다. 노인의 만성질환 특성은 장기적인 의료서비스를 요하는 데도 현재의 건강보험제도에서는 스스로의 소득수준으로나 가족부양의 취약으로 의료비의 부담이 커서, 노인들은 만성질환을 지속적으로 적절히 치료 받는 데에 어려움을 겪고 있다.

(2) 경제생활

노인은 다른 연령대의 인구층에 비해 상대적으로 빈곤한 상태에 놓여 있다. 이는 고령화에 수반되는 다양한 요인들이 수입과 지출의 구조를 바꾸고 경제적 상태를 불안정하게 만들기 때문이다. 우선 노화에 따른 신체적 기능의 저하는 기존의 사회적 지위에 따른 경제활동에 큰 영향을 주게 되는데 예를 들면 노동능력의 저하, 급속한 과학기술의 발전에의 적응능력 부족 및 정년퇴직의 정착 등으로 노동시장에서 밀려나는 결과를 가져오게 된다.

이들 노인들이 생활을 유지하는 방법은 모아둔 자산을 소비하거나 자녀들이 생활비를 보조해 주거나 연금이나 공공부조와 같은 복지제도에서 소득을 지원받는 것이다. 그러나 현세대 노인들은 대부분이 자녀들에 대한 과다한 투자로 노후준비의 자산을 모으지 못하였고 아직 공적 연금제도도 성숙하지 못했을 뿐 아니라 광범위한 사각지대를 양산하는 현실에서 빈곤한 상태에 처하게 되었다(김영모, 2000).

일반적으로 경제활동은 개인의 자아정체성 유지에 매우 중요하며, 노인의 경제활동은 생계유지의 기본적인 욕구를 충족시키는 것은 물론 사회참여를 통한 육체적, 심리적 만족감을 증진시키는 측면에서 노인의 삶의 질에 결정적 역할을 한다. 그러나 노년기에 있어서 경제활동인 일의 중요성이 젊은이들의 경우와 동일한 비중을 갖는 것은 아니다(이가옥 외, 2002). 이는 일을 하는 노인들 중 본인이 원해서 취업을 하는 노인들도 있지만, 경제적 필요에 의해 취업을 해야만 하는 노인들의 경우 취업이 삶의 질을 저하시키는 요인으로 작용할 수 있기 때문이다(오승환, 2006).

그러므로 은퇴나 실직 등으로 경제력이 약화된 노인에게 있어서 소득 보장은 가장 중요한 문제이다. 그럼에도 불구하고 우리사회는 전통적으로 '사회복지'에 대한 책임을 개인이나 가족에게 전가하는 체제를 유지해 왔다. 현재 우리 사회의 많은 노인들이 국가의 소득보장제도에서 소외되어 있으며 대부분 주로 자녀로부터 부양을 받아 생활하고 있는 경제적 의존 상태에 있다(한형수, 2004).

우리사회에서 노인들의 경제적 자립능력은 노후생활의 삶의 질을 결정하는 결정적 요인이 된다. 특히 노인의 경제적 빈곤은 일시적이고 한시적인 생활 사정이기보다는 지속적이라는 점에서, 새로운 소득원이 있을 수 없는 노년기의 삶의 질에 큰 영향을 미친다(최혜경, 1985; 이신숙, 1997; 이가옥, 2000; 홍숙자, 1999, Harvey & Buhr, 1974; 김숙경, 2004에서 재인용). 노인에게 있어서 빈곤은 주거환경, 식생활, 질병치료 등에 어려움을 가져다주고 또한 고립과 외로움의 원천이 된다.

노인들에 대한 소득보장이 불충분한 상황에서 노인들의 자녀에 대한 경제적 의존은 자녀의 노인부양 부담을 가중시키고 부모자식 세대간의 갈등을 야기한다(서병숙, 1988: 18). 그리고 경제적 불안정은 사회적 상호작용에도 제한을 가져와 사회적 고립을 낳기도 한다.

(3) 주거생활

노인에게 있어 주택은 생리적 욕구, 안전 등 생물학적 생존을 위한 수단이며 삶의 공간일 뿐 아니라 자신의 추억을 담고 있는 사회관계를 유지시켜주는 도구이다(Pynoos, 1999). 노년기에는 활동량이 줄어 다른 시기보다 집에 거주하는 시간이 많게 된다. 따라서 쾌적한 주거환경의 조성과 안락한 분위기의 제공은 노인이 정서적으로 보다 안정적인 삶을 영위할 수 있는 조건이 된다. 특히 노인은 오랫동안 자기가 살아왔던 환경에 대한 애착과 전통에 대한 향수가 강한 심리적 특성을 가지고 있기 때문에 주거환경의 변화는 노인에게 많은 심리적인 영향을 준다. 따라서 노인에게 친근하고 거부감이 없는 주거환경을 마련하는 것은 노인에게 심리적으로 안정되고 안락한 환경을 제공한다는 측면에서 중요하다. 또한 주거환경은 오랫동안 사회관계를 맺어왔던 지역사회와의 연결을 이어주는 하나의 장(場)이며 의사소통이 이루어지는 생활공간이기 때문에 노인에게는 익숙한 환경이어야 한다.

노인과 주거환경과의 관계는 삶의 질과 매우 밀접하게 연계되어 있어서 개인 사생활이 보장된 공간 확보 여부에 따라 주거 만족도가 달라지고 있다. 또한 노인들이 신체적인 여건과 심리 사회적으로 불안정한 상태임에도 불구하고 자녀들과 독립해서 단독가구를 형성하기를 희망하는 추세가 증가함에 따라 보다 편리하고 안전한 독립적인 주거 환경에 대한 중요성이 대두되고 있다. 기혼 자녀와 동거하는 경우에도 가족과의 갈등을 최소화하고 부담감을 낮출 수 있는 여러 방안들이 거론되고 있다.

일반적으로 노인들은 노인 주거 유형으로 완전 자립 주택을 선호하는 것으로 보고되고 있다. 많은 연구들은 노인들의 자립적인 생활을 도울 수 있는 방안으로 신체적인 결함을 보완 지지해 줄 수 있는 노인 주택의 구조와 설비 확충을 필수적인 사항으로 지적하고 있다. 또한 보다 심리적으로 안정되고 편안한 생활을 위하여 사생활이 침해받지 않는 공간계획을 제시하고 있다. 특히 노인은 수면이나 휴식을 위한 사적 공간이 확보되어야 하며 방광이나 신장기능의 저하로 야뇨 빈도가 증가하므로 욕실과 변기 구조의 위치가 세심하게 고려되어야 한다.

노인이 주거환경에 대해 갖고 있는 욕구는 다음과 같이 정리해 볼 수 있다(홍형옥 등, 1999). 첫째, 노인은 열악한 신체적 기능을 보완해 줄 수 있는 주거 환경과 내부 시설 설비에 대한 욕구를 가진다. 둘째, 외로움과 소외를 극복할 수 있는 타인과의 상호작용에 대한 욕구가 있는가 하면 이와는 상반되지만 사생활을 유지할 수 있는 공간에 대한 욕구도 증가한다. 셋째, 심리적 안정감과 사회적 성취감의 표현으로 주택의 자가 소유 욕구가 생긴다. 넷째, 노인 가구의 자산 정도에 따라 주거환경계획의 유형이 차이가 있고 사회 경제적 지위가 높을수록 주거 욕구 수준이 높아진다. 다섯째, 노인의 주거 만족은 주변환경 여건에 크게 영향을 받는다. 소음이 없고, 상대적으로 공기가 덜 오염되고, 주거단지 내의 생활편의시설 제공이 가능한 질적인 주변환경에 대한 욕구가 증대한다. 여섯째, 노인이 선호하는 주택유형은 단독주택 혹은 아파트와 같은 공동주택 중 어느 한 형태가 일관성 있게 나타나지 아니한다. 이는 서로의 장단점이 보완되어 정원설치가 가능하고 프라이버시 확보와 편리성과 시설설비의 수준이 높은 주택에 대한 욕구를 의미한다고 볼 수 있다. 일곱째, 건강상태별 주거 유형은 부부가 건강할 때는 일반주택이나 아파트를 선호하는 경향을 보이며, 부부가 건강하지 못할 때는 3세대 동거주택을 선호한다. 여덟째, 은퇴 후 자신의 여생을 보다 나은 환경에서 보내기 위해 교외를 선호하는가 하면 새로운 환경에 대한 적응능력의 부족으로 살던 곳에서 떠나지 않으려는 경향도 있다.

(4) 가족관계

태어나면서부터 인간은 가족이라는 사회의 가장 작은 단위에 소속되게 된다. 가족은 사회관계의 친밀성 면에서 다른 어떠한 관계에 선행하는 일차적 집단으로서 모든 가족 성원의 개인적 안정에 기초가 된다. 특히 강력한 '가족주의'로 특징지어지는 한국사회에서와 같이(최재석, 1994) 개인의 삶의 영역이 가족과 밀접하게 연결되어 있는 곳에서는 원만하고 만족스러운 가족생활이 원활한 사회생활을 뒷받침 해 줄 수 있는 활력과 재충전의 기회를 제공할 뿐만 아니라, 그러한 가족생활을 이룩하는 것 자체가 삶의 목표가 되기도 한다(이가옥, 2002).

가족의 기능은 성과 애정, 친척과 관계 유지, 자녀의 사회화 및 교육, 정서적 지지 및 안식처, 경제적 협력 그리고 종교 및 도덕적 기능 등으로 구분할 수 있다. 가족은 개인의 삶에 강력한 지지체계가 되기 때문에 개인은 가족을 통해 내적, 외적 긴장을 해소하고 안정감을 찾게 되며, 스트레스 완화에도 영향을 미친다(김숙경, 2004). 노년기에 있어 정서적 혹은 안식처의 기능은 노인이 되어 갈수록 가족에게 심리적으로 의존하려는 경향이 강해진다는 면에서 더욱 중요성을 띠게 된다.

노년기에 접어들면서 사회관계의 중심은 가족으로 점차 집중화 혹은 축소화 되는 경향을 나타내며 가치체계에서도 가족에 우선순위를 두게 된다. 그리하여 가족원과의 지속적인 접촉을 통하여 사회 정서적인 지지를 받으며 본인이 위기에 처할 때는 가족으로부터 도움받기를 원한다. Liang(1982)은 가족으로부터 얻는 만족감은 다른 어느 집단으로부터의 만족감보다 더 크고 노화에도 영향을 미친다고 하였다. 홍숙자(1992)는 가족 간의 유대감이 특히 한국 사회에서 노인들의 생활 만족도를 높이는 데 큰 영향을 미친다고 하였다. 그리고 자녀와의 동거형태가 노인들의 신체적, 정신적, 경제적 부양과 밀접한 관련이 있음을 고려하면, 독신노인 또는 노인부부만의 가구는 생활의 여러 면에서 어려움을 겪을 가능성이 크며, 이는 나아가 사회문제화 될 가능성이 크다. 특히 독거노인 가구는 배우자의 사별로 인해 계속 증가하여 다양한 문제와 위험성을 내포하고 있음에도 정작 노인 당사자들은 자녀들과의 별거를 오히려 선호하고 있는 것으로 나타나고 있다(보건복지부, 1999). 이처럼 노인 단독가구가 증가하여 그에 따른 어려움이 있으나 일면 노인들은 자녀와의 별거의식이 확대되고 있어 여러 가지 면에서 새로운 문제가 제기되고 있다.

(5) 사회관계 및 취업활동

사회관계(social relation)는 개인에게 일상생활 속에서 자아감이나 소속감, 또는 물리적 도움을 주는 사람들 사이의 유대(tie)를 의미한다(Litwin, 1996:1). 즉, 친밀감을 갖는 단체나 사람들과의 상호접촉을 통해 물질, 정서, 정보 등을 상호교환하고 행위를 규제하는 지속적인 유대관계이다(손장권 · 조용하, 2004: 499). 인간은 일생동안 다양한 사람들과 사회적 참여 활동을 통해 매우 복잡한 사회관계를 맺는다. 개인의 정체성은 사회적 역할을 통해 결정되며, 이러한 역할은 개인의 행동이나 태도에 영향을 미친다. 사회구성원으로써 역할은 공식적 역할과 비공식적 역할로 나눌 수가 있는데, 모두 개인의 행동이나 태도를 결정하는 중요한 사회적 기능을 한다. 전자는 주어진 사회적 역할의 실체와 지위로 개인을 결정하며, 비공식적 역할은 개인의 가족, 친구, 이웃과의 관계로 이루어져 있다. 이러한 비공식적인 역할은 사회적인 지위를 주는 것은 아니지만, 사회적 활동 유형과 사회적 기능을 가지고 있다.

사회관계는 교제 및 정보의 교환을 가능하게 하며, 비상시 후원자로서의 역할을 할 뿐만 아니라, 사회로의 통합을 가능하게 하는 중요한 자원이다. 이는 사회관계가 배타적인 호혜성과 상호의무를 촉진하는 강하고 밀도 높은 연계망으로서의 기능을 가지고 있으며, 동시에 다양한 특성을 지닌 개인들의 소속감과 사회통합적 연결을 통해 다양한 자원에의 접근성을 높여주는 기능을 갖고 있기 때문이다. 사회관계는 사회참여를 통해 부여되는 사회적 지위와 역할을 수행하는 과정에서 형성되며, 이 과정에서 형성된 관계망을 통해 사회적 지지를 상호 교환한다고 할 수 있다.

노인의 삶에서 사회관계는 매우 중요한 의미를 가지는데, 그 이유는 노인의 경우 노년기에 나타나는 특성상 타인에게 그들의 삶을 의존할 필요성이 더욱 커지기 때문이다. 노년기는 배우자의 사별과 자녀와의 별거 등으로 인한 심리적 소외와 고독이 증가하고, 신체적 노화에 따라 일상생활에서 타인에 대한 의존도가 높아지며, 직장에서의 은퇴에 따른 사회적 지위 및 역할의 상실로 기존의 사회관계가 축소되는 시기이다(오영희 외, 2005:73). 노인들의 사회관계는 노인의 사회생활의 적응과 밀접하게 관련된다(서병숙 · 오경숙, 1990:127). 노년기는 다른 삶의 단계에서와는 달리 사회적 지지가 가장 절실히 요구되는 시기인 반면 실제로 노인들은 사회적 지지 자원의 급격한 감소와 사회적 지지의 상실을 경험하게 되므로 이러한 문제를 노인들은 사회활동을 통해 어느 정도 완화할 수 있다.

현재 도시노인들의 사회관계는 주로 자녀를 중심으로 이루어지고 있으며 지역사회와의 교류는 약한 상황이다. 친구와 이웃은 노인의 삶에 있어 중요성이 매우 크다. 특히 친구는 비슷한 연령층인데 비하여 자녀는 노인에 비하여 젊은 연령층으로 노인에게 다양한 간접 경험의 기회를 제공하며 다양한 연령층과의 접촉의 출발점이 된다는 점에서 그 중요성이 크다 하겠다. 배우자나 자녀가 없이 지내는 노인의 경우 정서적 및 현실적 도움의 교환에 있어 친구와 이웃의 중요성은 더욱 크게 작동한다.

그리고 노인들의 취업활동 및 재취업은 소득 및 사회적 역할의 기회를 제공하여 자아 존중감과 자아정체감의 유지라는 주관적 안녕감을 가질 수 있도록 한다. 또한 다양한 사회단체의 참여를 통한 사회활동은 가정에서의 고립된 생활보다 지역주민들과의 교류를 통해 삶의 보람을 찾게 되고 사회발전에 생산적인 일원으로 참여하게 한다. 그러나 노인들의 역할에 대한 사회적 규범이 제대로 정립되어 있지 않고, 노인 자신들이 바람직한 행동양식을 배우는 기회도 매우 제한되어 있으며, 또한 노인에 대한 사회적 편견과 지원체계의 미비로 인하여 재취업과 적극적인 사회활동의 기회가 충분히 제공되지 못하고 있다. 노인의 삶의 질을 향상시키기 위해서는 노인의 재취업 기회확대와 사회참여의 활성화를 가져오도록 정부의 정책적 지원, 가족을 포함한 지역사회의 격려와 후원, 그리고 노인 자신들의 노력과 의지가 필수적으로 요망된다.

(6) 여가활동

활동이론(activity theory)에 따르면 노인들은 활동을 함으로써 긴 노년기동안 만족감을 얻을 수 있다고 한다. 다시 말하면 한마디로 노년기에 들어서서도 노인들은 중장년 시절처럼 지속적으로 활동하고 또 정년퇴직으로 잃어버린 역할을 대체할 수 있는 새로운 역할을 찾아야 하며 이 같은 지속적인 활동은 성공적인 노화의 핵심적인 바탕이 된다는 것이다.

여가활동이란, 일하는 시간, 수면시간, 생리적 욕구충족 등의 시간을 뺀 나머지의 시간에 이루어지는 휴식, 기분전환, 사회적 성취 및 개인적인 발전을 위한 활동을 뜻한다(이가옥, 2002). 여가활동의 범위에 대해서는 견해 차이가 있으나 일반적으로 여가활동은 개인적인 취미활동과, 자원봉사활동·종교활동·사회교육·기타 단체 활동 등과 같은 사회활동으로 정의되고 있다(이가옥, 2002). Gauthier와 Smeeding(2001)에 의하면, 은퇴 이후 여가시간은 가사활동에 여가활동이 재분배되며, 노년기에는 주로 수동적 여가활동이 증가한다고 지적하고 있다. Goeden 등(1976)의 연구에 의하면 노년기가 됨에 따라 여가시간은 연장되지만 여가활동의 범위와 참여도는 오히려 축소되어 70대 노인의 경우 20대의 여가활동 참여도의 1/4 정도 수준으로 낮아지게 되는 것으로 나타나고 있다.

수명 연장으로 인하여 보다 길어진 노년의 자유로운 여가 시간을 어떻게 보내느냐 하는 문제는 노년기 삶의 질을 결정하고 사회전체의 안정과 발전에 지대한 영향을 미친다. 노인들은 여가활동을 통하여 신체적 건강의 증진, 사회적인 접촉의 기회 확대, 노후 삶에 대한 사기 및 만족감의 증진, 노인자신에 대한 신념과 자기 신체에 대한 자신감 부여, 유용감과 자기 가치성의 확신, 자율적인 생활에 대한 기술과 기능의 증진, 재미있고 즐거운 삶 등을 얻을 수 있다. 이처럼 노후의 여가생활은 개인적으로는 신체 및 정신건강, 삶의 만족감, 심리적 안녕 등을 얻을 수 있고, 사회적으로는 노인에 대한 긍정적 이미지 확립, 노인의 지역사회 내 통합 등 긍정적인 결과를 기대할 수 있다.

종래의 노인 여가활동은 여가복지시설을 이용한 취미활동, 레크리에이션, 스포츠활동, 사회교육 프로그램 등이 주를 이루었다. 그러나 최근에는 노인자원봉사가 노인여가활동의 새로운 분야로 등장하고 있다. 노인들의 자원봉사활동은 노인의 역할 상실과 무위의 문제를 해결할 수 있는 여가활동 효과를 지닌다. 따라서 노인 자원봉사활동을 통하여 노인의 고립과 소외 문제를 동시에 해결할 수 있으며 나아가 노인의 삶의 질 향상도 기대할 수 있다. 노인 자원봉사활동은, 노인의 경륜과 풍부한 경험을 바탕으로 지역사회(commmunity)를 이끌어 나갈 수 있는 제3의 복지자원이라 할 수 있다.

2. 삶의 질의 개념화

1) 삶의 질의 개념

삶의 질(quality of life)의 개념은 그 동안 안녕(well-being), 복지(welfare), 생활수준(standard of life), 만족도(satisfaction), 행복감(happiness) 등의 다양한 용어로 이해되어 왔다. 다양한 용어 사용에서 보듯이(Schuessler, 1985), '삶의 질'은 아직까지 명확한 개념정의가 정립되지 않고 있다. Wingo(1997)는 삶의 질은 다른 상태에 있는 것 보다 어떤 상태에 있는 것이 더 좋은 존재(being better)로서, 개선되고 있거나 악화되고 있는 것으로서, '좋거나 나쁜 것(being good or bad)으로서 보여지는 것'으로 표현하고 있다(오영희 외, 2005).

삶의 질 연구에서 연구자들이 직면하는 일차적인 문제는 삶의 질의 개념화와 그 기준의 문제이다. 기존 연구들에서 삶의 질(quality of life)의 개념이 안녕(well-being), 복지(welfare), 생활수준(standard of life), 만족도(satisfaction), 행복감(happiness) 등의 다양한 용어로 규정되어 온 것은 다음과 같은 이유로 설명될 수 있다(김영기 · 박재규, 2001).

첫째, 삶의 질 개념과 관련하여 서로 관련성은 있으나 차별화되지 않은 여러 가지 질문들이 제기되기 때문이다. 예를 들어 1) 어떤 종류의 상황이 바람직한 삶의 조건을 제공하는가, 2) 무엇이 개인의 삶을 보다 나은 것으로 만드는가, 그리고 3) 무엇이 삶을 가치 있는 것으로 만들어 주는가? 등과 같은 질문들은 삶의 질이 무엇인가에 대하여 매우 다양한 해석과 답변을 초래할 가능성이 있다.

둘째, 삶의 질이 의미하는 바가 너무나도 포괄적, 함축적, 그리고 복합적이기 때문이다(고승덕 · 조숙행, 1995). 삶의 질은 국가 또는 지역주민들이 공동으로 경험하는 사회적 조건과 같은 객관적인 요소들뿐만 아니라 개인의 욕구수준에 따라 다양한 주관적 요소를 포함하기 때문에 삶의 질의 척도구성을 위한 합의된 원칙을 도출하기가 매우 어렵다. 따라서 사회지표 작성의 목적에 따라 삶의 질에 관한 다양한 측정방법이 제시되어 왔다.

셋째, 삶의 질에 영향을 미치는 독립변인이 무엇이냐에 따라 삶의 질 내용은 크게 다르기 때문에 그 개념 구성에서 일관성을 결여할 수 밖에 없다. 삶의 질 개념은 연구자의 연구목적, 상황, 그리고 연구대상 등에 따라 매우 상이하게 개념화되는 경향을 지닌다(김영기 · 박재규, 2001).

마지막으로 그 동안 삶의 질 연구는 이론적 측면보다 실용적인 차원에서 진행되었고 '질(quality)' 용어가 함축하고 있는 의미가 애매하여 연구자들 간에 합의가 이루어지지 못하였다(이현송, 1997).

삶의 질 개념화의 어려움에도 불구하고, 기존의 경험적인 삶의 질 연구에서 발견되는 일반적인 내용에는 인간생활의 객관적(혹은 양적인) 상황 측정과 주관적(혹은 질적인) 만족 평가 등이 있다. 다시 말해서, 삶의 질이란 사회적 조건 및 제도와 사회성원 사이에 일어나는 상호작용의 결과를 반영하는 것으로 개인의 삶을 가치 있고 보람 있게 만들어 주는 총량으로서의 만족감을 의미하기 때문에 인간의 행위와 사고가 작용하는 모든 영역에 관련된 내용이 포함될 수 있다(김상균 외, 1996). 이처럼 삶의 질이란 인간생활의 객관적 조건과 주관적 심리상태 모두를 망라하는 종합적인 개념으로 사용되고 있다(임희섭, 1996).

2) 이론적 관점

(1) 이론적 배경

삶의 질 개념의 다양성만큼이나 개인의 삶의 질을 결정하는 요인을 중심으로 제시된 이론들도 다양하다. 삶의 질과 관련된 이론에는 쾌락주의(Hedonism)와 욕구이론(Desire Theory), 성공이론(Success Theory), 객관적 목록이론(Objective List Theory), 중간상태이론(Midfare theory), 현실능력 접근방법(Capability Approach) 등이 제시되고 있다.

쾌락주의(Hedonism)와 욕구이론(Desire Theory)은 Scalon(1990)에 의해서 제시되었다. 먼저 쾌락주의(Hedonism)는 삶을 영위해 가는 경험에 영향을 미치는 것만이 삶의 질에 영향을 미칠 수 있음을 전제하는 경험적 요건(experience requirement)을 전제로 한다. 따라서 삶의 질은 경험요건에 입각한 주관적 요인 내지 심리적 요인에 의해 결정된다. 쾌락주의의 관점에서 삶의 질을 평가하기 위해서는 그 결정요인인 삶의 경험의 질을 판단할 수 있는 장치가 필요하다. 이러한 판단은 삶을 좋게 또는 나쁘게 하는 어떤 특정한 상황 또는 상태를 명시함으로써 가능하다고 한다. 개인의 심리적 상태를 획일적으로 규정하는 쾌락이론을 보다 발전시킨 대안적 이론이 제시되었는데, 그것은 Parfit의 선호쾌락이론(1984)이다. 선호쾌락이론(Preference Hedonism)은 개인이 원하는 것을 가질 심리적 상황인 경우 삶의 경험이 나아지고 회피하고자 하는 상황을 포함할 경우 삶의 경험이 악화된다는 점을 수용하고 있다(이재기 · 이은우 · 김재홍, 1998에서 재인용). 그러나 선호쾌락이론은 삶의 주체인 개인의 선호가 다양하기 때문에 삶의 질의 평가나 정책 실시를 위한 획일적 판단기준의 적용이 어렵다는 근본적인 한계를 지닌다.

욕구이론(Desire Theory)은 개인의 삶이 그 개인의 의식상태 변화뿐만 아니라 그 개인의 선호를 충족시켜 주는 외부의 상황에 의해서도 영향을 받는다는 점을 강조한다. 이 이론은 삶의 질이 개인이 지니는 욕구의 충족 정도에 따라 결정되는 것으로 본다. 욕구이론의 한 부류인 "제한되지 않은 실제적 욕구이론(Unrestricted Actual Desire Theory)"에 의하면, 각 개인이 특정한 시점에서 지니는 선호가 무엇이든 그 충족 정도에 의해 삶의 질이 결정된다고 한다. 개인적으로 어떤 선호라도 가질 수 있으므로 이 이론에 의한 삶의 질의 결정요인은 대단히 광범위하다고 볼 수 있다. 이와 같은 문제점을 감안하여 다른 부류의 욕망이론들은 적절한 선호를 가지는 대상으로 삶의 질의 결정요인을 제약하거나, 선호에 특정한 기초를 부여하려는 시도가 있었는데, 그것은 바로 성공이론(Success Theory)이다. 성공이론은 개인에 삶에 직접적으로 연계된 선호만을 삶의 질의 결정요인으로 간주하는 것으로 Parfit에 의해서 제시되었다. 성공이론은 욕망이론을 개인의 삶의 질이라는 보다 통상적인 의미로 근접시키기 위한 시도로 이해할 수 있다.

Griffin은 욕망의 대상들이 지닌 진정한 속성을 반영한 욕망의 체계를 기준으로 그 충족 정도에 따라 삶의 질을 평가할 것을 제안한다(이재기 · 이은우 · 김재홍, 1998). 개인적 혹은 사회적 욕망의 대상들이 갖는 진정한 속성을 평가하여 그 평가가 긍정적인 경우 그 욕망은 욕망의 체계에 포함되어 그것의 충족이 삶의 질을 향상시키는 데에 기여한다고 보는 입장이다. 특정한 욕망의 대상에 대한 평가가 객관적으로 이루어질 경우 개인의 욕구에도 불구하고 그 충족이 삶의 질을 높이지 못하는 경우가 발생할 수 있다.

Scalon이 제시하는 삶의 질에 관한 접근 이외에도 객관적 목록이론(Objective list theory), 중간상태이론(Midfare theory), 그리고 실현능력 접근(Capability Approach) 등이 있다. 먼저 객관적 목록이론(Objective List Theory)은 무엇이 삶을 더 좋게 하는가 하는 문제에 대한 특정한 관점을 중시하지 않고, 오히려 삶을 더 좋게 만드는 모든 가능한 대상들을 고려한다. 그러나 목록이라는 이름은 자의성을 내포하고 있으며 객관적이라는 용어는 모든 사람에게 가치 있는 무엇이 있다는 의미로 해석될 수 있어 일종의 용어상의 경직성이 문제가 될 수 있다.

중간상태이론(Midfare theory)은 Cohen(1983)에 의해 주장된 것으

로 재화나 그 재화로부터 얻어지는 효용을 중심으로 하는 삶의 질 논의를 거부하고 그 중간상태가 논의의 초점이 되어야 한다는 입장이다. 이는 재화에 의해 생산된 것이지만 효용은 아니며 재화의 소비에 의해 유발된 상태로서 효용의 수준에 특정한 값을 부여하는 개인적 상태를 의미한다. 예를 들면, 개인이 음식물의 소비를 통해 효용을 얻을 때, 그 음식물과 효용 사이에 영양상태라는 중간상태가 존재한다는 것이다. 따라서 삶의 질의 논의는 바로 이러한 중간상태를 기준으로 측정되어야 하며, 이것이 중간상태이론의 핵심이다.

삶의 질에 대한 실현능력 접근(Capability Approach)은 삶의 질을 가치 있는 행위나 상태를 실현시킬 수 있는 개인의 능력이라는 측면에서 파악한다(Sen, 1990). 삶의 질을 평가하는 기준은 상품이나 상품의 효용에 있는 것이 아니라 사람들의 실현능력에 있다고 보는 것이다. 상품을 소유하는 것 자체가 삶의 질을 높이는 것이 아니라 그것을 사용하는데서 오는 정신작용 또는 인간 스스로가 내리는 평가가 삶의 질을 높인다는 것이다. 이 접근법은 삶을 다양한 행위와 존재의 결합으로 간주하여 삶의 질을 가치 있는 기능들을 실현할 수 있는 실현가능성이라는 점에서 삶의 질을 평가한다. 그리고 가치의 대상들을 선정하고 그 각각이 지니는 가치의 정도 혹은 가중치를 결정할 필요가 있다.

(2) 접근 방법

삶의 질에 관한 연구에서 연구자들의 직면하는 일차적인 문제는 삶의 질에 대한 개념적, 조작적 정의의 문제이다(Veenhoven, 1991). 삶의 질에 관한 기존 연구들에서 채택하고 있는 접근방식은 세 가지 범주들로 유형화될 수 있다(고승덕 · 조숙행, 1995; 김영기 · 박재규, 2001; 이현송, 1997).

첫째, 삶의 질을 객관화하여 양적으로 분석해야 한다는 입장이다. 여기서 삶의 질은 개인의 생활환경에 준거하여 사회적으로 편안하게 생활하는 것으로 보는 즉, 사람들이 여유를 갖고 행복하게 하는 동시에 만족한 생활을 향유하게 하는 기대를 극대화하도록 하는 사회시스템의 창조와 유지라고 정의할 수 있다

둘째, 삶의 질을 개인이 중요하다고 여기는 생활영역에 대한 주관적 평가에 의한 만족감, 안녕, 행복감으로 규정된다고 보는 관점이다. 즉 삶의 질을 개인이 일정기간에 있어서 자신의 욕구에 대해 인식하거나 감지하는 주관적 만족감으로 정의하는 것이다. Dalkey & Roureke(1973)는 삶의 질을 개인의 안녕감(sense of well-being), 생활상의 만족, 불만족감, 행복감 및 불행감으로 설명한다.

셋째, 삶의 질을 인간의 활동영역 일부를 한정적으로 제한하여 수준을 파악하는 것에 반대하면서 개인의 주관적 평가와 함께 생활환경에 대한 객관적 평가를 함께 고려해야 한다는 관점이다. 인간생활의 객관적 측면과 주관적 측면을 동시에 고려한 종합적 접근으로 이론적 논의 수준에서 경험적 연구에 이른다는 것이다.

① 객관적 접근

삶의 질에 관한 객관적 접근은 집합적 차원 또는 개인적 차원에서 삶의 수준이 외적 기준이나 조건에 의해 정의될 수 있다고 간주한다. 객관적 차원에 초점을 맞춘 연구는 개인의 삶의 질이 외적인 기준이나 조건에 의해 정의될 수 있으며, 사회경제적, 환경적 지표들에 의해 주로 결정된다는 가정에 기초하고 있다(조명한 · 차경호, 1998).

삶의 질에 대한 객관적 지표의 개발은 1920년대 미국에서 오그번(William F. Ogburn)의 주도로 시작되었다. 초기의 연구들에서는 연

령, 성별, 결혼여부, 소득 및 교육수준 등과 같은 인구사회학적인 변인들이 삶의 질에서의 개인차를 설명해 줄 것으로 가정되었다(Andrews & Withey, 1976; Bradburm, 1969; 김용택 외, 2003에서 재인용). 물질적 풍요와 같은 외적 기준을 준거로 삼아 삶의 질과 행복을 평가하려는 경향은 산업화 도시화에 따른 경제발전과 함께 강화되었다((Diener, 1993; Veenhoven 1991; 조긍호, 1996에서 재인용). 삶의 질을 평가하려는 초기의 노력은 주로 1인당 평균소득과 같은 삶의 경제적인 또는 물질적인 측면만을 고려하였던 것이다.

1960년대 서구사회에서는 삶의 질(quality of life)의 개념에 대한 관심이 본격적으로 대두되었다(이현송, 2006). 제2차 세계대전 이후 서구사회는 경제성장을 통한 물질적 풍요를 경험하였으나, 이것이 사람들의 삶의 실질적인 향상을 수반하였는지에 대한 근본적인 질문이 제기되었다. 왜냐하면 지속적인 경제성장을 통한 물질적 풍요에도 불구하고 빈곤과 범죄, 환경문제 등이 해결되지 않았으며, 사회 전반적인 풍요에도 불구하고 일부의 결핍은 여전히 계속되었기 때문이다. 사회구성원의 종합적인 삶의 수준을 반영하는 지표를 개발할 필요성이 높아졌으며, 이는 사회지표운동(social indicators movement)으로 나타났다(이현송, 1997).

1970년대에 접어들면서 삶의 질 연구는 어떤 요인들에 의해 결정되는가 하는 보다 이론적인 논의로 전환되었다. 이들 연구에서 발견되는 공통점은 한 사회의 풍요를 국가 전체의 거시적 상황에 의해 파악하기보다는 사회 구성원 개개인의 삶의 풍요를 통해 파악하고, 삶의 질을 평가하는 데 있어서 양과 질을 동시에 고려해야 한다는 점이다. 그러나 사회지표운동은 단지 삶의 질에 영향을 줄 것으로 가정되는 객관적 지표들을 평가할 뿐 개개인이 경험하는 삶의 질은 직접적으로 평가하지 못한다는 한계에 직면하였다.

그리고 UN과 같은 국제기구 역시 개별 국가들의 경제발전 정도를 비교하기 위한 도구로 사회지표(social indicators)를 발전시켰다. 1966년에 UN산하 사회발전연구소(Research Institute for Social Development: RISD)는 생활지표를 개발하였는데, 전체 11개 영역의 지표를 이용하여 사회-인구통계체계(System of Social and Demographic Statistics, SSDS)라는 사회지표를 구성하였다.

1973년 OECD가 중심이 되어 사회지표 체계의 종합화를 꾀하였다. OECD(OECD, 1976)의 개정된 사회지표는 건강, 교육, 고용과 작업환경의 질, 여가, 재화와 서비스, 물리적 환경, 사회적 환경, 그리고 개인적 안전을 포함한 8개의 사회적 영역으로 구성되어 있다. 각 영역은 다시 하위 관심 분야로 나뉘고 하위 관심 분야마다 그 분야를 평가할 수 있는 개별지표들을 포함하고 있다.

한편 유엔개발계획(UNDP)은 1990년부터 인간개발지수(Human Development Index)를 매년 발표하고 있다(이현송, 2006). 유엔개발계획의 인간개발지수는 삶의 기회가 확대되는 것을 인간개발 또는 삶의 질을 높이는 것으로 규정한다. 이를 위해 '건강하고 오래 살 수 있는 것', '지식과 기술을 넓히는 것', '물질적 생활수준을 높이는 것'이라는 세 가지 영역을 제시한다.

② 주관적 접근

1970년대까지 삶의 질에 대한 연구는 객관적인 지표를 많이 이용하였고, 주관적인 지표에 대해 부정적이었다(이정록, 1998). 그러나 객관적 지표로는 개인의 삶의 질을 제대로 측정할 수 없다는 주장이 제기되었다(Campbell, 1976; Diener, 1984; 조긍호, 1996에서 재인용).[5] 객관적인 조건이 높더라도 개인이 느끼는 심리적 측면이 중요하므로 주관적인 측면에서 삶의 질을 파악해야 한다(손화희 1998; 최수정, 2001; 안경숙, 2005에서 재인용)는 것이다. 최수정(2001)은 노인들이 경험하는 삶의 여러 영역에 걸쳐 관련된 주관적인 삶의 질적 개념을 측정하기 위하여 생활안정, 자원 활용의 용이성, 건강 및 가족 내 영향력, 지지기반의 확립 등 4가지 요인을 추출하였다(김숙경, 2004). 주관적 지표에 의한 삶의 질 연구를 주장하는 학자들은 삶의 질에 영향을 주는 요소가 역사와 문화권, 사회경제적 조건, 그리고 개인 및 계층에 따라 다양하고 그들이 처한 생활환경에 따라 다양하게 나타난다고 설명한다. 행복의 직접적 원천은 객관적 조건이 아니라 자기의 삶에 대한 개인의 주관적 평가라는 심리적 상태이므로, 삶의 질은 주관적 안녕의 문제로 귀결된다는 것이다.

주관적 안녕은 삶에 대한 태도로서 기본적으로 인지적(cognitive) 요소와 정서적(affective) 요소를 포함하고 있으며, 이 두 측면의 요소를 각각 또는 종합적으로 측정하여 주관적인 안녕의 지표로 삼아 왔다(조명한·차명호, 1998). 인지적 측면에서 행복은 한 개인이 자신의 삶을 긍정적으로 평가하고 판단하는 상태이며, 삶의 만족도는 개인이 설정한 기준과 비교하여 자신의 삶을 평가하는 판단과정이다. Shin과 Jonson(1978)은 행복을 '자신이 선택한 기준에 비추어 자신의 삶의 질에 대한 전반적인 평가'라고 정의하고 있다(김용택 외, 2003). 자신이 설정한 기준과 자신이 지각하는 삶의 여건들이 일치한다면 만족도는 높아지게 된다. 정서적 안녕은 긍정-부정의 연속선상에서 한 개인이

5) 특히 사회인구학적 변인들이 개인의 전반적인 삶의 질의 평가에서 설명할 수 있는 변량은 10%에서 15% 사이이다(Andrews & Robinson, 1991; Andrews & Withey, 1976; Diener, 1984; Michalos, 1985; Veenhoven 1991; 조긍호, 1996에서 재인용).

자신의 삶 속에서 이루어지는 경험에 대한 정서적 반응을 지칭하는 개념이다. 행복감은 부적 감정에 비해 정적인 감정이 상대적으로 우세한 상태를 말한다(Veenhoven 1991). 한편, Diener(1984) 및 Myers와 Diener(1995)는 인지적 평가와 감정적 평가를 포괄하여 개인적 안녕을 정의하였다. 구체적으로 이들은 생활 영역 및 전반적인 생활에서 인지적 및 감정적 반응을 파악해야 한다고 제안했다(김용택 외, 2003). 연구자들마다 차이가 없는 것은 아니지만 주관적 삶의 질에 대한 인지와 정서의 두 가지 요소가 중요한 측면이라는 점에 모두 합의하고 있다.

③ 종합적 접근

삶의 질을 분석하는 데 있어서 객관적 지표와 주관적 지표를 동시에 사용하는 종합적인 접근이 가장 바람직한 방법이라는 주장이 설득력을 얻고 있다. 왜냐하면 인간의 삶의 질은 단순히 외형적으로 나타나는 객관적 차원과 함께 삶의 세부 영역들에 대한 사람들의 만족도와 일과 여가에 대한 평가 등 사회구성원들이 주관적으로 인식하고 있는 질적인 실체를 동시에 이해해야 하기 때문이다(김병관·박준식, 1995; 이정록, 1998; 김영기·박재규, 2001). 그럼에도 불구하고 지금까지 진행된 삶의 질 연구 대부분은 객관적 차원과 주관적 차원을 분리시켜 진행하였다. 왜냐하면 삶의 질에 관한 연구에서 객관적 차원과 주관적 차원을 함께 포함하는 것이 이론적으로는 가능하지만 실제 경험적 분석에서는 상당한 문제점들을 가지고 있기 때문이다.

삶의 질에 관한 연구에서 이상적인 것은 객관적, 주관적 지표가 상호 대응되면서 함께 이용되는 것이지만, 실제에 있어서는 다음과 같은 문제점들이 지적된다(金子勇, 1993). 첫째, 일반적, 전체적 대상 수준에서는 긍정적인 반응을 나타내는 경향이 있으나, 어떤 개별적인 객관적 지표 영역에 관해서는 오히려 비판적이며 상당한 불만도 표명하는 경향이 있다. 둘째, 동일한 객관적 상태에 관해서도 개인의 경험의 차에 따라 만족도나 평가가 크게 변화한다. 셋째, 삶에 대한 개인의 평가와 감정, 인식의 집합적 실태가 현상의 정확한 분석에 유효하기 위해서는 준거집단론과 같은 이론적 자원에 기초할 필요가 있다. 넷째, 객관적 지표와 주관적 지표의 관련을 도식적으로 파악하려는 시도도 있으나 현재로서는 그다지 유효한 것이 되지 못하고 있다. 따라서 사회지표는 개인이 생활하는 주관적 현실을 직접 확인하는 것으로서, 심리적 만족과 행복감, 생활만족감을 측정할 필요가 있다.

1980년대 개인의 주관적 인지의 가변성 및 이의 측정, 그리고 비교와 관련된 한계들이 밝혀지면서 사회구성원 전체의 보편적 삶의 질에 대한 관심은 약화되었다. 반대로 특정 집단 또는 부분 영역, 예를 들어 지역사회 거주자, 노인, 장애인 등의 삶의 질에 대한 논의로 전문화되어 가는 양상을 띤다(Baldwin, Godfrey and Propper, 1990; Lin, 1991; McDowell and Newell, 1987; 이현송, 1997에서 재인용). 이러한 차원에서 노인과 청소년, 장애인, 특정 지역사회, 특정 사회집단의 특수성을 고려한 삶의 질 연구에 대한 필요성이 제기되었다(김경동 · 설동훈, 1994; 김왕배, 1995).

삶의 질은 사회적 조건 및 제도와 사회구성원 간에 일어나는 상호작용의 결과를 반영하는 것으로 개인의 삶을 가치있고 윤기있게 만들어 주는 총량으로서의 만족감이다(김상균 외, 1996). 따라서 삶의 질은 인간의 행위와 사고가 작용하는 모든 영역과 관련되는 개념이다. 이는 사회적 조건과 제도가 개인의 복지에 상당한 영향을 주는 객관적 상황이나 물질적 요소를 포함하고 있으며, 또한 사회적 조건 속에서 존재하는 사회구성원이 제도나 사람들과의 관계 속에서 느끼는 성취감, 애정과 친밀감, 자유와 자율 등과 같은 주관적이고 심리적인 요소를 포함한다.

앞에서 언급하였듯이, 삶의 질에 관한 객관적인 척도와 주관적인 척도 간에 일관된 관련성은 발견되지 않고 있다. 그럼에도 불구하고 객관적인 척도와 주관적인 척도를 결합시켜 종합적으로 삶의 질을 이해하려는 연구 또한, 비록 완벽하지 못할지라도, 부분적으로 시도되었다. 이들 연구들은 객관적 차원과 주관적 차원을 단일차원적으로 접근하기보다는 다차원적인 개념으로 접근하였다(Pavot and Diener, 1993). 왜냐하면 삶의 질을 측정하는 객관적 척도와 주관적 척도 사이에는 일관된 관계가 존재하지 않는 것으로 보았기 때문이다. 예를 들면, Lin(1991)은 중국지역사회 주민들의 삶의 질에 대한 연구를 수행하면서 양적인 사회지표와 주민들이 실제 느끼는 심리적 만족감을 중심으로 한 주관적인 삶의 질 경험을 연결시켜 분석하는 방법을 제안한다. 그리고 Davis and Fine-Davis(1991)의 "도시 거주자들의 삶의 질"에 관한 연구에 따르면, 도시의 객관적 조건과 주민들이 인식하는 복지 사이에는 일관된 관계가 존재하지 않는다고 한다. 또 다른 연구에 의하면, 객관적 삶의 질과 주관적 삶의 질 사이에는 상관관계가 높지 않았다고 한다(Chaturvedi, 1991). 이들 연구에 의하면, 객관적 삶의 조건들은 주관적 삶의 충분조건은 아니라 하더라도 필요조건으로서의 의미는 지닐 수 있다는 함의를 제공해 주며, 이러한 방법을 통해 삶의 질에 대한 종합적인 인과모형을 구성하고 분석하는 일은 가능할 것으로 생각된다.

3) 구성 요소

삶의 질을 규정짓는 요인들은 크게 객관적 차원과 주관적 차원으로 구분할 수 있지만(김상균 외, 1996), 연구자들에 따라 삶의 질 개념과 그 구성요소는 각기 다르게 나타나고 있다. 먼저 Andrews(1986)는 삶의 질을 주관적 만족감으로 정의하고 만족감을 초래하는 요소를 기준으로 주관적 측면과 객관적 측면으로 구분하고 있다. 먼저 객관적 범주는 기본적인 의식주를 비롯하여 주로 물질적, 사회적 현상을 포함한다. 객관적 지표는 사건, 행위, 존재, 현상 등의 사실 여부에 대한 것으로 절대적 판단이 적용된다. 조사의 오차가 없고 답변의 진실성이 전제된다면 동일 지표를 사용하여 측정한 서로 다른 조사의 결과는 같게 된다. 그러나 객관적 지표는 주관적 지표에 비해 측정이 용이한 반면에 삶의 목표와 가치를 반영하기 힘들며 객관적 지표상의 수치가 반드시 행복감, 만족감과 일치하지 않을 수 있다는 한계를 갖는다.

다른 한편, 주관적 범주는 가족, 직장, 사회 내에서 나타나는 대인관계에 대한 개인의 심리적, 사회적인 인식(cognition)을 의미한다. 삶의 질에 대한 주관적 만족감은 소득수준, 주거환경 등과 같은 객관적 현상에 의해 제약되거나 충족될 수 있다. 삶을 지탱하는 데 있어서 양적인 충족이 우선시 된다는 점에서 삶의 질에 대한 만족에 있어서의 객관적 범주는 기본적 토대로 작용한다. 삶의 질의 주관적 지표는 현상이나 사실에 대한 개인의 느낌과 주관적 인지나 인식을 지표화한 것이다. 개인의 생활경험과 주관적 지각에서 오는 만족과 행복감 등을 전체 생활국면이나 생활영역에서 평가하고 기술하기 위한 수단이 된다. 삶의 질에 대한 주관적 평가는 인간이 추구하는 가치와 삶의 목적에 따라 상대적이고 다양한 속성을 파악함으로써 개인의 가치나 내면적 심리 상태를 간접적으로 파악할 수 있는 이점을 가지고 있다. 주관적 상태가 시간과 공간 그리고 개인의 심리적 상태에 따라 가변적이기 때문에 신뢰성이 떨어지고 계량화가 힘들다는 단점을 가지고 있다.

그 동안 한국사회에서 삶의 질 문제와 관련하여 객관적 요인과 주관적 요인을 나름대로 고려한 연구들을 검토해 보면 다음과 같다. 먼저 김상균 외(1996)의 삶의 질의 지표 연구에서는 삶의 질 척도를 구성하는 기준으로 두 가지 범주 즉 객관적/주관적 차원과 물질적/비물질적 차원을 교차하여 4가지 유형의 삶의 질 지표를 제시하고 있다. 먼저 객관적/물질적 지표는 1인당 국민소득이나 전화보급률과 같이 물질적 속성을 가지면서 동시에 객관적으로 측정할 수 있는 내용들을 포함한다. 둘째, 객관적/비물질적 지표는 상급학교진학률 또는 인구당 의사수와 같이 비물질적 속성을 가지면서 동시에 객관적으로 측정할 수 있는 항목들로 구성된다. 셋째, 주관적/물질적 지표는 소득수준, 주택보급률과 같은 물질적 삶의 질 요소에 대한 주관적 평가지표이다. 넷째, 주관적/비물질적 지표는 의미있는 인생, 대인관계, 자아성취 등과 같은 비물질적 삶의 질 요소에 대한 주관적 평가를 의미한다.

한성덕(1996)은 삶의 질을 규정짓는 구성요건을 생활가능성을 위한 기본적 요건, 물질적 요건, 그리고 정신적 요건으로 단순화하여 삶의 질에 반영되는 속성을 언급하고 있다. 첫째, 인간의 욕구는 저차원에서 고차원으로 이행하는 방향성을 가지고 있다. 삶의 질의 기본적 요건은 욕구위계상 가장 기초적 사항인 건강과 생명·재산상의 안전이라고 할 수 있다. 건강과 안전은 우리나라 사회지표체계에서도 각각 하나의 부문으로 설정되어 있다. 둘째, 삶의 질을 결정짓는 물리적 요건으로 각종 재화와 서비스와 같은 물리적, 물질적 요소들은 쾌적한 삶을 영위하는데 있어서 필요불가결한 원천이다. 물리적 요건은 절대적 및 상대적 수준뿐만 아니라 물리적, 제도적 각종 편리의 질적인 측면도 고려되어야 한다. 셋째, 정신적 요건은 인간다운 삶을 영위하기 위한 비물리적 요인으로서 정신적 풍요는 삶의 질을 규정짓는 고차적 욕구라고 할 수 있다. 이러한 욕구의 충족을 위해 교육, 문화, 여가, 사회참여 등이 필요하다.

임희섭(1996)은 삶의 질에 관한 명확한 정의가 없는 상황에서는 삶의 질을 측정하는 지표들을 몇 가지의 차원이나 변인들로 분류하고 그와 같은 주요 차원들과 변인들간의 관계를 정립하는 개념적 틀을 구성하는 것을 제안하고 있다. 삶의 질의 차원은 객관적 차원(objective dimension)과 주관적 차원(subjective dimension)으로 구분된다. 객관적 지표를 적절히 선택할 경우 주관적 삶의 만족도와 높은 상관관계를 지닐 수 있다. 이러한 객관적 삶의 조건들은 주관적 만족의 충분조건은 아니나 필요조건으로서의 의미를 지닌다고 볼 수 있다. 객관적 조건을 나타내는 지표와 주관적 만족을 나타내는 지표 사이의 관계가 개인의 성향이나 상황에 따라 상관관계의 방향이나 정도에 있어서 가변성을 지닐 수 있다. 이러한 가변성은 개인이나 집단이 지니고 있는 내재적 및 외재적 준거기준을 판별함으로써 어느 정도 객관화할 수 있다. 삶의 질의 인지적 평가의 기준이 되는 내재적 기준과 외재적 기준 사이에 높은 상관관계가 있을 경우 삶의 질의 객관적 지표와 주관적 지표 사이에도 높은 상관관계가 있을 것으로 보고 삶의 질을 객관적 삶의 조건에 대한 주관적인 인지적 평가라고 정의내린다(임희섭, 1996: 9-11).

임희섭(1996)은 삶의 질의 주요 영역을 자아실현영역, 가계생활영역, 가족생활영역, 직업생활영역, 지역사회영역으로 나누고, 개인의 삶의 질은 이러한 주요 영역에서 개인들이 경험하는 주관적 인지와 평가에 의해 규정되는 것으로 개념화하고 있다. 삶의 주요영역들과 인지적 평가에 영향을 미치는 요인은 성별, 연령 등의 인구학적 요인, 직업, 소득, 교육수준 등의 사회경제적 지위 요인, 개인의 퍼스낼리티와 같은 심리적 요인을 포괄하는 개인적 특성요인과 생태학적 환경뿐만 아니라 사회적 환경, 문화적 요인을 포함하는 환경요인으로 대별할 수 있다.

이처럼 삶의 질을 측정하기 위한 지표는 객관적 지표와 주관적 지표를 모두 포함할 수 있으며, 이 지표들은 시간적, 공간적 차원에서 그 기준을 달리할 수 있다(장영식 외, 2007). 즉 삶의 질은 경제사회적 상황과 사회구성원들의 가치관의 변화에 따라 변화할 수 있다는 특성을 갖고 있다.

3. 도시노인의 삶의 질의 구성 요소

1) 객관적 지표

노인의 삶의 질에 대한 객관적 지표는 노인의 건강과 소득, 주거환경, 가족 및 사회관계, 여가 및 사회활동 등을 포괄하고 있다. 노인의 삶의 신체적, 심리적, 사회적 자원은 노인의 삶의 만족도 수준을 가늠할 수 있는 중요한 자원이다.

노년기의 신체적 건강은 노인의 삶에 있어서 가장 기본적 요인이다. 최근 의학의 발달로 노인들에게 있어서 병리적 노화의 기간이 짧아지는 경향이 두드러지고 있다. 또한 급성질환보다 만성질환관리에 관심이 모아지면서 단순한 생존기간의 연장이 아닌 건강관련 삶의 질을 추구하고 있다. 다시 말해 노인의 건강과 관련하여 중요한 사항은 단순히 생명을 오래 유지하는 것이 아니라 건강을 바탕으로 노인이 자신의 삶에 대해 얼마나 통제력을 발휘하느냐하는 것이다. 세계보건기구(WHO)의 건강에 대한 정의에서 보듯이, 건강은 단순히 질병이 없다는 것 이상을 의미하며, 신체적·정신적·사회적으로 안녕(well-being)

한 상태이다(이가옥 외, 2002). 따라서 노인의 신체적 건강과 관련해서 단순히 질병의 심각성뿐만 아니라 신체적 기능을 얼마나 원활하게 유지하는가 또는 일상생활을 유지하는 데 있어서 신체적으로 얼마나 자유로운가가 중요하다(김익기 외, 1997; 김태현 외, 1998; 한국보건사회연구원, 1998).

노인의 주거환경과 소득 등과 같은 물질적 요인들 역시 노인의 삶에 있어서 중요한 영역이다. 노인들의 주거와 주거환경은 주거 내부공간의 독립성 및 주거 내부와 외부 환경의 편리성, 쾌적성, 안전성, 그리고 사회성으로 나누어 볼 수 있다(이연숙, 1999; 이가옥 외, 2002에서 재인용). 노인이 거주하고 있는 주택의 형태와 소유형태, 주택의 크기, 노인만의 독립적인 거주공간의 유무, 범죄율, 문화시설의 접근성, 공기·소음의 정도 등이 주거환경과 관련된 객관적 지표로 측정될 수 있다. 그리고 노인 또는 노인 가족의 소득의 크기와 소득의 형태, 그리고 용돈 등의 물질적 요인들은 다른 어떤 삶의 영역보다 노인의 삶에 크게 영향을 미친다(홍숙자, 1992). 소득의 크기는 금전적인 절대 액스로 평가되기 보다는 일반적으로 생활에 소요되는 비용을 고려하여 욕구에 대한 충족도의 개념으로 파악되어야 한다(이가옥 외, 2002). 노인의 경제생활을 측정할 수 있는 객관적 지표들로는 재산의 규모, 월평균 수입 규모, 월평균 생활비 규모, 용돈의 정도 등이 노인의 삶의 질 연구들에서 사용되고 있다(김익기 외, 1999; 김태현 외, 1998; 홍순자, 1992)

노인들의 사회관계는 노인의 사회생활의 적응과 밀접하게 관련된다(서병숙·오경숙, 1990: 127). 사회관계망은 개인의 모든 사회적 접촉을 포함하는 것으로서 가족, 친구, 이웃의 사적인 구성원과 교사, 상담가 등의 공식적인 지원자 같은 다양한 사람으로 구성된다. 노인에게 있어서 배우자 유무, 자녀 생존율 등의 가족관계자의 존재는 사회관계의 중요한 척도가 될 수 있다. 또한 가족의 형태와 부양 방식, 지리적 근접성과 상호 접촉·연락빈도 등을 통해 알 수 있는 가족원들과의 유대관계 등도 노인의 삶에 큰 영향을 끼치는 객관적 지표로 사용될 수 있다. 노인은 일상생활에 있어 가족뿐만 아니라 사회적 지원망(social support networks)과의 상호작용을 통해 노년기의 역할상실과 소외감을 줄이고 의존욕구를 충족시킨다고 한다(Krause, 1987; Holahan & Holahan, 1987; Ward, 1995). 사회관계와 관련된 객관적 지표로써 친척, 친구, 이웃 등과의 상호작용의 크기 및 내용 등이 활용된다.

시간적 여유가 많은 노인들에게 있어서 여가 및 사회 활동은 고독과 무료함을 극복하는 역할을 수행한다(장현·이철우, 1996: 40). 생활양식의 변화에 따른 적응이 노년기 행복의 지표라면 순응적인 여가생활로의 전이와 성공적인 노화는 밀접한 관계가 있다. 노인은 노화로 인한 육체적 변화에도 불구하고 중년기의 역할이나 태도를 유지하고자 하는 심리적, 사회적 욕구를 가지고 있다. Havigurst(1963), Russel(1979) 등의 연구에서도 사회적 활동의 참여 정도와 노인의 생활만족도에는 높은 상관관계가 있음이 확인되었다(김숙경, 2004). 여가 및 사회활동을 전혀 하고 있지 않는 노인은 활동이 정체되어 있다는 점에서 삶의 질이 낮다고 볼 수 있으며 이런 점에서 노인이 여가 및 사회활동을 하고 있다면 이를 긍정적으로 해석할 수 있는 것이다(이가옥 외, 2002). 따라서 여가활동을 하고 있는가 여부는 노인의 삶의 질을 측정하는 객관적 지표가 될 수 있다.

2) 개인적 욕구

개인의 욕구와 관련된 가장 대표적인 논의는 Maslow(1954)의 욕구단계이론이다.6) 여기에서는 인간은 물질적 기본 조건의 충족에서부터 창조적 자아실현으로 구성된 욕구의 위계체계를 가지고 있다고 설명한다. 인간의 동기는 다섯 가지 욕구의 계층에 의해 순차적으로 유발되며, 각 단계의 욕구가 충족되면 그 단계의 충족도가 아무리 증가해도 상대적 비중은 줄어드는 대신 다음 단계의 욕구의 중요성이 높아진다. Maslow는 인간의 내재적 욕구(organismic needs)에 초점을 맞추어 인간이 보편적으로 지니고 있는 공통적 욕구를 파악하고 이를 우성의 원리(principle of relative potency)에 의해 형성된 다섯 계층으로 분류하였다. 다섯 가지 욕구에는 생리적 욕구(physiological needs), 안전에 대한 욕구(safety needs), 소속의 욕구(belongingness needs), 자존의 욕구(esteem needs), 자아실현의 욕구(self-actualization) 등으로 구성된다. Maslow는 생리적 욕구가 가장 강도가 강하며, 안전에 대한 욕구, 소속의 욕구, 자존의 욕구로 갈수록 점차 강도가 약해지다가 최상층

6) Maslow의 욕구단계이론은 인간의 기본적 욕구를 파악함으로써 인간 행동의 동기를 이해할 수 있는 개념적 틀을 제시해 주었다는 점에서 높은 평가를 받고 있다. 그러나 이 이론 역시 많은 한계점을 가지고 있다(이창원 · 최창현, 1996). 첫째, 모든 인간에게 다섯 가지 욕구의 계층이 항상 고정적인 것은 아니다. 둘째, 어느 욕구가 충족된다 하더라도 그 욕구가 동기유발 요인으로서의 의미를 상실하는 것은 아니라 강도가 약화되어 하나의 욕구로서 여전히 존재하고 있다. 셋째, 항상 하나의 욕구가 하나의 행동을 유발하기보다는 두 가지 이상의 복합적 욕구가 하나의 행동을 유발한다고 보는 것이 타당하다. 넷째, 인간의 행동이 항상 욕구충족을 위해 수행되는 것은 아니다. 다섯째, 인간의 욕구만족에 의해 욕구 발로가 단계적으로 전진할 뿐만 아니라 욕구 좌절시 욕구발로가 후진적, 하향적으로 진행될 수 있다. 여섯째, 인간의 욕구계층을 다섯 가지로 분류하는 것이 반드시 타당한 것은 아니다.

욕구인 자아실현의 욕구는 그 우선순위가 가장 낮다고 주장하였다(이창원・최창현, 1996에서 재인용).

생리적 욕구는 인간이 지니는 가장 기초적 욕구로서 의식주와 성, 수면, 건강 등에 대한 욕구이다. 최하위의 욕구인 생리적 욕구는 다른 욕구에 비해 강도가 가장 높은 욕구이다. 건강은 일상생활과 사회활동을 유지하기 위해서 충족되어야 할 가장 기본적인 욕구의 하나이다. 건강하지 못한 노인은 무기력감과 소외감을 느끼게 된다. 안전에 대한 욕구는 확실성과, 안전감, 고통회피, 보호 등에 대한 욕구를 말한다. 육체적 안전과 심리적 안전에 대한 욕구를 포괄한다. 대부분의 사람들은 생명의 위험과 사고, 질병, 직업 및 생계에 대한 불안으로부터 벗어나 안전하고 싶어하는 욕구를 가지고 있다. 주거환경의 불안정성과 경제적 빈곤, 정서적 공감대를 형성하는 가까운 이의 죽음 등은 안전감에 긴장을 불러일으키고 노인의 정서에 불안을 심화시킬 수 있다.

인간은 다른 구성원들과 상호작용하면서 생활하는 사회적 동물이기 때문에 어느 곳에도 소속되어 있지 않은 것, 가까운 사람들로부터 소외되는 것 등을 회피하고자 하는 욕구를 가지고 있다. 소속의 욕구는 가족과 친구, 이웃 등 친한 사람과 어울리고 정서적 교감을 나누고 싶어하는 욕구이다. 자존의 욕구는 자신의 존재를 타인으로부터 확인하고 싶은 욕구를 의미한다. 사람들은 자신에 대해 긍지를 가지려 하며 자신이 높게 평가받고 다른 사람들로부터 존경받기를 원한다. 이것은 인간 스스로 자신이 강하고 유능하며 성취적이라는 느낌을 갖는 것, 주로 명예, 위신, 지위, 인정, 권력 등에 대한 욕구로 나타난다. 자존에 대한 욕구가 충족되면 인간은 자신감을 갖게 되고 자신이 이 세상에 꼭 필요한 존재이며 유용한 존재라는 느낌을 갖게 된다. 반면에 이러한 욕구가 좌절될 경우 열등감을 갖게 되고 그에 대한 보상적 행동을 하거나 신경질환의 증세를 보일 수 있다(이창원 · 최창현, 1996에서 재인용). 가족과 사회에서 부여되는 역할을 통해 자신의 존재를 인정받고 싶어한다. 가족이나 사회로부터 보호를 받는 노인은 그 보호로부터 실제적인 혜택을 받을 수 있지만 정서적으로는 자기 존중감을 상실할 수 있다는 점이다. 자존의 욕구는 독립성을 유지하면서 대인관계를 유지하는 행위를 지향한다.

자아실현의 욕구는 자신의 잠재력을 실현하고자 하는 욕구이다. 생리적 욕구와 안전에 대한 욕구, 소속의 욕구, 자존의 욕구가 충족된다 하더라도 인간은 자신이 자기 자신에게 적합한 일을 하고 있다고 느끼지 않으면 불만과 불안을 가지게 된다(이창원 · 최창현, 1996에서 재인용). 노인이 일을 선호하는 것은 단순히 생계유지라는 차원에서도 중요하지만 일을 통한 자기 만족감, 자아실현의 기회를 가질 수 있기 때문이다. 일에 대한 가치가 강조되는 문화에서 일을 그만 둔 노인의 정체성의 위기는 크다. 퇴직 이후 급격히 육체적, 정신적으로 쇠약해지는 것 역시 고령화에 따른 자연스러운 노화과정이라기보다는 사회적으로 조성되는 것으로 생각할 수 있다. 일로부터 배제될 때 노인에게는 여가활동이 강요된다. 그러나 일을 대체할 수 있는 활동에 대해 사회적 인식이 부족하고 자기개발을 위한 여가기회가 사회적으로 조성되지 못하여 노인들이 여가활동을 추구하기란 어려운 실정이다.

이상과 같이 Maslow의 욕구이론은 인간의 신체적, 심리적, 사회적 차원을 포괄하고 있어 삶의 질의 객관적 차원과 주관적 차원을 연결하는 매개적 속성을 갖는다. 왜냐하면 인간의 다양한 욕구만족은 그가 다양한 욕구를 어느 정도 만족하고 있느냐에 따라 상대적으로 평가될 수 있을 뿐만 아니라 특정 욕구가 만족된 사람은 다른 욕구에 대한 기대가 높을 것이며 그 기대된 욕구가 만족되는 정도에 따라 생활만족도 전반을 평가할 수 있기 때문이다(김익기 외, 1997).

그런 의미에서 욕구는 사회적으로 재구성되며, 심리적일 뿐만 아니라 사회적이다. 욕구 실현의 기회뿐만 아니라 욕구 자체가 사회적 조건 속에서 형성되고 변화한다. 인간의 제반 욕구는 생활세계가 이러한 욕구를 창출할 수 있는 기회를 많이 가질수록 확대된다. 반면에 낙후된 생활환경에 대해 개선의 여지가 적다고 인식되는 경우 기대수준을 낮추면서 생활에 적응하는 것이 일반적이다. 이러한 측면에서 인간의 삶은 객관적 측면과 주관적 수준에서의 만족도 사이에 상당한 괴리를 포함할 수 있다. 삶의 객관적 측면과 주관적 차원이 서로 부합되는 정도는 객관적 환경의 지원수준에 따라 다를 수 있고, 이를 매개해 주는 요인이 개인적 욕구수준 정도일 것이다.

따라서 인간의 생존과 안전, 소속, 자존, 자아실현에 대한 욕구는 생활환경의 지원 정도에 의한 실현 여부에 따라 그 정도가 달라질 수 있다. 주거환경의 편이성과 쾌락성은 인간의 생리적 욕구와 신체적 안전의 욕구를 충족시켜 줄 것이며, 경제적 자원은 노인에게 자율성과 자존심을 고취할 것이다. 다양한 여가활동은 인간의 자아실현의 기회를 부여하고 심리적 안정과 건강을 향상시킬 것이며, 화목한 가족관계는 노인에게 소속감과 자존의 욕구충족을 부여한다. 친구와 이웃, 지역과의 통합은 인간에게 자기 정체성과 공동체의 소속감을 제공한다.

3) 주관적 만족도

노인의 삶의 질(Quality of Life)은 주관적 지표들로 구성된 만족도를 통해 주로 파악되고 있다(金子勇, 1993). 삶에 대한 주관적 만족도는 생활전반에 대한 행복과 만족의 주관적 감정이며 일종의 태도라고 볼 수 있다. 여기서 삶의 질은 사회적 조건 및 제도와 사회성원 간의 상호작용의 결과를 반영하며, 개인의 삶을 가치 있고 보람 있게 만들어 주는 총량으로서의 만족감을 의미한다(김상균 외, 1996).

삶의 만족도의 측정은 단일 차원과 종합적 차원으로 구분할 수 있다. 먼저 단일문항 척도는 하나의 문항으로 삶의 전반적인 만족도를 측정하는 것이다(Brief et al, 1993; Headey & Wearing, 1992; Hoyert & Seltzer, 1992). 김영범·박준식(2004)은 서울시 거주 노인들의 삶의 만족도에 관한 연구에서 하나의 문항으로 전반적인 만족도를 측정하였다. 이 접근 방식에서는 전체적인 삶의 만족도를 측정하는 것과 삶의 다양한 분야에 대해 각 부분을 측정하여 만족도를 측정하는 것이 높은 상관관계를 갖기 때문에 단일척도를 사용하는 것이 무방하다고 본다. 복수문항 척도는 삶을 구성하는 다양한 차원들을 반영하여 삶의 만족도를 종합적으로 측정하는 방법이다(Bowling, 1990; Branholm & Degerman, 1992). 종합적 측정방식은 단일문항으로 삶의 만족도라는 추상적 개념을 측정하는 것이 거의 불가능하므로 복수의 문항들을 사용해야 한다고 주장한다(최성재, 1986).

노인들의 삶의 만족도를 종합적으로 측정하는 도구로 Salamon & Conte(1984)의 '노인생활만족척도(LSES: Life Satisfaction in the Elderly Scale)'가 있다. 노인생활만족척도는 8개의 하위영역 척도로 구성되어 있다. 8개 하위요인은 각기 5개 문항으로 구성되어 있어 총 40개의 문항이 5점 척도로 측정된다. 40개 문항의 점수를 합산한 값이 삶의 만족도를 나타내는 척도가 된다. 한편 Oppong과 동료들(1988)과 Mookherjee(1992)는 가족과 건강, 여가, 친구관계, 경제적 수준, 직업 등의 복수문항을 이용하여 생활만족도를 측정하였다. 최성재(1986)는 시간적 차원을 고려한 20개 문항의 노인의 생활만족도 척도를 개발하였다. 이가옥 외(1994)의 1994년 전국 노인을 대상으로 한 생활실태 조사는 본래 20개의 항목으로 구성되어 있는 LSIA로부터 국내에서 사용하기에 적합한 12개의 항목을 뽑아서 LSI를 작성하여 사용하였다.

김익기 외(1997)에서는 노인의 삶에 대한 만족도를 1) 삶의 과거와 현재, 미래에 대해 갖는 긍정적이고 낙관적 태도, 2) 자신의 삶에 대한 가치부여 정도, 3) 정서적 풍만감을 포함하는 생활전반에 대한 주관적 만족도로 정의한다. 여기서 삶에 대한 만족도는 구체적 일상생활 속에서 축적된 정서, 인식들이 장기간 잔상으로 남아 구성된 환경의 객관적 상황과는 상대적으로 독립되어 주관적인 만족도라 정의되며, 생활만족도는 10점 척도로 이루어진 6개의 문항으로 측정되었다.

삶의 주관적 만족도라는 추상적 개념은 단일문항으로 측정하기 어렵기 때문에 삶의 다양한 영역에 대해 복수의 문항으로 측정할 필요가 있다. 따라서 노인들의 삶의 질은 건강과 소득, 주거환경, 가족을 포함한 사회관계와 지원, 직업 등의 경제활동과 여가 및 사회활동 등의 영역들에 대한 주관적 만족도를 측정하고 통합함으로써 전체적인 삶의 질을 파악할 수 있다(김태현 외, 1997).

노인의 삶의 주관적 만족도는 삶의 다양한 영역별로 측정되기도 한다. 많은 연구들(박계범, 1985; Collette, 1984; Liang, 1982)에서 노인의 건강은 생활만족도와 매우 높은 상관관계에 있는 것으로 밝혀지고 있다. 이가옥 등(1994)에서는 노인의 건강이 경제적 수준, 결혼상태, 교육수준과 더불어 노인 생활만족도의 주요 요인으로 설명하고 있다. 노인의 건강은 여가활동, 자녀와의 유대관계, 사회관계망의 형성 등과 같은 여러 생활영역에 영향을 미침으로써 생활만족도와 관련된다. 김종숙(1987)의 연구에서 건강은 노부모와 자녀의 유대관계 다음으로 노인의 생활만족도에 영향을 미치는 변인이라고 지적되었다. 노인의 삶의 질에 대한 주관적 지표로서 건강은 노인이 객관적으로 건강한 상태에 있다 하더라도 본인이 건강하지 않다고 느낀다면, 질 높은 삶을 산다고 볼 수 없기 때문에 중요하다. 자신이 느끼는 건강상태에 대하여 어느 정도 만족하게 생각하는지에 따라 삶의 질이 결정된다(이가옥 외, 2002).

경제적 요인은 삶의 만족도와 긍정적인 관계를 갖고 있는 주요 변인이다. Mannell & Dupuis(1996: 61)는 노년기에 있어서 재정 및 수입의 적절함은 삶의 만족도를 높이는 역할을 한다고 설명하고 있다. 용돈이 많은 노인이 상대적으로 만족도가 높으며, 절대적 경제수준보다는 주위사람과의 비교에 의한 상대적 경제수준이 만족도에 직접적인 영향을 미친다(서미경 · 김정석, 1995: 45). 또한 노인의 경제활동 참여는 삶의 만족도에 긍정적인 영향을 미치며, 경제적 수준이 높을수록 생활만족도가 높은 것으로 나타나고 있다(Aquino & Russel, 1996; 김춘택 · 박종우, 1999; 정혜정 외, 2000; 박기남, 2004; 오승환 · 윤동성, 2006 재인용). 그러나 교육이나 건강과 같은 관련변인들을 통제하면 만족도에 대한 소득의 효과는 감소한다는 견해도 있다(김기태 · 박봉길, 1998). 또한 경제적 부나 생활조건 등은 어느 수준까지는 개인의 행복감과 비례하지만, 일정한 경계선을 지나면 경제적 풍요에 적응하여 그 혜택을 더 이상 느끼지 못하여 주관적 행복감이 증가되지 않는다는 연구 결과도 있다(Meyers, 2000; 이은희 외, 2004에서 재인용).

노인들의 사회관계는 노인의 사회생활의 적응과 밀접하게 관련된다(김명자, 1982; 서병숙 · 오경숙, 1990: 127). 한국사회에서 노인들은 배우자와 자녀, 그리고 친척으로 구성되는 가족중심적인 사회관계망을 갖고 있으며, 이들로부터 다양한 지원을 얻고 있으며(김영범 · 박준식, 2004), 이러한 사적 지원체계가 적절히 기능하지 못하는 경우 공적인 지원체계의 원조를 구하는 경향이 있다(최용민 · 이상주, 2003; 오승환 · 윤동성, 2006 재인용). 가족중심적인 사회관계망에서 노인에게 있어서 배우자의 상실은 심각한 절망과 고독을 수반하는 상황을 수반한다. 특히 남자노인은 여자노인보다 배우자의 상실에 더 큰 타격을 받는다고 한다(Adams, 1979). 또 사회적 활동이 감소되는 노부모로서는 자녀와의 결속이 더욱 중요하다는 연구 결과(Medley, 1976)와 성인자녀와의 동거여부가 노인의 행복감에 별 영향이 없다는 연구결과(원영희, 1995: 110)가 제시되고 있다.

노년기에 자녀에게 의지해서 살아가던 과거 노인세대와는 달리 자신의 삶을 독립적으로 영위하려는 노년층이 증가함에 따라 자녀를 포함한 가족 못지 않게 친척, 친구, 이웃이 장기간 도움을 주는 역할을 수행하며 노인의 삶에 중요한 비중을 차지하고 있다(전혜정, 2004; 안경숙, 2005에서 재인용). 노인은 일상생활에 있어 가족뿐만 아니라 친척과 친구, 이웃 등과의 상호작용을 통해 노년기의 역할상실과 소외감을 줄인다. 특히 형제자매 사이의 결속은 삶을 통해 지속적으로 확장되며 부모-자녀간의 유대 다음으로 중요하다(Barrow, 1992: 98). 또 친구관계의 만족도 역시 삶의 질과 상관이 있는 것으로 설명된다(Campbell, 1976). 많은 연구에서 사회적 지지가 많을수록 노인들의 생활만족도가 높은 것으로 나타나고 있다(Magilvy, 1985; 고보선, 2003, 2004; 허준수, 2004, 오승환 · 윤동성, 2006에서 재인용). 여기에서 사회적 지지는 개인으로 하여금 그가 보살핌을 받고, 사랑을 받고, 평가받고 하는 등 개인간의 정서적 관심과 도구적인 원조, 정보 혹은 평가의 흐름을 포함하는 포괄적인 개념이다(Cobb, 1976, 오승환 · 윤동성, 2006에서 재인용).

시간적 여유가 많은 노인들에게 있어서 여가활동은 고독과 무료함을 극복하는 역할뿐만 아니라 노인의 생활만족에 큰 영향을 미친다(장현 · 이철우, 1996: 40). 생활양식의 변화에 따른 적응이 노년기 행복의 지표라면 순응적인 여가생활로의 전이와 성공적인 노화는 밀접한 관계가 있다. 노년의 여가활동 참여로 인해 나타나는 효과에 관한 연구들에 의하면 노년기에 여가활동에 적극적으로 참여할 경우 노후생활의 적응에 많은 긍정적인 효과를 기대할 수 있는 것으로 나타나고 있다(서병숙, 1994; 원영희, 2000; 모선희, 2004; 나항진, 2004; 오영희 외, 2005에서 재인용). 또한 노인은 노화로 인한 육체적 변화에도 불구하고 중년기의 역할이나 태도를 유지하고자 하는 심리적, 사회적 욕구를 가지고 있으며, 활동을 많이 하는 노인이 노후생활에 보다 잘 적응하고 생활에 만족감을 느낀다(이영길, 1994: 20).

이런 노인의 여가활동 수준은 수입과 건강 및 기능적 능력, 교육수준, 가족관계, 사회적 능력, 참여기회와 같은 요인들에 의해 직접적 또는 간접적 영향을 받는다. 흔히 여가활동의 질을 여가활동의 빈도나 여가시간 같은 양적인 측면에서 평가하고 있으나, 이러한 방법으로 측정하는 데에는 문제가 있다(이가옥 외, 2002). 여가시간이 충분한 노년기에는 여가활동을 하고 있는지 아닌지, 혹은 어떤 여가활동을 하고 있는지가 더 중요하기 때문이다. 삶의 질에 대한 주관적 지표로서 여가 활동의 경우 노인의 여가활동 종류와, 노인이 여가활동을 통해 어느 정도 만족하고 있는가를 통해 여가활동의 질을 파악해야 한다.

4) 종합적 삶의 질

삶의 질은 개개인이 향유할 수 있는 양적, 경제적, 물질적 생활여건뿐 아니라 주관적인 생활만족도의 정도 등을 포함하는 종합적으로 포괄하는 개념(오영희 등, 2005)이라고 할 수 있다. Hughes(1990)는 삶의 질을 구성하는 요소에 관심을 두고 개개인의 자율성, 만족감, 신체적·정신적 안녕 상태, 사회경제적 상태, 환경의 질, 일상생활, 사회적 통합정도, 문화적 속성의 8가지 차원을 제시하고 있다(박기남, 2004). 또한 세계보건기구(WHO)(1993)에서는 삶의 질을 개인이 살고 있는 문화나 가치 체계 하에서 목표와 희망, 기준, 그리고 관심사들과 관련하여 삶에 있어서 그들의 위치에 대한 인지라고 정의하였다(이선혜 외 2002; 박영례 외, 2005에서 재인용).

이가옥(2002)은 노인의 삶의 질을 건강, 물리적 복리, 경제활동, 가족관계, 주거, 교육, 여가활동 등 7개영역으로 분류하였고, 각 영역을 객관적 부문과 주관적 부문으로 나누어 삶의 질의 지표로 구성하였다. 노인의 삶의 질을 대해 종합적으로 이해하기 위해서는 노인을 둘러싼 생활세계의 객관적인 측면 뿐 아니라, 주관적으로 인식하고 구성한 삶의 만족도를 동시에 규명할 필요가 있다(박기남, 2004).

삶의 질 척도 구성에 있어서 가장 큰 문제는 삶을 구성하는 수많은 영역들을 어떻게 종합하여 '삶의 질'이라는 종합적이고 단일한 척도를 만들 것인가 하는 점이다(이현송, 1997). 사회지표체계는 삶의 영역을 몇 개로 구분하고 각 영역에 대해 개별 지표를 나열하는 방식을 취하고 있다. 여기서 상이한 단위의 개별 지표들을 어떻게 결합할 것이며, 여러 지표 혹은 영역들을 결합하는데 있어서 개별 지표 또는 영역들의 가중치를 어떻게 둘 것인가 하는 문제가 제기된다.

삶의 질에 대한 대부분의 경험적 연구들은 복잡한 인간의 삶의 모든 측면을 하나의 단일한 차원으로 구성하기보다는 먼저 이론적으로 몇 개의 삶의 영역으로 구분한 뒤 각 영역에 대한 요약지표를 통계적인 방법으로 도출해 내는 것이 일반적이다. 일부 연구들은 응답자들로 하여금 영역들 간의 상대적인 중요도에 대한 순위를 매기도록 하여 이를 종합하는 방법으로 영역들의 가중치를 도출한다. 이 방법은 연구자의 자의성을 피할 수 있으며 사회구성원 전체의 의견을 종합한 척도를 구성할 수 있다는 점에서 유리한 측면이 있다.

4. 도시노인의 삶의 질을 위한 정책 및 서비스

도시노인의 삶의 질을 향상시키기 위해서는 노인들의 욕구에 부합하는 정책 및 서비스를 제공하는 것이 관건이다. 도시 노인을 위한 정책 및 서비스는 노인이 인간다운 생활을 영위하면서 가족과 지역사회에 적응하고 통합되도록 필요한 자원을 제공하는 역할을 한다. 따라서 여기에는 소득, 고용, 의료, 주거, 여가 등 매우 다양한 내용이 포함될 수 있다. 그러나 정책 및 서비스의 기본적인 내용은 변하지 않는다 하더라도 노인인구층의 변화와 사회의 변화에 따라 정책 및 서비스는 진화하고 발전되어 왔다. 노인복지뿐만 아니라 사회복지 전반에서 이제는 공급자 위주의 정책 및 서비스가 아닌 수요자 중심의 정책 및 서비스가 강조되고 있다. 정책 및 서비스가 노인에게 맞는 맞춤형 정책과 서비스가 되어야 하고, 노인의 욕구를 경험적 분석의 조사 연구를 통하여 파악하고 그에 맞는 정책과 서비스를 제공할 때 수용자의 만족도가 높아 삶의 질이 향상될 수 있을 것이다. 특히 최근 한국 사회가 출산율의 저하와 노인가족의 증대, 부양의식의 변화와 자식 동거에 대한 노인 자신들의 부정적인 의식전환 등 수요자인 노인들의 환경이 변화함으로써 이에 대응하는 정책 및 서비스의 제공이 더욱 절실하게 되고 있다.

우리나라에서 노인복지정책은 1981년 노인복지법이 제정되면서 본격적으로 이루어졌다고 할 수 있다. 노인복지법이 나오기 이전에는 1961년에 제정된 생활보호법에 의해 요보호 노인을 선별적으로 보호하는 매우 협소한 의미의 노인복지정책이 있었을 뿐이었다. 이는 사회복지정책을 잔여형(residual model), 산업성취형(industrial-achievement-performance model), 제도형(institutional model)으로 구분한 사회복지의 모형(Titmuss, 1974) 중 주로 잔여형 모델에 입각한 노인복지의 정책 및 서비스가 제공되었음을 보여주는 것이 있다. 이는 Wilensky와 Lebeaux(1965)가 구분한 잔여적 개념의 사회복지정책과도 거의 같은 개념이다. 노인복지법이 제정된 이후만 하더라고 우리나라 노인복지정책은 주로 선언적인 의미가 강했을 뿐이지 서비스가 구체적으로 제공되지는 않았다고 할 수 있다. 즉, 제도화의 첫걸음은 떼었지만 예산이 반영되고 대상자에게 서비스로 구체화되기에는 축적이 더 필요했던 것이다. 1989년 노인복지법이 처음 개정되면서 서비스가 점차 구체화되면서, 서비스의 종류와 양이 증가하기 시작하였다.

노인복지정책은 사회적 진실 → 가치부여 → 사회문제 → 정책의제 → 정책결정의 과정을 통해 이루어진다(현외성, 2005). 사회적 진실은 과연 노인의 문제가 사회구성원에게 인지되어 있으며, 구체적으로 수치화할 수 있는가이다. 가치부여는 노인문제가 다른 사람에게 영향력이 있으며 다른 정책보다 시급성이 있는가의 문제이다. 사회문제는 노인문제가 진정 사회적으로 이슈가 될 만한가 하는 문제이며 정책의제는 사회문제로 인식되었기 때문에 정책의 아젠다로서 합당한가이다. 이와 같이 문제로 인식되면 정책입안의 필요성이 대두되어 정책이 형성되는 것이다. 우리나라에서 노인을 위한 정책 및 서비스는 거의 이와 같은 과정을 통해 이루어졌다고 할 수 있다. 최근 노인 장기요양보험제도의 경우도 치매노인의 증가와 더불어 맞벌이 부부의 증가로 인해 가정에서 노인을 제대로 보호할 수 없는 문제에 부딪히자 이에 대해 국가가 개입하지 않을 수 없게 되었다. 그러나 우리나라에서는 정책이 사회적 진실을 기점으로 형성되어 온 것은 합당하지만, 그 사회적 진실을 예측하여 선제적이고 예방적으로 정책이 형성되어야 하는데 그러지 못한 제한점이 적지 않았다.

우리나라 노인복지정책은 매년 보건복지부에서 노인(보건)복지사업안내에 나타나듯이 그 정책을 집행하고 있다. 정책의 대상은 보편주의(universalism)와 선별주의(selectivism)의 두 가지 원칙에서 출발하는데, 우리나라 노인복지의 정책 및 서비스는 선별주의에서 점차 보편주의 형태로 발전해 오고 있기는 하지만, 아직도 정책 및 서비스의 주요 대상은 취약노인에 머무르고 있는 것이 현실이다. 그러나 정책 및 서비스는 보편주의 원칙(Gilbert & Terrell, 2002)에 입각하여 모든 노인들의 권리보장을 통해 사회통합에 기여할 수 있도록 하는 것이 과제로 대두될 것이다. 노인을 대상으로 한 정책 및 서비스에 필요한 국가예산은 2008년 486,590백만원, 2009년 662,644백만원으로 매년 증가추세에 있다(보건복지가족부, 2009). 국가예산이 노인들을 대상으로 한 정책 및 서비스로 그 실효성을 발휘하게 되는 실질적 예산으로 사용되기 위해서는 사회보장 등 노인들을 위해 고정된 예산이 아닌, 다양한 서비스향상을 위한 예산이 획기적으로 상향되어 책정되어야 한다. 노인복지의 정책 및 서비스의 내용은 건강한 노인을 위한 소득보장과 고용보장, 가족복지, 주거복지, 여가활동에서부터 질병이 있는 노인을 위한 장기요양과 의료보장, 소외된 노인을 위한 돌봄서비스, 모든 노인을 위한 경로효친사상과 노인봉양의식 제고 등 다양하게 이루어져 있다. 특히 정책 및 서비스 내용은 앞서 지적한 대로 주로 요보호 노인을 대상으로 한 내용중심에서 이제 전체 노인들의 삶의 질 향상이라는 보편적 방향으로 전환되어야 한다. 정책 및 서비스의 집행은 각 읍면동 주민센터의 사회복지직 공무원을 통한 공적 전달체계와 노인복지관, 사회복지관, 노인요양시설 등의 민간전달체계 그리고 대한노인회, 비영리기관 등을 통해 이루어지고 있다.

앞으로 베이비붐 세대의 노인층으로의 급격한 진입, 건강하고 지식있는 노인들의 증가, 평균 수명 연장으로 확장된 노년기 등으로 노인들의 욕구가 폭발적으로 다양화될 것이기 때문에 이에 따른 노인을 위한 다각적인 정책 및 서비스가 요구된다고 하겠다. 또한 지금까지의 정책 및 서비스가 노인들을 수혜의 대상으로 삼고 국가와 서비스 전달하는 민간기관이 대상화하였다면, 이제부터는 노인의 권익을 증진하여 노인의 자기결정권을 존중하는 정책 및 서비스로 방향이 전환되어야 할 것이다. 즉, 정책 및 서비스의 형태는 이제 공급자 중심이 아닌 수요자 중심으로 노인들에게 기회를 더 많이 제공하는 방향으로 이루어져야 한다는 것이다. 이제 고령사회의 도래에 대응하여 노인들의 고용의 기회를 확대하고, 노인들이 실질적으로 사회참여가 가능하도록 해야 할 것이며, 노인들이 권력의 일부로 영향력을 당연하게 행사할 수 있도록 해야 한다. 특히 지역사회에서나 주요 정책결정과정에 노인들이 주도적으로 참여할 수 있도록 제도화하여 노인을 위한 정책과 서비스의 새로운 지평이 열려야 할 것이다.

제 3 장

도시노인의 건강생활과 삶의 질

1. 연구 성과 논의

1) 노인의 삶과 건강

(1) 건강의 개념

건강(健康)이란 신체적으로 튼튼하다는 의미의 '건(建)'과 마음이 편하고 걱정이 없다는 '강(康)'이 합쳐진 용어로, 정신적으로나 육체적으로 아무 탈이 없고 튼튼하고 편안한 상태를 의미한다. 건강에 해당하는 영어의 health는, 신체조건이 양호하다는 뜻의 고어 hale에서 유래되어 완전한 또는 전체라는 의미의 whole에서 시작되었다(권중돈, 2004:113). 여기서 전체라는 말은 신체와 같은 한 부분만 아니라 신체적, 정신적인 면에서 모두 건강해야 한다는 뜻을 함축하고 있다(김화중, 1997).

과거에 건강은 질병이 없는 상태로 인식되어 육체적으로 아프지 않으면 건강하다고 생각했으나, 19세기 이후 건강의 개념이 신체적 개념에서 심신의 개념으로 바뀌어져 건강을 육체적, 정신적 두 가지 면에서 정의하게 되었다. 건강의 개념은 역사의 변천과 생활환경의 변화에 따라서 달라질 수밖에 없다. 예를 들어 원시인들의 만족스런 생활이란 의식주의 해결이며 이 모든 것은 신체를 통해 해결되었기 때문에, 그들에게 있어 건강이란 곧 강건한 육체였다.

하지만 오늘날에 와서는 사람의 건강을 정의하는 데는 앞서 말한 신체적인 면말고도 고려해야 할 다른 요소들이 있다. 신체적으로는 튼튼하며 질병에도 걸리지 않고 어떠한 신체적인 곤란이나 어려움도 극복할 수 있는 사람이라도, 행동양상을 보고 미루어 알 수 있는 그 사람의 정신상태가 건전하지 않다면 결코 건강하다고 할 수 없다. 그러면 건강한 정신이란 무엇인가? 어떤 사람은 이치에 맞게 잘 할 수 있으면 정신적으로 건강하다고 하는가 하면, 다른 사람들과 같은 행동양상을 보이는 것이 정신적으로 건강하다고 하는 주장도 있다. 또 이상적인 정신상태와 비교하여 평가해야 한다는 견해도 있는데, 이들의 견해에 따르면 정신적인 건강은 얻을 수 있는 것이 아니라 이상적인 정신에 가까이 가는 것이라고 한다. 또 다른 사람들은 정신건강의 기준으로 시간 경과에 따른 행동의 변화를 중요시하기도 한다. 이러한 의미에서 건강은 신체적 뿐만 아니라 인지적, 정서적, 심리적 측면에서 모두 고려되어야 한다.

1948년 세계보건기구(WHO) 헌장에는 건강을 '단순히 신체적으로 질병이 없거나 허약하지 않다는 것에 그치지 않고 완전한 신체적, 정신적 및 사회적 평안한 상태'라고 정의하였다. 이러한 건강에 대한 정의는 건강개념에 보편적인 인간의 가치를 포함하고 있다는 면에서는 획기적인 것이나 이상적으로 이러이러한 상태이어야 한다는 당위적인 선언에 그치고 있으며, 또한 'well-being'이라는 상황이 정적이며 절대적 개념으로 주관적 요소를 포함하고 있다. 그리하여 객관적으로 측정 가능한 내용이 제시되어 있지 않음은 물론 건강개념에서 중요한 동적 또는 예후적 내용이 포함되지 않았다는, 그리고 다분히 모호한 설명이라는 비판을 받고 있다.

또 다른 한편에서는 세계보건기구의 정적개념에서 동적개념으로 건강을 파악하자는 주장으로 'well-being' 대신에 'well-balanced life'로 표현되는 동적인 상태를 건강이라고 보는 견해다. 소위 평형적 건강으로 표현되는데, 일상생활에 있어 개개인마다 가지고 있는 건강 잠재력(health potential)과 건강 위해요소(health challenge)들 간에 평형이 이루어진 상태를 말한다. 건강잠재력에는 신체적, 정신적, 사회적 활력소가 있으며 건강 위해요소의 도전에 건강잠재력이 잘 버티어 나아간다면 이 상태가 곧 평형적 건강인 것이다. 이러한 견해는 건강증진에 관한 Ottawa 헌장(1986)[1]에 명시된 내용, 즉, '건강은 생활의 목표로서가 아니라 일상생활을 영위하는 활력소로 이해되어야 한다'와 일치하는 내용이다. 건강은 일상생활을 위한 신체적인 능력은 물론 개인적 및 사회적 활력소의 긍정적인 면을 가리키는 개념이라고 할 수 있다. 이와 같이, 오늘날에 와서 건강은 개인이 모든 차원에서 평안한 상태를 유지하기 위해 그의 내적, 외적 환경변화에 적응하는 상태라고 할 수 있다. 이런 차원에서 건강이란 각 개인의 사회적인 역할과 임무를 효과적으로 수행할 수 있는 최적의 상태라고 할 수 있다. 다시 말하면, 개인의 육체적인 면과 정신적인 면뿐만 아니라 개인의 사회적 역할 수

1) 1986년에는 '건강증진을 위한 오타와(Ottawa) 헌장'이 만들어진다. 여기서는 치료 지향적인 보건의료체계를 뛰어넘어 다양한 부문에 걸친 예방과 증진의 역할을 강조했다.

행능력의 면까지도 고려되어야 한다는 것이 오늘날의 건강에 대한 개념이다.

(2) 노인의 건강

인간행동의 발달은 전 생애동안 학습 및 사회화의 과정을 통해 신체적, 인지적, 심리적, 사회적 측면에서 양적으로나 질적으로 연속적이며 상승적으로 이루어진다. 즉, 인간은 태어나는 순간부터 죽음을 맞이할 때까지 전 생애를 통해서 끊임없이 변화한다(이근홍, 2006:28). 이러한 인간발달은 개인적 차이는 있으나 일반적으로 보편적 순서와 방향성에 따라 진행되며, 크게 상승적 발달과 퇴행적 발달로 구분된다. 전자는 양적으로 증대되고 구조적으로 분화 및 통합되고 기능적으로 유능화되는 것을 의미하며, 후자는 양적으로 감소하고 구조적으로 단순화되며, 기능적으로 무능화되는 과정을 의미하는데, 후자의 경우가 노화(aging)에 해당된다고 할 수 있다(김동배 · 권중돈, 1998). 즉, 노화(aging)란 사전적으로 늙어간다는 의미로 시간의 경과에 따라 유기체의 세포 기관에서 나타나는 진행적인 변화를 말하며 생물학적, 심리적, 사회적 측면에서 기능이 쇠퇴하는 퇴행적 발달을 의미한다.

생애주기에 따른 인간발달의 마지막 단계에 해당되는 노년기는 65세 이후부터 죽음에 이르는 시기로 노화에 따른 급격한 변화를 맞이하게 된다. 이러한 급격한 기능저하는 질병에 대한 저항력을 낮추어 건강의 문제에 심각한 결함을 초래한다. 노년기에 경험하게 되는 일반적 어려움인 '빈고(貧苦), 고독고(孤獨苦), 무위고(無爲苦), 병고(病苦)'라는 노인 4고(四苦) 가운데 다른 고통에 비해 병고는 더 큰 고통을 주며, 최소한의 인간다운 생활을 영위하는 데 치명적 위험을 초래한다. '건강을 잃으면 모든 것을 다 잃는 것과 같다'라는 말처럼, 건강은 한 개체가 독립적인 일상생활을 영위하며 자아를 실현하는 과정에서 매우 중요한 요소이다. 따라서 노인의 건강을 이해하기 위해서는 이러한 노화의 과정이 노인의 신체적, 인지적, 심리적 상태에 미치는 영향을 살펴보아야 한다.

① 신체적 건강

신체적 노화란 생물학적 기능의 퇴화 속도가 재생산 속도보다 빨라져서 전체적으로 유기체 내의 퇴행적 기능의 변화가 나타나는 현상을 의미한다. 시간이 지남에 따라 신체구조와 내부의 활동성이 감퇴하고, 신경계, 혈액순환계, 소화계 등의 기능이 저하되는 동시에 각종 질병에 대한 면역력이 떨어진다. 따라서 노인은 다른 연령집단에 비해 만성질환 유병률이 높고 합병증의 발병률 또한 높아 관절염, 고혈압, 당뇨 등의 노인성 질환을 갖게 된다(이영분 외, 2004:14). 건강보험공단에서 규정하고 있는 노인성 질환으로는 노인장기요양보험의 대상질환인 치매, 파킨슨병, 뇌혈관질환, 기저핵의 기타 퇴행성질환이 포함되며, 이러한 노인성 질환의 환자 수와 이용횟수 등은 연간 지속적으로 증가하고 있으며, 퇴행성 질환의 경우 2002년에 비해 2.16배 증가하여 가장 높은 증가세를 보이고 있다(최인덕, 2008).

신체적 · 생리적 측면에서 변화의 양상을 살펴보면, 먼저 외형적 변화를 발견할 수 있다. 노화에 따라 근육질이 감소하고 지방이 증가하며 골격이 변화하여 가슴의 전후 직경이 증가하고 척추의 길이가 감소함에 따라 키도 약간 줄어든다. 또 피부 탄력이 줄어들고, 혈관의 감소로 체온이 민감해지며 피부의 혈액순환이 나빠지므로 피지선이나 땀샘의 기능이 저하되어 피부의 윤기가 없어져 가려움증, 노인성 습진 등의 피부질환이 자주 발생하고 모발 역시 탄력을 잃고 희어지거나 감소한다. 치아의 소실로 영양의 문제가 생기며 백내장이 와서 눈이 흐려지기도 한다(조성남, 2004).

다음으로 겉으로 드러나진 않지만 신체 내부적 변화로 인해 면역력이 떨어지고 내부 장기의 기능이 약해진다. 혈관의 탄력성이 떨어져서 노인성 고혈압의 특성인 수축기 고혈압이 발생하며, 폐기능이 약해지고 자율신경의 변화로 환경변화에 적응하는 능력이 감소한다. 또 뇌세포의 감소로 기억력이 떨어지고 신경전달 속도가 느려진다. 간세포의 숫자도 줄어들고, 호르몬의 분비도 감소된다(조성남, 2004). 이와 같은 노화현상은 신체의 특정 부위만 쇠퇴하는 것이 아니라 몸 전체의 모든 장기의 기능이 쇠퇴해가는 특징을 보이며, 이는 곧 질병에 대한 면역력의 약화로 이어져 결국 노인은 각종 질환에 만성적으로 노출될 가능성이 매우 높다.

따라서 노인의 유병률은 전체인구의 약 2~3배에 달하며 질병구조가 만성적이고 퇴행적이어서 노인의 건강상태는 매우 열악하다(최일섭 외 1995: 327). 이러한 만성질병 및 노화로 인한 거동의 불능현상도 크게 나타나고 있는데, 신체기능이 저하되면 음식 만들기, 물건사기, 집안일하기, 금전 관리하기 등의 일상생활에서 경험하게 되는 목적의식적인 활동뿐만 아니라 목욕하기, 옷 입기, 식사하기, 앉고 일어서기, 걷기, 화장실 이용하기 등 일상생활을 영위하는 데 필요한 기본적 활동을 수행하는 데도 어려움을 겪게 된다. 이렇게 노화에 따른 노인의 신체적 기능의 저하를 평가하기 위해서 일상생활수행능력(ADL: Activities of Daily Living)과 도구적 일상생활수행능력(IADL: Instrumental Activities of Daily Living) 지표가 사용되고 있다. 일상생활수행능력이란 인간이 다른 사람의 수발 도움을 받지 않고 독립하여 살아가기 위해 필요한 신체활동으로서 일상생활에서 항시 반복되는 동작을 말하며, 도구적 일상생활수행능력이란 단순한 신체적 기능뿐만 아니라 정신적 능력도 포함하고 있다. 일상생활활동 중에서는 도구적 일상생활수행능력이 먼저 저하된다. 왜냐하면 교통기관을 이용해서 이동하는 것, 금전관리나 서류작성, 쇼핑 등은 단순히 신체를 움직이는 것뿐만 아니라 자신의 상황을 판단하는 정신적 능력을 필요로 하는 활동이기 때문이다(박광준, 2004:105). 노인은 젊은 사람들에 비해 각종 노인성 질환으로 인한 건강약화와 더불어 장기간의 보호와 기능성 장애로 인한 사회적 불리를 자주 경험하게 되며, 비록 건강이 좋은 노인이라할지라도 생의 마지막에 접어들어서는 건강이 악화되거나 장애를 수반하는 경우가 많다.

② 인지적 건강

노인은 노화의 영향으로 신체적 기능뿐만 아니라 뇌의 활동과 관련된 지적능력 역시 서서히 저하되기 시작한다. 노인의 인지능력의 저하는 단기기억이 손상되고 자극에 대한 반응을 하는 데 시간이 오래 걸린다는 것이다. 초기에 가끔씩 발생하는 이러한 기능의 저하는 일상생활에 큰 지장을 주지 않지만 연령이 증가함에 따라 노인성 치매, 뇌졸중 등의 질병과 관련되어 더욱 가속화되기도 한다. 기억력의 상실로 장·단기적 기억을 잊어버리는 것뿐만 아니라 집중력의 결핍으로 정보의 습득능력 및 판단능력의 저하, 언어의 반복, 실인 및 실어증이 나타나며, 지각의 변화로 사람을 잘 인식하지 못하고 망상, 환상, 착각 등을 일으키며, 결국 사회 및 대인관계가 위축되거나 불가능하게 되는 등의 일상생활의 심각한 장애로 이어진다.

인지능력과 관련된 대표적인 노인성 질환 중 하나인 치매(dementia)는 라틴어 demens에서 유래한 말로서 '마음을 벗어났다 또는 정신을 잃어버렸다'는 의미로, 의학적 측면에서는 대뇌 신경세포의 손상 따위로 말미암아 기억력 상실, 언어 장애, 판단력 결함, 문제해결능력의 저하 등 대뇌의 고급 인지기능 중에서 최소한 한 가지 이상이 지속적으로 손상된 경우이다(이애영, 2006:45).

노년기의 치매는 내과, 신경과, 정신과 질환 등 다양한 원인에 의해 발생하고 있으며, 그 원인 질환은 70~80여 가지가 되지만, 알츠하이머성 치매가 가장 흔해서 전체의 약 50%를 차지하며, 혈관성 치매가 약 20% 정도를 차지하는 것으로 알려져 있다. 치매를 촉발하는 가장 대표적인 병인 알츠하이머 병(Alzheimer's disease)은 젊은 사람들에게도 발병하기도 하지만 주로 60세 이상의 노인에게서 가장 흔히 볼 수 있고, 방금 기억했던 것을 되새겨 떠올리지 못하는 건망증으로 시작되는 경우가 많다. 초기에는 대화에 필요한 적절한 단어를 찾고, 생각을 정리하거나 이야기를 지속적으로 진행하기가 힘들어지면서 의사소통이 점차 어려워지다가, 시간이 경과하면서 혼자서는 아무것도 할 수 없게 되고 가족이나 전문 간병인에게 의존하게 된다. 혈관성 치매는 뇌졸중이 반복적으로 일어나면서 뇌의 여러 부위에 뇌경색이 생겨서 인지기능의 장애를 초래하는 경우이다. 임상적으로 알츠하이머성 치매와는 달리 치매가 나타나기 전에 한번 이상 뇌졸중을 경험한 적이 있으며, 갑자기 발병하고 악화되었다가 일정기간 안정세를 보이다가 다시 갑자기 악화되는 식의 계단식 경과를 보이며 두통이나 어지러움, 기타 국소적인 신경과적 증상을 보이는 것이 특징이다(강임옥 외, 2005).

최근까지 인지적 노화 과정에 대한 연구는 그다지 수행되지 못했으며, 단지 치매를 선별하는 업무에 종사하는 임상신경심리학자들이 치매를 선별할 목적으로 노인용 인지기능 검사들을 제작하고, 그 과정에서 밝혀진 노인들의 인지기능 특성을 단편적으로 접근했다. 강연욱과

나덕렬(2003)의 연구는 우리나라 노인들의 경우 나이와 교육수준 모두가 다양한 인지기능에 중요한 영향을 미치지만, 나이보다는 교육수준이 인지기능에 더 큰 영향을 미치며, 기억력과 일부 전두엽 기능을 제외하고는 인지기능에 있어서 남녀 간의 차이가 발견되지 않았음을 밝혔다.

③ 심리적 건강

앞서 살펴본 것과 같이, 노화가 동반하는 신체적, 인지적 측면에서의 기능적 변화는 노인의 심리적 상태에도 부정적 영향을 미칠 수 있다. 누군가의 도움을 받지 않고서는 신체적으로 독립적인 활동이 더 이상 어려운 상태에 도달하게 되는 과정에서 겪게 되는 자신감의 상실과 육체적 고통과 죽음에 대한 인식은 삶의 의욕을 저하시키기도 한다. 또한 젊은 시절에 유지했던 기존의 사회적 지위 및 경제적 능력의 상실, 배우자와 친구 및 지인들의 죽음 등은 이러한 고독감과 소외감을 더욱 증폭시킨다. 이로 인해 노인의 경우 내성적 경향이 강해지면서 소극적 태도, 고집과 보수적 경직성, 타인에 대한 의존성 등이 증가하게 된다(이영분 외, 2004:14).

이러한 이유로 최근에는 노인 우울증이 심각한 사회문제로 대두되고 있다. 통계청의 자료에 의하면, 우리나라 65세 이상 노인 중 20%가 우울증을 앓은 경험이 있다고 보고되었다. 우울증(depression)은 전 세계적으로 가장 흔한 정신질환으로, 히포크라테스가 울증(melancholia)이라는 이름으로 증상을 기술해 놓았을 정도로 오래 전부터 알려져 있다. 증상이 나타나는 형태는 사람에 따라 다양한데 일시적이거나 항구적인 경우, 가볍거나 심한 경우, 급성적이거나 만성적인 경우 등이 있다. 우울증은 남성보다 여성에게서 더욱 흔하게 나타나며, 치매와 함께 노인인구에서 가장 흔한 정신질환 중 하나이다. 현재 세계 10대 심신장애 부담요인 가운데 4위를 점하고 있으나, 20년 후에는 2위까지 상승할 것으로 예측되고 있다(WHO, 2001).

젊은 층의 우울증은 슬프고 불행한 느낌이나 초조를 주요증상으로 하는 반면, 노인의 우울증은 수면장애, 활력상실, 피로감 등 신체 증상이 두드러지며, 죄책감, 건강염려증, 허무주의, 피해망상, 질투망상 등 정신적 증상이 동반된다(APA, 2000 재인용). 이렇게 노인의 우울증은 유병률이 높고 그 피해정도가 심각하며, 조기에 발견하면 치료성공률이 80%에 이르는 질환임에도 불구하고, 증상의 식별과 질병의 조기발견, 진단, 치료에 대한 접근이 매우 저조하여 오랫동안 문제시되어 왔다. 정신건강에 대한 인식과 서비스가 발달된 서구 사회에서도 서비스를 받는 노인의 비율은 10%에 불과한 것으로 보고되고 있다(Fram, 2006).

노년기의 우울증에 대한 치료가 적절히 이루어지지 못하고 지속되는 경우, 심리정서적 불안은 물론 다른 신체질환의 발병위험을 가중시킬 뿐만 아니라 노인자살의 주범이 되는 등 치명적 결과를 초래하는 것으로 보고되고 있다. 보건복지부와 OECD에 따르면, 2006년 우리나라의 자살자는 총 1만 2968명에 달하여 자살사망률은 인구 10만명당 21.5명으로 OECD 국가 중 가장 높은 것으로 나타났다. 특히, 60세 이상 노령층 자살이 전체의 30.3%(20,108명)으로 가장 많은 비중을 차지했다. 이는 그동안 자살 최다 노출 연령층이라고 여겨졌던 41세~50세 중년 남성들의 자살률(23.8%, 15,809명)을 훨씬 상회하는 수치이다. 전체적 자살동기를 살펴보면, 노인에 국한된 것은 아니지만 염세・비관이 46.5%(31,002명)로 가장 높았고, 병고 22.4%(14,906), 치정・실연・부정 8.3%(5,524), 정신이상 6.4%(4,225), 가정불화 6.2%(4,130), 빈곤

4.5%(3,019) 사업실패 3.0%(2,018), 낙망 2.7%(1,830) 순으로 나타나, 우울증을 포함한 정신건강과 신체건강이 큰 영향을 미치고 있음을 추정할 수 있다.

2) 노인의 건강 실태

(1) 노인의 건강수준

노인의 건강수준을 측정하는 대표적 방법은 두 가지로 구분할 수 있는데, 하나는 장애, 만성질환 및 증상 등의 객관적 기준에 따라 건강관련 수치를 측정하는 것이고, 다른 하나는 본인 스스로 건강수준을 판단하는 것이다(오영희 외, 2005:64). 한편 우리나라에서 만성질환의 현황을 알기 위해 활용할 수 있는 자료로 대표적인 것은 사망원인통계에 의한 사망률과 국민건강영양조사의 유병률 자료이다. 사망률은 많은 제한점이 있긴 하나 질병의 발생정도와 심각성을 동시에 보여줄 수 있는 통계자료이며, 유병률 또한 국가와 사회가 부담하는 정도를 나타나는데 있어 기본적 자료이다(보건복지가족부, 2008). 따라서 여기에서는 노인의 건강을 신체적 측면에서 접근하여 기대수명 및 건강수명, 노인의 사망원인과 만성질환 유병률, 노인 장애인구 및 일상생활수행능력을 살펴보고, 다음으로는 인지적 측면에서 치매 유병률, 마지막으로 심리적 측면에서 노인 우울증과 자살률 등을 살펴본 후, 마지막으로 건강에 대한 주관적 인식도를 살펴보았다.

2007년 현재 우리나라의 출생아의 기대여명(life expectancy)[2]은 79.6

2) 기대여명이란 어느 연령에 도달한 사람이 그 이후 몇 년 동안이나 생존할 수 있는가를 계산한 평균 생존연수를 의미하는 것으로, 사망과 밀접한 관계가 있으며 잔여평균수명을 예측하고 있는 지표이다. 따라서 출생시 기대여명은 기대수명이 된다(통계청, 2007).

년으로 전년대비 0.4년, 1997년 대비 5.2년이 증가하여 오늘날 전반적인 평균수명은 늘어났으나, 건강수명[3]과는 약 10년가량 차이가 있어 생애주기의 마지막 기간은 질병에 시달리고 있는 실정이다.

기대여명의 추세를 성별에 따라 비교해 보면, 2007년의 기대수명은 남자가 76.1년, 여자는 82.7년으로 여자가 남자보다 6.6년이 더 길었으며, 전년도에 비해서는 각각 0.4년이, 1997년에 비해 남자는 5.6년, 여자의 경우 4.6년이 증가했다. 이러한 남녀 간의 차이는 1985년(8.37년)을 정점으로 감소추세에 있다. 통계청(2008)의 발표 자료에 따르면, 최근 10년간 이러한 기대수명의 증가는 남자의 경우 청장년층(30-64세)과 고연령층(65세 이상)의 사망률 감소가, 여자는 고연령층의 사망력 감소가 크게 기여한 것으로 분석되고 있다.

[표 3-1] 기대수명 추이

(단위: 년)

연 도		전체	남자(A)	여자(B)	남녀차이(B-A)
1970		61.9	58.7	65.6	6.9
1980		65.7	61.8	70.0	8.3
1997		74.4	70.6	78.1	7.6
2006		79.2	75.7	82.4	6.6
2007		79.6	76.1	82.7	6.6
증감	(2007-2006)	0.4	0.4	0.4	0.0
	(2007-1997)	5.2	5.6	4.6	-1.0
	(2007-1970)	17.6	17.5	17.2	-0.3

자료 : 통계청, 「고령자통계」, 2008

3) 건강수명은 전체 평균 수명에서 질병이나 부상으로 고통받은 기간을 제외한 건강한 삶을 유지한 기간을 의미하는 개념으로, 평균수명과 함께 건강정책을 수립하는데 참고가 되는 지표이다. 세계보건기구(WHO)의 연례보고서를 '02년까지 발표하였으며, '05년부터는 국민건강영양조사에서 발표한 건강수명을 반영하고 있다.

이를 다시 OECD 30개국의 기대수명과 비교해보면, 남자의 기대수명은 30개국 평균인 76.1년과 같은 수준이며, 여자는 평균인 81.8년 보다 0.9년이 높게 나타났다. 기대수명이 가장 높은 일본(2006년: 남자 79.0년, 여자 85.8년)에 비해 남자는 2.9년, 여자는 3.1년이 낮은 수준이다. 우리나라 남녀의 기대수명 차이(6.6년)는 폴란드(8.7년), 헝가리(8.4년), 슬로바키아(7.8년), 프랑스(7.1년), 일본(6.8년), 핀란드(7.2년)보다 낮은 수준이나, OECD 평균(5.6년)보다 높으며 1970년 이후 기대수명의 변화를 보면 OECD 30개국 중 터키를 제외하고 가장 빠른 속도로 증가하고 있다(OECD, 2008). 한편 건강수명의 추이를 살펴보면, '05년 기대여명의 경우, 남자는 75.1세, 여자는 81.9세이며, 건강수명은 '00년 67.2세에서 '05년 68.6세까지 지속적으로 증가하는 추세이며, '05년 건강수명 중 남자는 67.5세, 여자는 69.6세로 여자가 약 2년 정도 더 높게 나타나고 있다. 그러나 이 차이는 영양 건강상태 개선, 의료기술 향상 등에 기인하여 꾸준히 줄어들 것으로 예상되고 있다.

최근 우리나라의 질병발생 양상을 살펴보면, 주거환경과 영양상태의 개선, 치료방법의 발전 등으로 인하여 감염성 질환에 의한 사망률은 감소되고 있는 반면, 만성질환에 의한 사망률은 더욱 증가하고 있는 추세이다. 통계청의 사망원인통계에 따르면, '97년부터 지난 10년간 한국 노인의 사망률에 따른 사망원인의 순위는 고정이 되어 있다. 2007년 기준으로 65세 이상 노인의 사망원인 1위는 암으로 10만명당 897.7명이 사망했고, 다음으로는 뇌혈관 질환(508.0명), 심장 질환(346.8명), 당뇨병(180.9명), 고혈압성 질환(146.0명) 순이다. 특히, 암의 경우 폐암에 의한 사망률이 인구 10만명당 222.9명으로 가장 높았고, 다음은 위암(143.2명), 간암(109.3명)순으로 나타났다. 이러한 암 사망률의 증가는 잘못된 식습관, 비만 등의 생활방식의 서구화, 환경오염, 스트레스 및 인구고령화 등과 관련된 것으로 추정되며, 인구고령화로 암 발생률이 증가하고 있고 암 치료 방법에는 아직까지 한계가 있으므로 암으로 인한 사망률은 당분간 증가 추세가 지속될 것으로 전망된다.

[표 3-2] 노인 사망원인에 따른 사망률 순위

(단위 : 명/10만명)

구 분	1위	2위	3위	4위	5위
	암	뇌혈관 질환	심장 질환	당뇨병	만성 하기도 질환
1997	24,354(860.7)	23,987(847.7)	9,917(350.5)	5,338(188.6)	5,256(185.7)
2007	42,275(897.7)	23,923(508.0)	16,330(346.8)	8,521(180.9)	6,876(146.0)

자료 : 통계청, 「2007년 사망 및 사망원인통계」, 2008

다음으로 만성질환의 종류별 유병률을 살펴보면, 고혈압, 당뇨 등 만성질환은 지난 5년간 20%대의 높은 증가율을 보이고 있다. 고혈압 환자는 '02년 348만에서 '05년 463만으로 33%가 증가했으며, 당뇨의 경우 같은 기간에 173만에서 214만으로 23%가 증가했다(국민건강보험공단, 건강보험·의료급여 진료실적). 한국보건사회연구원의 연구(정경희 외, 2005)에 따르면, 65세 이상 노인의 90.9%가 본인이 인지한 만성질환을 1개 이상 보유하고 있으며, 일상활동 수행과 인지기능 및 문제행동 중 1개 이상의 어려움이 있는 경우가 36.3%이다. 가장 높은 만성질병 유병률을 나타내는 질환은 관절염으로 43.1%이며, 다음으로 고혈압 40.8%, 요통·좌골통 30.6%, 신경통 22.1%, 골다공증 18.9%, 백내장 18.1%, 소화성궤양 16.5%, 빈혈 15.9%, 당뇨병 13.8%, 디스크 12.6%의 순서로 나타났다. 1998년의 실태조사와 비교했을 때, 고혈압과 당뇨, 디스크의 유병률이 상승한 것으로 나타났다.

한편 우리나라는 급속한 인구고령화가 진행됨에 따라 노인인구의 양적 증가 뿐만 아니라 만성질환 또는 각종 사고의 결과로 장기요양보호 서비스를 필요로 하는 노인장애인구도 급속히 증가되고 있다. 65세 이상 노인 장애인 수는 '07년 688,884명으로 전체 노인 4,810천명 중 14.3%를 차지하고 있으며, 이 비율은 2000년 30.3%에서 2007년 32.5%로 꾸준히 증가했다.

[표 3-3] 노인 장애인 현황

(단위: 명)

구 분	전 체	남 자	여 자
전체 장애인 수	2,104,889	1,284,089	820,800
65세 이상 장애인 수	688,884	337,831	351,053
65-69세	252,173	137,810	114,363
70-74세	207,760	103,056	104,704
75-79세	128,559	56,958	71,601
80세이상	100,392	40,007	60,385

자료 : 보건복지가족부, 「장애인 등록현황」, 2007

한국보건사회연구원의 연구(정경희 외, 2005)를 통해서 노인의 기능상태를 5개의 기능상태 영역별로 1개 이상 제한이 있는 노인의 비율을 살펴보면, 기본적 일상생활활동능력(12개 항목)은 9.2%, 수단적 일상생활수행능력(10개 항목)은 22.2%, 인지기능(9개 항목)은 18.5%, 문제행동(22개 항목)은 8.5%, 간호처치(11개 항목)는 7.2%, 재활욕구를 가지고 있는 노인은 38.9%로 노인의 재활영역에 1개 이상 어려움을 가지고 있는 비율이 상당히 높게 나타나, 노인의 재활서비스에 대한 필요성이 요구된다.

다음으로 인지적 측면에서 노인 건강을 위협하고 있는 치매의 현황을 살펴보자. 주요 OECD 국가의 치매 유병률을 살펴보면 아래 [표 3-4]

와 같다. 노인인구 중에서도 65-75세에 해당하는 전기노인(younger elderly)의 치매 유병률이 낮고 연령에 따라 기하급수적으로 증가하고 있으며, 남성보다 여성에게서 더 많이 발생하고 있다. 미국에서도 알츠하이머병의 발생 위험도가 급격히 증가하는 추세이다. 미국 통계청의 발표에 의하면, 1997년 미국인구 중 200만명이 알츠하이머 병을 앓고 있으며, 미국의 노인인구 중 2.7%~11.2%에 해당되는 100만~450만명 정도의 인구가 알츠하이머 병을 가지고 있다고 추산되고 있다.

[표 3-4] 주요 국가별 성별, 연령별 치매 유병률

(단위: %, 100명당)

구 분	65-69세		70-74세		75-79세		80-84세		85-89세		90+세	
	남자	여자	남자	여자	남자	여자	남자	여자	남자	여자	남자	여자
미국	1.6	1.3	2.9	3.6	7.2	7.7	15.5	15.1	23.5	28.4	29.9	42.2
캐나다	-	-	4.5	4.6	8.2	9.1	15.1	17.4	22.6	28.1	30.4	41.1
호주	0.8	0.3	2.0	1.3	3.2	3.1	5.8	7.4	16.4	23.9	-	-
영국	2.2	1.8	-	-	8.0	10.3	-	-	18.0	26.0	-	-
프랑스	-	-	-	-	7.7	5.7	12.5	16.6	22.9	29.9	27.0	52.8
스페인	1.0	0.4	1.2	2.9	2.0	2.4	4.3	8.9	9.3	14.8	15.4	28.1
스웨덴	3.4	2.5	-	-	7.7	9.6	-	-	21.9	26.1	-	-
일본	3.8	3.8	-	-	-	-	-	-	-	-	-	-

참고 : 1. 호주와 일본의 데이터는 Epi survey 에 근거한 것임(DSM-Ⅲ-R과는 별개).
2. 캐나다의 자료는 Ontario 주만 해당됨.
3. 영국데이터는 잉글랜드와 웨일즈가 포함됨.
자료 : Moise, et al., 2005.

한국의 치매 노인 수 역시 매년 증가하고 있으며 치매 유병률도 매년 높아지고 있다. 한국보건사회연구원의 변용찬(1997) 연구에 의하면, 65세 이상 노인의 치매 유병률은 8.2%에 달하며, 연령이 증가할수록 더욱 높아지는 것으로 나타났다. 즉 70-74세는 4.6%, 75-79세는 13.6%,

80세 이상은 25.7%로 연령이 증가함에 따라 급속히 증가했다. 한편 통계청(2005)의 장래인구 특별추계에 따르면, 급속한 고령화 속도에 따라 향후 평균수명이 증가하면서 치매 유병률 역시 증가할 것으로 전망되어 2020년에는 9.0%까지 상승할 것으로 나타났다.

[표 3-5] 치매 유병률 추계

(단위: 천명, %)

구 분	2000	2006	2007	2010	2015	2020
65세 이상 인구수(A)	3,395	4,597	4,810	5,357	6,445	7,701
65세 이상 치매 노인수(B)	278	382	399	461	580	693
치매 유병률(A/B×100)	8.2	8.3	8.3	8.6	9.0	9.0

자료 : 통계청, 「장래인구 특별추계」, 2005
변용찬, 「치매관리 Mapping 개발연구」, 한국보건사회연구원, 1997

다음으로 노인의 심리적 건강과 관련된 노인 우울증의 현황을 살펴보면 노인 우울증의 유병률 조사결과는 표본집단의 건강상태, 거주환경, 우울증의 정의 및 범위에 따라 차이가 크다. 먼저 외국의 경우, 유럽에서는 진단이나 검사방법에 따라 5%-27%로 나타났으며 동일한 표준사정방법(GMS-AGECAT)을 사용했을 때 12.3%로 나타났다(Riedel-Heller, Busse, & Angermeyer, 2006). 미국에서는 재가노인의 8-20%(Gallo & Lebowitz, 1999), 일차진료기관 환자의 17-35%가 우울증에 시달리는 것으로 나타났다(Gurland, Cross, & Katz, 1996). 동양권에서는 GMS-AGECAT를 사용한 대만의 지역사회연구에서 21.2%로 조사되었다(이선혜, 2008:274).

국내 유병률은 2000년도 이후 보고된 바에 따르면 대부분 CES-D나 GDS로 측정했으며 20%-77%로 매우 큰 차이를 보이는데, 지역사회 거주자 452명을 대상으로 한 김화중·이꽃메(2000)의 연구에 따르면 유병률은 22.5%인 반면, 재가 방문간호대상 678명을 대상으로 한 김현숙 · 김희영(2007)의 연구에서는 73.8%로 나타나고 있다. 하위집단 특성에 따라 지역사회거주자의 경우 30%-50%대로, 남성보다 여성의 유병률이 높고 도시보다 농촌이 높은 경향을 보인다. 또한, 지역사회거주자 보다는 의료기관이나 노인시설 이용자의 유병률이 70%대로 높게 보고되고 있다.

노인이 다른 연령집단에 비해 우울증 발병률이 높은지에 대해서는 연구결과가 일치되지 않는다. 생물학적 노화 등 정신질환 발병에 대한 취약성 때문에 유병률 증가가 불가피하다고 보는 입장도 있는 반면 별 차이가 없다는 보고도 있다. 최근에는 인생주기에서 40-50대와 70세 이후의 두 연령구간에서 우울증 유병률이 급격히 높아지는 양상에 대한 관찰이 보고된 바 있다(Snowdon, 2008). 그럼에도, 노인의 우울증이 다른 연령집단에 비해 발견과 치료가 안 된다는 점은 오랫동안 지적되어 왔다(이선혜, 2008:276).

이와 더불어 개인의 심리적 특성과 사회적 요인에서 기인하는 무력감과 소외감에서 오는 우울증의 극단적 형태의 하나인 노인 자살률의 현황은 노인과 자살의 관계를 살펴본 김형수(2000)의 연구에 의하면, 남성 노인이 여성 노인에 비해 자살률이 높게 나타나는데, 연령이 높아질수록 그 차이가 더욱 커진다. 특히 홀로 된 남성 노인의 경우 자살할 가능성이 매우 높다. 또한 도시 저소득층, 즉 경제적 어려움에 처한 저소득계층의 노인들과 낮은 지위에 종사하는 노인들의 자살 가능성이 높게 나타났다. 지리적 · 사회적 · 정서적으로 고립된 노인일수록 자살에 이를 가능성이 높은 것으로 밝혀졌고, 건강 악화도 노인의 자살위험을 증가시키는 요인이다. 특히 우울증은 노인 자살률의 50-70%를 차지할 만큼 중요한 요인으로 작용하고 있다.

(2) 노인의 건강 결정요인

노인의 건강에 영향을 미치는 관련 요인들로써 성별, 연령, 지역, 사회경제적 지위(직업, 소득수준) 등에 따른 건강수준의 차이를 비교하기 위하여 먼저 장기요양보호서비스대상 노인의 만성질환 유병률을 살펴보면, 전체 평균은 95.9%이며 남자가 95.3%, 여자가 96.0%로 여자가 남자에 비해 0.7% 포인트 높게 나타나고 있다. 이를 연령대별로 비교해보면, 65세 이상 70세 미만의 연령대에서 97.6%로 가장 높게 나타나고 연령이 증가할수록 점차 낮아져 80세 이상의 노인은 92.7%에 머무르고 있다.

[표 3-6] 장기요양보호서비스대상 노인의 성별, 연령별 만성질환 유병률

(단위: %)

구 분	전 체	65~69세	70~74세	75~79세	80세 이상
전 체	95.9	97.6	98.1	97.6	92.7
남 자	95.3	97.5	98.8	96.0	89.5
여 자	96.0	97.6	97.6	98.3	93.3

자료 : 한국보건사회연구원, 「2004년도 전국 노인생활실태 및 복지욕구조사」, 2005

다음으로 주요 만성질환 유병률의 차이를 살펴보면, 남성은 고혈압이 34.4%, 관절염이 21.8%, 요통·좌골통이 18.6%이며, 빈혈과 디스크는 각각 8.3%와 8.0%로 낮은 수준을 나타낸 반면, 여성의 과반수 이상인 56.6%가 관절염을 만성질환으로 인지하고 있으며, 고혈압과 요통·좌골통도 44.8%와 38.1%로 매우 높게 나타났다. 즉 남성은 고혈압(34.4%), 여성은 관절염(56.6%)이 가장 높은 유병률을 기록한 만성질환으로, 남성과 여성 노인 모두 관절염과 고혈압을 만성질환으로 인지하고 있는 경우가 가장 높았다. 성별로 유병률에 있어 가장 큰 격차를

보인 만성질환은 골다공증으로 여성이 남성에 비해 약 7.2배(25.1%p) 높게 인지하고 있었으며, 다음으로 관절염이 약 1.6배(34.8%p), 빈혈이 1.5배(12.4%p) 등의 순서를 보이고 있다. 이러한 결과는 여성이 남성에 비해 동일한 질병에 대해서도 민감도가 높다는 점과 남성보다 긴 여성의 평균수명 등이 영향을 미친 것으로 판단된다.

[표 3-7] 주요 만성질환 유병률

(단위: %)

구 분	평 균	남 자	여 자	1998년
관절염	43.1	21.8	56.6	43.4
고혈압	40.8	34.4	44.8	23.5
요통·좌골통	30.6	18.6	38.1	29.2
신경통	22.1	14.9	26.5	-
골다공증	18.9	3.5	28.6	-
백내장	18.1	11.3	22.4	10.6
소화성궤양	16.5	12.0	19.3	15.9
빈혈	15.9	8.3	20.7	-
당뇨병	13.8	12.3	14.8	9.0
디스크	12.6	8.0	15.4	5.4

자료 : 한국보건사회연구원, 「2004년도 전국 노인생활실태 및 복지욕구조사」, 2005

한편 도시와 농어촌의 지역에 따른 차이를 살펴보면, 본인이 인지한 만성질병상태에 있어서나 만성질환 종류별 유병률에 있어서도 농어촌 노인의 경우 관절염과 만성기관지염 유병률이 조금 더 높지만 전반적으로는 지역 간 유사한 수준으로 나타나고 있다.

마지막으로 한국보건사회연구원(2005)의 조사를 통해 노인에게 자신의 건강에 대한 주관적 인식의 정도를 파악한 결과를 살펴보면, 농어촌 노인은 자신의 건강상태에 대해 긍정적으로 평가하고 있는 경우가 30.5%로 도시노인의 35.8%에 비해 조금 낮은 편이며, 건강상태가 나쁘다고 부정적으로 인식하는 비율은 41.5%로 도시노인 36.8%에 비해 조금 더 높게 나타났다. 반면 성별에 따른 건강에 대한 인식은 확연히 구분된다. 남성 노인의 경우, 매우 좋다가 15.6%, 약간 좋다가 31.6%로 나타나 자신의 건강상태에 대해서 긍정적으로 인식하고 있는 정도가 46.9%를 차지하고 있는데 반해서, 여성 노인의 경우에는 긍정적 응답이 26.2%에 불과하고 오히려 부정적 응답률이 45.8%를 차지하여 정반대의 결과를 보이고 있다.

[표 3-8] 노인의 주관적 건강 인식

(단위: %)

구 분	전 체	남 성	여 성	도 시	농어촌
매우 좋다	8.6	15.6	4.1	9.7	6.0
약간 좋다	25.6	31.3	22.1	26.1	24.5
보통이다	27.4	26.5	28.1	27.2	28.0
약간 나쁘다	26.8	18.2	32.3	25.7	29.2
매우 나쁘다	11.5	8.4	13.5	11.1	12.3

자료 : 한국보건사회연구원, 「2004년도 전국 노인생활실태 및 복지욕구조사」, 2005

다음으로 정신건강의 측면에서 치매 유병률의 성별 및 연령에 따른 차이를 살펴보면, 여성 노인의 치매 유병률은 10.9%로 남성의 3.7%에 비해 상당히 높으며, 연령의 증가에 따라 유병률은 계속해서 증가하는 경향을 보인다. 남자의 경우 65세에서 69세 노인의 경우 1.2%에 불과하나 연령이 증가할수록 치매 유병률 역시 증가하여 80세 이상인 경우 15.2%까지 증가하였으며, 여성의 경우 65~69세 노인은 3.0%에서 80세 이상 노인은 29.4%까지 급격하게 증가하였다.

[표 3-9] 장기요양보호서비스대상 노인의 성별, 연령별 만성질환 유병률

(단위: %)

구 분	평 균	65~69세	70~74세	75~79세	80세 이상
남 자	3.7	1.2	2.6	5.2	15.2
여 자	10.9	3.0	5.9	18.2	29.4

자료 : 변용찬, 「치매관리 Mapping 개발연구」, 한국보건사회연구원, 1997

[표 3-10]에서 흡연, 음주, 운동, 식사 등 건강실천행위를 통해 드러나는 노인의 건강생활양식의 차이를 먼저 성별에 따른 흡연율과 음주율을 살펴보면, 남성의 흡연 경험이 79.9%로, 여성의 14.5%에 비해 월등히 높았으며, 음주율의 경우 남성은 현재 술을 마시는 비율이 53.3%, 과거에 마셨으나 현재는 마시지 않는 경우가 26.4%로, 음주경험에 대한 응답에서도 79.7%로 여성의 33.4%에 비해 높게 나타났다. 다음으로 성별에 따른 노인의 운동실천행위를 보면, 규칙적으로 운동을 하는 비율이 남성은 37.0%, 여성은 24.7%이며, 운동을 전혀 하지 않는 비율은 남성이 52.8%, 여성은 64.9%로 나타나 여성이 남성에 비해 운동을 규칙적으로 하고 있지 않는 것으로 나타났다. 또한 영양식을 섭취하는 비율 역시 여성이 30.3%인 것에 비해 남성은 43.9로 더 높게 나타나고 있다. 남성 노인의 경우 건강을 해치는 위해 행위인 흡연율과 음주율이 모두 여성 노인에 비해 높게 나타난 반면, 운동과 음식을 통해 건강을 지키려는 노력의 정도 역시 높게 나타나 모순적 행위가 반복되고 있다는 것을 알 수 있다.

한편 지역에 따른 흡연율과 음주율을 살펴보면, 농어촌 노인의 흡연율은 20.4%로 도시노인의 16.1%보다 높은 수준이며, 음주율의 경우 농어촌 노인이 34.6%, 도시노인이 34.0%로 비슷한 수준이다. 또 농어촌 노인은 매우 규칙적으로 운동하는 노인이 18.8%, 가끔 운동하는 노인

이 24.6%로 도시노인의 47.1%에 비하면 낮은 수준이며, 매 식사마다 영양식 섭취노력에 있어서도 '매우 그렇다'와 '그런 편이다'의 비율이 32.2%로 도시노인의 37.3%보다 낮은 편이다.

[표 3-10] 성별 노인의 건강실천행위

(단위: %)

구 분		전 체	남 성	여 성
흡연	현재 피움	17.5	33.4	7.5
	과거 피웠음	7.0	46.5	7.0
	피운 적 없음	85.4	20.2	85.4
음주	현재 마심	34.2	53.3	22.1
	과거 마셨음	17.2	26.4	11.3
	전혀 안 마심	48.6	20.3	66.6
운동	아주 규칙적이다	29.5	37.0	24.7
	가끔 한다	10.3	10.2	10.4
	전혀 안 한다	60.2	52.8	64.9
영양식 섭취	매우 그렇다	6.5	8.0	5.6
	그런 편이다	29.1	35.9	24.7
	그저 그렇다	21.1	20.4	21.6
	그렇지 않다	33.2	26.4	37.5
	전혀 그렇지 않다	10.1	9.2	10.7

자료 : 한국보건사회연구원, 「2004년도 전국 노인생활실태 및 복지욕구조사」, 2005

마지막으로 경제적 수준으로 소득수준에 따른 건강수준의 차이를 2005년 서울시민 보건지표조사에 따르면, 서울에 사는 65세 이상 노인은 일반가구에 비해 더 많은 의료비를 지출하고 있는 것으로 나타났는데, 먼저 소득계층을 5분위로 구분해볼 때 모든 계층에서 노인가구의 보건의료비 지출 비중이 일반가구에 비해 상대적으로 높게 나타났다. 이는 고령화에 따른 노화로 인해 발생하는 건강상의 문제로 노인가구의 소비항목 가운데 보건의료비 지출이 증가된다는 것을 확인하는 결과이다. 한편 노인가구 내에서도 소득수준에 따라 가계지출 중 의료비 지출이 차지하는 상대적 비중이 다르게 나타나고 있다. 가장 고소득층인 소득5분위에 해당되는 노인가구의 경우 의료비로 월평균 57만원 정도를 지출하여 의료비 지출이 가장 높게 나타났고, 다음으로는 소득4분위 집단으로 월평균 48만원을 지출하였으며, 이어서 소득수준이 가장 낮은 소득1분위 집단의 의료비 지출이 높게 나타나 상대적으로 경제적 부담이 큰 것으로 나타났다(김경혜 외, 2007). 노인가구의 소득과 소비구조에 관해 이와 유사한 결과를 보여주고 있는 김영숙(2002)의 연구 역시 빈곤한 노인가구의 경우 노인 일반가구와 비노인 일반가구에 비해 가계소비에서 보건의료비를 포함한 식료품비, 광열·수도비의 비중이 상대적으로 높게 나타나고 있음을 보여주었다.

3) 노인의 건강과 삶의 질

(1) 노인의 삶과 건강생활

노인의 건강은 일상생활에서 독립적 활동을 가능하게 하는 기본 조건이기 때문에 노인의 경제생활, 가족관계, 사회관계 및 취업활동, 여가 및 문화활동 등 다른 생활의 영역에도 큰 영향을 미칠 것이다. 여기에서는 노인의 건강이 일상적 행위와 인식에 미치는 영향을 파악하기 위해, 기타 영역과 어떻게 연관을 맺고 있는지를 살펴보고자 한다.

먼저 노인의 건강이 경제생활에 미치는 영향을 소비와 소득의 측면에서 살펴보면 소득과 연관된 경제활동의 측면에서 노인의 건강은 매우 중요한 변인으로 작용한다. 일정한 나이가 되어 은퇴시기에 따른 자연스러운 퇴직은 누구나 피할 수 없는 과정이나, 건강의 악화는 퇴직연령을 예정시기보다 앞당기는 주요 변인 중 하나가 될 수 있으며, 퇴직에 따른 역할과 경제적 소득원의 상실은 다시 건강을 더욱 악화시키는 요소로 작동하기 때문이다.

한편 노인의 건강은 소비적 측면에서 경제생활에 더 큰 영향을 미치는데, 노화로 인한 건강상태의 악화와 만성질환은 진료비와 약값에 해당하는 보건의료비의 지출을 높여 노인 가구에 경제적 부담을 증대시킨다. 통계청(2007)의 조사결과에 의하면, 노인들이 겪고 있는 가장 어려운 문제는 건강과 관련된 문제로 응답자 중 43.6%를 차지하였고, 경제적 어려움이 38.4%, 소일거리 없음이 5.3% 순이었으며, 만성질환의 치료에 대한 의료비 부담 정도를 파악한 결과, 여성 노인의 경우 의료비에 대한 부담이 된다는 응답이 47.5%, 남성 노인은 43.5%로 남녀 모두 의료비에 대해 대체적으로 부담을 느끼는 편이 높게 나타났다. 이와 같이 노인의 건강은 노인이 일상생활에서 가장 어려움을 느끼는 심각한 문제로 인식되고 있으며, 실질적으로도 노인의 가계지출 가운데 보건의료 비용이 가장 큰 비중을 차지하고 있다.

다음으로 노인의 건강이 가족생활에 미치는 영향을 살펴보면 건강한 노인은 일상적 활동에서 독립적 생활을 영위할 수 있는 반면, 건강하지 못한 노인, 특히 만성질환이 심각한 노인일수록 독립적 생활이 어려우며 누군가의 도움이 절실히 필요하다. 이런 점에서 건강이 악화된 노부모와 자녀와의 관계는 노후의 삶을 영위하는 데 있어서 다른 무엇보다도 중요하다. 일반적으로 일상생활에서 거동의 불편함을 도와줄 신체적 원조, 보건의료비용의 지출을 감당할 경제적 원조, 역할상실과 사회관계의 단절에서 오는 고독과 소외감을 덜어줄 대화를 통한 정서적 원조의 일차적 책임과 부담을 자녀를 포함한 가족이 담당하고 있기 때문이다.

한국보건사회연구원의 조사(정경희 외, 2005)에 의하면, 노인에게 도움을 제공하는 주요 제공자 가운데 아들, 딸, 사위, 며느리를 포함한 자녀의 간병 및 수발의 비중이 54.9%로 되어 자녀에 대한 의존이 매우 높게 나타나고 있다. 통계청(2007)의 조사결과에 의하면, 노인들이 가장 받고 싶은 복지서비스는 건강검진이 40.5%, 간병서비스가 23.6%, 취업알선 및 가사서비스가 8.8% 순으로 나타났으며, 또한 연령이 높아질수록 간병서비스에 대한 욕구가 더욱 커지고 있었다.

이와 같이, 만성질환을 가진 노인의 수발에 대한 부담이 가족관계를 악화시키는 요인으로 작동하기도 한다. 전통적인 농경사회에서는 가정과 일터가 분리되지 않고 하나로 묶여있어 노인은 일생동안 자녀들과 함께 농업에 종사하며 가족의 중심에 위치해 있었다. 그러므로 노인부양의 책임은 가족의 당연한 역할 중 하나로 여겨졌다. 특히 부모와 어른에 대한 경로효친 사상이 중시되었던 전통적 유교문화가 지배적이었던 우리나라에서는 가족의 노인부양의식은 매우 높았다고 할 수 있다. 그러나 점차 도시화, 산업화가 진행되면서 가정과 일터가 분리되어 사회적 분업화와 급격한 정보화가 진행되면서 전통적 가치는 의미가 낮아지고 사회뿐만 아니라 가족 내에서도 노인의 역할과 비중은 줄어들었다. 이에 따라 지나친 노인부양에 대한 부담은 오늘날의 약해진 가족관계에서 심각한 사회문제의 하나로 대두되고 있다.

마지막으로 노인의 건강이 사회관계와 여가생활에 미치는 영향을 살펴보면 노화에 따른 건강의 악화는 사회적 차원에서 일정한 지위를 가지고 이에 따른 역할을 수행하며 개인 또는 집단과 맺어왔던 사회관계에 큰 변화를 일으킨다. 건강한 노인은 경제활동이나 자녀양육 등과 같은 장년기의 활동에서 벗어나 주어지는 자유로운 시간을 적극적으로 활용할 수 있다. 또래 집단 또는 연륜과 경험을 필요로 하는 조직 내에서 특정한 역할을 수행하며 새로운 사회관계를 맺을 수도 있으며, 경제적으로 여유를 활용함으로써 다양한 여가 및 문화생활을 즐길 수도 있다.

반면, 일상적 활동에 심각한 제약을 받는 건강하지 못한 노인은 시간적·경제적 여유가 주어지더라도 이를 적절히 활용하기가 무척 힘들다. 집이나 의료 및 복지시설과 같은 제한된 공간에서 간병과 보호를 받으며 지내는 경우 특정한 역할을 맡아서 수행하기가 힘들기 때문에 사회관계 역시 좁아질 수밖에 없다.

(2) 노인의 건강생활과 삶의 만족도

노인의 건강문제는 최근 노인의 삶의 질에 관한 연구에서 필수적인 지표 중 하나이다. 사회학, 심리학 분야에서는 오래 전부터 인간의 삶의 질 개념을 매우 중요하게 다루어 왔으나, 건강 관련분야에서는 포괄적 의미의 삶의 질 개념에 대한 접근보다는 주로 보건의료 분야에서 개발된 건강 관련 삶의 질(health-related quality of life)이라는 미시적 차원의 개념에 초점을 맞추어 왔다(김익기 외, 1999). 노인의 경우 대부분 만성질환을 지니고 있으며, 완치보다는 지속적 관리가 필요하고 치료를 평가할 때 임상현상과 더불어 노인이 주관적으로 지각하는 사회심리적 상태가 중요하므로 건강관련 삶의 질은 노인의 건강과 관련된 매우 중요한 지표라 할 수 있다(이영분 외, 2004).

노인의 삶의 만족도에 관한 다수의 선행연구(서희숙·한영현, 2006; 오영희 외, 2005; 박기남, 2004; 권중돈·조주연, 2000, 김미혜·이금룡·정순둘, 2000, 김태현 외, 1999)에 의하면, 노인의 삶의 만족도는 인구사회학적 특성, 신체 및 정신건강 수준, 경제적 수준, 여가활동, 사회관계 등 다양한 변인들에 의해 영향을 받는데, 그 중에서도 공통적으로 노인의 삶의 질에 대한 만족도에 있어서 건강관련 요인들은 매우 중요한 변인이다. 건강수준이 삶의 만족도에 미치는 영향에 관한 많은 연구들에서는 노인의 건강상태가 좋을수록 삶의 만족도 수준이 높은 것으로 나타난다. 노인의 건강과 삶의 질에 대하여 Magilvy(1985)는 노인의 삶의 질과 긍정적인 관계에 있는 가장 중요한 요인은 건강이라고 하였으며, Larson(1987)은 노인에게 있어서 노화에 따른 신체적 약화가 삶의 질을 저하시킨다고 하였다. 최순옥(2000)은 건강상태가 좋을수록, 간호제공자의 지지가 있을 때 삶의 질이 높았으며, 우울증이 있을 때는 삶의 질이 낮았다고 보고하였다. Cutler(1979)는 건강과 생활만족도 사이에는 직접적인 상관관계가 있다고 보았다(이지현 외, 2008:145).

먼저 객관적 측면에서 측정된 신체적 기능과 관련된 건강수준이 노년기 삶의 질에 미치는 영향을 살펴보면 신체적 건강 또는 일상생활수행능력이 낮은 노인일수록 삶의 만족도 역시 낮은 것으로 나타나(김태현 외, 1999, 권중돈·조주연, 2000), 신체적 건강 수준 역시 노인의 삶의 만족도를 결정하는 요인으로 주목되어 왔다. 노인들의 신체기능은 노인의 삶의 질에 영향을 미치는 중요한 요소로 일상생활능력은 노인의 독립적 삶을 영위하는 데 필수적인 능력이다(Bowilling et al., 2003). 노인들은 연령이 증가함에 따라 환경의 요구에 부합하는 기능적 능력이 감소되므로 기능이 상실될 때 삶의 질은 감소한다(Clipp, 2002).

이를 보다 구체적으로 성별과 연령에 따라 살펴보면, 이러한 신체적 건강상태는 남성노인보다는 여성노인, 연소노인보다는 고령노인의 삶의 만족도 수준을 결정하는 데 있어 더욱 중요한 요인인 것으로 나타난다(Mannell and Dupuis, 1996; 권중돈·조주연, 2000:63 재인용). 연령별로 노인의 신체적 요인이 삶의 질에 미치는 영향을 살펴본 또 다른 연구에 의하면, 전기·후기노인 모두에게 만성질환은 삶의 질에 부정적 영향을 미치기는 하지만 통계적으로 유의미하지 않게 나타난 반면, 기능적 능력은 상대적으로 연령이 낮은 전기노인의 삶의 질에만 통계적으로 유의미하게 나타났다. 이는 전기노인들은 아직 활발하게 움직일 수 있는 연령이므로 신체적으로 제대로 기능하는 것이 그들의 삶의 질을 높이기 때문인 것으로 추정된다. 한편 자기 나이 또래의 사람들과 비교해서 건강하게 느끼는 주관적 평가는 두 집단 모두에게 유의미한 영향을 미치고 있으나, 전기노인보다 후기노인들의 삶의 질에 더욱 많은 영향을 미치는 것으로 나타났다(김미령, 2006).

노인의 일상생활에 대한 장애의 정도가 커 타인에 대한 의존도가 커질수록 주관적 생활만족도가 낮아지는 것으로 나타나, 주관적 생활만족도는 신체적 건강수준과 밀접한 연관을 가진다. 신체적 기능이 소퇴함에 따라 생활세계에 적응하는 데 타인에 대한 의존도가 커지며 신체적 안전성과 자립성이 결여될 때 주관적 삶의 만족도는 떨어지게 마련이다(김익기 외, 1999). 노년기의 우울증을 유발하는 요인을 분석한 연구에서는 우울증에 직접적 영향을 미치는 스트레스 요인은 주관적 건강상태와 일상생활활동능력으로 나타났는데, 이 두 가지 변인들은 자아통제감을 저하시켜 우울증으로의 전이 과정을 심화시키고 있었다. 그 중 일상생활활동능력의 저하는 자아통제감에 부정적 영향을 미치는 정도보다는 직접적으로 우울증에 영향을 미치는 정도가 더 커서 노년기 우울증에 지대한 영향을 미치고 있었다(김미혜·이금룡·정순둘, 2000). 즉, 노인의 신체적 건강의 문제는 정신적 건강인 우울 수준에 심각한 영향을 미치며, 이는 곧 삶의 만족도에 큰 영향을 미친다고 할 수 있다. 한국보건사회연구원의 조사(정경희 외, 2005)를 통해 노인의 신체적 기능상태에 따른 삶의 만족도를 살펴보면, 기능상의 제한이 없는 노인의 45.5%가 만족하고 있는데 반해 제한이 있는 노인은 37.7%이다. 건강상태에 대한 만족도의 경우는 전자는 42.9%이며 후자는 28.5%로 나타났다. 따라서 신체적으로 건강한 노인이 건강상태에 대한 만족도 뿐만 아니라 전체적인 삶의 만족도가 높다고 할 수 있다.

다음으로는 자신의 건강에 대해 주관적으로 인지되는 건강상태가 노년기 삶의 만족도에 미치는 영향을 살펴보면 노인의 삶의 만족도에 있어서 연령의 효과는 나이가 들수록 부정적 영향을 미치기는 하지만, 생물학적 연령 그 자체보다 자신이 주관적으로 건강하다고 느끼는 건강연령이 삶의 만족도와 더 직접적 관계에 있다. 노인들이 인지하는 주관적 건강은 객관적인 건강과 상관관계가 높을 뿐만 아니라(Lund, Caserta, and Dimond, 1989), 주로 자신의 나이 또래와 비교하는 상대적인 건강인지로 노인들 중 자신이 건강하다고 생각하는 사람은 행복하며 삶의 만족도가 높다(Hooyman and Kiyak, 2002; 김미령, 2006: 201 재인용).

보다 세부적으로 성별에 따른 남녀 노인의 삶의 만족도 차이를 비교해보면, 특히 여성노인에게서 주관적 건강상태에 대한 평가는 삶의 질을 예측하는 중요한 변인으로 나타났다(Ruffing-Rahal, Barin, & Combs, 1998; 정순둘, 2007 재인용). 남녀에게 동일한 조건인 경우에는 여성노인의 만족도가 전반적으로 낮게 나타나고 있다. 남성노인의 경우에는 같은 변인안에서 조건이 나쁠수록 삶의 만족도 수준이 여성노인보다 훨씬 더 큰 폭으로 떨어지는 특성을 보이고 있다(박기남, 2004). 연령별로 전기·후기 여성노인의 삶의 질을 비교한 연구에 의하면, 주관적 건강인지는 두 집단 모두에게 유의미한 영향을 미치고 있으나, 전기노인보다 후기노인들의 삶의 질에 더욱 많은 영향을 미치는 것으로 나타났다(김미령, 2006).

주관적 건강상태와 우울증의 관계를 살펴보면, 주관적 건강상태는 자아통제감을 저하시켜 노년기 우울증을 유발하는 중요한 요인으로 작동하고 있다. 즉 자신의 건강상태가 좋지 않다는 자가진단은 자아 통제감을 떨어뜨려 이는 결국 우울증으로 더욱 발달하게 됨으로 삶의 질은 낮아진다고 해석할 수 있다(김미혜 · 이금룡 · 정순둘, 2000). 주관적 건강평가와 삶의 만족도 차이를 살펴본 박기남(2004)의 연구를 살펴보면, 전체 노인 중 자신의 건강상태에 대한 만족하는 노인은 38.4%인 반면, 불만족스러운 경우가 41.8%로 더 높게 나타났다. 지역별로는 도시 노인이 농어촌 지역 노인보다 5% 포인트 정도 높게 나타났으며, 성별로는 남자노인의 경우 만족한다는 응답이 52.1%로 여자노인의 29.8%에 비해 22% 포인트 이상 높게 나타났으며, 연령별로는 60대의 노인이 70대 노인에 비해 6%포인트 정도 높게 나타나고 있다.

2. 건강생활의 삶의 질에 대한 경험적 분석

1) 객관적 지표

노인의 삶의 질 연구에서 노인의 건강과 관련된 객관적 지표로 노인의 질병 유무와 다양한 일상활동을 수행하는 데 있어서의 신체의 기능적 자유로움이 사용되고 있다(김익기 외, 1997; 김태현 외, 1998; 한국보건사회연구원, 1998). 먼저 질병의 유무여부를 통한 건강상태의 파악은 빈번히 발생하고 있는 18개의 노인성 질환들 가운데 최근 1년간 앓은 적이 있는 질환들을 모두 선택하도록 하여 측정하였다. 선택된 질환이 다양할수록 그리고 건강에 보다 치명적인 질환이 선택될수록 건강하지 못함을 의미한다. 그리고 노인들의 일상 활동의 수행능력은 식사하기, 목욕하기, 옷 입고 벗기, 계단 오르내리기, 화장실 가기, 교통수단 이용하기, 가게에서 물건 사기 등과 같은 9개의 주요 활동에 대해 어느 정도 스스로 할 수 있는지를 통해 파악하였다. 일상 활동의 수행능력은 위의 9개 활동에 대한 응답 값들의 평균치로써 제시하고 있다.

(1) 만성적 질환

먼저 최근 1년간 입원을 하거나 1개월 이상 정기적으로 병원을 다닌 적이 있는가에 관해 전체 응답자 가운데 488명(48.6%)이 있다고 응답하였다. 즉 전체의 절반에 가까운 응답자들이 의료기관의 장기적인 치료를 요하는 심각한 건강상의 문제를 가지고 있음을 알 수 있다. 이는 보건복지부(2004)가 보고한 노인의 90.9%가 만성 질환을 한 가지 이상 앓고 있고, 그들의 평균 수명 영위동안 평균 10년 이상은 건강하지 않은 상태로 임종을 맞이하게 된다(양경순 외, 2005)는 결과와는 불일치하는 것으로, 이는 단순히 노인들 스스로 본인이 지각하는 건강상태로서, 이미 만성질환을 보유하고 있음에도 이는 당연히 노인이기 때문에 피할 수 없는 것으로 수용하기 때문인 것으로 생각된다.

아래의 [표 3-11]에서는 성별과 연령, 교육수준, 직업과 같은 인구사회학적 변인별로 만성 질환의 유무를 분석한 결과를 담고 있다. 먼저 만성 질환 유무에서 남자노인들과 여자노인들 사이에 확연한 차이가 나타나고 있다. 이들 두 집단 간의 차이는 통계적으로 매우 유의미한 수준이다. 여자노인들 가운데 건강상태가 좋지 않은 응답자가 상대적으로 많이 존재하고 있다. 구체적으로 남자노인의 경우 전체의 42.8%가 심각한 질환을 앓은 경험이 있는 반면에 여자노인은 이보다 10% 정도 많은

52.8%가 경험이 있다고 응답하였다. 이와 같은 남녀간의 질환 경험의 차이는 생물학적 특성의 차이나 생애과정에서의 노동과 생활조건의 차이가 작용한 결과로 판단된다. 남자노인들이 건강상태가 더 좋다는 것은 다른 선행연구(고보선, 유용식, 2002; 이영분 외, 2004 등)와도 일치하는 결과이다. 참고로 본 연구의 조사대상자들의 평균 연령을 살펴보면 남성이 69.0세 여성이 68.7세로 거의 동일한 수준이다.

[표 3-11] 인구사회학적 변인별 질환 경험 유무 분석

		질환 경험 유무		χ^2값
		있다	없다	
전 체(1,004명)		488(48.6)	516(51.4)	
성별	남(423명)	181(42.8)	242(57.2)	9.89***
	여(581명)	307(52.8)	274(47.2)	
연령	60-64세(383명)	149(38.9)	234(61.1)	31.80***
	65-74세(400명)	201(50.3)	199(49.8)	
	75세 이상(221명)	138(62.4)	83(37.6)	
교육수준	정규학력무(252명)	154(61.1)	98(38.9)	28.98***
	초졸-중졸(439명)	214(48.7)	225(51.3)	
	고졸이상(313명)	120(38.3)	193(61.7)	
직업	하위직업(297명)	166(55.9)	131(44.1)	18.67***
	중위직업(341명)	176(51.6)	165(48.4)	
	상위직업(366명)	146(39.9)	220(60.1)	

* $p<.05$, ** $p<.01$, *** $p<.001$

만성적 질환의 유무를 연령집단별로 살펴보면, 연령이 높은 집단일수록 질병의 경험 비율이 매우 유의미하게 높은 것으로 밝혀졌다. 60-64세의 초기노인의 경우 38.9%만이 최근에 질환을 경험하였으나, 65-74세 중기노인에서는 그 수치가 50.3%로 증가하며, 75세 이상의 후

기노인들은 62.4%가 경험이 있다고 응답하였다. 이와 같은 집단 간의 명확한 차이는 건강과 관련해서 무엇보다도 연령이 중요한 변인임을 제시한다.

교육수준별 질병의 경험여부에서 교육수준이 높은 집단일수록 질환을 경험한 응답자의 비율이 줄어들고 있다. 고졸 이상의 고학력층에서는 단지 38.3%만이 최근 1년간 질병으로 인해 의료기관을 장기적으로 이용했다고 응답한 반면에 초등학교 졸업이나 중학교 졸업자의 경우 48.7%, 그리고 정규학력을 갖지 못한 노인들은 무려 61.1%가 경험했다고 응답하였다. 교육수준별로 질병 경험의 비율에서 통계적으로 명확한 차이가 존재하는 것은 교육수준이 성별이나 연령과 상관되어 있기 때문으로 판단된다.

교육수준과 마찬가지로 응답자의 직업 역시 질병 경험 유무와 유의미한 관계를 갖고 있다. 직업위세가 높은 직업에 종사한 노인들일수록 질병경험 비율이 낮은 경향을 보이고 있다. 상위직업 범주의 경우 39.9%만이 경험이 있다고 응답한 반면에 하위직업군에서는 55.9%가 여기에 해당한다. 직업위세는 성별 및 교육수준과 정적인 상관관계를 갖고 있다.

노인들의 건강상태는 평소 질병을 얼마나 다양하게 앓고 있는가를 통해 파악될 수 있다. [표 3-12]는 노인들이 보편적으로 앓고 있는 대표적 질병들을 선정하여 이에 대한 응답자들의 선택을 요약한 것이다. 17개 질병 별로 분석 결과를 살펴보면, 신경통/관절염이 조사대상 노인들에게 있어서 가장 보편적인 질병임을 알 수 있다.

[표 3-12] 질환별 보유자 수 및 비율

질병범주	전체 보유자 수	성별 보유자 수		연령별 보유자 수		
		남	여	64세 이하	65-74세	75세 이상
고혈압, 저혈압	306(30.5)	136(32.2)	170(29.3)	101(26.4)	130(32.5)	75(33.9)
빈혈	72(7.2)	17(4.0)	55(9.5)	29(7.6)	31(7.8)	12(5.4)
중풍, 뇌졸중	47(4.7)	29(6.9)	18(3.1)	10(2.6)	21(5.3)	16(7.2)
위장병	145(14.4)	65(15.4)	80(13.8)	51)13.3)	66(16.5)	28(12.7)
당뇨병	169(16.8)	75(17.7)	94(16.2)	67(17.5)	63(15.8)	39(17.6)
암	6(.6)	4(0.9)	2(0.3)	1(0.3)	5(1.3)	
천식, 폐렴	39(3.9)	23(5.4)	16(2.8)	15(3.9)	13(3.3)	11(5.0)
심장병	55(5.5)	18(4.3)	37(6.4)	11(2.9)	23(5.8)	21(9.5)
신장질환	48(4.8)	24(5.7)	24(4.1)	13(3.4)	22(5.5)	13(5.9)
간질환	27(2.7)	17(4.0)	10(1.7)	12(3.1)	11(2.8)	4(1.8)
골절, 탈구	31(3.1)	10(2.4)	21(3.6)	5(1.3)	16(4.0)	10(4.5)
신경통, 관절염	516(51.4)	148(35.0)	368(63.3)	180(47.0)	203(50.8)	133(60.2)
만성요통	116(11.6)	25(8.3)	81(13.9)	36(9.4)	51(12.8)	29(13.1)
백내장, 안질환	104(10.4)	27(6.4)	77(13.3)	28(7.3)	43(10.8)	33(14.9)
시력약화	438(43.6)	178(42.1)	260(44.8)	152(39.7)	173(43.3)	113(51.1)
청력약화	216(21.5)	82(19.4)	134(23.1)	64(16.7)	78(19.5)	74(33.5)
치아약화	392(39.2)	165(39.0)	227(39.1)	131(34.2)	155(38.8)	106(48.0)

전체 조사대상 노인의 51.4%인 516명이 최근 1년간 신경통과 관절염으로 고통받았음을 알 수 있다. 이와 더불어 고혈압/저혈압(30.5%)과 시력약화(43.6%), 청력약화(21.5%), 치아약화(39.2%) 등이 많은 노인들에게서 나타나고 있는 질환인 것으로 파악되었다. 이외에 당뇨병(16.8%), 위장병(14.4%), 만성요통(11.6%), 백내장 등의 안질환

(10.4%)은 전체 조사대상 노인들 가운데 10% 이상이 경험하고 있는 질병들이다.

성별로 이들 질환 보유의 분포를 살펴보면 질병에 따라 다른 양상을 나타내고 있다. 고혈압/저혈압, 중풍/뇌졸중은 남자노인들에서 더 많이 나타나는 질병이며, 신경통/관절염과 빈혈, 안과 질환, 만성요통과 같은 질병의 경우 여자노인들이 상대적으로 더 많이 앓고 있다. 그 외의 질병들에서는 남자노인과 여자노인간의 차이가 명확하게 존재하지 않는다.

연령별로 질병의 보유 분포를 살펴보면, 일부 질병들에서는 연령이 증가할수록 질병을 앓고 있는 비율이 증가하는 반면에 그렇지 않은 질병들도 존재한다. 신경통/관절염과 고혈압/저혈압, 중풍/뇌졸중, 심장병, 안질환, 시력약화, 청력약화, 치아약화 등은 후기노인층으로 갈수록 보유 비율이 높아지고 있다.

노인들이 질환과 관련하여 어떤 건강상태를 유지하고 있는가를 살펴보기 위해 최근 1년간 겪었던 질환의 종류를 파악하였다. 일정 기간 동안에 앓았던 질환의 종류가 다양할수록 건강상태가 좋지 못한 것으로 간주할 수 있다. 질환의 종류를 통해 살펴본 바로는 조사대상 노인들의 건강상태는 상당히 심각한 수준임을 알 수 있다.

[표 3-13]에서 제시되고 있듯이 전혀 질병을 갖고 있지 않다고 응답한 노인은 전체의 6.7%에 불과해 대다수의 노인들이 하나 이상의 질환에 시달리고 있다. 구체적으로 살펴보면 2개의 질환을 가지고 있다고 응답한 노인이 241명(24.0%)으로 가장 많으며, 3개인 경우가 19.5%를 차지하고 있다. 그리고 전체 조사대상 노인의 절반 정도가 3개 이상의 질환을 복합적으로 갖고 있어 노인들의 건강문제가 매우 심각한 것으로 판단된다.

[표 3-13] 노인의 만성질환의 수 분포

	보유 질병 종류								
	0개	1개	2개	3개	4개	5개	6개	7개	8-10개
전 체	67 (6.7)	188 (18.7)	241 (24.0)	196 (19.5)	141 (14.0)	96 (9.6)	45 (4.5)	17 (1.7)	13 (1.3)

[표 3-14]는 조사대상 노인들이 보유한 만성질환의 수를 성별, 연령별, 교육수준별, 직업별로 분산분석을 수행한 결과를 담고 있다. 앞에서 제시되었듯이 응답자들은 평균적으로 약 3개의 질환을 보유하고 있다. 남자노인과 여자노인으로 구분하여 살펴볼 때 이들 간에 평균값의 차이가 통계적으로 유의미함을 알 수 있다. 남자노인 집단의 경우 보유한 질환의 수의 평균값이 2.57인데 비해 여자노인 집단은 평균적으로 약 3개의 만성질환을 보유하고 있다.

[표 3-14] 만성질환의 수 분산분석

		사례수	평균	F값
전 체		1,004	2.79	
성별	남	423	2.57	10.72***
	여	581	2.94	
연령	60-64세	383	2.43	18.70***
	65-74세	400	2.84	
	75세 이상	221	3.32	
교육수준	정규학력무	252	3.30	17.27***
	초졸-중졸	439	2.74	
	고졸 이상	313	2.44	
직업	하위직업	297	2.93	2.38
	중위직업	341	2.82	
	상위직업	366	2.64	

* p<.05, ** p<.01, *** p<.001

연령을 기준으로 했을 때 초기노인과 중기노인, 후기노인 집단사이에 보유하고 있는 만성질환의 종류에 있어서 명확한 차이가 있음을 알 수 있다. 64세 이하의 초기노인의 경우 평균값이 2.43에 불과한데 비해 중기노인은 2.84, 후기노인은 3.32를 보여주고 있다. 후기노인 집단은 초기/중기노인 집단과 비교해서 보유 질환의 종류에 있어서 명확한 차이가 존재한다.

교육수준의 차원에서도 보유하고 있는 만성질환의 종류에 있어서 집단들간에 통계적으로 유의미한 차이가 존재하고 있다. 정규학력을 갖지 못한 노인집단은 갖고 있는 질병의 종류에 관한 평균값이 3.3개이며, 초등학교 졸업과 중학교 졸업 집단의 경우 2.74개, 고등학교 졸업이상 집단은 2.44개이다. 교육수준이 높아짐에 따라 질환의 유무라는 차원에서는 건강상태가 나아지고 있다.

직업위세에 따라 구분된 세 집단 간에도 보유 질병의 종류에 있어서 다소의 차이가 존재하고 있다. 하위직업과 중위직업 간에는 거의 차이가 없으며, 상위직업과 하위직업, 상위직업과 중위직업 사이에도 다소간의 차이만이 존재한다. 분산분석 결과(F값)에서도 세 집단간에 뚜렷한 구분이 존재하지 않음이 제시되고 있다. 일반적인 예상과 달리 노인들이 생애 과정에서 최장기간 종사한 직업이 이들의 질환 보유 상태에 미친 영향이 미약한 것으로 판단할 수 있다.

(2) 일상생활능력

노인의 건강상태는 일상생활에서 매우 기본적인 활동들을 얼마나 스스로 수행할 수 있는가를 통해 파악될 수 있다. 본 연구에서는 노인들이 일상생활을 살아가는 데 있어서 매우 기본적이고도 중요한 활동이라고 여겨지는 7가지 범주에 대해 노인들이 어느 정도 스스로 수행할 수 있는가를 측정하였다. 구체적으로 일상생활 수행능력의 측정 항목에 포함된 것은 1) 식사하기, 2) 목욕하기, 3) 옷 입고 벗기, 4) 계단 오르내리기, 5) 화장실 가기, 6) 버스나 전철 타기, 7) 가게에서 물건 사기 등이다. 이와 같은 항목들에 대해 응답자들은 '남의 도움 없이는 전혀 못한다'부터 '부분적으로 남이 도와준다', '혼자 할 수 있으나 힘들다', '혼자서 쉽게 할 수 있다' 가운데 자신에게 해당하는 것을 선택하였다.

위에서 제시된 7개의 항목들을 통해 노인의 일상생활 수행능력을 측정하는 것이 통계적으로 상당히 타당한 것으로 판단된다. 아래의 [표 3-15]에서 제시되고 있듯이 7개 항목들간에는 매우 강한 상관관계가 존재하고 있다. 이들 7개 항목들간의 단순상관계수 값은 최소 .32로부터 최대 .69에 이르기까지 분포하고 있다. 척도 구성의 신뢰도를 파악할 수 있는 Cronbach alpha 값도 .86으로서 7개 문항들이 노인의 일상생활 수행능력을 알아보는 데 있어서 일치성을 가지고 있다고 판단할 수 있다.

특히 옷 갈아입기와 식사하기, 옷 갈아입기와 목욕하기, 화장실 이용하기와 식사하기, 화장실 이용하기와 목욕하기, 화장실 이용하기와 옷 갈아입기, 화장실 이용하기와 물건사기, 버스 타기와 목욕하기, 버스 타기와 계단 오르내리기, 물건사기와 목욕하기, 물건사기와 옷 갈아입기, 물건사기와 버스 타기 간의 단순상관계수 값은 .50을 상회할 만큼 높게 나타나고 있다. 여기서 확인할 수 있는 점은 노인들의 일상생활 수행능력을 파악하는 데 있어서 화장실 이용하기가 매우 유의미한 기준이 된다는 점이다. 즉 화장실 이용하기를 쉽게 스스로 할 수 있는 노인들은 다른 항목들의 수행능력도 높고, 화장실을 혼자 이용하는 것이 힘든 노인들은 다른 항목들에서도 어려움을 겪을 가능성이 상당히 높다.

[표 3-15] 일상생활 수행능력 항목들간의 상관관계 분석

	1)	2)	3)	4)	5)	6)	7)
1) 식사	1.00						
2) 목욕	.42	1.00					
3) 옷입기	.54	.65	1.00				
4) 계단오르기	.32	.48	.40	1.00			
5) 화장실이용	.51	.54	.69	.44	1.00		
6) 버스타기	.34	.55	.45	.69	.49	1.00	
7) 물건사기	.40	.50	.53	.43	.59	.58	1.00

Cronbach alpha = .86

일상생활 수행능력에 관한 응답에서 많은 응답자들은 일상적 활동을 스스로의 힘으로 수행해 나갈 수 있는 것으로 밝히고 있으나, 이들 가운데 일부는 주위의 도움이 많이 필요함을 알 수 있다. [표 3-16]에서 보듯이, 7가지 항목들 가운데 응답자들은 버스나 전철과 같은 교통수단을 이용하는 것과 계단을 오르내리는 것을 가장 힘겨워하고 있다. 교통수단 이용하기의 경우 전체의 약 10%가 남의 도움을 필요로 하고 있으며, 혼자서 쉽게 할 수 있다는 응답은 60%에 불과하다. 그리고 계단 오르내리기 역시 전체 응답자 가운데 7%가 남의 도움을 필요로 하고 있으며, 전체의 약 절반가량만이 혼자서 쉽게 할 수 있는 것으로 응답하였다. 그 외에 목욕하는 것이 노인들에게 있어서 다소 힘든 활동임이 제시되고 있다. 반면에 식사하기와 옷 입기, 화장실 이용하기, 물건사기 등은 아주 소수의 응답자들만이 혼자 수행하는데 있어서 어려움이 있다고 밝히고 있다.

노인들의 일상생활 수행능력을 종합적으로 파악하기 위해 7가지 항목들을 통합하여 척도를 구성하였다. 앞에서 제시되었듯이 이들 항목

들 간에는 전반적으로 매우 강한 상관관계가 존재하고 있으며, 척도 구성상의 신뢰도도 확보되고 있다.

[표 3-16] 일상생활 수행능력 빈도분포

	남의 도움 없이 전혀 못함		부분적으로 남이 도와줌		혼자 할 수 있으나 힘들다		혼자서 쉽게 할 수 있다	
	빈도	비율	빈도	비율	빈도	비율	빈도	비율
식사하기	4	.4	12	1.2	103	10.3	885	88.1
목욕하기	5	.5	47	4.7	181	18.0	771	76.8
옷입기	2	.2	12	1.2	91	9.1	899	89.5
계단오르기	13	1.3	60	6.0	408	40.6	523	52.1
화장실 이용	2	.2	10	1.0	114	11.4	878	87.8
버스타기	26	2.6	75	7.5	300	29.9	603	60.1
물건사기	11	1.1	29	2.9	122	12.2	842	83.9

분석 결과 성별과 연령, 교육수준, 직업에 따라 집단 간 차이가 통계적으로 매우 유의미한 차원에서 존재하고 있다. 먼저 성별로 일상생활 수행능력의 수준을 살펴보면, 여자노인에 비해 남자노인들의 일상생활 수행능력이 상대적으로 높은 수준이다. 여자노인 집단의 일상생활 수행능력 평균값이 3.66인데 비해 남자노인 집단은 3.78이다. 남자노인에 비해 여자노인의 일상생활 수행능력이 상대적으로 떨어지는 것은 남녀 간의 생물학적 특성의 차이 또는 생애과정에서의 노동과 생활 경험의 차이가 작용한 결과로 판단된다.

연령집단별로도 일상생활 수행능력에서 유의미한 차이가 존재한다. 초기노인(64세 이하) 집단의 경우 일상생활 수행능력 점수의 평균이 3.79이며, 중기노인(65-74세)은 3.75, 후기노인(75세 이상)은 3.50이다. 초기노인과 중기노인 사이에는 큰 차이가 존재하지 않는 반면에 후기노인 집단은 앞의 두 집단과 명확한 구분이 존재한다. 즉 75세 이상의 노인들은 일상생활의 수행에 있어서 상당히 큰 장애를 가지고 있다고 판단된다.

[표 3-17] 일상생활 수행능력의 분산분석

		사례수	평균	F값
전 체		1,004	3.71	
성별	남	423	3.78	24.3***
	여	581	3.66	
연령	60-64세	383	3.79	43.3***
	65-74세	400	3.75	
	75세 이상	221	3.50	
교육수준	정규학력무	252	3.56	31.0***
	초졸-중졸	439	3.72	
	고졸 이상	313	3.82	
직업	하위직업	297	3.62	13.9***
	중위직업	341	3.71	
	상위직업	366	3.78	

* p<.05, ** p<.01, *** p<.001

교육수준을 기준으로 조사대상자들을 세 개 집단으로 구분하면, 이들 집단 간에 일상생활의 수행에 있어서 뚜렷한 차이가 나타나고 있다. 고졸 이상의 고학력 노인들의 경우 평균 점수가 3.82인데 비해 초등학교에서 중학교 졸업자는 3.72, 정규학력을 갖지 못한 집단은 3.56에 불과하다. 교육수준이 높을수록 건강상태가 좋다는 것을 다시 한 번 확인 가능한데 이러한 결과는 교육수준이 성별, 연령 변인과 밀접한 관련을 맺고 있는 것과 관련시켜 설명할 수 있다.

생애 최장 종사직업의 위세를 기준으로 세 집단으로 구분해 보면 이들 세 집단 간에 일상생활 수행능력의 평균에 있어서 통계적으로 유의미한 차이가 나타나고 있다. 주로 고위관리직, 전문직, 사무직으로 구성된 상위직업과 생산기능직과 단순노무직이 주류를 이루는 하위직업 간에 뚜렷한 차이가 존재하고 있다. 생애 과정에서의 직업경험과 경제생활, 그리고 그에 따른 소비의 차이가 노년기의 건강의 차이를 유발했음을 알 수 있다.

(3) 종합

앞에서 노인이 보유하고 있는 만성적 질환의 종류와 일상생활 수행능력이 노인의 건강상태를 파악할 수 있는 객관적 지표로 분석되었다. 다음 단계로 노인의 건강상태를 종합적으로 파악하고자 만성적 질환의 종류와 일상생활 수행능력을 통합하여 새로운 변인을 구성하였다. 이를 위해 만성적 질환의 종류의 측정치와 일상생활 수행능력 점수를 순위화된 점수로 전환하였다. 두 변인은 10분위로 순위화된 점수로 전환되었다. 질환의 종류는 원래 값이 클수록 작은 값을, 일상생활 수행능력은 원래 값이 클수록 큰 값을 갖도록 서열화 하였다. 두 개의 순위 점수를 합한 다음 2로 나누어 종합적 건강수준의 점수를 도출한 것이다. 종합적 건강지표의 점수가 클수록 건강상태가 좋은 것을 의미한다.

이렇게 구해진 종합적 건강지표 값에 대해 성별과 연령, 교육수준, 직업을 통해 분산분석을 수행한 결과, [표 3-18]에 제시된 바와 같이 각 변인별로 통계적으로 매우 유의미한 집단 간 차이가 존재하고 있다. 먼저 성별로 종합적 건강지표의 평균을 비교해 보면 여자노인에 비해 남자노인의 평균값이 매우 유의미하게 높게 나타났다. 만성적 질환의 종류와 일상생활 수행능력에서 여자노인에 비해 남자노인의 건강상태가 좋았던 것을 반영한다. 연령별로도 종합적 건강수준에서 집단별로 매우 뚜렷한 차이가 나타나고 있다. 초기노인의 평균값은 6.04, 중기노인은 5.61, 후기노인은 4.52로서 연령이 높아질수록 건강수준이 급격히 떨어지고 있어 노인의 건강수준은 연령과 매우 밀접한 관계에 있음을 알 수 있다.

[표 3-18] 종합적 건강지표 분산분석

		사례수	평균	F값
성별	남	423	5.99	30.9***
	여	581	5.20	
연령	60-64세	383	6.04	34.5***
	65-74세	400	5.61	
	75세 이상	221	4.52	
교육수준	정규학력무	252	4.61	39.6***
	초졸-중졸	439	5.56	
	고졸 이상	313	6.24	
직업	하위직업	297	5.14	10.3***
	중위직업	341	5.47	
	상위직업	366	5.92	

* p〈.05, ** p〈.01, *** p〈.001

노인의 교육수준이 높은 집단일수록 종합적 건강수준이 높은 것으로 파악된다. 고졸 이상 집단의 평균치는 6.24인데 비해 초졸과 중졸 집단은 5.56, 정규학력을 갖지 못한 집단은 4.61에 불과하다. 건강에 대한 교육수준의 영향력이 강한 것은 연령 효과가 강하게 작용한 것으로 파악된다. 또한 이 결과는 김경자(2002)의 연구와 일치하는 것으로, 교육수준이 높을수록 사회참여의 시간이 길고 여러 가지 정보와 자원을 얻을 수 있는 기회가 많기 때문인 것으로 판단된다.

노인의 건강의 객관적 상황에 대한 교육수준의 영향력은 직업으로 이어진다. 직업위세가 상대적으로 낮은 하위직업의 경우 종합적 건강수준을 나타내는 점수의 평균치가 5.14에 불과한데 비해 중위직업 집단과 상위직업 집단의 평균값은 각각 5.47과 5.92이다. 노인 본인이나 배우자의 직업위세가 높아질수록 건강수준이 높은 경향이 강하게 나타나고 있다.

2) 개인적 욕구

인간이 삶을 유지하는 과정에서 가장 기본적인 욕구는 신체적, 생리적 욕구이다. 인간이 갖는 가장 시급한 필요는 외부의 각종 위험과 불확실성으로부터 안전을 확보하고 생명을 유지하는 것이다. 더 나아가서 건강을 유지하고 일상생활을 영위하는데 있어서 신체적 자유로움을 얻는 것이 인간이 신체와 관련하여 갖는 개인적 욕구를 구성한다. 본 경험적 분석에서는 노인의 건강에 관한 욕구를 '질병없이 건강하게 사는 것', '신체적으로 남에게 의존하지 않고 일상생활을 할 수 있는 것', 그리고 '범죄/사고로부터의 안전'이라는 세 가지 범주에서 측정하였다.[4] 그리고 건강에 관한 욕구를 구성하는 세 가지 차원에 대한 노인들의 평가를 결합하여 종합적인 건강에 관한 욕구 점수를 도출하였다.

먼저 건강에 관한 욕구와 관련된 세 가지 질문에 대한 응답치의 평균값을 살펴보면 조사대상 노인들은 '질병 없이 건강하게 사는 것'을 가장 중요하게 여기고 있다. 평균값이 9.38로서 거의 대부분의 응답자들이 10점 또는 9점의 중요성을 부여하였다고 볼 수 있다. 다음으로

4) 노인의 항목별 욕구의 수준은 10점 척도로 측정되었다. '전혀 중요하지 않다(1점)'와 '매우 중요하다(10점)'가 양극단에 위치하는 가운데 응답자들이 자신들의 욕구수준을 10점 척도 상에서 선택하였다.

'일상생활의 수행의 자율성'에 대한 응답의 평균값이 9.11로 상당히 높은 점수이다. 그러나 '범죄나 사고로부터의 안전'의 중요성은 5.13점에 불과해 조사대상 노인들이 크게 중요성을 부여하지 않고 있다.

[표 3-19] 인구사회학적 변인별 건강관련 욕구 분산분석

		질병 없이 사는 것		일상생활 수행의 자율성		범죄/사고로부터의 안전		종합	
		평균	F값	평균	F값	평균	F값	평균	F값
전 체		9.38		9.11		5.13		8.84	
성별	남	9.32	1.3	9.14	.2	5.81	47.9***	8.87	.4
	여	9.42		9.09		4.59		8.81	
연령	60-64세	9.42		9.20		5.31		8.92	
	65-74세	9.41	1.1	9.07	.8	5.21	3.9*	8.82	1.7
	75세 이상	9.26		9.04		4.67		8.71	
교육수준	정규학력무	9.51		9.23		4.79		8.88	
	초졸-중졸	9.41	2.7	9.09	.8	4.97	7.2**	8.85	.4
	고졸 이상	9.24		9.05		5.61		8.78	
직업	하위직업	9.20		8.90		4.36		8.64	
	중위직업	9.45	3.6*	9.24	3.7*	5.45	15.8***	8.93	4.3*
	상위직업	9.46		9.17		5.44		8.90	

* p<.05, ** p<.01, *** p<.001

(1) 질병 없이 건강하게 사는 것

인구사회학적 변인별로 건강에 관한 욕구에 대한 응답자들의 평가를 분산분석을 수행한 결과가 아래의 [표 3-19]에 제시되고 있다. 먼저 '질병 없이 건강하게 사는 것'의 중요성에 대한 평가에서는 생애 최장

종사 직업의 사회적 위세의 수준에 따라 노인 내부의 차별적인 반응을 확인할 수 있다. 직업의 위세가 상대적으로 가장 높은 상위직업 집단과 중위직업 집단은 거의 유사한 수준인 반면에 단순노무직 등으로 구성된 하위직업은 앞의 두 집단에 비해 유의성이 낮게 나타났으며 직업적 지위가 높은 노인이 건강에 대한 욕구가 강함을 알 수 있다. 통계적으로 유의하지 않지만 성별로는 여자노인이 연령별로는 초기노인 집단이, 교육수준이 낮은 집단의 욕구가 높은 것으로 파악되었다.

(2) 일상생활 수행의 자율성

'일상생활에서 신체적으로 남에게 의존하지 않고 사는 것'에 대한 중요성 역시 노인의 직업위세에 따라 통계적으로 유의한 차이를 보여주고 있다. 직업위세가 가장 낮은 하위직업 집단의 경우 평균값이 8.90인데 비해 중위직업 집단은 9.24, 상위직업 집단은 9.17이다. 따라서 직업위세가 낮은 직업에 종사해온 노인들은 이 항목에 대해 상대적으로 낮은 개인적 욕구를 가지고 있다고 판단된다. 한편 교육수준에서는 상대적으로 고학력층보다는 학력수준이 낮은 집단의 개인적 욕구가 강하게 나타나고 있다.

(3) 범죄 및 사고로부터의 안전

'범죄 및 사고로부터의 안전'에 대한 개인적 욕구는 전체적인 욕구의 수준은 매우 낮은 수준(평균값=5.13)이지만 성별, 연령, 교육수준, 직업에 따라 집단간에 매우 큰 차이를 나타내고 있다. 먼저 성별로는 여자노인에 비해 남자노인의 욕구가 많이 높은 수준이며 연령별로는 연령이 낮은 집단일수록 욕구가 강하게 나타나 초기노인(60-64세) 집단의 평균값이 5.31인데 비해 75세 이상의 후기노인 집단은 그 값이 4.67에 불과하다. 교육수준을 기준으로 한 분석에서는 교육수준이 높은 집단일수록 이 항목의 중요성을 강조하고 있다. 마지막으로 직업별로는 직업위세가 가장 낮은 하위직업 집단의 평균값이 다른 두 집단과 매우 구분되는 수준에 머물고 있다.

(4) 종합

노인의 삶의 개인적 욕구 가운데 건강과 관련된 부문의 세 가지 항목에 관한 응답을 통합하여 종합적인 차원의 건강 관련 욕구 점수를 계산하였다. 본 조사의 대상자들의 전체 평균은 8.84로서 상당히 높은 수준을 나타내고 있다. 건강 관련 욕구는 성별과 연령, 교육수준, 직업에 따라 집단별로 차이가 나타나고 있지만, 그 가운데에서 직업위세에 따른 집단 구분에서 통계적으로 유의미한 차이가 나타난다. 성별로는 여자노인에 비해 남자노인의 개인적 욕구가 상대적으로 강하며, 연령별로는 저연령층의 노인들의 욕구가 강한 것을 파악할 수 있다. 신체적 욕구에 대한 연령집단별 차이는 나이가 들수록 건강에 대한 욕구가 낮아짐을 의미한다. 교육수준에 있어서는 정규학력을 갖지 못한 노인집단의 욕구가 가장 높고 직업별로는 직업의 사회적 위세가 가장 낮은 하위직업 집단의 평균값이 제일 낮으며, 중위직업 집단과 상위직업 집단은 비슷한 수준을 나타내고 있다.

(5) 객관적 지표와 개인적 욕구간의 관계

건강 관련 객관적 지표와 개인적 욕구간의 상관관계를 분석한 결과가 [표 3-20]에 제시되어 있다. 앞에서 노인의 건강의 객관적 지표는 두 가지 차원에서 파악되었다. 하나는 노인이 보유하고 있는 만성질환의 종류이며, 다른 하나는 일상생활 수행능력이다. 그리고 이 두 가지 변인을 결합하여 건강의 종합적 지표를 구성하였다. 건강에 관한 객관적 상황을 대변하는 세 가지 변인들과 욕구 변인은 통계적으로 유의미한 상관관계를 나타내고 있다.

[표 3-20] 건강의 객관적 지표와 개인적 욕구간의 상관관계 분석

	건강생활 개인적 욕구				
	단순상관계수	부분상관계수			
		성별통제	연령통제	교육통제	직업통제
만성질환의 종류	-.06*	-.05	-.02	-.07*	-.06
일상생활수행능력	.12***	.10***	.08**	.14***	.12***
건강 종합지표	.09**	.07*	.05	.10***	.09**

* p〈.05, ** p〈.01, *** p〈.001

먼저 만성질환의 종류와 건강 관련 욕구간의 상관계수 값은 -.06이다. 즉 노인이 보유하고 있는 만성질환의 종류가 많을수록, 즉 건강상태가 나쁠수록 건강관련 욕구가 낮아진다는 것을 알 수 있다. 만성질환의 종류와 건강관련 욕구간의 상관관계는 노인의 성별과 연령, 교육수준, 생애 최장 종사 직업의 위세를 통제할 경우 약간은 변화한다. 성별과 연령, 직업위세를 통제할 부분상관관계의 강도가 다소 약화되는 반면에 교육수준을 통제한 부분상관계수는 통계적으로 유의미한 수준을 보인다.

일상생활 수행능력과 건강관련 욕구 간에는 매우 강한 정(+)의 상관관계가 존재하고 있다. 신체적 욕구와의 상관관계의 값이 앞의 만성질환의 종류와 건강의 종합지표의 경우보다 큰 것으로 분석되었다. 일상생활 수행능력이 높은 노인이 신체적 욕구도 강하다는 것을 의미한다. 일상생활 수행능력과 신체적 욕구간의 상관관계는 성별과 연령, 교육수

준, 직업위세를 통제한 가운데 분석된 부분상관관계에서도 유지되고 있다. 성별과 연령을 통제한 부분상관계수 값은 단순상관계수 값에 비해 약간 줄어들지만 교육수준과 직업위세를 통제한 부분상관계수의 값은 유지되고 있다. 인구사회학적 변인들이 통제된 가운데에도 신체적 욕구가 높은 노인은 일상생활 수행능력 역시 높을 가능성이 크다.

마지막으로 건강의 종합 지표와 신체적 욕구간의 상관관계 분석도 통계적으로 유의미한 결과를 나타내었다. 한편 인구사회학적 변인들을 통제한 부분상관관계에서는 성별과 연령을 통제했을 때 상관의 강도가 약화되고 있다. 이는 노인의 건강의 상태와 신체적 욕구가 성별과 연령 변인에 크게 영향을 받고 있다는 것을 의미한다. 그러나 교육수준과 직업위세를 통제한 부분상관관계는 통제하지 않은 단순상관관계와 비슷한 수준으로 유지되고 있다.

3) 주관적 만족도

노인의 건강생활에 대한 만족도는 먼저 노인의 성별과 교육수준, 직업위세와 같은 인구사회학적 변인과 유의미하게 상관되어 있다. 단순상관계수를 살펴보면 성별이 .12이며, 교육수준은 .19, 그리고 생애 최장기 종사직업의 위세는 .14이다. 성별 분포에서는 여자노인에 비해 남자노인의 만족도가 상당히 높은 수준을 보이고 있다. 남자노인 집단의 건강생활 만족도가 평균 3.51인데 비해 여자노인의 경우 3.27에 불과하다. 교육수준은 인구사회학적 변인들 가운데 건강생활 만족도에 가장 크게 상관되어 있다. 교육수준이 높을수록 건강생활에 대한 만족도가 높아지는 경향을 보인다. 고졸 이상의 고학력집단의 평균은 3.57인데 비해 정규학력을 갖지 못한 집단의 평균은 3.07에 불과하다. 직업별 분포에서도 직업의 위세가 높을수록 건강생활에 대한 노인들의 만족도가 증가한다.

[표 3-21] 건강생활 만족도 상관관계 분석

	건강생활 주관적 만족도
성별	.12***
연령	.03
교육수준	.19***
직업위세	.14***
건강생활 객관적 지표	.48***
건강생활 개인적 욕구	.11**
건강생활 객관적 지표와 욕구 차이	.27***

* p<.05, ** p<.01, *** p<.001

건강생활의 객관적 지표, 즉 만성질환의 종류와 일상생활의 수행능력은 건강만족도와 통계적으로 매우 유의미한 수준에서 상관되어 있다. 노년기에는 신체적 정신적 기능이 쇠퇴하고, 사회적, 경제적 지위 변화와 같은 복합적인 요인으로 소외감과 상실감, 빈곤 등으로 더욱 의존적일 수밖에 없는 특징을 가지고 있다. 따라서 건강생활의 객관적 조건이 좋을수록 건강생활에 대한 만족도가 높아지는 것은 당연한 것이다. 즉 만성질환이 적고 일상생활 수행능력이 높을수록 자신의 건강생활에 대해 만족하며 건강 수준에 대해 긍정적이다.

건강생활에 대한 욕구가 강한 노인일수록 주관적 만족도 역시 높은 것으로 파악되었다. 그 이유는 앞에서 살펴본 바와 같이 건강생활에 대한 욕구가 강한 사람은 건강생활의 객관적 지표가 높을 가능성이 있기 때문이다. 건강생활의 객관적 지표와 개인적 욕구간의 차이 변인 역시 건강생활의 만족도와 강한 정(+)의 상관관계를 갖고 있다. 객관적 건강상태와 건강생활에 대한 욕구를 순위점수로 전환하여 비교했을 때 건강상태의 점수가 높은 사람일수록, 건강생활에 대한 만족도가 높은 것으로 나타났다.

4) 종합적 삶의 질

도시 노인의 건강의 객관적 지표와 개인적 욕구, 주관적 만족도는 삶의 전반적 평가인 종합적 삶의 만족도와 매우 강한 정(+)의 상관을 가지고 있다. [표 3-22]에서와 같이, 건강에 대한 객관적 지표와 종합적 삶의 만족도 간의 상관계수는 .27로써 만성질환의 종류가 적고 일상생활 수행능력이 높을수록 종합적인 삶의 만족도 수준이 높음을 알 수 있다. 또 종합적 삶의 만족도는 건강에 대한 욕구 수준(.22)과도 강한 상관관계를 형성하고 있다. 무엇보다도 본인의 건강 수준에 대한 만족도가 높은 노인의 경우 종합적인 삶의 만족도 역시 높은 경향을 강하게 나타내고 있다.

노인의 건강 수준과 삶의 만족도는 그 사회의 의료보장정책 및 서비스에 의해 뒷받침된다고 볼 수 있다. [표 3-23]에서와 같이, 의료보장정책 및 서비스에 대한 노인들의 인지 여부는 성별과 연령, 교육수준, 직업위세에 따라 차이가 있는 것으로 파악되었다. 먼저 의료보장정책 및 서비스에 관한 인지 수준에서는 여자노인들보다 남자노인들이 보다 높은 값을 가지고 있다. 연령과 의료보장정책 및 서비스의 인지간의 단순상관계수는 -.12로서 연령이 높아질수록 의료보장정책 및 서비스에 대한 인지의 수준이 낮아지고 있다.

[표 3-22] 종합적 삶의 만족도와 건강생활의 상관관계 분석

	연령	교육수준	직업위세	건강생활 객관적 지표	건강생활 개인적 욕구	건강생활 주관적 만족도	종합적 삶의 만족도
성별	.02	.38***	.21***	.17***	.02	.12***	.08*
연령		-.26***	-.04	-.29***	-.07	.03	-.03
교육수준			.41***	.29***	-.02	.19***	.19***
직업위세				.17***	.05	.14***	.22***
건강생활 객관적 지표					.09**	.48***	.27***
건강생활 개인적 욕구						.11**	.22***
건강생활 주관적 만족도							.39***
종합적 삶의 만족도							1.0

* p<.05, ** p<.01, *** p<.001

연령이 높을수록 의료보장정책 및 서비스에 대한 욕구가 강한 것이 일반적인데 고연령층의 노인들은 정보의 부족으로 인해 의료보장정책 및 서비스의 기회가 제약되고 있음을 확인할 수 있다. 마찬가지로 교육수준이 낮고 직업위세가 낮을수록 의료보장정책 및 서비스에 대한 인지의 수준이 낮게 나타나고 있다. 그런데 고연령층의 저학력의 사회적 위세가 낮은 직업에 종사해온 노인들일수록 의료보장정책 및 서비스의 필요도가 높을 수 있다는 점에서 이들을 대상으로 의료보장정책 및 서비스에 관한 정보의 제공이 보다 강화될 필요가 있다.

[표 3-23] 노인의 삶의 질 관련 변인들과 의료보장정책 및 서비스간의 상관관계 분석

	의료보장정책 및 서비스 인지	의료보장정책 및 서비스 이용	의료보장정책 및 서비스 필요도
성별	.09**	-.07*	.03
연령	-.12***	.09**	-.09**
교육수준	.17***	-.07*	.05
직업위세	.10**	-.10**	.03
건강생활 객관적 지표	.00	-.17***	.07*
건강생활 개인적 욕구	.03	-.07*	.12***
건강생활 주관적 만족도	.00	-.12***	.03
종합적 삶의 만족도	.03	-.06	.07*

* $p<.05$, ** $p<.01$, *** $p<.001$

의료보장정책 및 서비스의 이용 경험 여부는 인지 수준보다 더 낮은 비율은 보이고 있다. 4가지 의료보장정책 및 서비스를 모두 이용한 경험이 있는 응답자는 2명에 불과하며, 3개 제도 이용 경험이 있는 응답자가 7명, 2개 제도의 이용 경험자 70명에 불과하다. 종합적으로 조사대상 노인 가운데 한 개의 제도에 대해 이용경험이 없는 경우가 전체의 63.4%를 차지하였다.

이처럼 전반적인 빈도가 낮은 의료보장정책 및 서비스의 경험여부에서도 인구사회학적 변인들과 삶의 질 관련 변인과의 상관관계에서는 체계적인 차이가 발견되고 있다. 먼저 성별과의 단순상관계수 값이 -.07로서 남자노인보다는 여자노인의 의료보장정책 및 서비스의 이용경험 여부가 높다. 연령이 높을수록 이용경험 여부가 높아지고 있다. 또 교육수준과 직업위세가 낮을수록 의료보장정책 및 서비스에 대한 인지 정도는 낮지만 이용경험 여부는 높아지고 있다.

또한 건강생활과 관련된 삶의 질 변인들과도 매우 유의미한 상관관계를 보이고 있다. 앞에서 살펴본 바와 같이 건강생활에 대한 객관적 상황이 좋지 않을 경우 노인의 건강생활에 대한 욕구가 낮으며, 이는 건강생활에 대한 만족도를 낮추게 되고, 더 나아가서 종합적 삶의 만족도의 저하를 가져온다. 먼저 당연한 것이겠지만 객관적 건강 수준이 좋지 않을수록 이용경험의 수준이 높다. 그리고 건강생활에 대한 개인적 욕구와 주관적 만족도가 낮은 노인들일수록 의료보장정책 및 서비스의 이용경험이 증가하는 경향이 있다. 종합적인 삶의 만족도와 의료보장정책 및 서비스의 이용경험과는 통계적으로 유의미한 수준은 아니지만 역(-)의 관계를 나타내고 있다.

의료보장정책 및 서비스에 대한 노인들의 필요도는 노인의 연령과 건강생활의 객관적 지표, 건강생활의 객관적 지표와 개인적 욕구, 그리고 종합적 삶의 만족도와 통계적으로 유의미한 상관관계를 가지고 있다. 의료보장정책 및 서비스의 이용경험 여부와 달리 필요도에서는 연령이 낮을수록 높은 필요도를 가지고 있다. 따라서 객관적인 건강생활 수준이 상대적으로 좋을수록 높은 필요도를 나타낸다. 즉 객관적인 건강상태가 보다 좋은 초기노인 집단의 의료보장정책 및 서비스에 대한 개인적 욕구가 강함을 알 수 있다. 또 건강생활에 대한 욕구가 높은 노인일수록 의료보장정책 및 서비스에 대한 필요도가 높은 경향을 나타낸다.

3. 건강생활의 삶의 질을 위한 정책 및 서비스

노인의 건강은 고령화될수록 약화되는 것이 일반적이지만, 이로 인한 고통은 노인 자신뿐만 아니라 노인을 부양하는 가족에게도 깊이 드리워지는 어려움이 되고 있다. 우리나라 노인들은 자신의 건강상태에 대해 55.6%가 건강하지 않다고 응답한 것(보건복지가족부, 2009)만을 보아도 많은 노인들이 스스로를 건강하지 않은 것으로 인식하고 있음을 알 수 있다. 이는 나이가 같은 동년배와 비교한 건강상태에 대해서도 자신의 건강이 좋지 않다는 응답이 50.6%나 되어(보건복지가족부, 2009) 스스로의 건강이 매우 좋지 않은 상태인 것으로 인식하고 있었다.

본 경험적 분석을 보면, 조사대상 노인의 48.6%가 만성질환을 앓고 있는 것으로 나타나 노인들의 건강상태가 좋지 않음을 조사결과를 통해서도 확인할 수 있었다. 특히 연령별로 봤을 때 75세 이상의 후기노인층에서 62.4%가 만성질환을 앓고 있었다. 경험적 분석에서 건강에 대한 만족도는 여성보다는 남성, 교육수준이 높은 집단, 삶에 객관적 지표가 높은 노인집단에서 높게 나타났다. 이에 여기서는 노인의 건강생활의 삶의 질을 위한 신체적, 정신적, 정서적 기능을 보완해 주는 다양한 의료보장정책 및 서비스를 살펴보려 한다. 먼저, 노인건강을 위한 사전적 예방조치로써 노인을 대상으로 한 건강검진 및 건강증진 프로그램을 파악하고, 다음으로 사후적 치료 및 관리조치로써 최근 도입되어 시행되고 있는 노인장기요양보험제도에 대해 그 현황을 파악해서 이를 바탕으로 그 개선방안을 모색해 보도록 하겠다.

1) 현황과 문제점

(1) 건강검진

노인의 건강생활을 위한 정책 및 서비스로 먼저 노인을 위한 건강검진이 있다. 정부는 노인질환을 조기에 발견하고 건강지도 및 보건교육을 실시하여 건강증진을 도모하고자, 1983년부터 국민기초생활보장 수급노인을 대상으로 무료 노인건강진단을 실시하였다. 2005년부터는 정부업무의 지방이양 방침에 따라 국고지원 예산을 분권교부세에 포함하여 지원하게 되었으며, 건강진단사업의 세부실시 계획은 지방자치단체에서 자체계획을 수립하여 자율적으로 실시하도록 하였다. 현재 노인건강진단은 1, 2차로 구분하여 실시하며 1차 건강진단은 12개 항목의 기본검사를 받고, 검사 결과 질환의심자에 대해서는 2차 검진을 통해 30개 항목의 정밀검사를 실시하고 있으며 지역특성에 따라 검진항목을 조정할 수 있도록 하고 있다(보건복지가족부, 2009).

특히 노인성 치매와 안구 질환에 대한 조기 검진 사업을 강화해오고 있다. 정부는 시·군·구 보건소와 한국실명예방재단을 통해 2003년부터 60세 이상의 저소득층 노인을 대상으로 안질환을 조기 발견하여 치료함으로써 실명을 예방하고 노인들의 시력을 유지하기 위해 정밀 안(眼)검진을 실시하고 있다. 그리고 검사 결과에 따라, 돋보기나 개안수술이 필요한 노인에게는 안경을 제공하고 수술비를 지원함으로써 노인 및 가족의 의료비 부담을 덜어주고 있다(강영실, 2006).

한편 보건소는 지역사회 치매관리사업에 대한 원활한 수행과 치매노인 등록에 따른 관리 및 이에 필요한 상담·지원 등의 서비스를 제공함으로써 치매노인이 보다 건강한 삶을 누릴 수 있도록 하고자 치매상담센터를 위탁운영하고 있다. 이 센터는 노인복지법 제29조(치매관리사업), 동법 시행규칙 제11조(치매연구 및 관리사업 등), 노인복지법 제29조의 2(치매상담센터의 설치), 동법 시행규칙 제12조(치매 상담센터의 업무 등) 그리고 지역보건법 제9조(보건소의 업무) 제4항 노인보건사업에 근거하고 있다.

치매상담센터에서 이루어지는 주요한 서비스는 먼저, 치매노인 및 그 보호자에 대한 상담 및 지원이다. 이는 가정에서의 치매노인 간호와 치매가족 구성원간의 역할분담 등에 대한 상담·지원을 통해 치매가정의 간호 부담을 완화하고 보다 양질의 서비스를 제공하려는 것이다. 더불어 치매노인 가족모임의 활성화인데, 이는 치매노인 가족 상호간의 정보교환을 통해 치매노인 간호 및 보호에 대한 경험을 공유할 수 있게 하고, 상호간 친목도모를 통하여 치매노인 간호에 따른 부담감을 해소할 수 있도록 치매노인 가족모임을 활성화하는 것이다. 또 홍보용 책자 보급을 들 수 있는데 치매노인 가족·보호자들의 올바른 치매간호요령 습득을 위해 보건복지부에서 발행하는 『치매노인 간호요령(가족용)』 등 보급용 책자를 배포하는 것으로서 치매에 대해 모든 국민이 경각심을 갖도록 하는 것이다. 그리고 배회 가능 어르신 인식표 보급으로 가정을 떠나 배회할 염려가 있는 치매노인에게 신원확인 명찰을 보급하여 노인의 실종을 예방하고자 하는 것이다.

둘째, 치매 예방 및 치매노인 간병요령 등에 관한 교육의 실시이다. 이는 노인복지법 제6조 제3항에 근거하여 치매의 예방과 치료에 관한 사회적 인식을 제고하기 위하여 '치매극복의 날' 기념행사를 실시함으로써 사회적으로 노인치매에 대한 새로운 인식을 갖도록 하는 것이다. 치매노인 및 그 가족들이 치매질환과 치매노인에 대해 올바르게 이해하고, 치매의 치료·관리를 돕기 위하여 보건복지부에서 배포하는 「치매상담 매뉴얼(상담요원용)」, 「치매노인 간호요령(가족용)」 등 각종 홍보물을 이용하여 교육을 실시하는 것 또한 빠트릴 수 없는 사업이다. 우리나라는 아직도 치매를 부끄럽게 인식하고 있으며, 가정내에서 이를 해결하려고 하는 경향이 있기 때문이다. 지역사회에서의 보건교육, 방문보건사업, 반상회, 언론매체 등을 활용하여 치매질환 및 치매

노인에 대한 올바른 이해를 돕고, 보건복지부에서 배포하는 「치매상담 매뉴얼」과 각종 홍보물을 활용하여 치매예방 및 치매노인에 대한 사회적 편견 해소를 위한 교육을 지역사회 주민 대상으로 실시하고 있다. 그리고 보건소를 방문하는 지역주민에 대해 치매교육 및 홍보를 실시하여 지역주민을 상대로 이를 강화하고 있다.

셋째, 재가치매노인에 대한 방문·관리이다. 이는 시설보호 위주의 사후 치료적 서비스 제공에서 가족 및 지역사회의 예방적 보건서비스 체계로 전환하는 차원에서 재가치매노인에 대한 방문·관리 사업을 적극적으로 실시하고 있다. 또한 치매전문요원은 지역사회 노인의 「치매 여부 확인, 질병의 진행경과 및 증상의 관찰, 치매환자에 대한 치료 및 보호안내」 등을 위하여 방문보건사업과 적극적으로 연계하여 수행하고 있다. 그리고 가정봉사원 파견시설, 주·단기 보호시설, 지역 내 자원봉사자 및 자원봉사단체 등과 연계하여 서비스를 제공하도록 노력하는 것이 주요한 서비스이다.

치매는 노인성 질환으로 치매의 발생빈도가 점차 증가하고 있는데도 이에 대한 뚜렷한 방안이 없는 것 또한 현실이다. 무엇보다 치매노인과 그 가족을 위한 대책이 수립되어 있지 않으며 치매노인을 위한 요양병원 등이 부족하여 치매노인을 제대로 수용할 수 없는 실정이다. 또한 치매에 대한 국민의 의식전환이 필요한데, 아직까지 많은 사람들은 여전히 치매를 부끄럽게 여기고 이를 감추는 것으로 해결하려고 하고 있다. 정부 차원에서 2008년부터 매년 9월 21일을 치매극복의 날로 정하면서 치매환자와 치매가족들이 적극적으로 대응할 것을 주문하고 있지만, 여전히 치매노인은 밖으로 나오지 못하고 집안에 있는 것이 현실이다. 현 단계에서 치매를 조기에 예방할 수 없다면, 치매노인이 보호받고, 편안한 노후를 보낼 수 있도록 시설을 확충하여 보호하는 것이 필요할 것이다. 더불어 치매에 대한 종래의 편견을 개선하도록 국가가 나서서 범국민적인 인식개선이 이루어져야 할 것이다.

(2) 노인건강증진사업

노인건강을 위한 정책 중 노인건강증진 사업은 운동을 통한 노인건강증진의 새로운 접근이라 할 수 있다. 노인의 만성퇴행성 질환은 운동부족과 잘못된 식습관이 주요 원인 중 하나이다. 따라서 일상생활에서 신체에 과도한 무리를 주지 않는 범위 내에서 정기적인 운동과 건강한 식이요법을 병행하여 만성퇴행성 질환을 예방하고 치료할 수 있다. 현재 노인복지회관, 경로당, 문화체육센터 등에서 노인건강 및 체육활동 프로그램을 제공하고 있으나 노인들의 적극적 참여가 부족한 실정이다. 이에 따라 정부와 지방자치단체, 민간 관련단체들은 노인의 건강을 증진시키기 위한 다양한 건강증진사업을 추진해오고 있다(2009, 보건복지가족부).

보건복지부는 2006년부터 지역사회 중심의 체계적이고 효율적인 노인건강 관리체계를 마련하기 위해 전국 16개 시・도에 1곳씩 모두 16개소의 '노인건강증진 허브보건소'를 지정・운영하기 시작했다.

2008년부터는 한의약을 중심으로 건강증진 허브보건소 사업대상기관을 선정하여, 다양한 한의약 건강증진 프로그램을 운영해 오고 있다. 기공체조교실, 중풍예방교실, 한방육아교실, 사상체질교실, 한방 가정방문 진료 및 무료 순회진료, 사랑 나눔 운동교실, 한방건강장수마을, 금연침 사업이 있다.

2009년 현재 전국적으로는 55개의 허브보건소가 운영되고 있으며 허브보건소의 주요 프로그램은 노인건강대학 운영, 경로당 방문 운동프로그램 실시, 허약노인을 위한 재가방문 운동 프로그램으로 구분할 수 있다. 보건소, 주민자치단체, 경로당, 노인복지회관 등 접근성이 높은 다양한 시설을 활용, '노인건강대학'을 개설해 걷기, 노인 장수춤, 댄스 스포츠 등 노인들이 안전하고 재미있게 운동을 즐길 수 있도록 하고 있다. 요실금, 노인 안질환, 골다공증의 생활불편사항 및 주요 질병의 예방·관리의 건강교육도 실시하며 참가자에 대해선 건강검진, 암검진, 치매상담 등 건강상담 서비스를 제공한다. 이와 함께 거동이 불편한 노인을 대상으로 가정을 방문해 가정에서 간단히 실시할 수 있는 운동을 지도하는 '가정방문 노인운동 프로그램'을 실시하고 있다. 이 같은 '노인건강증진 허브보건소'는 해당 시·도 보건소의 노인건강운동 지도인력에 대한 교육 및 기술지원을 하며, 노인건강증진사업에 활용할 수 있는 지역사회 자원을 조사·발굴해 연계하는 허브기관의 역할을 수행하게 된다.

한편 보건복지부는 2006년부터 민간 노인관련단체가 주관하며 지방자치단체가 지원하는 방식으로 전국규모의 노인건강축제 및 노인생활체육대회의 개최를 지원하고 있다. 건강체조, 에어로빅, 게이트볼, 배드민턴, 스포츠댄스 등 7개 종목의 경기를 실시하고 건강상담, 실버용품 전시회 등 부대행사를 개최해 오고 있다. 이 대회는 2008년도부터 전국 노인생활체육대회라는 이름으로 문화관광부의 지원과 한국체육진흥회의 주관 하에 매년 6월경 개최되고 있다.

(3) 노인장기요양보험

그동안 많은 논란으로 시행이 지연되어 정부는 2008년부터 장기요양이 필요한 노인들을 대상으로 노인장기요양보험제도를 도입 시행하였다. 노인장기요양보험제도는 고령이나 노인성 질환 등으로 6개월 이상 동안 목욕이나 집안일 등 일상생활을 혼자서 수행하기 어려운 이들에게 신체활동·가사지원 등의 서비스를 제공하여 노후생활의 안정과 그 가족의 부담을 덜어주기 위한 사회보험제도이다.

급여를 신청할 수 있는 자격은 소득과 상관없이 건강보험과 의료급여 가입자 또는 피부양자 가운데, 65세 이상의 노인과 64세 이하의 노인성 질환(치매, 뇌혈관성 질환, 파킨슨병 등)이 있는 자이다. 신청이 접수되면 공단 직원이 신청인을 방문하여 '장기요양인정조사표(5개 영역, 52개 항목)'에 따라 심신의 기능상태, 서비스 욕구, 수발 상황 등을 직접 조사하며, 이렇게 조사된 인정조사 결과와 의사소견서 등을 고려하여 시·군·구 단위로 설치된 등급판정위원회에서 최종 등급을 판정하게 된다.

노인장기요양보험의 급여는 시설급여, 재가급여, 특별현금급여로 구분되며 그 내용은 다음과 같다. 시설급여는 요양시설에 장기간 입소하여 신체활동 지원을 받는 것이고, 재가급여는 가정을 방문하여 신체활동, 가사활동, 목욕, 간호 등을 제공받고, 주간보호센터 이용, 복지용구 구입이나 대여를 받는 것이며, 특별현금급여는 도서벽지에 가족요양비를 지급하는 것이다.

특히 치매노인의 급증과 만성적인 노인성 질환에 대한 사회적 보호의 필요성으로 도입된 노인장기요양보험의 시행은 그 시의가 적절한바 있다. 그동안 독일과 일본 등에서 이미 시행하고 있는 제도를 연구검토하여 우리나라에 도입하였지만 아직 미비한 측면이 적지 않다하겠는데 제도 시행 2년이 지난 시점에서 드러난 문제는 다음과 같다.

첫째, 지금까지 노인복지정책의 시행은 대부분 국가가 행하는 행정행위로 이루어져 왔다. 그러나 노인장기요양보험은 민간시장의 참여로 공급자가 다양화되었다는 것이다. 이에 따라 요양병원 등 장기요양병원 등이 영리와 서비스 제공이라는 취지에서 지나치게 영리적 목적에 치중할 수 있다는 위험을 안고 있다.

둘째, 노인장기요양보험제도 하에서 요양 서비스의 질 문제이다. 자격과 전문성이 충분히 검증되지 않은 상황에서 요양보호사를 대량 양산하여 요양서비스가 제대로 이루어질 수 있을지에 대한 의문이 제기되고 있으며, 실지로 요양보호사와 노인 및 가족 간의 분쟁이 빈번히 발생하고 있다.

셋째, 재가서비스나 시설서비스에서 그 인프라가 미비한 상태에 있어 국가가 엄격한 관리를 하지 않을 경우, 특히 재가서비스의 질에 관한 문제가 야기될 수 있을 뿐만 아니라 시설서비스에서 시설의 태부족과 요양시설내에서 노인에 대한 학대나 인권의 문제가 발생할 소지가 있다.

2) 개선 방안

우리 도시노인의 건강생활의 삶의 질 향상을 위한 정책 및 서비스의 현황과 문제점을 개선할 수 있는 다음과 같은 몇 가지 방안을 제시해 볼 수 있다.

첫째, 정부가 책임을 지는 공적 보건의료조직의 인프라와 인력의 양적 확대가 필요하다. 보건소를 포함한 공적 보건의료체계는 노인뿐만 아니라 전 국민을 대상으로 한 포괄적 서비스가 요구되고 있는데, 양적 수준에서 크게 부족한 실정이다. 예를 들어, 새로운 건강증진 사업은 1995년 24개에서 2005년 44개로 2배 가까이 크게 증가한 반면, 전국보건기관의 보건인력은 1998년 19,126명에서 2005년 19,812명으로 미미한 증가에 불과한데 이는 외환위기시 구조조정 이전 수준에 머물러 있는 것이어서 적정기능 수행에 많은 차질을 빚고 있다 하겠다.

둘째, 사전 예방적 의료체계로의 전환이 더욱 강력히 추진되어야 한다. 오늘날 과거에 비해 사전적 예방조치의 중요성이 강조되고 있고, 이에 맞춰 중장기 계획이 수립되어 추진되고 있는 것은 사실이다. 그럼에도 불구하고, 공공의료기관마저도 급성기치료 위주의 기능을 수행하고 있으며 민간과의 차이점이 불분명하여 성과달성이 미흡한 실정이다. 국가의 역할은 여전히 7, 80년대 과제인 급성기질환 치료와 전염병 관리, 공적 의료재정관리 등에 편중되고 있어 예방, 건강행태 개선 등 커다란 사각지대가 발생하고 있다. 건강증진 예산도 '06년 3,120억원으로 치료부문 재정투입 예산인 건강보험과 의료급여 23조 517억원의 1.35%에 불과하다. 현재의 의료체계는 사후 치료는 가능하나, 사전예방적 서비스와 건강증진을 위한 포괄적 서비스 제공에는 턱없이 미치지 못하고 있다.

한 예로, 정부는 2004년 자살예방5개년계획(2006-2010년)을 수립하여 생애주기별, 사업단계별로 자살예방대책을 제시하였다. 이는 예방계획을 기획 및 조정하고 평가하는 보건복지부를 중심으로 지역사회정신보건센터와 민간단체인 한국자살예방협회 및 생명의 전화가 주축이 되어 시행되고 있다. 자살예방대책은 크게 1차, 2차, 3차 예방사업으로 구분할 수 있는데, 1차 사업은 지역사회, 일반인구, 정신건강위험인구를 대상으로 각각 생명존중 등 지역사회환경의 조성, 일반 정신건강의 증진, 우울증 예방을 통한 자살위험요인을 예방하는 사업을 중심으로 하고 있다. 2차 사업은 자살위험자 조기발견 및 조기개입, 3차 사업은 자살시도의 경험자를 대상으로 치료 및 사후관리적 접근을 수행하는 방식으로 구성되어 있다.

하지만 현재 대부분의 사업은 일반인과 청소년을 대상으로 하고 있으며, 특히 노인을 위한 2차, 3차 예방사업은 거의 전무한 실정인데 앞으로 특히 노인학대 및 독거노인을 지원하기 위한 보다 종합적 계획이 추진되어야 할 것이다.

셋째, 치매노인에 대한 전문인력 양성체계를 계획하여 추진하고 전문요양시설 및 전문진료기관을 더욱 확충해야 한다. 치매노인을 돌보는 요양병원 등이 있는데, 아직도 많은 사람들이 부모를 요양병원에 모시는 것에 대한 거부감이 있다. 이는 우리사회에 노인은 가족이 부양해야 한다는 전통 의식이 많이 남아 있기 때문이다. 이런 전통의식을 변화시키기 위해 국가가 나서서 인식전환을 도모하는 캠페인을 해야 하고, 동시에 노인요양병원에서 쾌적한 환경으로 서비스를 제공할 수 있도록 충분히 뒷받침해야 할 것이다. 쾌적한 환경뿐만 아니라, 거기에 종사하는 인력에 대한 감독과 교육을 통해 노인 인권침해나 분쟁이 발생되지 않게 양질의 서비스를 제공하도록 해야 할 것이다.

넷째, 노인장기요양보험제도는 자녀들의 부양부담을 줄여주고, 사회적 연대성을 강조한 제도로서 기능을 해야 하는데, 이 기능이 제대로 작동되게 하려면 국가의 지도감독이 철저하게 이루어져야 한다.

노인장기요양보험제도는 제도 시행 이전과 비교해 볼 때, 제도의 운영에 필요한 시설과 인력 등 인프라를 확보하는 양적 측면에서 비교적 성과를 거두었다고 평가할 수 있다. 이제 남은 주요한 과제 중 하나는 질적 측면의 서비스와 인프라를 어떻게 확보할 것인가에 있다. 제도 시행을 위한 준비단계에서 급격히 마련된 인프라는 현단계에서 질적 측면을 충분히 담보하지 못해 많은 문제점을 노출하고 있기 때문이다(최은희, 2008).

서비스의 직접 제공자인 요양보호사의 경우 단기간에 과잉배출하여 훈련체계의 미비로 적절한 서비스를 제공하지 못하고 있는 문제점이 나타나고 있다. 요양보호사의 규모는 소요인력을 처음 추정된 50,000명에 비해 10여배를 훨씬 상회하는 규모로 과잉 양성된 상황이다. 이와 같은 인력배출로 인해 요양보호사의 근무여건이 열악할 뿐만 아니라, 서비스 제공의 적정 능력을 갖춘 인력양성이 제대로 이루어지지 못하고 있다. 따라서 요양보호사에 대한 교육훈련을 담당하는 기관에 대한 철저한 조사 및 내실의 확충이 갖추어지게 하고 한편으로는 요양보호사의 보다 양호한 근로조건에 대한 법적 보장 등을 통해 최상의 서비스가 전달되도록 해야 할 것이다.

제 4 장

도시노인의 경제생활과 삶의 질

1. 연구 성과 논의

1) 노인의 삶과 경제생활

경제생활과 삶의 관계를 살펴보기 위해 먼저 경제생활의 핵심적 개념인 소득과 소비의 일반적 정의와 형태에 대해 파악해 볼 필요가 있다. 우리나라 통계청의 가계조사연보(2007)를 보면, 가구소득(household income)은 가구의 실질적인 자산 증가를 가져오는 일체의 현금과 현물로 이루어진 수입을 의미하며, 그 수입원천에 따라 다양한 형태로 구분된다. 가구소득은 먼저 일정기간 동안에 정기적·반복적으로 획득되는 소득인 경상소득(current income)과 비정기적으로 획득되는 비경상소득으로 나누어진다. 경상소득은 노동(work)의 대가로 받은 임금, 상여금, 수당 등 근로소득, 사업체를 운영하거나 전문지식과 재능을 통해 획득한 사업소득, 금융자산 및 부동산을 통해 획득한 재산소득, 가족 및 친지 또는 각종 시민·사회단체로부터 전달받은 사적이전소득, 그리고 공공부조 및 사회보험 등 정부로부터 지급되는 각종 사회보장적 성격의 공적이전소득으로 구분되며, 비경상소득은 개인연금, 퇴직연금, 일시적 보상금, 경·조사금, 상속·증여금, 복권당첨금 등이 해당된다.

위와 같이 소득은 소득원천에 따라 다양한 형태로 구분되고 있는데, 그 중에서도 가구 총소득의 가장 큰 비중을 차지하는 항목은 근로소득이라 할 수 있다. 그러므로 근로소득의 감소 및 중단은 가구 총소득의 감소로 이어져 결국 경제적 빈곤화의 일차적 원인으로 작용하고 있다(김수완·조유미, 2006; 최현수·류연규, 2003; 정순희·김현정, 2002). 따라서 자본주의 사회에서 일자리를 구하지 못한, 즉 실업상태에 놓인 사람은 근로소득 이외의 다른 소득원이 충분히 작동하지 않는다면, 그 자신뿐만 아니라 부양가족의 생계마저 제대로 유지하기 힘든 빈곤한 상태에 빠질 가능성이 매우 높다.

한편 소비구조 역시 소득과 마찬가지로 그 지출의 성격에 따라 몇 가지 형태로 구분해 볼 수 있다. 우리나라 통계청은 가계지출(household expenditure)을 크게 소비지출과 비소비지출로 구분하고 있다. 소비지출(consumption expenditure)은 가구에서 가구원의 생활에 필요한 재화 및 용역을 구입한 대가로 지출되는 일체의 비용으로, 세부적으로는 식료품비, 주거비, 광열·수도비, 교육비, 교양·오락비, 보건의료비, 가구용품비, 피복·신발비, 교통·통신비, 기타 잡비로 구성된다. 반면 비소비지출이란 개인적 욕구 및 필요에 따른 지출이 아닌 사회적 필요를 위해 법적으로 부여되어 의무적으로 지출되는 비용으로 각종 세금과 사회보장 기여금으로 구성되어 있다.

인간이 노동을 하는 이유는 오로지 경제적인 면에만 있지 않으며, 여타의 사회적 · 심리적 목적이 있다. 일이라는 것은 경제적 기능 이외에 사회적 · 심리적 기능도 동시에 지닌다. O'tool은 일은 인간에게 자기 존중감(self esteem), 정체감(identity), 질서의식(a sense of order)을 부여해준다고 했고, Kieffer은 특히 은퇴한 노인들의 취업활동은 노후생활에 필요한 소득원을 확보해줄 뿐만 아니라 신체적, 정신적 건강을 유지시키며, 생산적 활동을 계속함으로써 의미있는 역할 수행에 대한 자부심, 유용감, 자아정체감 등을 갖게 해준다고 했다. 따라서 사람이 인간다운 생활을 영위하기 위해서는 생계를 유지하기 위한 차원의 의식주와 건강의 유지는 물론 여가와 문화적 욕구를 기본적으로 충족시킬 수 있는 지출이 필요하며 이를 뒷받침하는 일정한 수준의 소득이 필수적이다.

그렇다면 노인의 소득과 지출은 청 · 장년층과 어떻게 다른 특징을 보이며, 노인의 삶에는 어떠한 영향을 미치고 있는가? 세계적으로도 유례없이 급속하게 진행되고 있는 우리나라의 인구고령화 현상은 사회 · 경제적 구조뿐만 아니라 노인 개인의 삶 전반에도 많은 영향을 미칠 것으로 예상되고 있다. 국가 경제적 차원에서 인구고령화는 일자리 및 생산가능인구수와 직결될 뿐만 아니라 고령화 사회에서 나타나는 가장 큰 문제 가운데 하나인 노년부양비도 급속하게 높아지게 되어 거시경제, 노동시장, 국가재정에 영향을 미치는 한편, 개인적 측면에서는 사회적 역할의 상실과 근로소득의 중단으로 이어져 개인의 경제적 · 신체적 · 심리적 변화에 큰 영향을 미치게 된다(김교성, 2008).

(1) 노인의 소득과 지출

노인은 다른 연령대의 인구집단에 비해 상대적으로 빈곤한 상태에 놓여 있다. 이는 고령화가 동반하는 다양한 요인들로 인해 수입과 지출의 구조가 변화하여 경제적 상태를 불안정하게 만들기 때문이다. 노인빈곤에 영향을 미치는 요인과 관련된 선행 연구들을 보면 노인빈곤을 야기하는 주요 원인들은 매우 다양하다.

노화에 따른 신체적 기능의 저하는 기존의 사회적 지위에 따른 경제활동에도 큰 영향을 미치게 된다. 노인의 경우 신체적 노화에 따른 노동 능력의 저하, 급속히 발전되어 가는 과학 기술에의 적응능력 부족 및 정년퇴직 등으로 말미암아 노동시장에서 탈락하게 되고 그로 인하여 경제적인 고통 뿐만 아니라 사회·심리적으로도 어려움을 겪게 되는 경향이 있다. 산업화 과정에서의 직업구조의 급속한 변화로 인한 노인들의 노동능력의 평가절하와 퇴직제도의 정착은 노동시장에서 노인들이 경쟁력을 잃고 밀려나는 결과를 유발하고 있다. 은퇴나 실직 등으로 경제력이 약화된 노인에게 노후소득보장은 가장 중요한 문제이다(한형수, 2004).

노동시장에서 은퇴한 노인들이 생활을 유지하는 방법은 과거에 모아둔 자산을 소비하거나, 자식들이 생활비를 보조해주거나 연금이나 공공부조와 같은 복지제도에서 소득을 지원받는 경우이다. 그러나 우리나라 노인들 대부분은 자녀에게 의존하고 있으며, 그 다음으로는 자신의 일이나 직업을 통한 근로소득이 주된 소득원이다. 선진국의 경우와는 달리 노인 소득원의 주요 출처인 재산소득 즉 공적연금, 개인연금, 저축, 임대소득은 노후 경제생활에 큰 역할을 하지 못하고 있다. 이는 현세대 노인들이 과거 자녀들에 대한 과다한 투자로 노후준비를 소홀히 하였고 또 전 국민연금제도의 미발달로 인하여 생계비에 현저히 못 미치는 급여를 받고 있기 때문이다. 이에 따라 다른 인구집단에 비해 노인은 상대적으로 빈곤한 상태에 놓이게 되어 우리나라에서 '공식통계'로 빈곤층은 15%에 이르는 것으로 나와 있는데 65세 이상 노인의 빈곤율은 50%에 가깝게 나와 있어 노인집단의 빈곤 극복이 여전히 가장 무거운 과제로 되어 있다(김수현 외, 2009).

서구 선진국의 경우에는 일찍부터 국가가 노후소득보장의 문제에 대비하여 공적연금제도를 도입하고 지속적으로 확대함으로써 노인들의 소득을 보장하고 빈곤을 예방했기 때문에 노인빈곤의 문제는 다른 인구집단의 빈곤문제보다 상대적으로 덜 심각한 것으로 나타나고 있다. 미국의 경우 65세 이상 노인빈곤율이 1967년 28.1%로 65세 미만 인구의 빈곤율 11.8%의 2배 이상이었으나, 공적연금과 같은 노인복지정책에 힘입어 1984년에는 12.4%로 완화되어 65세 미만 인구의 빈곤율인 14.5%보다 오히려 낮아졌다(Hurd, 1990).

반면, 우리나라는 아직 공적연금제도가 도입 시행된 지 오래되지 않아 제도적으로 충분히 성숙하지 못했을 뿐만 아니라 광범위한 사각지대를 양산하고 있는 현실이다. 1988년에 시행된 국민연금제도는 1995년 농어촌 지역주민, 1999년 도시지역주민으로 가입자를 확대하며 제도시행 후 10년 만에 전국민 제도로 확대되었으나, 광범위한 사각지대와 낮은 소득대체율 등의 문제점이 노출되고 있다. 이처럼 사회적 차원에서 공적소득보장체계의 미비와 함께 개인적 차원에서 향후 가족구조의 변화에 따른 노인부양기능의 약화는 노인빈곤화를 더욱 가속화할 것이다.

한편 여러 선행 연구들에서 노인가구의 취업상태가 소비지출을 결정하는 중요한 요인으로 나타나고 있다. 소득과 지출은 밀접한 관련을 가지고 있어 소득수준이 높을수록 지출수준 또한 높아지는 경향이 있으며 지출구조에 있어서도 지출내역 역시 달라지는 경향이 있다. 노인의 소득수준에 따른 소비지출의 차이를 살펴보면, 소득수준이 낮을수록 필수재적 성격이 강한 주거비와 식료품비, 보건의료비의 비중이 크게 나타났다(김교성, 2008; 이선형 · 김근홍, 2003). 남녀 노인 모두 연간소득 규모는 가구의 소비지출에 큰 영향을 미치는 요인으로 간주된다. 따라서 가구의 경제적 상태를 측정하는 객관적 지표로는 소득, 소비, 자산 등 여러 가지가 있을 수 있지만, Friedman의 항상소득가설(permanent income hypothesis)은 가구의 실제 경제상태를 평가하는데 있어서 총 소비지출이 소득보다 더 나은 지표임을 시사해주고 있다. 총 소비지출은 소득에 비해 일시적인 요소(transitoty factors)에 의해 덜 영향을 받게 되기 때문이다. 특히, 소득의 급격한 감소를 경험하게 되는 노년기 혹은 은퇴기의 소비지출에 관한 연구는 소득에 관한 연구보다 노년기의 경제적 상태를 평가하는데 더 정확할 수 있다(Wang, 1995; 여윤경, 2003 재인용).

2) 노인의 경제적 상황

노인가구의 경제적 상황에 있어 먼저 노인의 소득 실태를 파악하기 위해 노인의 평균 소득수준과 소득원, 노후 준비율과 방법, 노인빈곤율, 공공부조와 공적연금 수급률 등을 살펴보고 다음으로 노인의 지출 실태를 파악하기 위해 노인의 지출수준과 구조, 가장 부담스런 지출항목, 평균 용돈액수를 살펴본다.

(1) 노인의 소득 실태

농촌경제연구원에서 2004년에 65세 이상 농촌노인 200명을 대상으로 조사한 바에 의하면, 농촌노인 가구의 절반 이상인 54%가 연간 소득수준이 당해연도 최저생계비에도 못 미치는 것으로 나타났다. 노인들 중에 자녀와 동거하고 있는 경우에는 연간 소득수준이 평균 2,429만원이지만 노인홀로 사는 경우와 노인부부만 사는 경우에는 각각 364만원과 750만원으로 나타나 이는 2003년 1인 가구 최저생계비인 427만원(월 35만 5,774원)과 2인 가구 707만원(월 58만 9,219원)수준인 것으로 나타났다. 비단 이런 현상이 농촌에서만 나타나는 것은 아니며 보건복지부에서 전국노인을 상대로 조사한 결과도 이와 비슷하다.

정경희 외(2005)의 조사에 의하면, 2004년 노인의 월 평균소득은 48.6만원에 불과하여 당해연도 법정 최저임금인 59.4만원보다 낮은 금액이다. 한국보건사회연구원(2005)에서 조사된 소득수준별 분포를 살펴보면, [표 4-1]과 같이 60만원 미만이 전체 노인의 77.1%에 달하고, 100만원 이상은 12.3%, 60-100만원은 10.4%에 불과한 것으로 나타난다. 성별로는 남성노인이 78.3만원으로 여성노인인 29.9만원에 비해 월등히 높으며, 남성노인은 60만원 이상이 43.5%를 차지한 반면, 여성노인은 60만원 미만이 90.5%를 차지하고 있어 남성노인에 비해 여성노인이 열악한 상황에 처해있음을 알 수 있다. 연령에 따라서는 연령이 높을수록 월평균소득도 감소하여 65-69세는 64.1만원, 70-74세는 43.2만원, 75세 이상은 33.7만원이며, 40만원 미만의 소득자는 증가하고 100만원 이상의 고소득자는 감소하는 경향을 보인다. 지역별로는 도시지역이 월 52.9만원으로 농어촌지역의 39.7만원에 비해 높고, 60만원 미만의 저소득 계층은 비슷하게 분포하고 있으나 100만원 이상의 고소득 계층의 경우에는 도시지역이 14.5%로 농어촌지역의 7.7%에 비해 2배 가량 높게 나타난다.

[표 4-1] 성 · 연령 · 지역별 노인의 월 평균 소득수준 분포

(단위: 만원, %)

구 분		20만원 미만	20~40 만원	40~60 만원	60~80 만원	80~100 만원	100만원 이상	전체	월평균 소득
전체		33.0	32.0	12.1	6.8	3.6	12.3	100.0	48.6
성별	남자	19.3	23.9	13.3	10.0	6.9	26.6	100.0	78.3
	여자	42.1	37.1	11.3	4.7	1.5	3.3	100.0	29.9
연령	65~69세	28.6	25.1	12.6	8.9	5.8	19.1	100.0	64.1
	70~74세	31.2	37.0	11.9	7.2	2.4	10.3	100.0	43.2
	75세이상	41.7	36.2	11.6	3.5	1.8	5.2	100.0	33.7
지역	동부	32.4	32.0	11.8	6.4	2.9	14.5	100.0	52.9
	읍 · 면부	35.1	32.0	12.7	7.6	5.0	7.7	100.0	39.7

자료 : 한국보건사회연구원, 「2004년도 전국 노인생활실태 및 복지욕구조사」, 2005

다음으로 노인의 소득원에 관한 조사결과를 살펴보면, [표 4-2]에서와 같이 2007년도에는 65세 이상 노인들의 절반 이상인 52.3%는 생활비를 스스로 마련하고 있으며, 정부 및 사회단체의 지원을 받는 비율은 5.5%로 매우 적은 것으로 파악된다. 65세 이상 노인이 본인이나 배우자의 생활비를 마련하는 방법은 근로소득 및 사업소득 59.9%, 연금 및 퇴직금 17.7%, 재산소득 13.5%순이다. 연령대가 높아질수록 근로소득 및 사업소득에 의한 생활비 마련방법은 감소하는 반면, 재산소득에 의한 방법은 증가하는 추세를 보이고 있다. 성별로 보면 남자는 본인 및 배우자 부담이 높은 반면, 여자는 자녀 또는 친척지원이 상대적으로 높다. 또한 2005년에 비해 2007년에는 본인 및 배우자 부담은 증가한 반면, 자녀 또는 친척지원은 감소하고 있음을 알 수 있다.

[표 4-2] 노인의 생활비 마련방법

(단위: %)

구 분		계	본인 및 배우자부담						자녀 또는 친척지원				정부 및 사회단체	기타
				소계	근로사업소득	재산소득	연금퇴직금	예금		소계	함께 살고 있음	함께 살고 있지 않음		
연도	2005	100	49.3	100	61.8	14.2	15.3	8.6	44.7	100	53.9	46.1	5.7	0.3
	2007	100	52.3	100	59.9	13.5	17.7	8.9	42.1	100	52.8	47.2	5.5	0.1
성별	남자	100	69.8	100	61.4	12.6	18.3	7.7	26.2	100	45.1	54.9	4.0	0.0
	여자	100	40.3	100	58.1	14.7	16.9	10.3	53.0	100	55.4	44.6	6.5	0.1
연령	65~69세	100	68.4	100	65.0	11.2	16.4	7.4	27.5	100	52.8	47.2	4.0	0.1
	70~79세	100	48.2	100	56.6	14.7	19.3	9.4	45.3	100	48.8	51.2	6.4	0.1
	80세 이상	100	20.2	100	37.4	27.3	15.7	19.6	73.3	100	61.7	38.3	6.5	0.1

자료 : 통계청, 「사회통계조사」, 각 년도

한편 노인의 노후준비 정도에 관한 통계청조사에서는 2007년 기준으로 65세 이상 노인인구 가운데 34.7%가 자신의 노후를 준비하고 있는 것으로 파악되었다. 즉, 노인 10명 중 3.5명만이 노후를 준비하고 있으며 6.5명은 노후를 준비하지 못하고 있는 셈으로, 경제적 노후준비가 미흡한 실정이다. [표 4-3]에서 볼 수 있듯이, 노후를 준비하는 방법으로는 예금 및 적금이 34.8%로 가장 높고, 부동산 운용이 19.1%, 국민연금이 17.2%순으로 나타난다. 이를 성별과 연령에 따라 비교해 보면, 여자에 비해 남자는 국민연금 및 기타공적연금으로 노후를 준비하는 비율이 높은 반면, 여자는 예금 및 적금으로 준비하는 비율이 높은 것으로 나타난다. 연령별로는 연령이 높아질수록 노후를 준비하는 비율은 낮아졌는데, 그 중에서도 국민연금을 포함한 공적연금이 비중은 점차 낮아지고 예금 및 적금과 부동산 운용의 비율은 높아지고 있다.

[표 4-3] 노인의 노후준비율 및 방법

(단위: %)

구분		준비하고있음	소계	국민연금	기타공적연금	사적연금	퇴직금	예금적금	부동산운용	주식채권	기타	준비하고있지않음
전 체		34.7	100.0	17.2	14.6	8.2	5.3	34.8	19.1	0.4	0.4	65.3
성별	남 자	47.7	100.0	19.3	15.6	8.7	5.9	31.5	18.6	0.4	0.1	52.3
	여 자	25.8	100.0	14.6	13.4	7.5	4.5	39.1	19.7	0.4	0.7	74.2
연령	65~69세	45.9	100.0	20.8	12.3	9.0	6.2	33.6	17.7	0.3	0.2	54.1
	70~79세	31.1	100.0	14.3	17.7	7.2	4.6	35.3	19.9	0.6	0.5	68.9
	80세 이상	14.6	100.0	7.5	12.4	8.3	2.0	42.2	26.0	0.0	1.6	85.4

자료 : 통계청, 「사회통계조사」, 2007

우리나라 노인의 빈곤의 실태와 변화 정도를 앞서보다 좀 더 구체적으로 살펴보면, 1960년대 이후 우리나라는 지속적인 고도의 경제성장을 통해 절대빈곤 가구는 감소하였으나, IMF 경제위기 직후인 1998년을 기점으로 급격하게 증가하였다가 1999년 이후 지속적으로 감소하여 경제위기 당시의 수준으로 회복한 것으로 파악되고 있다(최현수 · 류연규, 2003). 반면 경제위기 당시 노인빈곤율은 다른 인구집단에 비해 상대적으로 크게 상승하여 경제위기에 취약했던 것으로 나타났으며, 경제위기 이후에도 여전히 전체 빈곤층의 30%를 넘게 차지하는 경제적 취약성을 보이고 있다(구인회, 2002).

1995년부터 2005년까지 지난 10년 동안 65세 이상 노인의 상대적 빈곤율의 변화를 살펴보면, 노인빈곤율은 1995년 27.3%이었으나 IMF 경제위기 직후인 1998년을 기점으로 37%까지 급격히 상승하였다. 이후 서서히 하락하였다가 2001년 26.1%까지 낮아졌으나, 2002년부터 다시 증가하기 시작하여 2004년 38.7%로 최고치를 보이며 40%에 육박하고 있어, 노인빈곤은 현재 매우 심각한 상황임을 알 수 있다. 노인의 빈곤율을 비노인빈곤율과 비교해볼 때, 그 정도의 심각성을 더욱 잘 파악할 수 있는데, 비노인의 경우 95년 7.7%, 99년 10.3%, 2004년 10.9%로 나타나 11%를 넘어서지 않으며 노인빈곤과 약 20-30%의 격차를 보이고 있다. 노인가구의 경우에도 60세 이상 노인보다 65세 이상 노인의 빈곤율이 더 높게 나타나고 있어, 고령화가 진행될수록 빈곤의 노인화가 더욱 광범위하게 진행되고 있다고 할 수 있다(이용우 · 김혜란, 2008). 아래 [표 4-4]는 이와 유사한 노인의 절대적 빈곤율과 상대적 빈곤율의 연도별 변화추이를 보여주고 있다.

[표 4-4] 노인빈곤율의 변화 추이

(단위: %)

구 분	절대적 빈곤율[1]			상대적 빈곤율[2]		
	시장소득	경상소득	가처분소득	시장소득	경상소득	가처분소득
1999	15.6	13.7	15.0	20.0	18.9	18.1
2000	15.5	12.6	14.3	21.7	20.5	19.8
2001	9.6	8.3	11.2	19.7	17.5	16.7
2002	9.9	8.4	10.6	21.5	19.6	17.7
2003	14.9	13.0	14.7	26.8	25.0	24.0
2004	13.1	11.4	13.1	28.2	26.5	24.4
2005	13.1	11.3	13.0	25.3	23.3	22.7
2006	17.3	12.9	14.6	31.9	27.6	26.5

자료 : 통계청, 「도시가구조사」, 「가구조사」, 원자료, 각 년도.
주 1) 정부발표 최저생계비 기준
주 2) 중위소득 50% 미만 기준

다음은 국제적 비교를 통해 우리나라 노인의 빈곤의 심각성을 살펴보자. OECD 주요국가의 연령집단별 빈곤동향에 대한 Smeeding, Rainwater & Burtless(2001)의 연구에서는 지난 20여년 동안 대부분의 선진복지국가들이 노인빈곤율의 감소를 경험했다고 밝히고 있다. 먼저, 전체빈곤율의 경우 17개 국가 중 7개 국가(캐나다, 이스라엘, 덴마크, 프랑스, 노르웨이, 벨기에, 룩셈부르크)에서 이 기간동안 빈곤율이 감소했고, 10개 국가에서 증가했다. 반면에 노인빈곤율의 경우 4개국(호주, 영국, 네덜란드, 스웨덴)을 제외한 13개국에서 노인상대빈곤율의 감소를 경험했다. 또한 평균적으로 노인빈곤율은 1.58%p가 감소한 반면, 아동빈곤율은 1.19% 증가했다. 이처럼 서구 선진국가들은 노인빈곤율의 감소를 경험한 대신 아동빈곤율의 증가가 오히려 더 심각한 문제로 받아들여지고 있으며, 편모가구의 아동에 대한 빈곤정책이 주요 이슈가 되고 있다.

그러나 1990년부터 2002년 사이에 우리나라 빈곤동향은 OECD 주요국가들과 상이한 결과를 보여주고 있다. 이 기간동안 아동빈곤율은 0.9%p 증가한 반면, 노인빈곤율은 6.7%p나 증가하여 노인빈곤율의 증가를 경험한 대표적 국가인 호주와 동일한 경향을 보이고 있으며, 증가폭도 가장 크게 나타났다. 이처럼 1990년 이후 우리나라 빈곤율 변화경향의 가장 큰 특징은 노인빈곤율 증가라고 할 수 있다(최현수 · 류연규, 2003:150-151).

그렇다면 이렇게 경제적으로 열악한 상황에 놓여있는 노인의 소득을 지원할 수 있는 우리나라의 사회보장제도는 과연 충분한가? 물론 이 물음에 대한 답변은 다층적 차원에서 보다 신중히 검토될 필요가 있다. 여기에서는 노후소득보장제도의 역할을 파악하는데, 가장 일반적인 방법인 빈곤 노인에 대한 국민기초생활보장제도의 수급률과 비빈곤 노인에 대한 공적연금제도의 수급률을 살펴보기로 한다.

먼저 최후의 사회적 안전망으로 빈곤층에 대한 가장 대표적인 소득보장제도로 작동하고 있는 국민기초생활보장제도의 노인 수급률[1])에 관한 조사결과를 보면, 2007년 65세 이상 노인 중 기초생활보장수급자는 386천명으로 전체 노인인구 중 8.0%를 차지하고 있다. 여기에서 노인기초생활보장수급자 수는 계속 증가추세를 보이고 있으나, 수급률은 감소하고 있다. 2000년 이후 65세 이상 노인들의 연령대별 기초생활보장 수급률은 감소 추세를 보이고 있다. 이는 2002년 이후 기초생활보장수급자의 수는 모든 연령대에서 꾸준히 증가하고 있으나, 노인인구의 증가속도가 기초생활보장수급자수의 증가속도보다 훨씬 빠르기 때문이다.

[표 4-5] 기초생활보장수급자 추이

(단위: 명, %)

연도	전체 인구 (A)	전체 인구 중 비율(D/A)	65세 이상 노인인구 (B)	노인인구 중 비율(D/B)	전체수급자계(C)	65세 이상 수급자계(D)	전체수급자 중 비율(D/C)
2001	47,357,362	0.7%	3,578,370	9.3%	1,345,526	334,272	24.8%
2002	47,622,179	0.7%	3,772,075	8.7%	1,275,625	329,251	25.8%
2003	47,859,311	0.7%	3,968,118	8.6%	1,292,690	340,527	26.3%
2004	48,039,415	0.7%	4,165,974	8.5%	1,337,714	352,348	26.3%
2005	48,138,077	0.8%	4,366,642	8.4%	1,425,684	367,658	25.8%
2006	48,297,184	0.8%	4,585,702	8.1%	1,449,832	372,595	25.7%
2007	48,456,369	0.8%	4,810,363	8.0%	1,463,140	386,157	26.4%

자료 : 보건복지가족부, 「2007년 국민기초생활보장수급자 현황」, 2008
통계청, 「장래인구특별추계」, 2006

1) 65세 이상 노인 인구의 기초생활보장 수급률 = 65세 이상 인구 중 기초생활보장수급자 수 / 전체 65세 이상 인구수 × 100

다음으로 노후소득보장제도의 핵심적 역할을 담당하고 있는 공적연금의 수급률을 살펴보면, 2007년 65세 이상 인구 중 공적연금인 국민연금, 공무원연금, 사학연금의 수급자는 107만 9천명으로 65세 이상 인구의 22.4%가 공적연금을 수급하고 있다. 2006년과 비교하면 공적연금 수급률은 3.4%p증가하였고, 연금 유형별로 65세 이상 연금수급자 비율을 보면, 노령연금 89.8%, 유족연금 9.6%, 장애연금 0.6%를 차지하고 있다. 공적연금 역시 아직 제도적 기반이 충분히 성숙되지 못해, 다수의 노인들이 사각지대에 머물러 있고 일부의 노인만이 그 혜택을 받고 있는 실정이다.

(2) 노인의 지출 실태

이선형 · 김근홍(2003:49)에서는 노인가구의 지출수준을 파악하기 위하여 도시근로자가구와 비교하였는데 우선 근로자가구의 총 가구지출이 노인가구에 비해 약 92.7만원이 많았다. 가장 두드러진 차이는 노인가구는 교육비, 교통통신비, 비소비지출의 비중이 현저히 적어지고, 증가하는 비중은 식료품비와 보건의료비, 기타소비지출 등으로 나타났다. 즉 노인가구는 퇴직으로 인해 연금이나 보험 등에 지출하는 비용이 적어지고, 교통통신비의 비중이 낮아진다. 가정에서의 식사가 늘어나므로 식료품비의 비중은 증가한다. 또한 가구의 특성상 자녀를 출가시키고 두 부부만 거주하는 경우만 고려하였기 때문에 교육비에로의 지출이 거의 없는 것으로 나타났다.

다음으로 노인가구의 지출구조를 선행 연구들을 통해 보면, 비노인가구에 비해 대부분의 노인가구에서 전체 가구지출 중 가장 큰 비중을 차지하고 있는 항목은 식료품비이며, 다음으로 주거비와 수도 · 광열비, 보건의료비의 비중이 높게 나타난다. 반면, 피복 · 신발비, 교육비, 교양·오락비, 기타소비지출 등의 비중은 상대적으로 낮게 나타나고 있다(김교성, 2008; 이선형·김근홍, 2003, 여윤경, 2003; 김영숙, 2002, 양세정, 2000). 이는 기본적 생계를 유지해야 하기 위해 필수적인 재화, 즉 필수재에 대한 소비에 치우치는 반면, 사회 및 여가활동과 관련된 소비항목의 비중은 낮게 나타나고 있어, 노인의 일반적 특성을 반영하고 있다.

[표 4-6] 도시 노인가구와 근로자가구의 지출 비교

(단위: 원, %)

지출 항목	노인가구		근로자 가구	
소비지출	1,205,431	95.4	1,473,470	(85.1)
식료품비	251,494	31.3	408,323	(23.6)
주거비	46,338	5.8	48,185	(2.8)
광열·수도비	60,408	7.5	72,303	(4.2)
가구집기 가사용품비	22,746	2.8	54,377	(3.1)
피복·신발비	23,950	3.0	81,988	(4.7)
보건·의료비	83,916	10.4	65,723	(3.8)
교육비	345	0.0	156,957	(9.1)
교양·오락비	24,029	3.0	72,107	(4.2)
교통·통신비	74,645	9.3	236,623	(13.7)
기타소비지출	170,829	21.3	276,883	(16.0)
비소비지출	45,040	5.6	257,046	(14.9)
총가구지출(주거비포함)	803,740	100.0	1,730,515	(100.0)

자료 : 이선형·김근홍, 2003

노인가구의 지출구조를 가구유형별, 소득수준, 취업여부, 성별 등의 가구특성에 따라 보다 세부적으로 살펴보면 먼저 노인가구의 유형별로는 노인단독가구와 노인부부가구가 소득과 소비지출에 있어서 매우 큰 차이를 보였다. 즉, 노인단독가구의 총 소비지출액은 368,244원에 불과한 반면, 노인부부가구의 경우 903,523원으로 약 2.5배에 달하는 것으로 나타나, 1인 가구의 경우 생활이 더욱 어려운 것으로 드러났다.

한편 노인의 취업상태는 소비지출을 결정하는 중요한 요인의 하나이다. 소비지출 수준을 비교해 보면, 취업 노인가구의 평균 소비성향은 73%인 반면, 비취업 노인가구의 경우 102%로 적자운영을 하고 있는 것으로 나타났으며(양세정, 2000), 지출구조별로는 전자의 경우 후자에 비해 식료품비, 피복·신발비, 교통·통신비, 기타 비소비지출의 항목이 높게 나타났다. 이는 사회활동과 관련된 항목으로 간주될 수 있는 항목으로 출퇴근 비용, 외식비, 소득의 증가에 따른 세금 및 보험료, 경조사비 등의 지출 증가에 기인한다(이선형·김근홍, 2003).

하지만 성별에 따라서는 직업유무가 노인지출에 미치는 영향은 다르게 나타나고 있는데, 여성의 경우 직업유무에 따라 직업이 있는 경우가 없는 경우보다 가구 총 가구지출비가 낮게 나타났는데(이윤정·김순미, 2004), 이는 직업선택이 생계유지와 관련이 되었기 때문인 것으로 추정된다. 또한 소비지출항목 중 남성은 소득과 교육이, 여성은 소득과 교육 이외에도 다양한 요인들이 영향을 미치는 것으로 나타났는데, 이는 가구의 경제적 지위에 결정적 요인이라 할 수 있는 소득과 교육에 있어 남성노인이 여성노인보다 나은 수준임을 확인시키는 결과이다. 특히 노인의 경제생활과 보건의료비와의 관계를 살펴보면, 소득이 높을수록 일반건강을 위한 지출이 증가하는 것으로 나타났다.

가장 부담이 되는 지출항목을 중심으로 살펴보면 [표 4-7]에서와 같이 경조비·친목회비가 가장 큰 부담이 된다고 응답한 비율이 남자노인의 경우(15.7%), 여자노인(6.8%)에 비하여 월등히 높은데 이는 대체적으로 여자노인에 비하여 사회관계를 많이 맺고, 부부일 경우 주로 남자노인이 경조비·친목회비를 지급하는 경향이 있기 때문으로 이해된다. 연령이 높을수록 본인·배우자의 용돈이 부담된다고 응답한 비율이 높아지고, 전가족 생활비가 부담된다고 응답한 비율은 낮아져 연령이 높아질수록 자신을 위해서 지출해야하는 항목에 부담을 많이 느낌을 볼 수 있다.

[표 4-7] 노인에게 부담이 되는 지출항목

(단위: %)

지출항목	전체	지역		성별		연령		
		동부	읍면부	남자	여자	65~69세	70~74세	75세이상
없음	4.3	3.7	5.5	3.6	4.7	2.8	3.4	7.3
본인·배우자용돈	12.3	12.6	11.9	13.7	11.5	7.0	11.1	20.6
경조비·친목회비	10.1	9.5	11.0	15.7	6.8	12.9	10.4	6.0
생활비	39.9	41.1	37.6	42.9	38.0	46.5	39.0	31.9
약값·의료비	24.8	25.1	24.4	17.2	29.3	22.5	27.9	25.0
기타	7.6	8.1	9.7	7.1	9.6	8.5	8.3	9.3
계	100.0	100.0	100.0	100.0	100.0	100.0	100.0	100.0

자료 : 정경희 외, 「1998년도 전국 노인생활실태 및 복지욕구조사 자료」, 1998.

노인이 생활하는 데 꼭 필요한 돈 외에 용돈으로는 [표 4-8]과 같이 한 달에 평균 7만 9천원을 사용하고 있다. 가장 비율이 높은 액수는 1~9만원으로 56.1%이며, 10~19만원의 경우 21.3%, 20만원 이상은 11.9%이다. 전혀 용돈을 쓰지 않는다고 응답한 노인도 10.7%에 달하고 있다.

월평균 용돈액수조사(정경희 외 1998)에서는 동부 거주 노인들 사이에서 20만원 이상인 노인의 비율이 13.6%로, 읍·면부의 8.8%에 비하여 높은 것으로 파악되고 있다. 연령별로 살펴보면 연령이 높을수록 그 액수가 적어짐을 볼 수 있는데 65~69세 연령군의 경우 15.8%가 20만원 이상의 용돈을 사용하고 있는데 비하여 70~74세 연령군의 경우 12.6%, 75세 이상 연령군의 경우 5.9%에 불과하다. 또한 용돈이 전혀 없다는 노인의 비율도 연령이 높을수록 높아져 75세 이상 연령군의 경우 12.6%이다. 성별로는 남자노인이 월평균 11만 9천원을 쓰고 있는데 비하여 여자노인의 경우 용돈액수가 매우 적어 평균 5만 5천원이며, 20만원 이상의 용돈을 사용하고 있는 노인의 비율도 5.9%에 불과하다. 남자노인 경우 22.0%가 20만원 이상을 용돈으로 쓰고 있다. 또한 용돈이 전혀 없다는 비율도 남자노인(5.2%)에 비하여 여자노인(14.0%)이 거의 3배에 달하고 있다.

[표 4-8] 노인의 월평균 용돈액수

(단위: %, 천원)

구 분		없음	1~9만원	10~19만원	20만원 이상	계	월 평균
전 체		10.7	56.1	21.3	11.9	100.0	79
지역	동부	10.3	54.4	21.6	13.6	100.0	87
	읍·면부	11.5	58.9	20.8	8.8	100.0	66
성	남자	5.2	43.7	29.1	22.0	100.0	119
	여자	14.0	63.4	16.7	5.9	100.0	55
연령	65~69세	9.0	50.4	24.8	15.8	100.0	95
	70~74세	11.1	55.6	20.7	12.6	100.0	79
	75세이상	12.6	64.1	17.4	5.9	100.0	57

자료 : 정경희 외, 「1998년도 전국 노인생활실태 및 복지욕구조사 자료」, 1998.

3) 노인의 경제활동과 삶의 질

선행연구에 의하면 노인의 인구사회학적 특성, 신체 및 정신건강 수준, 경제수준, 여가활용, 사회관계 등 다양한 요인이 노년기의 삶의 만족도에 유의미한 영향을 미치는 것으로 나타나고 있는데, 여기에서는 노인의 경제생활이 노인의 삶과 만족도에 미치는 영향을 살펴보았다.

(1) 노인의 삶과 경제생활

노인의 삶에 있어서 경제생활이 갖는 의미를 여기에서는 노인의 경제생활이 노인의 건강, 가족 및 사회관계, 여가 및 문화생활 등 기타 생활의 영역에 미치는 영향을 중심으로 파악하여 보았다.

먼저 노인의 경제생활이 건강에 미치는 영향을 중심으로 접근해 보면 일반적으로 사람은 일을 통해 자신에게 주어진 일정한 역할에 부여된 과업과 책임을 완수하였을 때 비로소 자신의 능력을 확인하고 존재가치를 의식하게 되며 자신감을 갖게 된다. 한편 일을 통한 노동은 사회적으로는 그 사회의 유지와 발전을 위해 필요한 사회적 재화와 서비스를 생산하는 과정이다. 일정한 나이에 도달하여 다니던 직장에서 은퇴하는 것은 자연스럽고 당연한 일이지만, 실제로 노인이 은퇴를 경험하게 되면 앞서 언급한 개인적·사회적 차원에서의 역할 상실감에 빠져 심리적 무력감에 휩싸이기 쉽다. 이와 같이, 노후의 역할상실은 정체성의 위기를 가져올 가능성이 크기 때문에 건강한 노후의 삶을 위해서는 사라진 역할을 대체할 수 있는 새로운 역할을 모색하는 것이 매우 중요하다.

한편 일은 장시간의 노동이나 열악한 근로조건이 주어질 경우 시간과 장소에 따라 괴로움과 수고의 의미로 나타나기도 하지만 때로는 정기적인 육체적 노동을 통해 신체적 건강을 지속시키는 활력의 원천이 되기도 한다. 정해진 시간과 장소에 정기적으로 출근하는 규칙적 생활의 패턴이 신체에 미치는 긍정적 영향이다. 반대로 은퇴를 통해 일상의 업무에서 벗어난 불규칙적인 생활의 패턴을 갖게 된 노인의 경우 신체의 리듬이 무너져 건강을 위협하기도 한다. 따라서 건강한 노인이 지속적인 경제활동을 할 수 있도록 하는 것은 사회적으로 소득을 창출할 수 있는 소득보장정책일 뿐만 아니라 건강을 유지할 수 있는 의료보장정책이기도 하다.

다음으로 경제생활과 가족 및 사회관계와의 관계를 살펴보면 사회관계의 측면에서, 개인은 일을 통해서 직장이라는 사회집단 또는 조직에 소속됨으로써 사회에 더욱 적극적으로 참여하고 기여할 수 있는 기회를 제공받게 되며, 친구관계나 직장동료와의 관계 등의 사회관계망을 더욱 확대할 수 있다. 즉 직업에 따라 사회적 역할과 책임, 그리고 지위와 권력을 부여받게 되어 사회성원으로서의 도덕적 책임을 완수할 수 있는 기회가 더욱 커지게 된다.

또한 가족관계에서도 노인의 경제력은 매우 중요한 역할을 하고 있다. 노인과 성인 자녀가 상호지원을 교환하는 관계라는 점에 주목하여 지원의 교환이 노인에게 갖는 영향을 분석한 연구결과에 의하면, 타인의 보상에 대해 교환할 수 있는 자원이 없는 경우 교환관계가 불균등해지기 때문에 종속적 관계가 형성된다고 주장하며, 이러한 시각에서 노인과 자녀와의 지원관계를 바라보면, 교환이 필요한 자원이 부족한 노인은 자녀와의 교환에서 일방적으로 지원을 받는 관계가 되어 자녀에게 종속되기 때문에 삶의 만족도가 낮아지는 것으로 해석된다(이주일 외, 2008). 그러므로 은퇴 이후에도 일정한 소득을 통해 경제수준을 유지하는 노인들은 자녀들에게 경제적으로 의존하지 않고 자신의 일상적 생활을 영위할 수 있어 자녀들에게 종속되지 않을 수 있다.

마지막으로 노인의 경제생활이 여가생활에 미치는 영향을 살펴보면, 노인의 경우 청·장년기에 비해 상대적으로 자신의 취미생활을 비롯한 문화 및 여가생활을 즐길 수 있는 시간적 여유가 많아진다. 물론 노인우대와 할인제도를 통해 사회적 차원에서 노인의 경제적 부담을 덜어주고 있지만 경제적으로는 더욱 어려워져 주어진 시간을 여가로 충분히 활용하고 있지 못하는 경우가 많다. 따라서 경제생활은 노인에게 결국 기본적 생계의 유지뿐만 아니라 물질적으로 인간다운 문화적 생활을 영위할 수 있는 소득원을 확보해 준다.

(2) 노인의 경제생활과 삶의 만족도

먼저 객관적으로 측정 가능한 소득과 지출에 따른 경제수준이 노인의 삶의 만족도에 미치는 영향을 선행연구를 통해 살펴보면 노인의 경제수준은 노년기의 삶의 만족도에 노인의 직업적 지위보다 더 강한 영향을 미치는 것으로 나타난다. Mannell과 Dupuis(1996)는 경제적으로 부유한 노인이 상대적으로 생활만족도의 수준이 높게 나타나 노년기에 적절한 재정 및 수입은 삶의 만족도를 높이는 역할을 한다고 보았다. 특히 경제활동여부에 따른 노인빈곤 구성의 차이는 고령사회에서 노인의 경제활동이 빈곤여부를 결정하는 데 매우 중요한 요인임을 시사하고 있다.

노인빈곤율을 절대빈곤을 기준으로 분석한 결과, 경제활동에 참여하고 있는 노인빈곤율은 15.49%로 경제활동에 참여하고 있지 않은 빈곤율인 34.79%의 절반에도 미치지 못하는 수준이었다. 빈곤위험도 역시 0.49로 매우 낮았으며, 최저생계비 대비 소득충족률은 0.8617로 경제활동에 참여하지 않는 노인보다 약 14%p 높은 소득을 가진 것으로 나타났다. 이러한 경향은 상대빈곤의 경우에도 일관되게 나타나고 있다. 빈곤율과 빈곤위험도에 있어서 경제활동참가 노인집단은 모두 절반 수준이었으며, 소득충족률 역시 12%p 정도 높았다. 한국보건사회연구원의 조사(정경희 외, 2005)에 의하면, 가구소득 수준이 높을수록 삶의 전반에 대한 만족도가 높아지는 것으로 나타났다. 가구소득이 50만원 미만인 노인은 29.1%만이 자신의 삶에 만족한다고 응답한데 비해, 300만원 이상인 노인은 65.9%가 만족한다고 응답하였다.

노인빈곤과 관련하여 퇴직 전 직종과 노후의 경제적 만족도의 관계에 대해 선행연구에 의하면 과거 경제활동기간에 가지고 있었던 직업 및 종사상의 지위 역시 현재 노인의 경제적 상태에 큰 영향을 미치는 것으로 나타났다. 노인의 최종 직종과 고용형태가 노후 빈곤 및 경제적 상태에 매우 유의미한 영향을 미치고 있는 것으로 나타났으며(홍백의, 2005), 남성고령자를 중심으로 중년기 경제적 지위와 소득불평등과의 관계를 살펴본 결과 교육수준, 중년기 직종, 중년기 고용형태의 순서대로 소득불평등의 변량을 더 많이 설명하는 것으로 나타났다(이미진 · 김미혜 · 홍백의, 2007). 이와 같은 이유는 퇴직 전 근무경력 및 기간, 근무지위, 산업 및 직종에 따라 근로소득 수준의 차이가 발생하고, 이는 저축과 자산의 차이로 이어져 퇴직 이후 근로소득을 상실한 상태에서 경제적 상태의 차이를 가져올 수 있기 때문이다.

직종에 따른 노인빈곤율을 살펴보면 여러 가지 직종 중에서 농업 · 어업 그리고 임업에 종사하였던 사람의 노인빈곤율이 44.5%로 가장 높은 것으로 파악되었으며, 다음으로 단순 노무직이었던 사람의 빈곤율이 41.4%, 서비스업 근로자의 빈곤율이 37.0%, 그리고 사무 · 전문직 종사자의 빈곤율은 25.1%로 가장 낮다. 이런 선행연구 결과를 통해 퇴직 전 직종에 따라 노후에 빈곤해질 가능성이 상당한 정도 차이가 있음을 알 수 있다(홍백의, 2005 : 282).

이와 같이, 노인의 경제적 자립능력은 노후생활의 삶의 질을 형성하는 결정적 요인이 되고, 노인의 경제적 빈곤은 일시적 사건이기보다 지속적이라는 점에서 새로운 소득원이 없을 경우 노인의 삶의 질에 큰 영향을 미친다(홍숙자, 1999). 노인 본인의 근로수입, 배우자의 수입 그리고 재산소득 등을 활용하여 생활비를 마련하는 등 자립적 경제생활을 영위하는 노인이 자녀나 사회에 의존하여 경제생활을 영위하는 노인들에 비하여 삶의 만족도가 높은 것으로 나타났다. 이러한 결과는 노인들이 자립적 경제생활을 영위할 수 있을 정도의 고정적이고 안정적인 수입원을 확보하고 있는 경우 타인과 사회에 경제적 의존을 하지 않을 수 있게 되고, 노년기에도 자립적 경제생활을 할 수 있다는 것에 대해 자부심을 느끼는 등의 긍정적 효과가 있으므로 자연히 삶의 만족도 수준이 높아지는 결과를 낳게 된다고 볼 수 있다(권중돈・조주연, 2000).

한편 노인의 경제수준이 삶의 만족도에 정적 영향을 미치는 것으로 많은 연구에서 밝혀지고 있지만, 일부 연구에서는 직접적 영향요인은 아닌 것으로 보기도 한다. 이 경우에도 경제적 안정은 노인의 다양한 삶의 활동 기회를 높여주어 성공적 노후를 보내는 데 도움을 줄 수 있는 요인이 된다고 한다(성혜영・유정헌, 2002; 조해경, 2002). Klemmack와 Roff(1984) 역시 경제적 요인이 노인의 생활만족도에 절대적 영향을 준다고 볼 수 없지만, 높은 수입과 경제적 안정은 노인의 다양한 활동 기회를 제공하여 삶의 만족도를 증가시킬 가능성이 높기 때문에 노인의 경제수준은 곧 노인의 삶의 질과 간접적 연관이 있다고 보았다. 경제적으로 불안정하면 심리적으로도 위축되고 불안하여 인간관계가 어려움을 겪을 가능성도 높고, 자신의 생활에 대해서도 부정적 견해를 갖게 될 확률이 높은 것으로 파악되었다(Klemmack & Roff, 1984). 또한 절대적 경제수준보다는 주위 사람들과의 비교에 의한 상대적 경제수준이 만족도에 직접적인 영향을 미친다는 연구결과도 있다(Medley, 1977: 서미경 · 김정석, 1995).

다음으로는 주관적 측면에서 자신의 경제수준에 대한 주관적 인식이 삶의 만족에 미치는 영향을 살펴보면 노인의 경제적 상태와 삶의 질에 대하여 Larson(1977)은 수입과 주관적 안녕상태를 긍정적 상관관계가 있는 것으로 보아 수입에 대한 만족과 행복과는 관계가 크다고 보았다. 경제상태가 삶의 질에 직접적인 영향을 주는 것이 아니라 자신의 경제상태에 대해 본인이 느끼는 주관적 관점이 더욱 중요하다는 것이다(송하정, 2001). 노인의 경제적 수준이 낮을수록 삶의 질 점수가 낮았고(정영해, 2004), 노인들이 자신이 지각하는 경제상태가 높다고 느낄수록 삶의 질이 높았다(윤종회 · 이혜경, 1997). 노인이 평가하는 생활만족도[2])를 삶의 질의 주관적 차원으로 간주하고 노인의 건강, 주거환경, 가족관계, 여가, 경제생활의 객관적 측면이 노인의 생활만족도에 미치는 영향을 분석한 연구에 의하면, 노인의 빈곤은 주관적 생활만족도를 약화시키는 주된 요인 중 하나이다. 노인의 월 평균 용돈수준과 주관적 생활만족도의 관계를 살펴본 연구에서는 평균 용돈수준이 많을수록 노인의 생활만족도는 커지는 것으로 파악되었다(김익기 외, 1999).

---

2) 생활만족도를 6개 문항- 1) 나는 내 삶에 만족한다. 2) 앞으로 보다 즐겁고 좋은 일들이 생길 것 같다. 3) 나는 가치있는 사람이다. 4) 나는 고독감 또는 외로움을 느낀다. 5) 지나온 평생을 회고해 볼 때, 내 인생은 성공적이다. 6) 나는 현재 행복하다-으로 나누고, 각 문항을 1점은 강한 부정, 10점은 강한 긍정으로 구성된 10점 척도로 구성하였다. 생활만족도 총 점수는 각 항목의 점수를 합하여 6으로 나눈 값이다.

주관적인 계층 귀속감에 따른 삶의 만족도 차이를 보면, 자신을 하층이라고 인식하는 경우와 중간층이라고 인식하는 경우의 만족도에 있어서 급격한 차이가 난 반면, 상층이라고 인식하는 경우에는 일관된 결과를 보이지 않고 있다. 자신을 상층이라고 인식하고 있는 경우인 3.08보다 더 낮은 2.82로 나타났다. 이 경우 노인이 속한 가정의 경제적 계층과 본인이 처분 가능한 용돈수준과의 격차가 심해서 상대적 박탈감이 큰 현실을 반영하는 것이라고 볼 수 있다.

이를 보다 세부적으로 인구사회학적 특성을 중심으로 하여 농촌 노인과 도시노인의 삶의 질의 차이를 비교한 손신영(2006)에서는 경제적 상태는 도시노인이 높았지만 농촌노인에게는 경제적 상태가 삶의 질의 영향요인으로 작동한 반면, 도시노인의 경우 유의미한 요인으로 작동하지 않는 것으로 파악되었다. 도시노인에 비해 농촌노인의 경우 삶의 질에 있어서 경제적 상태가 더 중요한 영향을 미치는 것으로 보겠다.

한편 여성, 농어촌, 독거노인의 생활실태를 중심으로 노인의 삶의 질을 비교한 오영희 외(2005)의 연구에 따르면, 남녀 모두 가구소득이 높고, 주관적 경제상태에 대한 인식이 좋을수록 삶의 질의 만족도가 높게 나타난다. 하지만 정순돌(2007) 등의 일부 연구에서는 남녀의 차이에 따른 다른 결과를 제시하고 있는데, 여성노인들은 자신의 경제상태에 대한 주관적 평가가 성공적 노화의 인식에 유의미한 영향을 미치는 반면, 남성노인들은 유의미하지 않은 것으로 나타났는데, 이는 남성노인들의 평균수명이 여성노인에 비해 상대적으로 짧기 때문에 여성노인들처럼 긴 노후를 보내야하는데 필요한 경제적 스트레스를 덜 받기 때문인 것으로 추정해 볼 수 있다.

마지막으로 지출의 측면에서도 노인의 노동시장 참여여부가 소비지출을 결정하는 중요한 요인으로 작동한다. 양세정(2000)에서는 노인가구를 가구유형에 따라 단독가구, 부부가구, 자녀동거가구로 구분하여 가구 경제구조를 분석한 결과, 노인가구의 경우 취업여부에 따라 평균소비경향에 차이가 있었다. 김연정(1998)의 연구에서는 취업노인가구가 은퇴노인가구보다 더 많은 지출을 하고 있는 항목은 피복신발비, 교양오락비, 교육비, 전기통신 및 연료비로 나타났는데, 이는 근로소득의 중단 및 축소가 정기적인 항상소득에 대한 제한을 의미하기 때문에 재화의 필수여부에 따라 지출을 달리하고 있음을 시사하고 있다.

2. 경제생활의 삶의 질에 대한 경험적 분석

1) 객관적 지표

(1) 재산 규모

노인들의 직업 활동이 매우 제약되어 있는 현실에서 노인들은 자신들이 젊은 시기에 축적한 재산이나 주위의 경제적 지원에 의존할 가능성이 크다. 따라서 도시노인들의 경제조건의 현황을 파악하기 위해서는 무엇보다도 동산과 부동산을 포함하여 재산규모를 알아볼 필요가 있다. [표 4-9]에 의하면 보유재산규모에 대하여 응답한 1,004명의 가운데 약 3분의 2에 해당되는 노인들이 재산규모가 2억원 미만이라고 응답하고 있다. 구체적으로 재산규모가 5,000만원 미만인 노인들이 27.0%로 가장 많았으며, 1억원-2억원 미만이 20.8%, 5,000만원-1억원 미만 18.6%의 순이다. 반면에 재산규모가 5억원 이상인 노인은 전체 응답자의 약 10%에 불과한 것으로 나타났다.

[표 4-9] 보유하고 있는 재산 규모 분포

재산 규모	빈도	비율(%)
5,000만원 미만	271	27.0
5,000만원-1억원 미만	187	18.6
1억원-2억원 미만	209	20.8
2억원-3억원 미만	130	12.9
3억원-5억원 미만	103	10.3
5억원-10억원 미만	69	6.9
10억원-15억원 미만	21	2.1
15억원-20억원 미만	8	.8
20억원 이상	6	.6
계	1,004	100.0

인구사회학적 변인별로 노인의 재산규모를 분석하였는데, [표 4-10]에서 볼 수 있듯이, 성별과, 연령, 교육수준, 직업 변인들 모두에서 통계적으로 유의미한 집단간 차이가 존재하고 있는 것으로 밝혀졌다. 특히 노인의 교육수준과 직업위세에 따라 재산규모의 명확한 차이가 존재하고 있다. 구체적으로 성별 재산규모의 분산분석에서 남자노인들의 평균 재산규모와 여자노인들의 평균 재산규모 간에 매우 유의미한 차이가 존재하고 있다.

연령이 높은 집단으로 갈수록 재산규모가 줄어드는 경향이 확인된다. 10분위로 순위화된 재산규모에서 초기노인(60-64세)의 평균값은 5.77이며, 중기노인(65-74세)은 5.59, 후기노인(75세 이상) 집단은 5.01이다. 연령이 낮은 초기노인들의 재산규모가 상대적으로 큰 것으로 나타난 것은 한국사회의 도시화 산업화와 경제성장의 역사적 시기를 반영한다고 볼 수 있다. 초기노인들은 1930년대 말에서 1940년대 초에 출생하였으며, 이들이 사회에 진출한 시기는 한국사회가 본격적으로 도시화 산업화에 접어든 1960-70년대와 일치한다. 즉 일반적으로 이들 세대는 앞선 세대에 비해 한국사회의 도시화 산업화의 성과로부터 크게 혜택을 받을 수 있는 기회를 제공받았다고 볼 수 있다.

[표 4-10] 인구사회학적 변인별 재산규모 분산분석

		사례수	평균	F값
전 체		1,004	5.53	
성별	남	423	5.94	16.0***
	여	581	5.23	
연령	60-64세	383	5.77	5.2**
	65-74세	400	5.59	
	75세 이상	221	5.01	
교육수준	정규학력무	252	4.86	54.0***
	초졸-중졸	439	4.98	
	고졸 이상	313	6.83	
직업	하위직업	297	4.31	62.0***
	중위직업	341	5.42	
	상위직업	366	6.62	

* p<.05, ** p<.01, *** p<.001

노인들의 재산규모는 무엇보다도 교육수준과 직업에 따라 큰 차이를 보이고 있다. 교육수준을 기준으로 할 때 고졸 이상의 상대적으로 고학력층의 평균은 6.83인데 비해 초등학교-중학교 졸업 집단은 4.98, 정규학력을 갖지 못한 집단은 그 값이 4.86이다. 정규학력이 없는 집단과 초등학교-중학교 졸업자 집단의 차이는 매우 미미한데 비해, 이들 두 집단과 고졸이상 집단간에는 매우 큰 차이가 존재하고 있다. 이는 그동안 한국사회에서 학력에 따른 경제적 보상의 차별이 심하게 작용해 왔음을 반영한다. 이와 같은 결과는 교육수준과 경제적 계층간에 매우 강한 상관관계가 존재하고 있다는 기존의 연구들과 부합된다.

그리고 일반적으로 교육수준은 직업의 위세와 정적인 상관관계를 갖는다. 사회적으로 높은 위세를 갖는 직업의 구성원들은 높은 교육수준을 보유하고 있다. 이와 같은 직업위세에 따라 재산규모가 큰 차이를 보이고 있다. 직업위세가 상대적으로 낮은 단순노무직 중심의 하위직업의 경우 평균값이 4.31인데 비해 생산기능직과 서비스판매직으로 주로 구성된 중위직업은 5.42, 고위관리직, 전문가, 사무직으로 구성된 상위직업의 평균은 6.62에 달하고 있다. 생애과정에서 오랫동안 종사해온 직업경험이 노년기의 경제적 조건에 강하게 반영되고 있다.

(2) 월수입

노인들의 경제생활의 객관적 조건은 현재 노인이 소속되어 있는 가족의 수입규모를 통해 파악될 수 있는데 [표 4-11]에 의하면 가족의 월평균 수입은 최소 '50만원 미만'에서부터 최대 '400만원 이상'에 이르기까지 9개의 범주로 측정되었다. 전체 응답자의 22.9%가 가족의 월평균 수입이 50만원 미만이라고 응답하였다.

[표 4-11] 월평균 수입규모 분포

	빈도	비율(%)
50만원 미만	230	22.9
50만원-100만원 미만	134	13.3
100만원-150만원 미만	140	13.9
150만원-200만원 미만	150	14.9
200만원-250만원 미만	156	15.5
250만원-300만원 미만	80	8.0
300만원-350만원 미만	40	4.0
350만원-400만원 미만	21	2.1
400만원 이상	53	5.3
계	1,004	100.0

이처럼 50만원 미만의 월평균 수입을 갖는 노인가구가 큰 비율을 차지하고 있는 것은 우리 사회에서 노인단독가구가 지속적으로 증가하고 있으며, 이들 노인가구의 수입규모가 상당히 미약한 것에 기인한다고 여겨진다. 그 외에 '200만원-250만원'이 15.5%, '150만원-200만원 미만'이 14.9%, '100만원-150만원 미만'이 13.9%, '50만원-100만원 미만'이 13.3%,의 순이다. 전체 응답자의 약 10%만이 300만원 이상의 수입을 가지고 있다고 응답하였다.

[표 4-12] 인구사회학적 변인별 월평균 수입규모 및 수입다양성 분산분석

		사례수	월평균 수입규모		수입의 다양성	
			평균	F값	평균	F값
전 체		1,004	5.55		1.81	
성별	남	423	5.48	.3	1.90	5.3*
	여	581	5.59		1.75	
연령	60-64세	383	6.13	16.0***	1.88	7.8***
	65-74세	400	5.39		1.88	
	75세 이상	221	4.84		1.58	
교육수준	정규학력무	252	5.08	23.5***	1.68	19.8***
	초졸-중졸	439	5.18		1.68	
	고졸이상	313	6.43		2.10	
직업	하위직업	297	4.49	37.3***	1.56	34.3***
	중위직업	341	5.63		1.68	
	상위직업	366	6.33		2.14	

* $p<.05$, ** $p<.01$, *** $p<.001$

노인가구의 월평균 수입규모에 관한 분산분석을 실시한 결과 연령과 교육수준, 직업에 따라 집단간의 평균값의 차이가 매우 유의미한 수준

에서 나타나고 있다. [표 4-12]에서 보듯이, 성별로는 남자노인의 평균값이 여자노인의 평균값에 비해 다소 높은 수준이지만, 통계적으로 유의미한 수준은 아니다.

연령별로는 연령이 높아짐에 따라 월평균 수입규모의 크기가 급격히 줄어들고 있다. 월평균 수입을 10분위로 순위화했을 때 60-64세의 초기노인들의 평균값은 6.13인데 반해, 중기노인 집단은 5.39, 후기노인 집단은 4.84에 불과하다. 연령이 높아질수록 월평균 수입의 규모가 확연히 낮아지는 경향을 확인할 수 있다. 고연령의 노인층에 비해 초기노인들은 직업활동 등을 통해 경제활동에 참여할 가능성이 높다는 점이 연령별로 노인들의 월평균 수입규모의 차이를 유발하는 것으로 판단된다.

월평균 수입규모는 교육수준에 따라서도 매우 유의미한 차이를 보이고 있다. 교육수준의 세 집단 가운데 고졸 이상의 고학력의 노인들과 여타의 학력수준의 노인들이 명확히 구분된다. 월평균 수입규모를 순위화했을 때 고졸이상 집단은 평균값이 6.43인데 비해 초등학교 졸업자와 중학교 졸업자 집단은 5.18, 정규학력을 갖지 못한 집단은 5.08이다.

교육수준과 마찬가지로 노인의 직업위세에 따라 월평균 수입규모가 큰 차이를 나타내고 있다. 단순노무직과 무직 등으로 구성된 하위직업의 평균이 4.49이며, 중위직업은 5.63, 그리고 상위직업은 6.33이다. 하위집단과 중위집단간, 중위집단과 상위집단간에 월평균 수입규모에 있어서 큰 차이가 존재하고 있다. 앞의 재산규모에 관한 설명에서와 마찬가지로 생애과정에서 최장기로 종사한 직업에 관련된 사회경험이 현재의 수입에 큰 영향을 미치고 있음을 알 수 있다. 한편 노인의 직업에 따라 가족의 월수입 규모가 크게 차이가 나타나는 것은 부모세대로부터 자녀세대로의 사회경제적 지위의 상속을 통해 설명할 수 있다.

부모가 사회경제적 지위가 높은 직업에 종사했을 경우 그 자녀들 역시 직업위세가 높을 가능성이 커진다.

(3) 수입의 다양성

노인가구의 수입원은 주로 본인/배우자의 경제생활과 자녀의 경제생활(보조), 은행예금・적금・보험, 부동산 이익(집세, 가게세), 본인/배우자의 퇴직금・연금, 생활보호・경로수당, 그리고 기타 등으로 구성된다. 노인의 경우 새로운 수입원을 기대하기 어려우므로 안정적인 수입원의 확보가 수입의 규모 못지않게 매우 중요하다(이가옥 외, 2002) 수입이 다양할수록 경제적 삶이 보다 안정적이고 수입의 규모가 커진다고 볼 수 있다. 수입의 규모와 수입의 다양성이 높은 상관관계(r=.28)를 갖고 있다는 점이 이를 입증한다.

[표 4-13] 노인가구의 수입원 분포

	빈도	비율(%)
본인/배우자의 경제생활	250	24.9
자녀의 경제생활(보조)	697	69.4
은행예금, 적금, 보험금	288	28.7
부동산 이익(집세, 가게세)	181	18.0
본인/배우자의 퇴직금, 연금	156	15.5
생활보호/경로수당	225	22.4
기타	28	2.8

[표 4-13]에 나타난 바와 같이, 노인의 수입원 가운데 가장 큰 빈도를 차지한 것은 자녀의 경제생활(보조)이었다. 전체 1,004명의 응답자 가운데 697명이 해당된다고 응답하였다. 그 다음으로 은행예금・적금・보험금이 28.7%, 본인/배우자의 경제생활 24.9%, 생활보호/경로수

당 22.4%의 순이다. 그리고 퇴직금이나 연금으로부터 수입이 있다고 응답한 경우는 15.5%에 불과하다. 도시노인들은 경제적 차원에서 자녀들에게 매우 높은 수준에서 의존하고 있음을 알 수 있다. 노인들의 소득과 경제생활에 있어서 무엇보다도 양적, 객관적 차원이 중요하다. 그러나 이와 함께 경제적 독립성과 같은 주관적이고 질적인 차원에 대한 고려도 필요하다. 경제생활에 있어서 높은 외부 의존도는 노인의 삶의 질을 낮추는 부정적인 영향을 발생시킬 수 있다.

조사대상 노인들의 가구는 평균적으로 약 2개(1.8개)의 수입원천을 가지고 있는 것으로 나타났다. 수입의 규모와 마찬가지로 여성에 비해 남성들이 수입의 다양성이 높음을 알 수 있다. 남자노인의 경우 평균치가 1.90인데 비해 여성은 1.75에 불과하다. 남자노인 가구에 비해 여자노인 가구는 다소 경제적 안정성이 떨어지는 것으로 판단된다.

연령별로는 75세 이상의 후기노인 집단의 평균치가 여타의 두 집단, 전기노인과 중기노인 집단에 비해 상당히 낮은 수입다양성을 보이고 있으나 그러나 전기노인과 중기노인 집단간에는 동일한 평균값이 도출되었다. 연령이 증가할수록 경제생활의 규모가 줄어드는 동시에 경제생활의 원천의 다양성 역시 줄어드는 이중적 축소 현상이 발견된다. 즉 연령이 증가할수록 노인 자체가 갖는 수입원이 줄어들고 외부에 대한 의존이 증가하며 결과적으로 노인가구의 수입원의 다양성이 떨어지게 된다.

교육수준과 직업별로도 월평균 수입규모의 경우와 동일하게 교육수준이 높을수록, 직업위세가 높은 직업에 종사한 노인일수록 수입원의 종류가 많은 것으로 나타난다. 즉 이들은 양적인 차원에서 경제생활의 크기가 클 뿐만 아니라 질적으로도 매우 안정적인 수입원을 가지고 있다고 하겠다.

(4) 용돈규모

용돈은 노인들의 여가활동이나 사회관계의 형성에 큰 영향을 미칠 수 있다. 노인이 주위의 사람들과 사회관계를 활발히 맺고, 스스로에 대한 존중감을 유지하며, 다양한 여가생활을 누리기 위해서는 금전적으로 여유로움이 필요하다. 조사대상 노인들의 용돈규모는 [표 4-14]에서와 같이 매우 다양한 범위로 나타나고 있다. 한 달 용돈이 5만원에 미치지 못하는 노인이 16.2%나 되는 반면에 한달 용돈이 40만원 이상인 경우도 거의 10%에 육박하고 있다. 용돈규모의 최빈치는 5만원-10만원 미만이며, 전체의 23.3% 노인들이 여기에 해당한다. 그리고 10만원-15만원 미만이 21.6%를 차지하고 있으며 전체 노인의 약 60%가 한 달에 15만원 미만의 용돈을 사용하고 있다.

[표 4-14] 용돈규모 분포

	빈도	비율(%)
5만원 미만	163	16.2
5만원-10만원 미만	234	23.3
10만원-15만원 미만	217	21.6
15만원-20만원 미만	115	11.5
20만원-25만원 미만	70	7.0
25만원-30만원 미만	64	6.4
30만원-35만원 미만	23	2.3
35만원-40만원 미만	19	1.9
40만원 이상	99	9.9

노인들의 용돈 규모를 인구사회학적 변인별로 살펴보면 집단간에 상당히 큰 간격이 발견된다. 먼저 성별로 남자노인들의 용돈규모가 상대적으로 크다는 점이 확인된다. 용돈규모의 순위점수의 평균값이 여자

노인의 경우 5.12인데 비해 남자노인은 5.91의 평균값을 가지고 있다. 남자노인의 용돈규모가 상대적으로 큰 것은 이들이 경제활동 참여율이 높고 따라서 용돈확보의 자율성이 높다는 점에 일정정도 이유가 있다. 이와 함께 남자노인들의 사회활동의 범위가 넓으며, 소비의 규모가 큰 것을 반영한다고 하겠다.

[표 4-15] 인구사회학적 변인별 용돈규모 분산분석

		사례수	평균	F값
전 체		1,004	5.45	
성별	남	423	5.91	17.8***
	여	581	5.12	
연령	60-64세	383	5.99	22.3***
	65-74세	400	5.55	
	75세 이상	221	4.36	
교육수준	정규학력무	252	4.11	65.9***
	초졸-중졸	439	5.28	
	고졸 이상	313	6.79	
직업	하위직업	297	4.33	52.6***
	중위직업	341	5.25	
	상위직업	366	6.56	

* p<.05, ** p<.01, *** p<.001

연령별로도 연령이 높을수록 용돈규모가 줄어들고 있어 64세 이하의 노인집단은 순위화된 수치의 평균이 5.99이며, 중기노인(65-74세) 집단은 5.55, 후기노인(75세 이상) 집단은 4.36이다. 특기할 점은 후기노인(75세 이상) 집단의 경우 중기노인(65-74세) 집단과 비교해서 평균값이 매우 낮은 수준이라는 점이다. 후기노인의 용돈규모가 눈에 띄게 작은 것은 이들의 사회활동의 범위와 질이 매우 제약되고 있음을 반영한다.

교육수준별로 노인의 용돈규모가 매우 뚜렷이 구분되고 있다. 분산분석의 F값이 무려 65.9이며, 이 값은 통계적으로 매우 유의미한 값이다. 고졸이상 집단과 초등학교 졸업-중학교 졸업 집단, 그리고 비정규 학력자 집단들간에 차별화가 확연히 이루어지고 있어 교육수준이 높을수록 용돈규모가 증가하고 있는 것으로 나타난다. 이와 같은 결과는 노인의 용돈규모가 가족의 재산규모나 월평균 수입규모를 반영하는 것에 기인한 것으로 보인다.

그리고 직업별로도 용돈규모의 차이가 명확히 나타나고 있다. 최장기 직업의 직업위세가 높아질수록 용돈규모가 커지는 경향이 확인된다. 하위직업의 경우 평균값이 4.33인데 비해, 중위직업은 5.25, 상위직업은 6.56으로 나타나고 있다. 교육수준이 높은 노인들은 생애과정에서 사회경제적 지위가 높은 직업에 종사했을 가능성이 크며, 직업생활은 축적된 재산규모와 현재의 수입으로 연결되며, 노인의 용돈규모는 이와 같은 맥락을 매우 적절하게 반영하고 있다.

(5) 종합

앞에서 노인의 삶의 경제적 조건들을 재산규모와 월평균 수입규모, 수입원의 다양성, 용돈의 규모라는 구체적 항목들을 통해 살펴보았다. 이들 경제조건에 대한 객관적 지표들은 한편으로는 독립적 영역을 대상으로 하고 있으며, 다른 한편으로는 상호 밀접히 연관되어 있다. 노인의 재산규모와 월평균 수입규모, 수입원의 다양성, 용돈규모를 순위화하여 종합적 지표로 전환한 값들에 대한 분석 결과가 아래에 제시되어 있다.

먼저 여자노인에 비해 남자노인들이 경제적으로 보다 나은 형편에 위치하고 있으며 연령별로는 연령이 낮을수록 경제생활이 보다 윤택한 것으로 판단된다. 초기노인(60-64세)과 중기노인(65-74세)간의 차이보다도 중기노인과 후기노인(75세 이상) 사이의 간격이 더욱 확연하게 두드러지고 있는 실정이다. 즉 75세 이상의 고령노인들의 객관적인 경제적 조건이 상대적으로 더 열악함을 알 수 있고, 이들에 대한 경제적 지원의 필요성이 강조될 필요가 있다.

[표 4-16] 종합적 경제지표 분산분석

		사례수	평균	F값
전 체		1,004	5.58	
성별	남	423	5.82	10.2**
	여	581	5.40	
연령	60-64세	383	5.98	19.9***
	65-74세	400	5.57	
	75세 이상	221	4.89	
교육수준	정규학력무	252	4.89	76.3***
	초졸-중졸	439	5.18	
	고졸 이상	313	6.69	
직업	하위직업	297	4.52	90.1***
	중위직업	341	5.48	
	상위직업	366	6.52	

* p〈.05, ** p〈.01, *** p〈.001

교육수준별로도 종합적인 경제상황에서 집단별로 뚜렷한 구분이 제시되고 있다. 교육수준에 따라 구분된 세 집단을 대상으로 한 F값이 무려 76.3에 이르고 있다는 점이 특이하다. 경제적 생활수준에서 정규학력을 갖지 못한 집단과 초등학교 졸업-중학교 졸업 집단은 평균적으로 유사한 수준을 보이고 있는 반면에 이들 두 집단과 고등학교 졸업 이상의 고학력 집단간의 차이는 매우 크게 나타나고 있다. 직업위세별로 조사대상 노인들을 세 집단으로 구분했을 때 세 집단간에 경제적 조건의 차이가 확연히 존재하고 있다. 교육수준별 집단간 차이보다 명확한 집단간 차이가 확인된다. 직업별 종합적 경제지표 점수의 차이에 대한 F값은 무려 90.1에 달하고 있다. 구체적으로 하위직업과 중위직업, 그리고 상위직업 각각의 종합적 경제지표의 평균값은 매우 다른 수준을 보이고 있다. 생애과정에서 장기적으로 종사한 직업의 위세가 높을수록 현재 노인들의 경제적 상황이 긍정적임을 알 수 있다.

2) 개인적 욕구

자본주의 사회에서 인간의 삶이 필요로 하는 모든 것들은 상품의 형태로 존재하며 불평등하게 배분된다. 그리고 인간의 필요는 고정적, 객관적인 차원을 넘어서서 상대적이고 유동적이며 다양한 경로를 통해 조작되는 특성을 가지고 있다. 노인의 삶을 구성하는 다양한 욕구들 가운데 경제적인 욕구는 건강과 더불어 가장 기본적인 욕구이다. 성공적인 노후생활을 영위하기 위해서는 자녀들로부터 경제적으로 독립적이어야 할 뿐만 아니라 노화현상으로 인한 질병을 치료하고 적정 수준의 여가활동을 부담할 수 있어야 한다. 여기에서 노인의 삶의 경제적 영역에 대한 개인적 욕구는 '풍족한 재산과 안정적 수입', '좋은 옷과 음식에 대한 소비'라는 두 가지 항목들을 통해 측정되었고 그 결과는 [표 4-17]과 같다.

(1) 재산과 수입에 대한 욕구

'풍족한 재산과 안정적 수입'에 관한 욕구의 평균값은 7.39이다. 경제적 욕구의 항목들 가운데 가장 높은 수준이며 재산과 수입에 대한 개인적 욕구를 살펴보면 연령집단별로 욕구 수준에서 유의미한 차이가 발견된다. 60-64세 사이의 초기노인 집단의 평균값이 7.60으로 가장 높고 75세 이상의 후기노인 집단의 평균값은 6.99에 불과하다. 초기노인의 경우 상당히 긴 노년기의 생활문제를 중요하게 고려해야 한다. 또한 초기노인들은 우리 사회의 산업화의 중심 세대로 역할하였기에 성장 중심적, 물질 중심적 의식이 강하다고 할 수 있다. 이러한 경향은 이들 초기노인 집단에게 상대적으로 강한 물질적 욕구에 내포되게 하고 있다고 판단된다. 그리고 성별분포에서는 여자노인에 비해 남자노인들의 개인적 욕구가 상대적으로 강한 것으로 나타났다.

[표 4-17] 인구사회학적 변인별 경제적 욕구 분산분석

		재산/수입		소비		종합	
		평균	F값	평균	F값	평균	F값
전 체		7.39		6.79		6.96	
성별	남	7.53	3.4	6.86	.7	7.06	2.3
	여	7.28		6.75		6.89	
연령	60-64세	7.60	5.9**	6.82	.6	7.07	2.5
	65-74세	7.41		6.84		6.99	
	75세 이상	6.99		6.66		6.74	
교육수준	정규학력무	7.36	.1	6.81	.6	6.97	.4
	초졸-중졸	7.37		6.72		6.91	
	고졸이상	7.43		6.89		7.03	
직업	하위직업	7.31	.3	6.65	1.7	7.08	1.3
	중위직업	7.43		6.78		7.45	
	상위직업	7.40		6.93		7.59	

* $p<.05$, ** $p<.01$, *** $p<.001$

(2) 소비에 대한 욕구

'좋은 옷과 음식에 대한 소비'의 욕구는 6. 79이며 소득에 대한 욕구보다는 낮은 수준이다. 소비에 대한 개인적 욕구는 인구사회학적 변인

들에 따라 통계적으로 유의미한 차이를 갖고 있지는 않다. 그러나 성별로는 남자노인과 연령별로는 초기노인 집단이, 직업별로는 사회적 위세가 높은 상위직업 집단의 평균값이 다소나마 높은 것으로 분석되었다. 주거환경에 대한 중요성 역시 소비에 대한 욕구 수준의 분포와 유사한 경향을 나타내고 있다. 인구사회학적 변인별로 남자노인과 초기노인 집단, 고졸이상 고학력집단, 그리고 상위직업 집단의 욕구의 강도가 통계적으로 유의한 수준은 아니지만 다소 높게 나타나고 있다.

(3) 종합

앞서 제시한 바와 같이 재산과 수입에 대한 욕구의 평균값은 7.39로써 매우 높은 수준을 나타내었으며, 소비에 대한 욕구는 이보다 다소 낮은 6.79이다. 이들 항목들을 모두 고려한 종합적인 욕구의 수준은 6.96이다. 앞서 제시된 신체적 욕구에 비교해 보면 2점 정도 낮은 수치이다. 즉 경제적 욕구보다는 건강에 대한 욕구 수준이 상대적으로 더 강렬한 것으로 파악된다. 노인들이 갖고 있는 경제적 욕구는 인구사회학적 특성에 따라 큰 차이를 나타내지 않고 있다. 다만 연령별로는 초기노인 집단과 후기노인 집단이, 직업별로는 상위직업 집단과 하위직업 집단간에 다소의 차이가 확인된다.

(4) 객관적 지표와 개인적 욕구간의 관계

앞에서 기술한 바와 같이 노인의 경제생활의 상황을 객관적으로 파악하기 위해서 재산규모와 월수입 규모, 수입원의 다양성, 용돈규모와 같은 지표들이 채택되었다. 아래의 [표 4-18]에서는 객관적 지표들과 개인적 욕구간의 관계를 분석하기 위해 단순상관관계와 더불어 성별, 연령 등의 인구사회학적 변인들을 통제한 가운데 객관적 지표와 경제적 욕구 간의 관계를 분석한 부분상관계수들이 제시되어 있다.

먼저 노인의 경제적 욕구는 객관적 경제생활 지표들과 통계적으로 유의미한 상관관계를 가지고 있다. 재산 규모와 월수입규모, 용돈의 규모 등의 객관적 지표들과 경제적 욕구간의 단순상관계수는 .10 이상의 값을 가지고 있다. 재산과 월수입, 용돈 규모가 클수록 경제적 욕구 또한 높아지는 경향이 존재한다.

한편 객관적 지표들과 개인적 욕구 간의 정적(+)인 상관관계는 성별과 연령, 교육수준, 직업위세와 같은 인구사회학적 변인들을 통제한 후에도 큰 차이 없이 유지되고 있다. 특히 네 가지 경제적 지표들을 모두 고려하여 산출된 종합적인 경제생활 지표와 개인적 욕구간의 단순상관계수는 .12로 나타나 통계적으로 매우 유의미한 상관관계가 확인된다. 그리고 이 값은 연령을 통제했을 때 약간 줄어들 뿐 성별과 교육수준, 직업을 통제한 가운데에도 유지되고 있다.

[표 4-18] 경제생활의 객관적 지표와 개인적 욕구간의 상관관계 분석

	경제생활 개인적 욕구				
	단순상관계수	부분상관계수			
		성별통제	연령통제	교육통제	직업통제
재산 규모	.11***	.10**	.10**	.10**	.10**
월수입 규모	.10**	.09**	.07*	.09**	.09**
수입원의 다양성	.07*	.07*	.06	.07*	.07*
용돈 규모	.10**	.09**	.07*	.09**	.09**
경제생활 종합지표	.12***	.12***	.10**	.12***	.12***

* p<.05, ** p<.01, *** p<.001

3) 주관적 만족도

삶의 질은 행복, 만족, 긍정적 정서, 사기 등의 개념이 내포된 주관적 안녕(subjective well-being)이다(노유자, 1988). 한 개인의 삶의 질을 평가하는 데 있어서 개인의 현재 생활에 대한 주관적인 느낌이 중요하다(Neugarten, Havighurst & Tobin, 1961). 노인의 경제생활에 대한 만족도는 교육수준과 직업의 위세, 경제생활의 객관적 지표, 경제생활의 개인적 욕구, 그리고 객관적 지표와 개인적 욕구간의 차이와 같은 변인들과 유의미한 상관관계를 갖고 있는 것으로 분석되었다.

먼저 경제생활 만족도와 교육수준과의 상관계수 값은 .14로 분석되었으며, 교육수준이 높을수록 경제생활에 대한 만족도가 증가하는 경향이 존재함을 알 수 있다. 정규학력을 갖지 못한 집단의 경제생활 만족도 평균값은 3.13인데 비해 고졸 이상의 고학력 노인집단의 경우 3.46에 달하고 있다. 직업위세 분포에서는 하위직업의 평균이 2.95인데 비해 상위직업 집단의 평균은 3.60으로 그 격차가 매우 크다. 교육수준과 직업위세는 경제생활을 설명하는 중요한 변인이며, 따라서 이들 변인과 경제생활의 만족도는 정(+)의 상관관계를 갖는 것은 자연스러운 결과이다.

재산규모와 월수입규모, 수입원의 다양성, 용돈규모를 종합한 경제생활에 관한 객관적 지표는 경제생활 만족도와 매우 강한 상관관계를 갖는 것으로 나타났다. 이와 같은 결과는 자신의 경제생활에 불만족스러운 점이 반드시 객관적인 경제 결핍에서 기인한 것이 아닐 수도 있지만, 상당부분 만족도를 낮출 수 있는 요인이 될 수 있다는 점을 보여준다 하겠다.

[표 4-19] 경제생활 만족도 상관관계 분석

	경제생활 주관적 만족도
성별	.01
연령	.00
교육수준	.14***
직업위세	.29***
경제생활 객관적 지표	.44***
경제생활 개인적 욕구	-.01
경제생활 객관적 지표와 욕구 차이	.36***

* p<.05, ** p<.01, *** p<.001

한편 경제생활의 객관적 지표가 욕구 수준 보다 상대적으로 높을수록 만족도 역시 높아지는 경향이 존재하는 것으로 밝혀졌다. 이는 경제활동에 대한 욕구와 만족도는 상호 부(-)의 상관관계를 형성하고 있음을 반영한다. 즉 경제생활의 객관적 지표와 비교하여 상대적으로 경제생활에 대한 욕구가 높을수록 경제생활에 대한 만족도는 낮아진다는 것이다. 이는 준거집단이나 상대적 박탈감과 같은 개념과 동일한 방식으로 설명될 수 있다.

4) 종합적 삶의 질

경제생활의 객관적 지표와 주관적 만족도는 노인의 전반적인 삶의 질에 많은 영향을 미치고 있는 것으로 밝혀졌다. 노인의 재산규모와 월수입 규모, 수입원의 다양성, 용돈규모 등이 반영된 객관적 지표의 수준이 높을수록 종합적인 삶의 만족도 역시 높아지는 경향을 나타내고 있다. 그리고 경제생활에 대한 주관적 만족도와 개인적 욕구수준이 높을수록 종합적 삶의 만족도가 높아지는 경향이 강하게 존재한다. 경험적 분석을 통해 경제생활에 대한 만족도와 종합적 삶의 만족도간의 상관계수의 값은 .40으로 매우 강한 상관관계가 존재함이 확인되었다. 특이한 점은 경제생활에 대한 욕구는 종합적 삶의 만족도와 어떤 체계적 관계가 확인되지 않는다는 점이다.

최근 평균수명이 증가하고 성공적 노후생활에 대한 욕구는 크게 높아지고 있는 반면에 노인들의 경제적 상황은 과거에 비해 크게 개선되지 못한 실정이다. 따라서 노인들의 삶의 질 향상을 위해서는 노후 소득보장정책 및 서비스의 강화가 매우 중요한 조건으로 대두되고 있다. 노인의 경제적 수준 및 욕구, 만족도는 노후 소득보장정책 및 서비스에 대한 인지 및 이용 경험, 필요도와 유의미한 관계를 형성하고 있는 것으로 확인되었다.

[표 4-20] 종합적 삶의 만족도와 경제생활의 상관관계 분석

	연령	교육수준	직업위세	경제생활 객관적 지표	경제생활 개인적 욕구	경제생활 주관적 만족도	종합적 삶의 만족도
성별	.02	.38***	.21***	.10**	.05	.01	.08*
연령		-.26***	-.04	-.20***	-.12***	.00	-.03
교육수준			.41***	.37***	.02	.14***	.19***
직업위세				.43***	.03	.29***	.22***
경제생활 객관적 지표					.12***	.44***	.22***
경제생활 개인적 욕구						-.01	.03
경제생활 주관적 만족도							.40***
종합적 삶의 만족도							1.0

* p<.05, ** p<.01, *** p<.001

먼저 대도시 노인들을 대상으로 수행한 삶의 질의 경험적 조사에서

노인들은 현행 노후 소득보장정책 및 서비스의 내용에 대해 상당 부분을 인식하고 있는 것으로 파악되었다. 전체 응답자의 6.5%가 5가지 유형의 소득보장정책 및 서비스에 대해 알고 있다고 응답하였으며, 4개 인지경우가 7.8%, 3개 인지가 12.3%, 2개 인지 39.2%, 1개 인지가 23.0%에 달하고 있다. 소득보장정책 및 서비스에 관한 인지 여부는 노인의 성별과 연령, 교육수준, 직업위세 변인과 매우 강한 상관관계를 나타내고 있다. 여자노인에 비해서 남자노인이, 연령이 낮을수록, 교육수준이 높을수록, 그리고 직업위세가 높을수록 소득보장정책 및 서비스에 대한 인식수준이 높게 나타나고 있다.

경제생활의 객관적 지표와 개인적 욕구간의 차이와 소득보장제도의 인지 여부 간에는 정(+)의 상관관계가 강하게 작용하고 있다. 즉 순위화된 점수의 차원에서 객관적 조건의 수준이 경제생활에 대한 욕구의 수준보다 높은 노인들이 소득보장정책 및 서비스에 대해 보다 많이 알고 있다. 이와 같은 결과는 경제생활의 객관적 지표가 열악한, 다시 말해 소득수준이 낮은 노인들의 소득보장정책 및 서비스에 대한 인지 여부가 낮은 것과 연결된다. 따라서 경제생활이 어려워서 소득보장정책 및 서비스가 필요한 노인집단에 대한 정보제공이 보다 효율적으로 이루어져야 함을 의미한다.

소득보장정책 및 서비스의 이용 경험은 도시노인의 성별과 연령, 교육수준, 소득에 대한 욕구, 종합적 삶의 만족도와 유의미한 상관관계를 갖고 있다. 여성에 비해 남성의 소득보장정책 및 서비스 이용 정도가 높으며, 연령이 증가할수록 이용 경험이 많다. 또 교육수준에 있어서는 교육수준이 낮을수록 소득보장정책 및 서비스의 이용 경험이 높다. 경제생활에 대한 욕구의 수준이 낮은 노인일수록 소득보장정책 및 서비스 이용경험이 빈번하다. 그리고 종합적 삶의 만족도는 소득보장정책 및 서비스의 이용경험과 부(-)의 상관관계를 가지고 있다. 소득보장정책 및 서비스를 많이 이용하는 노인들의 종합적 삶의 만족도가 낮은 수준에 있음을 보여준다.

[표 4-21] 노인의 삶의 질 관련 변인들과 소득보장정책 및 서비스간의 상관관계 분석

	소득보장정책 및 서비스 인지	소득보장정책 및 서비스 이용	소득보장정책 및 서비스 필요도
성별	.20***	.09**	.10**
연령	-.15***	.25***	-.11***
교육수준	.30***	-.07*	.13***
직업위세	.17***	.00	.03
경제생활 객관적 지표	.20***	-.03	.00
경제생활 개인적 욕구	.02	-.08**	.03
경제생활 개관적 지표와 욕구간 차이	.15***	.05	-.03
경제생활 주관적 만족도	.04	-.02	-.01
종합적 삶의 만족도	.04	-.08*	.11**

* p<.05, ** p<.01, *** p<.001

소득보장정책 및 서비스에 대한 필요성은 성별과 연령, 교육수준, 종합적 삶의 만족도와 유의미한 상관관계를 가지고 있다. 상대적으로 남성이 필요도에 대한 인식이 높으며, 연령이 낮을수록 소득보장정책 및 서비스에 대한 필요성이 높다. 교육수준이 높은 노인일수록 소득보장정책 및 서비스의 중요성을 강조하고 있다. 그리고 종합적 삶의 만족도가 높은 노인일수록 소득보장정책 및 서비스의 필요성을 강하게 견지하는 경향이 있다. 즉 단순히 객관적 차원에서 경제생활이 열악하고 삶의 질 수준이 낮은 노인들만이 소득보장정책 및 서비스를 요구하는

것이 아니라 일반적 노인층에서도 소득보장에 대한 강한 욕구를 가지고 있음을 확인할 수 있다. 따라서 소득보장정책 및 서비스는 일반적 노인들을 포함하는 보편적 차원으로 확대되는 동시에 실질적 소득보장 효과를 수반할 수 있는 수준으로 변화하여야 한다.

3. 경제생활의 삶의 질을 위한 정책 및 서비스

우리나라 노인의 월평균 소득은 20만원 이하가 33.4%, 20-40만원이 17.6%로 나타난 바와 같이 대다수의 노인들은 20만원 내외의 소득으로 생활하고 있는 것으로 되어 있다(보건복지가족부, 2009). 이러한 소득도 공적이전소득이 아닌 사적이전소득이 대부분을 차지하고 있는데, 그 비율은 44.7%나 되어 국가의 사회보장제도에 의존하기 보다는 자녀나 친인척의 사적이전소득에 주로 의존하고 있는 것으로 조사되었다. 본 경험적 분석에서도 노인들의 월 평균 수입을 보면, 50만원 미만이 22.9%를 차지하고 있어 노인들의 소득이 낮음을 알 수 있었다. 또 전국 노인을 대상으로 한 2009년 보건복지가족부의 조사결과와 마찬가지로 본 경험적 분석을 보면, 노인 가구의 수입분포에서 자녀의 보조가 69.4%로 나타나 사적이전소득에 의존하고 있음을 알 수 있다. 생계비나 경로수당 등 국가에서 빈곤한 노인에게 지급하는 생계비 성격의 보조금에 의존하는 노인도 경험적 분석에서 22.4%나 되었다. 이러한 조사결과를 볼 때 노인의 경제생활을 위한 공적 연금의 기능이 매우 열악함을 알 수 있다.

노인의 경제생활을 지원하기 위한 노후소득보장정책은 소득지원방식, 즉 급여형태에 따라 현금으로 전달되는 직접적 방식과 요금을 할

인하는 간접적 방식으로 구분해 볼 수 있다. 그 중에서도 가장 강력한 소득보장적 기능을 담당하는 것은 노후에 매월 일정한 현금의 형태로 소득이 지원되는 연금제도이다. 연금제도는 관리 운영에 대한 국가의 역할과 책임을 기준으로 구분하면, 기초노령연금, 국민연금과 직역연금 즉 공무원, 사립학교교직원, 군인, 별정우체국직원연금으로 구성되는 공적연금과 퇴직연금과 민간연금으로 구성되는 사적연금으로 분류된다.

이에 여기에서는 먼저 공적연금 제도에 해당되는 기초노령연금, 국민연금, 공무원연금 다음으로 사적연금 제도인 퇴직연금의 제도적 내용을 살펴본 후, 간접적 소득보장의 형태 중 하나인 경로우대제도에 대해 그 내용을 파악해서 이를 바탕으로 그 개선방안을 모색해 보도록 하겠다.

1) 현황과 문제점

(1) 기초노령연금

우리나라 빈곤층 중 가장 많은 연령대는 노인이다. 나이가 듦에 따라 노인이 되면 건강과 소득원을 상실하여 빈곤층으로 전락하기 쉽기 때문이다. 정부는 기존 사회보험방식의 연금제도가 갖는 한계점, 즉 광범위한 사각지대의 문제를 해결하고자 경로연금 등 저소득 노인을 대상으로 실시하던 공공부조형의 소득지원제도의 대상을 확대하여 기초노령연금제도를 2008년부터 도입하였다.

기초노령연금의 경우 65세 이상 노인은 직접 또는 자녀, 형제자매, 친척, 사회복지시설의 장 등이 대리인으로서 위임장을 작성하여 신분증과 통장사본(지급계좌), 전·월세 계약서를 지참하고, 주소지 읍·면

사무소, 동주민센터 및 국민연금공단 지사를 통해 신청 가능하도록 되어 있다.

기초노령연금의 대상은 2008년 1월 최초 시행 당시 70세 이상의 노인을 대상으로 하였으나, 2008년 7월부터는 65세 이상의 노인으로 확대되었다. 2009년 현재 65세 이상 전체 노인 중 개인단위의 소득과 재산을 기준으로 한 상위소득자 30%를 제외한 하위소득자 70%를 대상으로, 즉 약 355만 명의 노인에게 매월 일정액의 연금이 지급되고 있다. 2009년 현재 기초노령연금을 지급받을 수 있는 소득·재산 기준은 노인단독가구의 경우 68만원 이하, 노인부부가구의 경우 108만 8천원 이하로 설정되어 있다. 소득은 없고 재산만 있는 경우 배우자가 없는 노인은 재산이 1억 6,320만원 이하, 부부가구는 2억 6,112만원 이하이면 기초노령연금을 수령할 수 있다(김기태 외, 2009).

해당자에게 매월 지급되는 연금급여 수준은 국민연금가입자의 연금수급전 3년간의 평균소득월액의 5% 기준으로 책정되어, 전체 소득수준에 따라 변동된다. 2009년 현재 노인단독가구의 경우 매월 최고 88,000원, 노인부부가구의 경우 매월 최고 140,800원(88,000원×2인×0.8)이 지급되고 있다.

기초노령연금은 국민연금이나 직역연금에 가입하지 못했거나 가입했더라도 최소가입기간을 채우지 못해 노후에 적절한 공적연금의 혜택을 받기 어려운 대상자에게 비록 낮은 수준이지만 최소한의 생계지원을 제공한다는 점은 기존 공적연금 사각지대의 해소라는 면에서 큰 의의를 가진다. 또 기초노령연금은 원칙적으로 별도의 보험료를 걷지 않고 일반조세를 통해 재원이 마련됨으로 국민연금 또는 특수직역연금과 동시에 수급이 가능하다.

이처럼 급여대상이 종전의 저소득층 노인에 국한되지 않고 중산층을 포괄하려는 긍정적 측면이 존재함에도 불구하고, 기초노령연금의 지급 기준이 되는 소득 및 재산의 산정시 국민기초생활보장에 의한 급여비용뿐만 아니라 각종 연금을 포함한 일체의 소득이 집계되어 실제로는 여전히 저소득층 노인에게 국한되는 양상을 보이고 있다. 또 현재의 급여수준은 상당히 낮은 수준으로 그 제도적 의의를 충분히 살리고 있지 못하다. 2008년 최초 도입할 때 급여수준은 국민연금 전체 가입자 평균소득월액의 5%에 해당하는 금액을 지급하도록 되어 있었고 향후 2028년까지 10% 수준으로 상향 조정할 예정으로 되어 있으나, 이는 보다 시기를 앞당기는 방향으로 조정되어야 할 것이다.

(2) 국민연금

국민연금제도는 사회적 위험에 공동 대응함으로써 위험을 분산시키기 위하여 제도화한 사회보험의 하나이다. 이는 노령으로 인한 근로소득 상실을 보전하기 위한 노령연금, 주소득자의 사망에 따른 소득상실을 보전하기 위한 유족연금, 질병 또는 사고로 인한 장기근로능력 상실에 따른 소득상실을 보전하기 위한 장애연금 등을 지급하는 것을 목적으로 하고 있다.

먼저 급여의 종류와 급여수준을 살펴보면 급여의 종류는 연금 형태로 매월 지급되는 노령연금, 장애연금, 유족연금과 가입기간이 10년 미만일 경우 일시불의 형태로 지급되는 반환일시금, 사망일시금으로 구분된다. 이어 급여수준은 가입기간과 평균소득월액을 반영하여 산정되며, 1988년 제도 도입 당시의 급여수준, 즉 40년 가입한 평균소득자의 소득대체율은 70% 수준이었으나, 점차 감소하여 현재는 50% 수준으로 낮아졌고, 향후 2028년까지 40% 수준으로 낮아질 계획이다.

현재 설정되어 있는 40년 가입기준은 비정규직과 청년실업이 만연한 사회의 현실에서 거의 충족되기 힘든 기간이며, 실제 평균 가입기간은 20여년에 불과할 것으로 예측되고 있다. 그렇다면 소득대체율 역시 절반 수준인 25%로 낮아질 수밖에 없다. 따라서 급여수준, 즉 소득대체율의 지속적 하락은 국민연금이 충분한 노후소득보장이 아닌 소위 '용돈 연금'에 불과한 수준으로 전락할 수 있음을 알아야 할 것이다.

국민연금의 가입자는 가입의 강제성 여부에 따라 크게 의무가입자와 임의가입자로 구분할 수 있으며, 전자는 다시 사업장가입자와 지역가입자로, 후자는 임의가입자와 임의계속가입자로 구분된다. 사업장가입자는 국민연금에 가입된 사업장의 18세 이상 60세 미만의 사용자 및 근로자로서 국민연금에 가입된 자를 말한다. 1인 이상의 근로자를 사용하는 사업장에서 근무하는 18세 이상 60세 미만의 사용자와 근로자는 자동적으로 사업장가입자가 된다. 한편 국내에 거주하는 18세 이상 60세 미만의 국민으로서 사업장가입자가 아닌 사람은 당연히 지역가입자가 된다. 따라서 지역가입자가 사업장에 취업하면 자동적으로 사업장가입자가 되고, 지역가입자 자격은 상실된다. 다만, 다른 공적연금에서 퇴직연금(일시금), 장애연금을 받는 퇴직연금의 수급권자, 국민기초생활보장법에 의한 수급자, 소득활동에 종사하지 않는 사업장가입자의 배우자 및 보험료를 납부한 사실이 없고 소득활동에 종사하지 않는 27세 미만인 자는 지역가입자가 될 수 없다.

사업장가입자와 지역가입자가 될 수 없는 사람도 60세 이전에 본인의 희망에 의해 가입신청을 하면 임의가입자가 될 수 있다. 또한, 가입기간이 20년 미만인 가입자가 60세 도달로 국민연금 가입자 자격을 상실하였으나, 가입기간이 부족하여 연금을 받지 못하거나 가입기간을 연장하여 더 많은 연금을 받고자 원할 경우는 65세에 달할 때까지 신청에 의하여 임의계속가입자가 될 수 있다.

이처럼 국민연금은 다양한 형태의 가입유형을 통해 제도의 포괄대상을 확대하고자 노력하고 있다. 그러나 사회보험이라는 제도적 특성상 일정기간 이상 보험료를 지속적으로 납부한 가입자만 그 혜택을 받을 수 있으며, 가입기간이 길어질수록 급여액도 커지기 때문에, 청년실업자와 비정규직의 비율이 높아지고 있는 현실을 반영하기 어렵다. 즉 납부예외자를 포함하여 제도의 실질적 혜택을 보지 못할 것으로 추정되는 소위 '사각지대'의 문제를 해결하지 못하고 있다.

제도 운영에 소요되는 재정은 3자 부담원칙에 입각하여 근로자, 사용주, 정부가 매월 보험료를 납부하고 있다. 보험료는 기준소득월액[3]에 보험료율을 곱하여 산정되며, 사업장가입자의 경우 현재 보험료율인 소득의 9%에 해당하는 금액을 본인과 사업장의 사용자가 각각 절반, 즉 4.5%씩 분담하여 매월 사용자가 납부하여야 한다. 이 과정에서 사업장가입자의 연금보험료는 가입자가 개별적으로 납부할 수 없고, 사용자에 의하여 일괄적으로 납부된다. 반면 지역가입자/임의/임의계속가입자는 보험료를 본인이 전액 부담한다. 다만, 농어업인의 경우 일정한 조건에 해당되면 보험료의 일부를 국고에서 지원받을 수 있다.

(3) 공무원연금

국가가 직접 관리 운영의 책임을 지고 있는 공적연금 제도 가운데, 국민연금을 제외한 특정 직종을 대상으로 한 공적연금으로 공무원연금, 사립학교교직원연금, 군인연금, 별정우체국연금이 있다.

3) 기준소득월액이란 국민연금의 보험료 및 급여 산정을 위하여 가입자가 신고한 소득월액에서 천원미만을 절사한 금액을 말하며, 최저 22만원에서 최고금액은 360만원까지의 범위로 결정하게 된다. 따라서 신고한 소득월액이 22만원보다 적으면 22만원을 기준소득월액으로 하고, 360만원보다 많으면 360만원을 기준소득월액으로 한다.

이 가운데 가장 대표적 특수직역연금인 공무원연금은 1960년 우리나라에서 가장 먼저 도입되어 시행된 공적연금 제도이며, 이를 토대로 나머지 특수직역연금이 순차적으로 만들어졌다.

공무원연금제도는 공무원을 대상으로, 퇴직과 사망뿐 아니라 부상, 질병, 폐질 등의 사유가 발생되면 다양한 형태의 급여를 제공하는 종합적 사회복지 기능을 수행하고 있다. 따라서 급여의 종류는 매우 다양하며, 크게 단기급여와 장기급여로 구분할 수 있다. 보다 구체적으로 살펴보면, 단기급여로는 재해보상급여에 포함되는 공무상요양비, 공무상요양일시금과 부조급여에 해당되는 재해부조금과 사망조위금이 있으며, 장기급여에는 퇴직급여(4종), 장해급여(2종), 유족급여(6종), 퇴직수당 등 총 13종의 연금이 있다.

연금급여액은 재직기간과 평균 보수월액[4](최종 3년간 보수월액)을 기초로 산정하고 있어, 보수월액이 증가하거나 재직기간이 길어질수록 급여액도 많아진다. 단, 재직기간은 33년을 초과하지 못한다. 공무원연금은 재직기간 20년을 자격 기준으로 설정하고 있어, 국민연금(10년)에 비해 더 엄격하다고 할 수 있다. 퇴직급여와 유족급여는 20년 이상 재직한 경우 수급 가능하며, 20년 미만 재직할 경우에는 일시금의 형태로 제공되는 퇴직일시금과 유족일시금을 수급할 수 있다. 한편 공무원이 1년 이상 재직하고 퇴직 또는 사망한 때에는 재직기간에 따라 보수월액의 10-60%에 상당하는 금액을 퇴직급여 또는 유족급여와는 별도로 퇴직수당으로 제공받을 수 있다.

---

4) 공무원의 종류 및 급별에 따라 지급되는 월급여액으로서 봉급과 기말수당의 연지급합계액을 12월로 평균한 금액과 대통령령이 정하는 수당액을 합한 금액을 말함. ※보수월액=(봉급연액+기말수당연액+정근수당연액+정근수당가산금연액)/12

재원의 경우, 해당 공무원과 국가 및 지방자치단체가 공동으로 부담하며, 현재 보험료는 보수월액의 8.5%를 매월 각각 납부하고 있다. 단순한 수치로만 비교할 경우, 국민연금 사업장가입자의 보험료율이 4.5%인 것에 비해 적지 않은 부담을 지고 있다고 할 수 있으나, 그 산정기준이 되는 보수월액이 달라 이를 단적으로 말하기 어려운 점이 있다. 원래 공무원연금의 재정방식은 적립방식을 토대로 설계되어 공무원연금기금을 조성해왔다. 제도 도입 당시 보험료율은 2.3%에 불과했으나, 점차 증가하여 40년이 경과한 2001년에는 8.5%에 도달했다. 공무원연금제도는 성숙단계에 들어서면서 수지 불균형 구조가 더욱 심화되어, 2001년부터는 급여부족분 전액을 사용자(국가 또는 지방자치단체)가 보전하는 부과방식 형태로 전환하여 운영되고 있다.

이처럼 적자상태로 운영되고 있는 수지구조는 향후 개선되어야 하며, 이는 결국 기여금, 즉 보험료율의 상향조정 또는 급여수준, 즉 연금액의 하향조정을 통해 가능할 것이다. 현재의 공무원연금은 국민연금과 비교하여 소위 '더 많이 기여하고, 더 많이 받는' 수준이지만, 그럼에도 불구하고 기여에 비해 급여가 높다는 인식으로부터 자유롭지 못하며, 이는 적자상태로 이어지는 주요한 원인으로 지적되고 있다.

(4) 퇴직연금

우리나라의 퇴직연금제도는 2005년 12월부터 기존의 퇴직금제도를 부분적으로 대체하여 시행되었다. 기존 퇴직금은 사내기금으로 적립했으나 퇴직연금은 외부 금융기관에 계좌를 개설하여 일정 금액을 매년 적립하고, 적립금을 적절히 운용하여 퇴직 시점에 해당 근로자에게 연금 또는 일시금의 형태로 지급하도록 설계되어 있다.

퇴직금이 노후소득보장이라는 본연의 기능을 수행하기 위해서는 퇴직금에 대한 근로자의 수급권이 보장되어야 한다. 그러나 기존 퇴직금 제도는 퇴직금의 수급권 보장이 미흡했고, 잦은 이직과 중간정산으로 퇴직금의 소진이 빈번해 안정적인 노후생활자금으로 기능하지 못했다. 퇴직금을 지급하기 위한 재원이 별도로 적립되어 있지 않고 기업의 운영 경비 등으로 이용되는 경우가 많았기 때문에, 기업이 갑자기 도산하는 경우에는 퇴직금을 전액 지급받지 못하고 체불되는 사례가 빈번하게 발생했다.

그러나 퇴직연금제도에서는 외부 금융기관을 선정하여 퇴직금을 관리하게 하였기 때문에 사업장이 도산해도 퇴직금이 지급되지 않을 염려는 없다. 또 퇴직연금제도에서는 중간정산의 요건을 엄격하게 제한함으로써, 노후재원인 퇴직급여가 생활자금으로 소진되지 않도록 하고 있을 뿐만 아니라, 개인퇴직계좌(IRA: Individual Retirement Account)라는 퇴직금 통산장치를 도입하여, 근로자가 직장을 옮기는 경우에도 퇴직급여를 인출하지 않고 세금혜택을 받으며 계속 적립하여 운용할 수 있게 함으로써, 실질적인 은퇴 시점까지 퇴직급여를 넉넉히 쌓을 수 있는 제도적 수단을 구비하고 있다. 또 제도설계 및 운용과정에서 다양한 선택권을 부여하여 퇴직급여를 퇴직금제도에서처럼 일시금으로 수령할 수도 있고, 조건이 충족되면 연금으로 수령할 수도 있으며, 퇴직연금 적립금을 자산운용전문기관의 도움을 받아 채권, 주식, 선물, 각종 파생상품 등 다양한 금융상품에 투자하여 장기적 자산투자가 가능하게 되었다.

기업의 사용자와 근로자 대표는 퇴직급여에 대한 협의를 통해 퇴직금제와 퇴직연금제 방식, 즉 확정급여(DB: Defined Benefit)형 또는 확정기여(DC: Defined Contribution)형 중 하나를 선택할 수 있다. 확정급여(DB)형이란 노사가 사전에 연금급여 수준과 내용을 확정하고,

사용자의 적립부담은 적립금 운용결과에 따라 변동되는 방식을 말하며, 확정기여(DC)형이란 부담할 기여금을 노사가 사전에 확정하는 반면, 급여수준은 사용자가 매년 납부한 퇴직부담금에 운영수익을 더하여 결정되는 방식을 의미한다. 또 퇴직급여를 설정・변경하기 위해서는 반드시 근로자 대표의 동의를 얻어야 한다. 근로자대표의 동의를 얻지 못한 경우에는 원칙적으로 퇴직금제도가 적용된다. 동일 사업 내에서 일부 근로자에 대해서는 퇴직금제도를 설정하고 다른 일부에 대해서는 확정급여형을, 또 다른 근로자에 대해서는 확정기여형을 설정할 수도 있다.

(5) 경로우대제도

경로우대제도는 주로 공공시설, 교통 및 통신, 일부 민간서비스를 이용함에 있어서 전통적 경로효친 사상에 입각하여 노인을 우대하여 그 비용을 무료 또는 할인하여 제공하기 위해 도입되었다. 이는 과거에 일반 노인에 대한 국가적 차원의 소득보장제도가 확립되기 이전 단계에서 노후소득을 부분적으로 보완하는 간접적 소득지원정책으로 기능하기도 했다.

1980년 5월 8일을 기해 70세 이상 노인에 대하여 철도, 고궁, 능원, 목욕, 이발, 시외버스, 사찰 등 8개 업종에 50% 할인을 시작으로 출발하였다. 1982년에는 대상을 65세 이상 노인으로 확대하고 우대업종도 박물관, 국・공립공원, 극장, 여객선박, 시내버스 등 5개 업종을 추가하여 국・공립공원과 버스는 무료이용토록 하고 기타 시설은 50% 할인하였으며, 1984년부터는 지하철 이용료를 무료화하였다. 그러나 경로우대제도가 정부지원 없이 민간단체의 부담만으로 실시됨으로써, 목욕, 이발 등 순수민간기업체의 경로우대할인은 권장사항으로 변경하고, 버스요금에 대해서는 버스 승차거부, 불친절 등의 문제를 해소하기 위하여 1990년부터 노인승차권 지급제도로 전환하여 정부가 재원을 부담하였다(보건복지부, 2007:216).

1994년부터는 담배소비세가 지방세로 전환됨에 따라 노인승차권 발급재원을 지방비로 변경하여, 1996년부터는 현금으로 노인교통비를 지급하는 방안으로 개선하였다. 아울러 항공기 및 선박이용요금을 각각 10%, 20%씩 할인하였다. 1997년 8월부터는 통일 · 비둘기호 열차에 한하여 50%를 할인하던 철도요금을 무궁화호 요금에 대해서도 30% 할인으로 확대하고, 수도권 전철요금은 100% 할인하는 한편, 1999년 8월에는 노인복지법시행령을 개정하여 경로우대시설에 국 · 공립미술관 및 국 · 공립국악원을 포함하였다. 또한, 2004년 10월부터 새마을호 열차 및 고속열차 이용요금에 대하여 공휴일을 제외한 주중에 30%를 할인하였다.

경로우대제도의 시행근거는 노인복지법에 있다. 노인복지법이 제정되기 이전에는 보건사회부 훈령 제 404호 경로우대증 발급 및 관리규정에 의거하였으나, 노인복지법이 1981년에 제정된 이후 이 규정은 1983년에 폐지되고 노인복지법 제26조로 대체되었다. 노인복지법 제26조에 의하면, 국가 또는 지방자치단체는 65세 이상의 노인에 대하여는 대통령령이 정하는 바에 의하여 국가 또는 지방자치단체의 수송시설 및 고궁 · 능원 · 박물관 · 공원 등의 공공시설을 무료로 또는 그 이용요금을 할인하여 이용하게 할 수 있다. 또한, 노인의 일상생활에 관련되는 사업을 경영하는 자에게 그 이용요금에 관하여 노인의 할인우대를 권유할 수 있으며, 노인에게 이용요금을 할인해 주는 자에 대하여 적절한 지원을 할 수 있도록 규정하고 있다.

현재 실시되고 있는 경로우대제도의 내용을 살펴보면, 크게 공영과 민영으로 구분할 수 있다. 먼저 공영 경로우대제도로는 철도 이용시 할인율을 적용하여, 통근열차 운임의 50%, 무궁화호 운임의 30%, 새마을 열차 및 KTX 운임의 30%를 할인해주며, 또 국·공립 국악원의 입장료는 50% 할인해주고 수도권전철 및 도시철도 운임과 고궁, 능원, 국·공립박물관, 국·공립공원, 국·공립 미술관 입장료를 100% 할인하여 무료로 제공한다. 다음으로 민영 경로우대제도로는 국내 항공기 운임의 10%, 국내 여객선 운임의 20% 할인 적용이 있으며, 목욕, 이발 등은 자율적으로 실시하고 있다. 한편 각 지방자치단체는 지역사회 내 복지수요 및 공급과 대상자들의 욕구 등을 고려하여 노인들을 위한 생활안정 및 복지서비스가 필요한 경우에 조례, 규칙 등을 제정하여 지원할 수 있다(보건복지가족부, 2009: 741).

2) 개선 방안

앞서 살펴본, 노인의 경제생활을 위한 정책 및 서비스의 현황과 문제점을 개선할 수 있는 몇 가지 방안을 제시하면 다음과 같다.

첫째, 현재 공적연금 제도의 내실을 강화하여 개인적 차원을 넘어 사회적 차원에서 모든 노인의 기본적 생계는 적절한 수준으로 보장되어야 한다. 여기서 적절한 수준이란 공공부조의 기준이 되는 최소한의 생계비, 즉 절대빈곤선을 충분히 넘어서는 수준을 의미한다.

이를 위해, 기초노령연금의 경우 현재 전체 노인의 하위 70%로 설정된 대상자 선정기준과 평균소득월액 5%수준의 급여액은 단계적으로 빠른 시일 내 확대되어야 할 것이다. 국민연금의 경우, 미래의 연기금 고갈을 우려하여 현재의 급여수준을 지나치게 낮추는 것은 반드시 기초노령연금의 상향 조정과 병행되어야 한다. 전체적 수준에서 공적연금의 보장성을 일정 수준으로 확보하지 않고서 국민연금의 급여수준을 재정안정화라는 측면에서 수지타산에 맞추어 낮추기만 한다면, 공적연금은 결국 노후소득보장이 아닌 용돈연금으로 전락할 가능성이 있기 때문이다.

둘째, 사회보험 방식으로 운영되고 있는 국민연금과 직역연금 간 제도적 형평성을 맞추어야 한다. 두 제도는 최소가입기간, 기여수준과 급여수준 등 제도의 기본원리와 내용이 매우 상이하여, 가입자간의 갈등적 요소를 내포하고 있다. 특히, 국민연금 가입자들은 특수직역연금 가입자에 비해 상대적으로 자신들이 받을 연금액, 즉 혜택이 적다고 인식하여 국가가 운영하는 공적연금 제도에 대한 불만이 매우 높은 편이다. 이러한 불신은 2006년 경 실질적으로 국민연금 폐지론과 반대운동으로 이어지기도 했다. 따라서 사회연대적 관점에서 접근한다면, 과거 조합방식에서 통합방식의 단일보험자로 전환한 건강보험제도와 같이 단계적으로는 가입자간의 차이를 줄이고 형평성을 확보하며 궁극적으로는 제도를 통합하는 방향으로의 개선이 필요하다.

셋째, 사적연금에 대한 공적 개입, 즉 정부의 규제조치와 관리감독이 강화되어야 한다. 기업연금은 기존의 퇴직금 제도가 노출한 문제점을 극복하여 매월 지급되는 연금의 형태로 퇴직한 근로자의 소득을 추가적으로 지원하고자 하는 목표를 가지고 있는 만큼 그 의의를 살릴 수 있는 제도적 보완장치가 충분히 마련되어야 할 것이다. 또 개인연금과 같은 금융상품의 경우, 정부의 엄격한 규제와 관리감독을 통해 민간시장에서 개인의 노후보장 역시 이루어 질 수 있어야 할 것이다(모선희, 2005).

셋째, 공적연금과 사적연금간의 적절한 역할분담을 통해 다층노후소득보장체계가 조정될 필요가 있다. 이미 기초노령연금의 도입으로 우리나라의 노후소득보장체계는 우리보다 앞서 연금체계를 구축한 선진국과 매우 유사한 다층노후소득보장체계의 형태를 갖추었다. 하지만 이제 시작단계에 불과하여, 그 제도의 역할이 서로 중복되거나 또는 여전히 미치지 못하는 사각지대가 존재하고 있다.

넷째, 제도의 지속가능성을 위한 재정안정화의 측면에서 현재 일부 특수직역연금의 적자 상태를 보완하는 것과 막대한 규모로 적립되고 있는 국민연금의 연기금 활용을 어떻게 활용할 것인가는 매우 중요한 과제이다. 특히 국민연금의 경우, 그 자산규모가 향후 더 막대한 규모로 커질 것으로 전망되고 있는데 앞으로 이 기금을 어떻게 활용할 것인가에 대한 사회적 논의가 진행 중에 있다. 사안의 중요성에 비해 이에 대한 다양한 관점의 논의와 구체적 접근의 연구 성과물은 매우 부족한 실정이며, 주로 경제적 측면에서 위험 금융상품에 대한 공격적 투자를 통한 수익의 창출의 차원으로 편중되어 나타나고 있다. 따라서 정치, 경제, 사회적인 여러 측면에서 새로운 가치를 창출해 나가려는 다양한 시도와 이해관계 당사자들의 지속적 상호소통으로 이해관계를 통합하는 사회적 합의를 도출하는 과정이 필요하다고 하겠다.

제 5 장

도시노인의 주거생활과 삶의 질

1. 연구 성과 논의

1) 주거와 노인의 삶

인간의 삶에서 주거는 어떠한 의미를 가지는가? 사람이 살아가기 위해서 예로부터 의식주(衣食住)의 해결을 최우선에 두었듯이, 주거(housing)는 인간다운 문화적 생활 이전에 최소한의 생계를 유지하기 위해 반드시 필요한 인간의 가장 기본적 필요이자 욕구의 하나이다. 그러므로 주거는 인간에게 가장 필수적인 생활환경이며, 삶의 질을 결정하는 중요한 요인으로 작용한다.

먼저 주거의 개념을 통해 그 의미와 기능을 살펴보면 주거는 공간적 차원에서 물리적 구조로 건축된 건물을 의미하는 주택으로 이해될 수 있다. 주택은 물리적으로 외부의 환경으로부터 사람을 보호해 주며, 고단한 하루의 일상을 정리하고 다시 시작할 수 있는 새로운 활력을 제공하는 휴식과 재충전의 공간이다. Maslow(1954)의 욕구이론에 따르면, 인간이 생물학적 생존을 위해서 생리적 욕구와 안전의 욕구를 먼저 충족시킬 수 있어야 하는데, 주택은 바로 안전의 욕구를 충족시켜주는 주요한 수단이 된다. 안전하고 안락한 주택에 거주하고자 하는 욕구는 적절한 소득을 유지하고 의료적 보호를 받고자 하는 욕구와 더불어 인간의 기본적 욕구인 것이다(최성재, 2006 : 313). 그런 의미에서 주거권(housing rights)이란 인간의 존엄성에 적합한 주택조건과 주거환경을 향유할 권리를 뜻한다.

이와 같이 인간에게는 누구나 주거에 대한 개인적 욕구가 있으며, 이것은 특히 신체적으로 노화되는 노년기에 들어서 더욱 강하게 작동한다. 노인에게 있어서 주거는 자신의 신체적·경제적 독립성을 유지하면서, 안전하고 안락한 일상생활을 유지할 수 있는 매우 중요한 수단으로 작용한다. 노인에게 주거가 갖는 의미는 다른 세대와 기본적으로 다르지 않으나, 노년기에는 생활영역의 축소, 환경에 대한 적응능력의 약화로 인하여 그 중요성이 더욱 커진다. 노년기에는 신체적 기능과 일상생활 동작능력의 저하로 인하여 독립적인 일상생활에 제약을 받게 되는 경우가 많으므로 이를 보완하고 수용할 수 있는 물리적 편의성을 갖춘 주거환경을 갖추는 것이 필요하다. 노인이 자녀들과 동거하지 않고 자신의 주택에서 스스로 독립적 생활을 영위할 수 있다는 것은 신체적으로 가족과 타인의 도움을 받지 않고 살아갈 수 있다는 독립성을 스스로 확인하는 것이며, Maslow(1954)가 지적한 안전의 욕구가 생애주기에서 더욱 강해진 시기이기에 이를 충족시켜 줄 수 있는 주택의 필요성과 중요성은 더욱 커진다.

만약 건물이 노후해서 주위의 소음과 공해, 계절에 따른 추위와 더위 등 외부의 환경으로부터 사람을 적절히 보호하지 못하거나, 가구원이 생활하기에 매우 비좁고 불편한 구조로 만들어져 있어 충분한 휴식의 공간을 제공하지 못한다면, 주택이 가지는 본래의 의미를 상실했다고 할 수 있다. 예를 들어, 주거공간이 부족할 경우 가족 수의 과밀도로 인한 위생문제에 있어 재래식 난방기구의 사용이 많은 농촌가구에서 겨울철에 노인들에게는 호흡기 질환의 위험이 더욱 높아진다. 또한 중년기 이후부터 수면이나 식사시간, 이웃이나 친구를 데려오는 외향적 습성 등이 젊은 층과 차이가 생겨 손자녀 세대와의 갈등이 생기면서, 사생활 침해와 수면방해로 인한 스트레스, 좁은 공간에 있다는 사실에서 비롯되는 불안감, 자신의 경제력이 열악하다는 생각에서 비롯되는 사기저하 등이 심각하게 나타난다(이인수 · 김미주 · 박신영 · 현외성, 2008:17).

한편 주거는 하나의 시설물로서의 물리적 공간일 뿐만 아니라, 가족 또는 지역사회의 이웃과 함께 소통하며 사회관계를 형성하는 데 매우 중요한 사회적 기본 단위로서의 역할과 기능을 수행하는 중요한 생활의 근거지이다(Spicker, 1989:126, 박광준, 2004:241 재인용). 사람은 사회적 동물로서 자신이 속한 사회와 조직 내에서 소속감과 연대의식을 필요로 하며 자기와 유사한 동질적 사회에 공존하는 지역사회에 속하기를 원한다. 또한 집이 속한 동네와 지역사회가 바로 자신의 사회적 지위를 직 · 간접적으로 나타내기도 한다. 그러므로 주거와 삶의 질의 관계는 개개인의 인간으로서의 삶, 가족이라는 집단 속에서의 삶, 그리고 사회 속에서의 삶의 측면으로 깊숙이 연관되어 있다(이연숙, 1999:125). 따라서 적절한 주거보장은 인간의 생애와 생활의 전 부문에 걸쳐 매우 중요하며, 특히 노년기에 나타나는 특성과 욕구를 고려한다면 노인에게 주거는 더욱 중요한 의미를 가진다고 할 수 있다.

생애주기적 관점에서 접근할 때, 청장년기의 사람들은 목표의 성취와 능력개발, 어린 자녀의 양육에 많은 노력을 기울이지만, 50세를 전후한 중년기부터는 내면적 자아에 대한 성찰과 사회 속에서의 원만한 인간관계에 더욱 치중하게 된다. 이러한 심리적 변화로 인해 노년기부터는 자신이 살고 있는 거주지가 성숙한 인간적 교류를 보장해주고, 사회 속에서의 역할과 기능과 위상을 나타내주는 의미있는 공간으로 변화되기를 기대하는 성향이 더욱 커진다. 따라서 자신의 거주지에 있는 이웃이나 친구들과 여가를 즐기는 시간이 많아지고 일상생활의 중요한 영역을 이곳에서 해소하는 경향이 더욱 증가하게 된다. 사람은 나이를 먹을수록 신체기능이 저하되어 외출이 힘들어지고 실외보다는 실내에서 지내기를 선호하며, 장거리 이동보다는 자신의 집과 가까운 근거리의 지역사회에서 생활하는 시간이 길어지기에 노년기에는 주거공간의 규모나 이웃과의 교류 등 주거환경의 요인들이 일상생활에 미치는 영향력은 더욱 증가하기 때문이다(이인수 · 김미주 · 박신영 · 현외성, 2008:16).

다음으로 이러한 노인의 주거형태는 크게 2가지 유형으로 구분할 수 있는데, 하나는 일반가구와 마찬가지로 지역사회 내에 거주하며 자녀와 함께 생활하거나 부부 및 독신의 형태로 단독 가구를 독립적으로 유지하는 주거형태이며, 또 다른 하나는 특정 지역 또는 시설을 중심으로 노인들만의 공동주거지를 형성하여 집단적으로 생활하는 주거형태이다. 집단 주거형태의 대표적 유형으로는 실버타운(silver town)이나 노인주거복지시설을 들 수 있다. 실버타운(silver town)이란 노인을 위한 의식주 및 문화시설, 기본 의료시설을 구비한 현대적 개념의 종합 노인주거 시설이 집단적으로 형성된 지역으로, 자녀로부터 독립된 생활을 영위하는 노인들이 공동생활을 영위하는 광범위한 공간을 의미한다(이인수, 1996). 한편 노인주거복지시설은 일상생활에 지장이 없는 노인이 입소하여 일상생활에 필요한 편의를 제공받는 시설을 의미하며(노인복지법 제 32조), 노인복지법의 개정으로 2008년 4월 4일부터 기존의 노인복지시설의 명칭이 통합 및 개편됨에 따라 노인주거복지시설 역시 개편되었는데, 무료・실비・유료의 구분이 없어져서 기존의 양로시설, 실비양로시설, 유료양로시설은 모두 양로시설로 통합되고, 실비노인복지주택과 유료노인복지주택은 노인복지주택으로 통합되었으며, 노인공동생활가정이 신설되었다(보건복지부, 2008).

경제성장 과정에서 산업화, 도시화와 함께 급격히 진행된 가족구조의 변화는 우리의 전반적인 주거생활, 특히 노인의 주거생활에 큰 영향을 미쳤다. 가구의 형태가 노부모와 자녀세대들이 함께 생활하는 확대가족 중심에서 핵가족 중심의 사회로 변화해감에 따라, 현대사회에서는 노인들로만 구성된 노인단독가구 및 노인부부가구의 유형과 특정 집단 및 시설 내에서 노인들만의 공동거주지를 형성하며 생활하는 수가 점차 많아지게 되었다. 이에 따라 선진국에서는 노인을 위한 주거정책의 일환으로 안전한 주거에서 자립생활이 가능하도록 지원하는 것이 강조되고 있다. 일본의 경우, 지방자치단체나 공공부문, 비영리단체 등이 고령자 소득에 따라 입주할 수 있는 다양한 유형의 고령자용 주택을 공급하고 있으며, 고령자가 고령기의 신체적 특성에 맞추어 주택을 개조하는 경우 그 비용을 지원하고 있다. 미국에서도 1956년 주택법을 통해 일정소득 이하의 고령자를 위한 주택건설 시 건설자금 융자 및 보증제도를 갖춤으로써 고령자 전용 공동주택공급을 늘리고 있으며, 고령자를 위한 역모기지(reverse mortgage)제도의 확산을 위해 공공부문이 보증업무를 담당하고 있다(이인수・김미주・박신영・현외성, 2008:24).

2) 노인의 주거 실태

노인의 주거실태를 보다 정확히 파악하기 위해, 주관적 측면과 객관적 측면을 구분하여 접근하면 전자는 주거에 대한 노인의 욕구이며, 후자는 현재 노인의 주거환경에 해당된다.

(1) 노인의 주거 욕구

노인이 희망하는 거주형태, 시설에 대한 불만족도, 주택 및 시설 개조 희망사항 등을 통해 노인의 주거에 대한 욕구를 파악하기 위해 노인들의 장래 주거계획에 대한 조사가 이루어졌다. 노인들의 주거욕구와 관련하여 통계청(2007)에서는 60세 이상 노인을 대상으로 향후 자녀와의 동거 의향을 조사하였는데, 자녀와 동거를 원하는 노인은 40.0%로 2005년의 47.5%와 비교하면 7.5%포인트가 감소한 것으로 파악되었다. 이를 세부적으로 살펴보면, 지역별로는 거의 차이가 없으며 성별에 따라서는 여성이 44.6%로 남성 33.9%보다 더 높고, 연령대별로는 연령이 높아질수록 자녀와 동거를 원하는 노인이 많아지고 있다. 자녀와 동거를 원하지 않는 노인이 향후에 살고 싶은 곳으로는 자가가 84.9%로 가장 높았고, 다음으로 무료 양로원 또는 요양원이 9.8%, 마지막으로 유료 양로원 또는 요양원이 4.8% 순으로 나타났다. 연령대가 높아질수록 본인 집에서 살고 싶어 하는 노인은 줄어든 반면, 노인요양시설에서 살고 싶어 하는 노인은 늘어났음을 알 수 있다.

한국보건사회연구원(2005)에서는 노후에 건강이 악화될 경우에 희망하는 노후거주 형태가 조사되었는데 [표 5-1]에서 보여주는 바와 같이 배우자 유무에 따라 선호하는 거주형태가 다르게 나타난다. 배우자가 있는 경우, 배우자와만 살고 싶다는 응답이 64.9%로 가장 높은 비중을 차지하고, 자녀와 함께 살겠다는 비율은 25.8%, 노인요양시설은 9.2%의 순서인 반면, 배우자가 없는 경우에는 자녀와 살겠다는 응답이 50.0%로 가장 높고, 다음으로 혼자 살겠다가 27.1%, 노인요양시설이 22.5%로 가장 낮음을 알 수 있다.

[표 5-1] 노후에 희망하는 거주 형태

(단위 : %)

구 분		계	같이 살고 싶음	같이 살고 싶지 않음	살고 싶은 곳				
					소 계	자 가	무료 양로원 또는 요양원	유료 양로원 또는 요양원	기 타
2005		100.0	47.5	52.5	100.0	85.3	8.9	4.5	1.3
2007		100.0	40.0	60.0	100.0	84.9	9.8	4.8	0.5
지역	도 시	100.0	40.2	59.8	100.0	82.5	11.2	5.8	0.5
	농어촌	100.0	39.7	60.3	100.0	90.1	7.0	2.6	0.4
성별	남 성	100.0	33.9	66.1	100.0	87.8	7.8	4.1	0.3
	여 성	100.0	44.6	55.4	100.0	82.2	11.7	5.4	0.7
연령	60~64세	100.0	33.1	66.9	100.0	86.1	8.2	5.3	0.4
	65~69세	100.0	36.5	63.5	100.0	85.2	9.3	5.1	0.4
	70~79세	100.0	43.6	56.4	100.0	84.8	10.6	4.0	0.6
	80세 이상	100.0	58.9	41.1	100.0	77.7	16.5	5.2	0.6

자료 : 통계청, 「사회통계조사」, 각 년도

[표 5-2] 건강악화시 희망하는 거주형태

(단위: %)

구 분	유배우	무배우
배우자와만 살고 싶다(유배우) 도움을 받으면서 혼자 살겠다(무배우)	64.9	27.1
자녀와 함께 살고 싶다	25.8	50.0
노인요양시설	9.2	22.5
기 타	0.1	0.4
계(명)	100.0(1,809)	100.0(1,833)

자료 : 한국보건사회연구원, 「2004년도 전국 노인생활실태 및 복지욕구조사 자료」, 2005

또한 노인복지시설에 거주하는 노인을 대상으로 시설에 대한 불만족도가 조사되었는데, 그 결과를 살펴보면, 주로 거주공간의 크기와 의료 및 문화체육 시설에 대한 불만이 크고, 그 중에서도 시설의 크기가 넓은 것에 대한 불만도가 18.8%로 가장 높게 나타났다. 시설의 넓이가 필요이상으로 넓은 것도 노인들에게는 불만족의 사유가 될 수 있으므로, 적정한 면적 배분에 대한 고려가 필요하다고 할 수 있다. 특성별로는 무료양로시설보다는 유료양로시설이, 여성보다는 남성이, 75세 이상 노인보다는 75세 미만 노인이, 건강상태가 나쁜 노인보다는 양호한 노인의 불만도가 더 높게 나타나고 있었다.

[표 5-3] 노인복지시설 거주노인의 시설 불만족도

(단위 : %)

구 분		전반적 불만족	내부 구조	건물 노후	크기 넓음	크기 좁음	부엌 시설	화장 실	목욕 시설	문화 체육	의료 시설
전 체		3.5	2.5	8.2	18.8	14.5	1.5	2.4	4.7	12.0	17.1
시설 구분	무료양로	3.7	2.5	12.2	19.3	19.6	1.2	4.1	6.4	7.2	11.2
	유료양로	6.4	4.3	12.1	2.1	13.5	4.5	2.1	3.5	19.6	29.1
성별	남 성	7.1	4.5	10.1	20.9	13.4	2.2	4.9	7.8	13.8	18.3
	여 성	2.2	1.8	7.5	18.1	14.9	1.2	1.5	3.6	11.4	16.7
연령	65-74세	5.2	3.8	8.0	18.4	13.5	2.1	2.1	5.9	16.0	20.8
	75세이상	2.8	2.0	8.3	19.0	14.9	1.3	2.5	4.2	10.5	15.6
건강 상태	양 호	4.3	2.9	10.1	18.3	15.9	2.1	2.7	6.2	11.5	13.8
	악 화	2.7	2.1	6.2	19.4	13.0	0.8	2.1	3.1	12.7	20.7

자료 : 국토해양부 · 국토연구원, 「2007년 주거실태조사」, 2008
주 : 각 문항에 대해 매우 불편하거나, 대체로 불편하다고 응답한 비율

마지막으로 주택 개조에 대한 희망여부와 희망사항에 대한 조사(국토해양부 2008)에서는 개인 주택의 경우, 65세 이상 노인의 26.1%가 현재 살고 있는 주택의 일부를 개조하길 원하며, 도시에 비해 농어촌이, 남성에 비해 여성이, 75세 미만의 노인보다 75세 이상의 노인이 개조에 대한 욕구가 더 강한 것으로 나타나고 있다. 반면, 노인주거복지시설의 경우에는 65세 이상 노인의 4.6%만이 시설의 부분적 변경을 원하고 있었으며 유료시설에 비해 무료시설이, 여성에 비해 남성이, 75세 이상 노인에 비해 75세 미만의 노인이 더 강한 욕구를 가지고 있어, 주거공간의 특성에 따라 상이한 욕구를 보이고 있었다. 이들은 주로 계단이나 문턱 등의 단차를 제거하거나 화장실과 욕실에 안전손잡이를 설치하고 싶어 하는 것으로 나타났다.

[표 5-4] 주택 개조 희망여부와 희망사항

(단위 : %)

구 분		개조 희망	개조 희망사항									
			계단 손잡이	화장실 손잡이	화장실 문	단차 제거	양변기	바닥재	복도 출입문	응급 비상벨	부엌 작업대	기타
개인 주택	전 체	26.1	9.9	20.3	6.4	23.4	14.6	11.4	1.0	3.1	1.7	8.2
	도 시	23.2	11.0	22.8	7.3	23.0	10.0	12.5	1.0	3.1	1.5	7.8
	농어촌	37.4	7.1	14.1	4.2	24.4	26.1	8.5	1.0	2.9	2.3	9.4
	남 성	22.7	9.3	18.5	7.7	25.5	13.5	12.3	0.6	2.9	1.8	7.8
	여 성	28.6	10.3	21.5	5.6	22.2	15.2	10.8	1.2	3.2	1.6	8.5
	65-74세	25.4	8.9	18.9	7.2	22.9	14.2	12.4	0.9	3.3	1.9	9.4
	75세이상	27.7	11.9	23.3	4.8	24.5	15.3	9.3	1.2	2.7	1.2	5.8
주거복지시설	전 체	4.6	15.2	10.9	6.5	26.1	0.0	26.1	0.0	6.5	0.0	8.7
	무 료	6.0	10.3	6.9	6.9	24.1	0.0	31.0	0.0	10.3	0.0	10.3
	유 료	2.8	0.0	0.0	0.0	75.0	0.0	25.0	0.0	0.0	0.0	0.0
	남 성	5.6	6.7	6.7	0.0	40.0	0.0	13.3	0.0	20.0	0.0	13.3
	여 성	4.2	19.4	12.9	9.7	19.4	0.0	32.3	0.0	0.0	0.0	6.5
	65-74세	5.6	12.5	18.8	6.3	18.8	0.0	31.3	0.0	0.0	0.0	12.5
	75세이상	4.2	16.7	6.7	6.7	30.0	0.0	23.3	0.0	10.0	0.0	6.7

자료 : 국토해양부 · 국토연구원, 「2007년 주거실태조사」, 2008.
주 : 개조하고 싶은 공간 1순위

(2) 노인의 주거 환경

노인의 주거실태를 객관적으로 파악하기 위해, 노인 주거환경과 조건을 알아보기 위해 주택 내 안전사고율과 그 유형, 주거하는 주택 유형과 주택 소유형태, 주거시설별 가구비치 현황, 거주 층별 점유 형태, 거주 밀도, 노인복지시설별 현황 등이 박윤영(2008)에서 조사되었는데 노인의 주거환경은 비노인에 비해 열악한 상황으로 파악되었다. 이는 노인가구가 정규적인 직업이 있는 가구의 비율이 낮고, 노인단독가구 및 노인부부가구의 저소득 비율이 높기 때문이다. 2005년 노인부부가구의 월 평균소득은 116만원으로 비노인가구의 300만원에 비해 절반에도 못 미치는 38.7%수준으로 조사되었다. 따라서 노인 스스로가 주택의 질적 상태를 개선하거나 노화에 대응하여 주택을 고칠 가능성은 낮다(박윤영, 2008:439).

노인은 동일 거주지에 오랫동안 머물기 때문에 대체적으로 노후된 주택에서 거주하는 경우가 많다. 노인가구가 현재 거주하고 있는 주택의 건축년도는 1990년에서 1994년 사이에 건축된 비율이 16.9%로 가장 많고, 23년 이상 된 주택의 거주비율이 50.2%로 건축 연한이 오래된 주택에 거주하고 있는 것으로 파악되었다(국토해양부 · 국토연구원, 2008). 고령화 및 미래사회위원회(2004)의 조사에 의하면, 65세 이상 부부 또는 독신으로 구성된 노인가구의 51.0%가 건교부가 발표한 최저주거기준의 시설기준(수세식 화장실, 목욕시설, 입식 부엌 구비)에 미달하고 있으며, 도시보다 농촌이, 자가 가구보다 임차 가구의 주거수준이 더욱 열악한 상태에 있다. 통계청(2005)의 인구주택 총조사에서도 전체 노인가구의 최저주거기준 미달가구는 21.4%로 일반가구 13.0%에 비해 높고, 임차가구의 월소득 대비 임대료비율도 34.7%로 일반가구의 26.0%에 비해 높게 나타났다.

이러한 열악한 주거환경으로 인해 주택 내에서 미끄러지거나 넘어지는 안전사고를 경험한 노인의 비율 역시 매우 높은 실정이다. 고령화 및 미래사회위원회(2004)의 조사에 의하면, 농촌거주 노인의 32.3%, 도시거주 노인의 20.0%가 주택 내에서 안전사고를 경험한 것으로 나타났다. 노년기는 여러 단계의 노화현상으로 인해 신체적 특성상 평형감각이나 지구력 등의 기능저하가 현저히 나타나기 때문에 노인의 주택

내 사고는 단순한 골절에 그치지 않고 치명적인 대형사고로 이어지는 경우가 많아 더욱 문제가 되고 있다. 주로 나타나는 사고유형은 욕실・화장실・베란다, 복도・마루 등에서 자주 발생하는 미끄러짐, 계단이나 거실, 마당에서 주로 발생하는 넘어짐, 옥상, 방・침실, 계단에서 주로 발생하는 떨어짐 등이다. 또 노인들이 주택 내에서 불편해 하는 공간으로는 도시 노인의 경우 계단, 화장실, 욕실, 부엌 순이었고, 농촌 노인의 경우에는 화장실, 욕실, 계단, 부엌 순으로 나타나 노인들은 욕실, 화장실, 계단의 안전사고 위험성에 대해 우려하고 있는 것으로 나타났다. 노인 안전사고의 원인 중 질환이나 신체기능의 악화로 인한 사례는 13%에 불과하였고 47%는 주택을 개・보수하거나 결함을 제거함으로써 예방 가능한 경우로 나타났다. 따라서 안전사고를 예방할 수 있는 주택개조가 필요하다고 볼 수 있다(박윤영, 2008 : 440).

우리나라 노인 중에서 노인복지시설에 거주하는 노인은 2003년 말 기준으로 2만 5천명으로 전체 노인의 1%에도 못 미치고 있으며, 거의 대부분 노인이 지역사회에서 생활하고 있다(국토해양부·국토연구원, 2008). 지역사회에서 생활하는 노인의 주택형태는, 만 65세 이상 노인이 포함된 노인가구의 경우 단독주택에 거주하는 비율이 61.8%로 가장 높고 아파트가 27.7%인 반면, 만 45세 이상의 장년가구는 아파트가 44.2%로 가장 많고 단독주택이 41.2%, 연립과 다세대주택이 11.6% 순으로 나타났다. [표 5-5]에서 볼 수 있듯이, 아파트에 거주하는 비율은 농어촌보다는 도시 지역이, 저소득보다는 고소득계층이 더 높은 반면, 단독주택은 역으로 농어촌과 저소득층의 비중이 높다.

단독주택이 아파트에 비해 화장실, 욕실 등이 현대화되어 있지 않아 불편한 점이 많은 현실을 감안하면 많은 노인이 불편한 주택에 거주함을 알 수 있으며, 특히 노인 가운데도 연령층이 상대적으로 높은 75세 이상 노인이 단독주택에 많이 거주하고 있다.

[표 5-5] 65세 이상 인구의 거주 주택유형

(단위 : %)

구 분		계	단독주택	아파트	연립주택	다세대 주택	비주거용 건물내주택	기 타
연령	65세이상	100.0	61.8	27.7	5.7	2.8	1.5	0.4
	45-64세	100.0	41.2	44.2	7.0	4.6	2.4	0.6
지역	도 시	100.0	48.7	37.9	7.5	4.0	1.8	0.2
	농어촌	100.0	89.0	6.9	2.1	0.4	0.9	0.7
소득	고소득	100.0	32.8	54.7	9.2	2.0	1.1	0.1
	저소득	100.0	67.8	22.3	5.3	2.8	1.4	0.5

자료 : 국토해양부 · 국토연구원, 「2007 노인주거실태조사」, 2008

주택소유 형태에 따른 노인의 거주 유형이 국토연구원(2008)의 노인주거실태조사에 의하면, 노인가구의 주택소유 형태는 자기 집이 72.9%, 전세가 12.8%, 보증부 월세가 8.4%로 자가 유형이 주된 소유 형태이며 100명 중 73명은 자기 집에 거주하고 있었다. 만 45세 이상의 장년가구와 비교하면, 노인가구의 자가 비율이 장년가구에 비해 10.1% 포인트 높은 수준이다. 지역별로는 자가 소유율이 65.2%인 도시보다 농어촌 지역이 88.9%로 더 높았고 도시 지역은 전 · 월세의 비중이 매우 높았다. 소득계층별로는 고소득일수록 자가 소유율이 더 높았다. 성별의 경우, 통계청(2000)의 인구주택총조사에 의하면, 남자의 81.3%가 자기 집에서, 11.2%가 전세로 살고 있으며, 여자는 75.3%가 자기 집에서, 14.0%가 전세로 살고 있어, 여성노인보다 남성노인들의 자가 소유율이 더 높게 나타나고 있었다.

[표 5-6] 65세 이상 인구의 주택 소유형태

(단위 : %)

구 분		계	자 가	전 세	보증부 월 세	월 세 사글세	기 타
연령	65세 이상	100.0	72.9	12.8	8.4	2.9	2.9
	45-64세	100.0	62.8	18.5	13.1	3.0	2.7
지역	도 시	100.0	65.2	17.6	11.7	3.3	2.2
	농어촌	100.0	88.9	3.0	1.6	2.3	4.3
소득	고소득	100.0	89.7	8.1	1.5	0.3	0.4
	저소득	100.0	69.4	13.7	9.8	3.7	3.5

자료 : 국토해양부 · 국토연구원, 「2007 노인주거실태조사」, 2008

한편 통계청(2005)의 인구주택총조사를 통해 주택 내 주거시설의 비치 현황을 살펴보면, 전체 15,889천 가구 중 부엌, 수도, 화장실, 목욕시설 등 주거시설을 모두 갖춘 주택에서 거주하는 가구는 14,616천 가구로 92.0%이며, 이러한 주거시설을 하나라도 갖추지 못한 가구는 1,272천 가구인 8.0%이다. 특히, 주거시설 미비가구 중 60세 이상 노인 가구주가 50.1%를 차지하여 노인 가구주의 주거시설이 취약함을 알 수 있다.

노인의 주거유형이 거주층별 점유형태의 관점에서도 조사된 바 있는데(통계청 2005), [표 5-8]에서와 같이 지하(반지하) 거주가구의 임차가구 비율은 82.7%, 옥상(옥탑)은 85.3%로, 지상층은 자가 비율이 높고 지하(반지하) 또는 옥상(옥탑) 거주가구는 임차가구 비율이 높다. 인구학적 특성에 따라 비교해보면, 여성은 남성보다 지상 거주율이 낮고 지하 및 옥상 거주율은 높아 상대적으로 더 열악한 거주환경에 노출되어 있음을 알 수 있다. 연령별로는 20대 가구의 지하 및 옥상 비율이 8.5%로 가장 높고, 다음이 19세 이하가 6.9%, 30대가 4.5%, 40대가 4.0% 순으로 점차 낮아지고 있다.

[표 5-7] 주거시설 비치 현황

(단위 : 천 가구)

구 분		계		주거시설을 모두 갖춘 주택에 거주하는 가구		주거시설을 하나라도 갖추지 못한 주택에 거주하는 가구	
			구성비(%)		구성비(%)		구성비(%)
계		15,889 (100.0)	100.0	14,616 (92.0)	100.0	1,272 (8.0)	100.0
성별	남 자	12,391	78.0	11,513	78.8	878	69.0
	여 자	3,497	22.0	3,103	21.2	394	31.0
연령	40~49세	4,413	27.8	4,188	28.7	225	17.7
	50~59세	2,983	18.8	2,736	18.7	247	19.4
	60세이상	3,544	22.3	2,906	19.9	638	50.1

자료 : 통계청, 「2005년 인구주택총조사 보고서」, 2005

[표 5-8] 거주층별 점유형태

(단위 : %)

구 분		계	지하(반지하)	지상	옥상(옥탑)
전 체		100.0	3.7	96.0	0.3
성 별	남 성	100.0	3.2	96.5	0.3
	여 성	100.0	5.5	94.0	0.5
연 령	50~59세	100.0	3.0	96.8	0.2
	60세이상	100.0	2.4	97.5	0.2

자료 : 통계청, 「2005년 인구주택총조사 보고서」, 2005

주거밀도와 관련한 조사에 의하면, 노인가구의 가구당 주거면적은 71.9m^{2}이었으며, 1인당 주거면적은 36.3m^2, 1인당 사용방수는 2.2개로, 노인가구의 주거밀도는 장년가구에 비해 낮은 것으로 파악되었다. 지역별로는 도시에 비해 농어촌 지역의 가구 및 1인당 주거면적과 1인당 사용방수가 더 높아 노인가구의 주거밀도가 더 낮은 것으로 나타났다.

소득수준과 관련지어 보면, 가구당 주거면적은 고소득층이 112.6m^{2}으로 가장 넓고, 1인당 주거면적과 사용방수에 있어서는 저소득층이 고소득층에 비해 넓고 높게 나타났다. 이는 저소득층 노인가구의 평균 가구원수가 2.0명으로 고소득층 4.4명에 비해 크게 낮기 때문인 것으로 판단된다.

[표 5-9] 주거밀도

(단위 : m^2, 개)

구 분		가구당 주거면적		1인당 주거면적		1인당 사용방수	
		45-64세	65세 이상	45-64세	65세 이상	45-64세	65세 이상
전 체		76.3	71.9	27.0	36.3	1.5	2.2
지 역	도 시[1)]	78.6	68.6	27.5	36.0	1.4	2.2
	농어촌[2)]	72.1	69.1	28.7	39.2	1.6	2.4
소 득	고소득	93.3	112.6	27.6	30.6	1.4	1.1
	저소득	61.8	64.0	29.0	38.0	1.8	2.5

자료 : 국토해양부 · 국토연구원, 「2007년 주거실태조사」, 2008.
주 : 1) 광역시, 2) 도지역

2008년 현재 노인 주거복지시설의 현황은 아래 [표 5-10]과 같으며, 시설의 전체 수와 정원은 시간이 지남에 따라 증가하고 있으나, 각 유형별로 주거복지시설의 수와 정원이 매우 부족한 실정이다.

[표 5-10] 노인 주거복지시설 현황

(단위 : 개, 명)

구 분	2005년		2006년		2007년	
	시설 수	입소 정원	시설 수	입소 정원	시설 수	입소 정원
합 계	282	13,289	366	16,074	398	16,579
무료양로시설	137	6,501	145	5,780	147	5,643
실비양로시설	64	1,126	132	2,267	161	2,772
유료양로시설	69	3,954	74	4,467	76	4,599
실비노인복지주택	-	-	-	-	-	-
유료노인복지주택	12	2,158	15	3,565	14	3,565

자료 : 보건복지가족부, 「2008년 노인복지시설현황」, 2008.

다음으로 노인주거복지시설별로 함께 방을 사용하는 동거인 현황은 동료노인과 함께 거주하는 비율이 74.1%로 가장 높고, 배우자와 함께 거주하는 비율이 25.9%로 나타났다. 시설별로는 무료와 실비양로시설의 경우, 동료노인과 함께 거주하는 비율이 각각 86.6%, 77.6%로 높은 반면, 유료양로시설은 배우자와 동거하는 경우가 78.0%이며 시설별 방당 평균 거주인수는 3.2명으로 낮게 나타났다.

[표 5-11] 시설별 동거인 현황

(단위 : m^2, 개)

구 분	배우자/단독	동료노인	방당 평균 거주인
무료양로시설	13.4	86.6	3.3
실비양로시설	22.4	77.6	3.0
유료양로시설	78.0	22.0	3.0
전 체	25.9	74.1	3.2

자료 : 국토해양부 · 국토연구원, 「2007년 주거실태조사」, 2008.
주 : 단동사용(부부함께 포함)을 제외한 동료노인과 함께 사용하는 경우의 전체 당 당 평균 거주인원 수

마지막으로 시설거주노인의 주거 실상을 안전사고 경험과 원인과 관련하여 살펴보면, 안전사고 경험이 있다고 응답한 비율이 2.1%로 조사되었고, 안전사고 경험이 있는 노인들 중 그 발생 원인은 미끄러운 바닥, 손잡이, 단차가 각각 52.4%, 23.8%, 19.0% 순으로 그 비중이 높게 나타났다. 특히, 미끄러운 바닥의 경우 모든 특성에서 그 비율이 높게 나타나 이에 대한 보완이 필요한 것으로 판단된다.

[표 5-12] 시설거주노인의 안전사고 경험과 원인

(단위 : %)

구 분		사고경험 있음	손잡이	단 차	미끄러운 바닥	울퉁불퉁 바닥	장애물	기 타
전 체		2.1	23.8	19.0	52.4	4.8	9.5	9.5
시설구분	무료양로	2.1	20.0	10.0	40.0	10.0	10.0	20.0
	유료양로	1.4	0	50.0	50.0	0	0	0
성별	남 성	2.2	0	33.3	66.7	0	0	0
	여 성	2.1	33.3	13.3	46.7	6.7	13.3	13.3
연령	65-74세	2.4	0	0	85.7	0	14.3	0
	75세이상	2.0	35.7	28.6	35.7	7.1	7.1	14.3
건강상태	좋 음	2.1	9.1	9.1	45.5	0	18.2	18.2
	나 쁨	2.1	40.0	30.0	60.0	10.0	0	0

자료 : 국토해양부 · 국토연구원, 「2007년 주거실태조사」, 2008
주 : 안전사고를 경험한 노인 중 각 안전사고 이유에 대해 '예'라고 응답한 비율

연령별로 살펴보면, 만 75세 미만의 경우 미끄러운 바닥으로 인한 안전사고가 85.7%로 매우 높은 것으로 나타났으나, 만 75세 이상 노인은 손잡이, 단차, 미끄러운 바닥이 모두 30%내외로 파악되었다. 건강상태에 따라서는 건강상태가 나쁜 노인의 경우 손잡이와 단차에 의한 사고가 각각 40.0%, 30.0%로 높은 반면, 건강상태가 좋은 노인의 경우

에는 장애물에 의한 사고가 18.2%로 바닥사고 다음으로 높게 나타났다. 성별로는 남성은 단차가 33.3%로 높게 나타난 반면, 여성은 손잡이에 의한 사고가 33.3%로 나타났다.

3) 노인의 주거생활과 삶의 질

(1) 노인의 생활과 주거

노인의 주거생활과 삶의 질의 관련성은 노인의 전반적 삶의 질에 영향을 미치는 여타의 다른 영역, 즉 건강생활, 경제생활, 가족 및 사회관계 등과 어떻게 연관되어 있는지를 통해서 연구되어 왔다. 노화로 인해 신체적·정신적으로 약해진 노인에게 주거환경은 건강과 관련하여 더욱 중요한 의미를 지니는데, 박광준(2004 : 243)에서는 현대의 노인성 질환은 전염성이나 감염성의 질환보다 순환계 등의 성인병과 만성병이 주류를 이루기 때문에 주거의 상태는 그 발병과 요양을 좌우하는 중요한 요소가 된다고 보았다. 노화에 따라 기억력 감퇴, 소외감, 우울증, 내향성 및 의존성이 증가하는 경향이 있기 때문에 노인의 주거공간은 인지 및 지각능력과 일치되며, 실내가 밝고 통풍이 잘 되는 쾌적한 공간이어야 한다는 주장도 있었다(조성남, 2007 : 299). 소음이 적고 통풍과 환기가 잘 되는 밝고 쾌적한 환경은 신체적 건강뿐만 아니라, 정신적 건강을 유지하는데도 도움을 주기 때문이다.

치매노인 가족의 삶의 질 향상을 위해 주거환경을 파악한 이윤희와 이연숙(2005)의 연구에 의하면, 물리적 환경은 치매가족의 삶의 질에 미치는 영향력이 매우 크며, 이는 치매의 종류와 정도별 차이에 따른 연관성으로서 규명되었다. 치매노인 가족의 삶의 질을 위한 주거환경의 개선에서 중요한 점으로 지역사회의 연계된 개발을 통해 재가복지 서비스가 전 지역사회로 파급되어 궁극적으로 거시적인 주거환경의 관점에서 치매노인 가족의 환경이 개선되어야 한다고 지적했다(이윤희 · 이연숙, 2005). 따라서 신체적 차원뿐만 아니라 정신적 · 심리적 차원에서도 노인의 특성을 고려하여 노인이 원활하게 독립적 생활을 유지할 수 있도록 하기 위해 필요한 일상생활에서의 주거환경이 마련될 필요가 있다.

한편 노인의 자가 소유는 노인의 경제적 독립성을 의미하는 것이기도 하다. 주택의 소유 형태는 경제적 측면에서 가계지출에 큰 영향을 미친다. 주택은 다른 재화에 비해 가격이 매우 높고 공급이 비탄력적이며 거래비용이 많이 소요되는 상품적 특성상 주택시장에서 구입하여 주거안정을 확보하는 것은 매우 어려운 문제이다(박윤영, 2008). 그러므로 주택을 직접 소유하고 있는가, 아니면 임대한 것인가에 따라 가계지출의 구조가 달라지며, 이것은 곧 실질소득의 불평등을 야기하는 중요한 요인으로 작동한다. 특히, 우리나라와 같이 주택가격이 비싸고 계속적으로 오르는 상황에서 주택의 소유가 중요한 노후소득보장의 도구가 될 수 있으며, 자가를 소유한 노인은 추가적인 주거비용을 지불할 필요가 없으므로 경제적으로 안정적이다. 최성재(2006 : 316)에서는 주택을 소유하고 안정적 주거를 마련하여 생활할 수 있다는 것은 경제적 능력을 보여주는 지표가 되며, 노후의 안정적 생활을 보장하는 것이 되기도 한다고 보았다.

주택의 입지는 노동시장과 밀접히 관련되어 노인의 고용에도 영향을 미친다(Moore, 1993 : 75; 박광준, 2004 재인용). 일반적으로 주거지역은 직장과의 거리 및 교통시설과 연계되어 출퇴근 시간에 결정적 영향을 미쳐서 근무가 가능한 직장의 범위를 제한하기 때문에 고용의 기회를 좌우하는 요인이 되기도 한다. 특히 노인의 경우 장거리 이동이 더욱 힘들어지므로 주거지역은 고용과 관련된 더 주요한 요인으로 작동할 가능성이 높다.

한편 은퇴를 경험한 노인은 비노인에 비해 사회관계망이 약화 및 축소되고 외부에서 활동하는 시간이 줄어들어 집과 지역사회에서 거주하는 시간이 상대적으로 늘어난다. 따라서 노인에게 주택은 주된 생활의 근거지로써 인생의 어떤 시기보다 더 큰 의미를 가진다. 일반적으로 노인들은 산이나 해변과 같이 조용하고 경치가 좋은 곳에서 살기를 원하고 또 그런 곳이 노인의 건강에 도움을 줄 것으로 판단된다. 하지만 가족이나 지역사회와 동떨어진 낯선 지역은 격리감을 유발하기 때문에 오히려 노인들의 고립감과 소외감을 가중시켜 정신건강에 나쁜 영향을 미칠 수 있다. 또 이전부터 살아온 주택에서 장기간 거주할 경우, 일생에 걸친 추억과 경험의 연속성을 유지할 수 있을 뿐만 아니라, 친구나 이웃 등과 친밀한 사회관계망을 유지할 수 있고 지역사회 내에서 웃어른으로 대접받는 등 사회적 지위의 유지가 가능해 자존감과 보람을 느끼기가 좋다(Huttman, 1985). 이연숙(1999)에서는 노인은 오랫동안 거주해온 지역에서 벗어나지 않으려는 경향이 강한데, 한국 노인의 주택선호 유형에 관한 질문에서 노인의 절반 이상인 59.2%가 기존의 주택에서 노후를 보내기를 희망하고 있는 것으로 파악되었다.

가족관계에 있어서도 주거공간은 영향을 미친다. 자녀와 노인의 동거유무와 형태는 독립적 생활과 의존적 생활을 구분하고 연계시키는 매개가 되기 때문이다. 특히 핵가족화된 현대 사회에서 그 의미는 더욱 크다. 김미령(2005)에서는 노인의 경우 가족과의 동거여부에 따른 가구형태는 사회관계의 한 유형으로 관계의 존재 자체만으로도 그들의 삶의 질에 중요한 영향을 미치게 된다고 보았다. 독거노인보다는 배우자 또는 자녀와 함께 동거하는 가구 유형일수록 삶의 질은 높아진다. 특히 건강이 악화될수록 노인들은 자녀와 동거하기를 더욱 희망하게 된다. 또한 65세를 넘기면 더 이상 자가 소유의 비율이 높아지지 않는데, 이는 노인이 주택의 취득보다는 누구와 어디서 어떻게 살 것인가, 건강이 나빠진 이후에는 누구의 도움을 받으며 살 것인가에 관심을 기울이기 때문이다(박신영, 2007 : 115).

(2) 노인의 주거생활과 삶의 만족도

주거환경의 질은 그곳에 거주하는 사람들의 전반적 삶의 만족도에 영향을 미치는 주요한 요인으로 작동하고 있다. 특히, 노인에게 나타나는 여러 가지 신체적, 정신적, 심리적 변화는 노인들이 처해있는 환경, 즉 생활의 중심이 되는 주거환경과 밀접한 관계를 맺고 있다. 노인에게 나타나는 이러한 변화 자체를 없앨 수는 없지만 잘 계획된 환경이나 조직적 보호를 통해서 변화를 덜 느끼게 함으로써 그들의 삶의 질을 높일 수 있다(이연숙, 1999). Larson(1978)은 주택의 형태와 질적 조건, 그리고 위치가 노인의 신체적 독립성, 안정성, 프라이버시, 사회관계와 활동, 노인복지 서비스의 접근 등에 큰 영향을 미치며 노후생활의 전반적 만족도를 향상시킬 수 있다고 보았다(최성재, 2006 : 313).

김익기 외(1999)에서는 노인에게 적합한 주거환경이 삶의 질을 높여준다는 사실을 Carp & Carp(1985)가 제시한 보완/유사모델을 통해 좀 더 논리적으로 설명하고 있다. 이 모델은 노인이 지닌 욕구를 두 가지 차원으로 나누어 설명하고 있는데, 전자는 생명유지와 관련된 욕구로 이는 독립생활을 위해 필요한 일상생활에서의 활동을 적절히 해낼 수 있도록 주거환경이 이를 보완해 주어야 한다는 것이며, 후자는 자아존중 및 자아실현과 같은 욕구로 이 단계의 욕구에 맞는 주거환경을 제공해 주어야 복지 및 정신건강이 유지된다는 것이다. 이러한 모델에 근거하여 노인을 위한 주거환경이 단지 노인의 신체적, 정신적 쇠약이라는 특성만을 중요시하여 이에 대한 보완의 차원에서만 노인의 주거환경을 고려해서는 안 되며, 노인의 선택적 결정 및 통제력 행사를 가능하게 하는 환경을 제공하는 것도 중요하다는 관점을 제안하였다.

주택의 노후, 협소, 통풍 등 물적 환경은 주거환경의 만족도에 영향을 미친다. 2004년 통계청 조사에 따르면, 현재 살고 있는 주택에 '만족'한다가 44.7%, '보통이다'가 28.7%, '불만족'이 26.7%였다. 불만인 이유는 '주택이 낡아서'가 57.5%로 가장 많았고, '주택이 작아서'가 16.7%이었고, '일조 통풍이 안 되어서'가 9.6%, '경제적 가치가 낮아서'가 7.9%였다. 하지만 선행연구에 의하면(김익기 외, 1999), 노인들의 주거환경에 대한 기대는 대체로 낮은 것으로 보고되고 있다. 객관적으로 볼 때 노후된 주거환경은 노인의 신체적 보호와 안전 및 사회관계 유지에 불편한 점이 많음에도 불구하고 이러한 불편에 대해 별로 불만이 없는 태도가 주를 이룬다. 김익기 외(1999)의 연구에 의하면 주거 교통, 병원 시설의 편리도, 집주변의 공기, 소음, 집안의 채광, 안전도, 집안 구조의 안정성 등은 노인의 생활만족도에 유의한 영향을 미치지 않고 있다. 그러나 예외적으로 주택 내부의 편리성과 근린지역과의 관계는 노인의 생활만족도에 유의미한 영향을 미치는 것으로 보았다.

주택소유형태 및 주거비용이 삶의 만족도에 미치는 영향을 분석한 연구(심영, 2003)에서는 주택소유형태와 만족도의 관련성에 대하여, 전체 노인단독가구와 노인부부가구의 경우 주택소유형태는 삶의 만족도에 통계적으로 유의미한 관계를 보이고 배우자가 없는 노인독신가구는 통계적으로 유의미하지 않는 것으로 보았다. 즉, 전체 노인단독가구의 경우 자신의 집을 소유한 경우가 집을 소유하지 못한 경우보다 만족도가 더 높은 것으로 파악되었고, 배우자가 있는 경우에도 마찬가지의 결과였다. 반면 집을 소유하지 못한 경우에는 불만족이 더 높은 것으로 보았다. 집을 소유하고 있다는 것은 경제적 측면에서 주거소비를 위한 소득효과, 즉 경제적 복지를 제공해 줄 뿐만 아니라 정신적, 심리적 안정을 제공해줄 수 있다는 측면에서도 노인의 전반적 복지와 깊은 연관을 갖는다.

또한 심영(2003)에서는 주거비용이 노인의 삶의 만족도에 유의미한 부적(-)관계를 가지는 것으로 조사되었다. 즉, 총 소비지출 중 주거비가 차지하는 비중이 클수록 노인이 느끼는 주관적 만족도는 낮았다. 가구유형별 비교에서는 노인부부가구의 경우 주거비 지출액과 지출비율이 클수록 만족도는 낮고, 무배우자의 경우 유의미한 관계를 보이지 않는다고 보았다. 주거비용 부담이 큰 노인가계가 주거비용 부담이 적은 가계보다 상대적 만족도가 낮았다.

다음으로 가구유형별 자신의 거주 형태에 대한 만족도조사에서는 노인부부가구의 경우가 64.6%로 가장 만족도가 높은 반면, 노인독신가구가 42.0%로 가장 만족도가 낮은 것으로 파악되었다. 한편 만족하지 않는다고 응답한 경우, 그 이유를 가구유형별로 살펴본 결과 노인독신가구는 52.8%가 외로움을 이유로 들었고, 다음으로 32.9%가 경제적 어려움을 들었다. 반면 노인부부가구, 자녀동거가구, 기타가구의 경우에는 모두 경제적 어려움이 가장 높게 나타났다. 노인부부가구의 경우 경제적 어려움이 52.0%, 외로움이 30.7%이며, 자녀동거가구의 경우 경제적 어려움이 40.5%, 다음으로 동거자녀와의 갈등이 18.0%, 식사·청소 등 가사일 부담이 14.0%, 동거자녀의 배우자와의 갈등이 10.2%의 순으로 나타났다. 이와 같이 노년기의 주거환경은 노인들의 삶의 질 향상과 노후생활 적응을 결정하는 중요한 요인이 되고 있다.

시설거주노인들의 주거환경에 대한 만족도의 경우는, 실비양로시설에 거주하는 노인이 2.9%로 가장 낮고 유료양로시설에 거주하는 노인이 7.8%로 높게 나타나는데, 그 이유로는 시설이용료가 차지하는 비중이 31.1%로 가장 높고, 가까운 곳에 친한 사람이 부재한 이유와 위치가 다음으로 높은 것으로 파악되었다. 특히, 이들 중 건강한 노인일수록 위치에 대한 불만이 높게 나타났는데, 이는 건강이 양호한 노인의 경우 주변지역 시설의 이용과 지인들과의 교류를 활발히 할 수 있기 때문인 것으로 판단된다.

시설에 거주하는 노인들의 전반적인 삶의 만족도의 경우, 유료양로시설에 거주하는 노인들의 전반적인 삶의 만족도가 무료양로시설과 실비양로시설에 거주하는 노인들보다 상대적으로 높았으며 건강, 경제, 배우자 및 가족과의 관계에 있어서도 만족도가 모두 높게 나타났다. 이는 유료양로시설의 환경이 양호하고 노인의 소득수준도 높다는 점에 기인한 것으로 판단된다. 이들 중 남성노인에 비해서는 여성노인이, 연령별로는 만 75세 이상의 노인의 만족도가 더 높게 나타났다.

노인의 주거 만족도는 교육수준과 직업위세, 주거의 객관적 지표와 강한 정(+)의 상관관계를 가지고 있다. 교육수준과 직업지위의 주거 만족도와의 상관관계는 주거의 객관적 지표를 매개로 한다. 교육수준과 지업지위가 높을수록 객관적인 주거 환경이 좋을 수밖에 없으며, 이는 주거에 대한 만족도로 연결된다는 것이다(한형수, 2004). 노인들은 건강상태가 양호할수록, 자신의 주택을 소유하고 있는 경우, 단독주택보다는 아파트와 같은 공동주택에 거주할수록, 사생활공간이 확보될수록, 설비수준이 좋을수록, 주거비에 대한 경제적 부담이 적을수록 주거만족의 정도가 높은 것으로 나타났다.

연령이 높아질수록 개인적 공간에 대한 요구가 증대하여 프라이버시가 보장된 공간이 확보될수록 노인의 주거만족의 수준이 높아지며(전채휘, 1996), 노인가계는 대부분 소득이 제한되거나 상당히 축소된 상태이므로 주거비에 대한 경제적 부담이 낮을수록 주거만족의 수준 역시 높아진다. 건강상태가 양호할수록 자신의 집을 돌볼 수 있는데서 오는 만족감과 독립적 생활이 가능하므로, 공동주택이 단독주택보다 시설설비수준이 양호하므로 저하된 신체적 능력을 보완해주고 지지해줄 수 있기 때문인 것으로 해석할 수 있다.

2. 주거생활의 삶의 질에 대한 경험적 분석

1) 객관적 지표

노인의 주거환경과 같은 물질적 요인들 역시 노인의 삶에 있어서 중요한 영역이다. 도시노인의 주거생활을 객관적으로 측정할 수 있는 지표로는 현재 거주하고 있는 주택의 형태와 소유형태, 주택의 크기, 노인만의 독립적인 거주공간의 유무 등이 해당된다.

(1) 주택형태

노인들의 주거환경은 먼저 이들이 거주하고 있는 주택의 형태를 통해 파악될 수 있다. 물론 주택의 물리적 형태가 주거의 질과 일관된 관계를 갖는 것은 아니다. 생활의 편리함을 따지자면 전반적으로 아파트가 높은 점수를 얻을 수 있지만 이것이 주거의 객관적 우월성과 주관적 만족도로 이어지는 것은 아닐 것이다. 조사대상 노인들이 가장 많이 거주하고 있는 주택형태는 아파트이다. [표 5-13]에서 보듯이, 전체의 48.0%가 아파트에 거주하고 있다.

이와 같은 결과는 서울을 비롯한 대도시에서 아파트가 가장 일반적인 주택유형으로 자리잡고 있음을 반영한다. 서울의 경우 전체 주택 가운데 약 절반을 아파트가 차지하고 있으며, 이 수치는 지속적으로 증가할 전망이다. 아파트 다음으로는 단독주택의 비율(26.6%)이 높으며, 연립주택(11.9%), 다세대/다가구 주택(10.9%)의 순이다.

[표 5-13] 주택 형태 분포

	빈도	비율(%)
단독주택	267	26.6
다세대/다가구	109	10.9
연립	119	11.9
아파트	481	48.0
기타	35	3.5

(2) 주택 소유형태

주거환경과 관련하여 중요한 변인은 현재 주거하고 있는 주택의 소유권 여부이다. 본인 또는 가족이 소유하고 있는 주택에 거주하는 경우와 전세 또는 월세 등의 형태로 거주하는 것이 주거 만족도에 있어서 상당히 큰 차이를 가질 것으로 예상되기 때문이다. 자신 또는 가족이 주택을 소유하지 못하고 있다는 것은 주거의 안정성을 저하시키고, 이는 주거의 질을 떨어뜨리게 된다.

조사 결과 전체 응답자의 70.1%가 자신 또는 가족 소유의 주택에 거주하고 있는 것으로 밝혀졌다. 이 수치는 현재 서울시 전체 가구의 주택 소유율을 다소 상회하는 것이다. 반면에 전세로 거주하고 있는 비율은 약 20%에 달하고 있으며, 월세 또는 임대의 경우는 10%를 다소 상회하고 있다.

주택의 소유형태의 분포에 대해 인구사회학적 변인별로 교차분석을 수행한 결과를 살펴보면 성별, 교육수준별, 직업별로 통계적으로 유의미한 차이가 발견된다. 먼저 성별 분포에서는 남자노인 집단이 여자노인 집단에 비해 자가의 비율이 높은 반면에 전세와 월세/임대 유형의 비율이 낮은 것으로 파악된다. 남자노인 집단의 경우 '자가' 비율이 75%를 상회하는 반면에 여자노인 집단은 66.4%에 불과하다. 여자노인들에 비해 남자노인들의 객관적 주거환경이 상대적으로 나은 편이다. 이와 같은 결과는 남자노인들이 배우자와 동거할 경우 자가에 거주하고, 배우자가 없을 경우 자녀와 동거하는 경향이 강한 반면에 여자노인들은 배우자가 없을 경우에도 따로 독립해서 작은 규모의 주택을 임대해 사는 경향이 있음을 반영한다.

거주하고 있는 주택의 소유형태와 연령 간에는 일관된 경향이 존재하지 않음을 확인할 수 있다. 자가 거주 비율이 가장 높은 집단은 중기노인(65-74세) 집단이며, 초기노인(60-64세) 집단이 68.4%로서 중간이며, 후기노인(75세 이상) 집단이 65.2%로 가장 낮다. 전세 비율에서는 초기노인 집단이 가장 높으며, 월세/임대 부문에서는 후기노인이 가장 높은 비율을 보인다.

노인의 교육수준과 직업은 사회계층을 구성하는 중요한 변인이다. 이와 같은 교육수준과 직업에 따라 노인들이 거주하는 주택의 소유형태에 있어서 통계적으로 유의미한 차이가 나타나고 있다. 먼저 교육수준에서는 고학력 집단의 자가 거주 비율이 가장 높아 고졸 이상의 노인들의 경우 전체의 80.8%가 자가에 거주하고 있는 반면에 초졸-중졸 노인들은 66.1, 정규학력이 없는 노인들은 63.9%가 여기에 해당된다. 고졸 이상 집단과 나머지 두 집단간에 유의미한 차이가 제시되고 있어

교육수준과 객관적 주거환경은 정(+)의 관계를 갖고 있는 것으로 볼 수 있다.

[표 5-14] 인구사회학적 변인별 주택 소유형태 분석

		주택소유형태			X^2값
		자가	전세	월세/임대	
전 체		704(70.1)	195(19.4)	105(10.5)	
성별	남	318(75.2)	70(16.5)	25(8.3)	9.1*
	여	386(66.4)	125(21.5)	70(12.0)	
연령	60-64세	262(68.4)	82(21.4)	39(10.2)	8.3
	65-74세	298(74.5)	67(16.8)	35(8.8)	
	75세 이상	144(65.2)	46(20.8)	31(14.0)	
교육수준	정규학력무	161(63.9)	50(19.8)	41(16.3)	33.6***
	초졸-중졸	290(66.1)	107(24.4)	42(9.6)	
	고졸 이상	253(80.8)	28(12.1)	22(7.0)	
직업	하위직업	172(57.9)	68(22.9)	57(19.2)	52.8***
	중위직업	237(69.5)	74(21.7)	30(8.8)	
	상위직업	295(80.6)	53(14.5)	18(4.9)	

* p<.05, ** p<.01, *** p<.001

직업위세가 높은 상위직업집단의 경우 자가 거주 비율이 무려 80.6%에 달하고 있는 반면에 하위직업집단은 57.9%에 불과하며 중위직업집단은 69.5%이다. 반면에 월세/임대의 경우 하위직업집단의 비율이 가장 높아 상위직업집단과 중위직업집단의 월세/임대 비율이 각각 4.9%, 8.8%에 그치고 있는데 비해 하위직업집단은 그 수치가 19.2%에 달하고 있다. 사회계층에 따라 주거환경에 대한 기회구조가 달라진다는 점은 도시사회에 거주하는 노인들에도 동일하게 적용될 수 있음을 확인할 수 있다.

(3) 주택크기

도시사회에 거주하는 노인들의 주거환경의 객관적 분석은 주택의 크

기를 통해 파악될 수 있다. 조사대상 노인들이 거주하고 있는 주택의 크기의 분포가 아래의 [표 5-15]에서 자세히 제시되고 있다.

조사 결과 노인들이 거주하는 주택의 크기는 최소 2평에서 최대 100평까지 분포하고 있으며 거주하고 있는 주택 크기의 전체 평균은 27.85평이다. 본 경험적 조사에 포함된 노인들이 거주하고 있는 주택의 크기가 일반적인 국민주택 규모를 다소 상회하는 것은 노인을 포함하는 가구의 가구원 수가 상대적으로 많기 때문으로 해석된다. 노인들이 자녀와 동거하는 경우 3세대가 한 집에 거주하게 되고, 따라서 요구되는 주택의 크기 역시 증대될 수밖에 없다.

[표 5-15] 주택크기 분포

	빈도(명)	비율(%)
14평 이하	167	16.6
15-19평	119	11.9
20-24평	166	16.5
25-29평	119	11.9
30-34평	206	20.5
35-44평	139	13.8
45평 이상	88	8.8

주택크기의 범주에서 가장 높은 비율을 차지하는 것은 30-34평으로 전체의 20.5%가 여기에 해당한다. 그리고 14평 이하, 20-24평, 15-19평, 25-29평이 그 뒤를 잇고 있으며 35평 이상의 주택이 차지하는 비율은 약 20%를 상회하고 있다. 이처럼 노인들이 거주하고 있는 주택의 크기가 범주별로 골고루 분포하는 것은 노인들의 경제적 지위의 다양함과 이들이 소속된 가족구조의 다양성을 반영한다고 하겠다.

한편 노인들이 거주하는 주택의 크기는 인구사회학적 특성에 따라 상당한 차이를 나타내고 있다. 먼저 성별로는 여자노인에 비해 남자노인들이 거주하는 주택이 평균적으로 큰 것으로 분석되었다. 이러한 성별 차이는 앞에서 주택의 소유형태의 성별 차이에서 제시되었듯이 남자노인과 여자노인의 동거형태가 다르기 때문인 것으로 이해된다.

[표 5-16] 인구사회학적 변인별 주택크기 분산분석

		사례수	평균	F값
전 체		1,004	27.85	
성별	남	423	29.72	11.8**
	여	581	26.48	
연령	60-64세	383	28.41	1.9
	65-74세	400	28.25	
	75세 이상	221	26.15	
교육수준	정규학력무	252	24.10	23.7***
	초졸-중졸	439	26.87	
	고졸 이상	313	32.24	
직업	하위직업	297	23.1	30.4***
	중위직업	341	27.66	
	상위직업	366	27.85	

* p<.05, ** p<.01, *** p<.001

또 연령별로는 주택의 크기의 차이가 유의미하지 않아 초기노인(60-64세) 집단과 중기노인(65-74세) 집단은 거의 비슷한 수준이며, 후기노인(75세 이상) 집단만이 상대적으로 다소 주택의 크기가 작은 것으로 나타난다. 노인의 교육수준이 높은 집단일수록 거주하고 있는 주택의 크기가 크다.

고졸이상의 고학력층의 평균 주택규모가 약 32평인데 비해 초졸-중졸 집단은 약 27평, 정규학력을 갖지 못한 집단을 약 24평에 불과하다. 비정규학력 집단과 초졸-중졸 집단 간의 차이는 상대적으로 미미한데 비해, 초졸-중졸 집단과 고졸 이상 집단 간의 평균값의 차이는 약 5평에 달하고 있다.

그리고 주택의 크기는 직업위세에 따라서도 유의미한 차이를 갖는 것으로 분석되었다. 직업의 위세가 높은 직업집단일수록 평균 주택의 크기가 증가한다. 구체적으로는 상위직업집단과 중위직업집단의 평균값은 거의 비슷한 수준인 반면에 하위직업집단의 주택 크기는 앞의 두 집단과 명확히 구분된다. 하위직업집단의 평균 주택크기는 약 23평인데 비해 그 외 두 집단의 평균은 약 27평 정도로서 4평 정도의 차이가 존재한다. 한국사회에서 주택은 단순히 주거의 용도만이 아니라 중요한 자산 투자의 수단이며, 그리고 사회적 구분의 기준이라는 기능을 수행한다. 앞에서 살펴본 바와 같이 교육수준이 높을수록 직업위세가 높으며, 높은 직업위세는 많은 수입을 보장하며, 높은 경제능력은 집의 규모와 가격의 증대로 이어진다.

2) 개인적 욕구

(1) 주거욕구

노인의 삶의 물질적 영역과 관련하여 주거에 대한 욕구는 '넓고 편안한 주거공간'에 대한 선호 수준으로 파악되었다. 조사대상 노인들의 주거환경에 대한 욕구 수준은 평균 6.71점으로써 앞서 제시한 재산과 수입에 대한 욕구와 소비에 대한 욕구 수준에 비해 다소 낮은 것으로 분석되었다.

주거환경에 대한 욕구 수준은 성별, 연령 등과 같은 인구사회학적 특성 집단별로 명확한 차이가 확인되지 않는다. 분석 결과 남자노인과 초기노인집단, 고졸 이상 고학력집단, 그리고 상위직업집단에서 주거욕구의 수준이 상대적으로 다소 높은 것으로 확인되었으나, 이는 통계적으로 유의미한 수준은 아닌 것으로 밝혀졌다.

[표 5-17] 인구사회학적 변인별 주거욕구 분산분석

		주거생활 욕구	
		평균	F값
전 체		6.71	
성별	남	6.81	1.5
	여	6.64	
연령	60-64세	6.80	.8
	65-74세	6.71	
	75세 이상	6.57	
교육수준	정규학력무	6.75	.4
	초졸-중졸	6.64	
	고졸 이상	6.77	
직업	하위직업	6.53	1.8
	중위직업	6.73	
	상위직업	6.84	

* $p<.05$, ** $p<.01$, *** $p<.001$

(2) 객관적 지표와 개인적 욕구간의 관계

생활환경에 관한 개인적 욕구의 수준은 실제의 생활조건으로부터 상당한 영향을 받을 수 있는데, 주거환경에 관한 욕구가 특히 그러하다. 노인들의 주거환경에 관한 객관적 지표와 개인적 욕구 간에는 강한 정(+)의 상관관계가 형성되어 있다. 즉 객관적인 주거 조건이 나을수록 주거환경과 관련된 욕구가 강한 경향이 존재한다. 이와 같은 결과는 평소 객관적 주거환경이 상대적으로 좋은 노인들일수록 편리하고 안탁한 주거환경이 행복한 삶을 유지하는데 있어서 중요한 것으로 간주하고 있는 것을 반영한다.

먼저 주택의 소유형태와 주거욕구간의 단순상관계수 값은 .10으로써 상당히 유의미한 관계가 존재하고 있다. 즉 평균적으로 월세나 임대아파트 거주자에 비해 자가 거주자들의 주거욕구가 강한 경향이 있음을 알 수 있다. 또 주택의 크기가 상대적으로 클수록 주거환경에 대한 욕구수준이 높아지는 것으로 해석된다. 주택의 소유형태와 주거욕구, 주택의 크기와 주거욕구간의 상관관계는 성별, 연령, 교육수준, 직업 변인을 통제한 후에도 유지되고 있다.

[표 5-18] 주거의 객관적 지표와 개인적 욕구간의 상관관계 분석

	주거생활 개인적 욕구				
	단순상관계수	부분상관계수			
		성별통제	연령통제	교육통제	직업통제
주택 소유형태	.10**	.09**	.09**	.10**	.09**
주택 크기	.09**	.09**	.09**	.09**	.08*
주거 종합지표	.10**	.10**	.10**	.11***	.09**

* p〈.05, ** p〈.01, *** p〈.001

주거환경에 대한 객관적 지표와 개인적 욕구간의 괴리를 분석한 결과에서도 노인의 교육수준과 직업에 따라 통계적으로 매우 유의미한 차이가 발견된다. 특히 교육수준에서 정규학력이 없는 노인집단의 평균값은 -.90인데 비해 고졸 이상 집단의 평균값은 .90에 달하고 있다. 전자는 객관적 조건보다 강한 개인적 욕구를 갖고 있다면, 후자는 개인적 욕구의 순위점수보다 객관적 조건의 점수가 높은 수준이다.

직업별로도 하위직업집단은 -.92의 평균값을 갖고 있는 반면에 상위직업집단의 평균값은 .78을 나타내고 있다. 사회적 위세가 낮은 직업을 가져온 노인들은 주거와 관련하여 객관적 지표보다 강한 개인적 욕구

를 가지고 있다면 상위직업 집단에서는 개인적 욕구의 수준보다 객관적 주거 상황이 상대적으로 나은 형편을 보이고 있다.

[표 5-19] 주거의 객관적 지표와 개인적 욕구간의 차이 분산분석

		주거의 객관적 지표와 욕구간의 차이	
		평균	F값
전 체		-.03	
성별	남	.24	3.7
	여	-.22	
연령	60-64세	-.15	1.1
	65-74세	.18	
	75세 이상	-.20	
교육수준	정규학력무	-.90	16.9***
	초졸-중졸	-.19	
	고졸 이상	.90	
직업	하위직업	-.92	17.2***
	중위직업	-.11	
	상위직업	.78	

* p<.05, ** p<.01, *** p<.001

3) 주관적 만족도

생활환경 속에서 형성된 일련의 개인적 욕구수준과 이에 기초한 주관적 만족도는 삶의 질을 평가할 수 있는 중요한 요소이다. 주거환경에 대한 만족도는 소득 및 소비 등에 관한 만족도와 마찬가지로 노인의 경제사회적 지위와 밀접한 관련을 갖는 것으로 볼 수 있다.

조사결과에 따르면 노인의 교육수준과 직업위세는 주거환경에 대한 만족도와 강한 상관관계를 갖는다. 교육수준이 높아질수록 주거생활의 만족도가 높아져 저학력 집단의 주거생활 만족도 평균값이 3.46인데

비해 고졸 이상의 고학력 노인집단의 평균은 3.76이다. 그리고 직업위세에 있어서도 직업위세가 낮은 단순노무직을 포함하는 하위직업 집단의 평균은 3.47에 불과한데 비해 고위직과 전문직이 포함된 상위직업 집단의 평균값은 3.80을 보이고 있다.

교육수준과 직업위세의 주거생활 만족도와의 상관관계는 주거생활의 객관적 지표를 매개로 한다. 교육수준과 직업위세가 높은 노인일수록 객관적인 주거환경이 좋을 수밖에 없으며, 객관적 주거환경은 주거생활에 대한 만족도로 연결된다. 아래의 [표 5-20]에서 볼 수 있듯이 주거생활의 객관적 지표와 주거생활 만족도 간의 상관계수 값은 .36을 나타내고 있다. 그리고 주거생활의 객관적 지표와 주거생활의 개인적 욕구, 주거생활의 객관적 지표와 개인적 욕구간의 차이 변인 또한 주거생활의 주관적 만족도와 관련된다. 순위점수로 전환한 다음 객관적 지표와 개인적 욕구를 비교할 때 객관적 지표의 순위점수가 클수록 주거생활의 주관적 만족도가 높아지고 있다. 개인적 욕구가 높은데 비해 상대적으로 객관적 상황이 받쳐주지 못할 때 주거생활의 주관적 만족도가 낮아지는 경향이 있다.

[표 5-20] 주거생활 만족도 상관관계 분석

	주거생활 주관적 만족도
성별	.04
연령	.03
교육수준	.15***
직업위세	.18***
주거생활 객관적 지표	.31***
주거생활 개인적 욕구	-.02
주거생활 객관적 지표와 욕구 차이	.24***

* p〈.05, ** p〈.01, *** p〈.001

4) 종합적 삶의 질

도시노인의 주거환경과 관련된 객관적 지표와 개인적 욕구, 그리고 주관적 만족도 역시 종합적인 삶의 질에 상당한 영향력을 미치는 요인인 것으로 설명할 수 있다. 종합적 삶의 만족도와 주거 관련 변인들의 관련성을 실증적으로 분석한 결과 자기 집에 거주하고 있고 주택의 크기가 클수록 삶의 만족도가 높아지고 있다. 주거에 관한 주관적 만족도가 높아질수록 삶에 대한 전반적 평가도 보다 긍정적으로 변하고 있다.

[표 5-21] 종합적 삶의 만족도와 주거생활의 상관관계 분석

	연령	교육수준	직업위세	주거생활 객관적 지표	주거생활 개인적 욕구	주거생활 주관적 만족도	종합적 삶의 만족도
성별	.02	.38***	.21***	.12***	.04	.45	.08*
연령		-.26***	-.04	-.06	-.08**	.03	-.03
교육수준			.41***	.26***	.02	.15***	.19***
직업위세				.31***	.08*	.18***	.22***
주거생활 객관적 지표					.11**	.31***	.23***
주거생활 개인적 욕구						-.02	.11**
주거생활 주관적 만족도							.36***
종합적 삶의 만족도							1.0

* p<.05, ** p<.01, *** p<.001

주거환경이 노인의 삶의 질을 높일 수 있는 중요한 요인임에도 불구하고 우리나라의 주거복지정책 및 서비스의 수준은 크게 미흡한 것으

로 평가된다. 그리고 현존하는 주거복지정책 및 서비스에 대한 노인들의 인지 정도와 이용 경험 역시 상당히 미흡한 것으로 나타났다.

먼저 주거복지정책 및 서비스에 대한 인지는 전반적으로 매우 낮은 수준이다. 4개 유형의 주거복지정책 및 서비스에 대해 전체 응답자의 41.9%가 전혀 알지 못한다고 응답하였으며, 1개만을 알고 있다는 경우가 26.6%, 2개 이상을 알고 있는 경우는 전체의 31.5%에 불과하다.

주거복지정책 및 서비스에 대한 이용경험 여부에 있어서는 전체 응답자의 88.5%가 전혀 이용한 적이 없다고 응답하였으며, 단지 10.1%만이 1개의 제도를 이용한 경험이 있는 것으로 밝혀졌다. 주거복지정책 및 서비스의 이용 경험은 인구사회학적 변인들 가운데 노인의 직업위세와 통계적으로 유의미한 상관관계를 가지고 있다. 주거복지정책 및 서비스에 대한 이용경험은 주거의 객관적 지표와 주거에 대한 개인적 욕구, 그리고 주거의 객관적 지표와 개인적 욕구간의 차이와 유의미한 상관관계를 가지고 있다. 주거환경이 열악할수록, 그리고 주거에 대한 욕구가 낮을수록 주거복지정책 및 서비스의 이용경험이 높은 것으로 나타났다.

주거복지정책 및 서비스의 필요성은 노인의 성별과 연령, 교육수준, 주거의 객관적 지표, 그리고 주거의 객관적 지표와 개인적 욕구간의 차이 변인들의 변화에 따라 그 수준이 차별적이다. 먼저 성별과의 단순상관계수 값은 .08로서 여자노인에 비해 남자노인들이 보다 강한 필요성을 인식하고 있다. 초기노인과 같이 연령이 낮은 노인일수록 주거복지정책 및 서비스의 필요성을 강하게 인식한다. 그리고 고학력의 노인일수록 주거복지정책 및 서비스의 필요성의 정도가 높게 나타나고 있다. 주거환경의 객관적 차원이 열악할수록 주거복지정책 및 서비스의 필요도가 강한 경향이 나타나고 있다.

[표 5-22] 노인의 삶의 질 관련 변인들과 주거복지정책 및 서비스간의 상관관계 분석

	주거복지정책 및 서비스 인지	주거복지정책 및 서비스 이용	주거복지정책 및 서비스 필요도
성별	.12***	-.05	.08*
연령	-.14***	.06	-.14***
교육수준	.22***	-.06	.09**
직업위세	.12***	-.08*	.02
주거생활 객관적 지표	.06	-.33***	-.07*
주거생활 개인적 욕구	.01	-.10**	.02
주거생활 객관적 지표와 욕구간 차이	.04	-.14***	-.07*
주거생활 주관적 만족도	-.05	-.03	-.05
종합적 삶의 만족도	-.02	-.03	.06

* p〈.05, ** p〈.01, *** p〈.001

3. 주거생활의 삶의 질을 위한 정책 및 서비스

노인에게 주거는 거주하는 공간 이상의 의미를 지니고 있다. 주거는 오랫동안 삶의 근거를 이루었던 터전이며, 가족과의 지지를 받는 장소이며, 사회적 네트워크를 유지하였던 토대이다. 그러나 산업화 도시화되면서 노인의 주거 형태도 변화하여 과거 전통적인 의미에서의 주거는 이제 많이 퇴색하였다. 특히 도시노인의 경우 경험적 분석에서 나타난 바와 같이 48.0%가 아파트에서 거주하고 있어 오늘날 전통적인 독립가옥에 거주하는 노인은 매우 드문 현상이 되었다. 또한 경험적 분석에서 보면, 모든 변인에서 주거복지정책 및 서비스에 대한 개인적 욕구가 높은 것으로 나타나고 있다. 특히 주거의 객관적 지표가 낮거

나 주거의 주관적 만족도가 낮은 노인들에게서 주거복지정책 및 서비스에 대한 욕구가 많은 것은 그 만큼 주거복지정책 및 서비스가 필요함을 시사해 준다고 할 수 있을 것이다.

따라서 여기에서는 혼자서 독립적 일상생활이 가능한 노인을 대상으로 기존에 노인이 머물러왔던 지역사회와 주거에서 벗어나지 않은 상태를 유지하며 주거환경을 지원하는 재가주거지원프로그램을 살펴본다. 다음으로 독립적 일상생활이 어려운 노인을 대상으로 특정 노인복지시설을 제공하여 각종 복지 및 의료서비스를 제공하는 주거복지시설의 현황을 파악하여 이를 바탕으로 그 개선방안을 모색해보도록 하겠다.

1) 현황과 문제점

(1) 재가노인에 대한 주거환경 개선

주거환경이 열악한 재가노인을 대상으로 주거환경을 개선하기 위한 주거복지정책 및 서비스는 주로 지역사회를 중심으로 진행되고 있다. 가장 대표적인 주거지원 정책 중 하나는 기초생활보장을 통한 주거급여의 지원이다. 국민기초생활보장법에서 수급자의 경우 주거안정을 위해 임차료, 유지보수비 등을 현금 또는 현물급여의 형태로 지급받을 수 있다. 현금급여는 주거형태에 따라 임차료, 유지수선비, 전세자금을 보조하는 것으로 구분되며, 최저생계비 중 최저주거비를 분리하여 주거급여로 지급한다. 현물급여의 경우, 기초생활보장수급자 중 자가가구에 해당되는 자를 대상으로 하고 있다. 각 기초자치단체별로 광역지방자치단체로부터 일정한 재정적 지원을 받고 해당 지역내 저소득층, 장애인, 독거노인을 대상으로 시도되고 있는 집수리사업은 해당 지역 내봉사단체 또는 자활사업과 연계되어 이루어지는 경우가 대다수이다. 대상사업으로는 대상 가구들이 장기간 교체하지 못하고 기거하고 있는 가구의 도배, 장판 및 싱크대 교체, 지붕 및 보일러 수리 등이다. 대표적인 사례 중 하나로써 지방자치단체는 2006년부터 시·군·구 단위에 집수리 경험이 있는 노인들을 대상으로 '노인주거개선사업단'을 구성하여, 독거노인가구의 주거환경을 개선해 왔다.

그 외에 정부주도의 주거환경 개선을 위한 현금지원으로는 국토해양부의 주거환경개선 주택자금지원과 농림수산부의 농어촌주택 개량자금지원이 있다. 전자는 주거환경개선 사업지구 내 토지 및 주거용 건축물의 소유자나 조합을 대상으로 주택의 신축 및 개량을 지원하는 프로그램이며, 후자는 농어촌 지역에 거주하는 주택소유자 중 $100m^2$ 이하의 주택에 대한 신축 혹은 증개축을 원하는 주민들을 대상으로 융자금을 지원하는 프로그램이다(김혜승 외, 2004:64).

하지만 이러한 서비스의 대부분이 노인을 대상으로 노인의 신체적 특성을 충분히 감안한 방향으로 주거환경을 개선하기보다 주로 저소득 및 사회적 취약계층을 대상으로 주거비 지원이나 통풍, 환기, 채광 등 노후된 주거시설을 보수하는 형태로 지원되고 있는 한계가 있다.

한편 2004년 이후에는 고령자 등을 위한 주택개조 기준을 마련하는 등 노인가구 주택개조기준 및 고령자 주택개조매뉴얼을 만들었다. 2008년에는 고령자 주거지원정책을 체계화하고, 고령자 주택수요에 대해 적극적으로 대응하며, 고령자의 주택내 안전사고를 예방하기 위해 고령자 주거안정법의 제정을 추진해왔으나, 아직 제정되지는 못하고 있다. 이 법안은 고령자 주거지원 계획, 고령자 임대주택 의무 건설, 주택개조비용 지원, 고령자 최저주거기준 및 최소안전기준 설정·공고 등의 내용을 담고 있다(김혜승·강미나, 2008:68-69).

2005년 말 당시 건설교통부는 노인의 신체적 능력과 주택의 유형을 고려하여 무장애 공간으로 개조하기 위한 노인가구 주택개조기준을 건설교통부 지침으로 발표하여, 이를 각 지방자치단체에 제시하였다. 그 내용을 간략히 살펴보면, 개조공간을 현관, 침실, 거실, 욕실·화장실, 부엌·식당, 다용도실, 발코니의 6개 공간으로 구분하고 개조항목을 보조발판, 미끄럼방지시설, 비상연락장치, 안전 손잡이 및 목욕용 의자 설치 등 38가지로 제시하여, 기초기준 21개 항목, 유도기준 17개 항목으로 구성하도록 되어 있다(건설교통부, 2007). 그리고 2006년 말에는 주택개조기준에 맞추어 개조공사를 실시할 때 참고할 수 있도록 '고령자주택개조 매뉴얼'을 전문가용과 노인가구용 책자로 만들어 2007년 8월 지방자치단체에 배포하기도 했다. 동일한 맥락에서 2006년 9월 산업자원부는 우리나라 고령자 및 비고령자의 인체 특성과 편의성을 고려하여 범용설계(Universal Design: UD) 개념이 적용된 건축계획 방법과 설계규격을 제시하는 '고령자 배려 주거시설 설계치수 원칙 및 기준'을 KS(한국산업규격)로 제정하였다.

(2) 노인전용 주거시설의 공급

현재 우리나라의 노인전용주거시설의 공급은 보건복지부 소관의 노인복지법에 따른 노인주거복지시설의 공급과 국토해양부에 의한 고령자 전용 국민임대주택의 공급으로 구분해 볼 수 있다(김혜승·강미나, 2008: 81).

노인복지법에 의한 노인주거복지시설은 노인복지시설 중 하나로 일상생활에 지장이 없는 노인에게 공급되는 주거시설이다. 2007년 8월 법개정 이후, 기존의 무료, 실비, 유료의 구분은 없어지고 양로시설, 노인공동생활가정, 노인복지주택으로 구분된다. 노인복지법 제 32조에 의하면, 양로시설은 노인을 입소시켜 급식과 그 밖에 일상생활에 필요한 편의를 제공함을 목적으로 하는 시설이고, 노인공동생활가정은 노인들에게 가정과 같은 주거여건과 급식, 그 밖에 일상생활에 필요한 편의를 제공함을 목적으로 하는 시설이다. 노인복지주택은 노인에게 주거시설을 분양 또는 임대하여 주거의 편의·생활지도·상담 및 안전관리 등 일상생활에 필요한 편의를 제공함을 목적으로 하는 시설이다.

정부는 독립적으로 일상생활을 영위할 수 있는 노인들 가운데, 기초생활보장수급자이거나 부양의무자로부터 적절한 부양을 받지 못하고 있는 노인들을 대상으로 양로시설과 노인공동생활가정을 공급하여 적절한 주거시설의 보호와 지원을 제공하고, 단독취사 등 독립적 주거생활이 가능한 60세 이상의 노인들에게는 입소자가 모든 비용을 전액 부담하는 방식으로 노인복지주택을 공급하고 있다.

노인복지주택의 경우, 민간부문의 참여와 활성화를 유도하기 위해 토지이용 및 건설기준 등과 관련하여 다양한 혜택을 제공하고 있다. 건축물의 용도를 노유자 시설로 규정함으로써 일반 공동주택과 달리 국토·도시계획법 상의 용도규제나 건축법, 주택건설기준에 관한 규칙의 적용을 배제하거나 완화해 줌으로써 토지이용과 건축밀도에 있어서 일반 공동주택에 비해 상당히 유리한 조건을 제공하고 있다.

현재 노인복지시설 중 노인주거복지시설은 노인의료시설에 비해 양적으로 매우 부족한 실정이다. 노인장기요양보험제도의 도입을 준비하는 과정에서, 요양시설을 포함한 노인의료시설은 급격히 확대되었으나, 이는 장기요양이 필요한 노인들을 대상으로 하고 있어 독립적 생활이 가능한 노인들을 보호할 수 있는 시설수준은 매우 낮다. 노인복지주택의 경우, 전액을 본인이 부담해야 한다는 이유로 인해 공급에 비해 입소율이 39.0%로 매우 낮고, 최근에는 일부 편법 분양사례가 발생하는 등 관리 감독에서 문제가 노정되고 있다(김혜승 · 강미나, 2008:87-88).

한편 국토해양부는 국민임대주택 공급의 일환으로 일반분양 주택에 비해 저렴한 가격에 노인편의시설 구비 및 무장애(barrier-free) 설계로 건설되는 고령자용 국민임대주택 사업을 실시하고 있다. 입주자격은 65세 이상의 무주택 가구주로 자산수준이 국민임대주택 입주자격을 충족하면 가능하며, 공급방식은 고령자 전용 국민임대주택만을 건설하는 방식과 일반임대주택과 혼합하여 공급하는 방식이 있다. 시범사업으로 실시된 지역 중 가평 읍내, 김제 하동, 광주 선운, 순창 풍산 지역은 전자의 방식으로, 부천 범박, 강남 세곡, 수원 호매실, 의정부 민락, 서울 천왕 · 신내 · 마천 · 서운 · 신정 지역은 후자의 방식으로 공급되었다.

실버타운(silver town)은 도심으로의 근접 정도에 따라, 크게 도심형, 도심근교형, 전원형으로 나눌 수 있다. 기존 실버타운이 도심과 멀리 떨어져 있으면서 양로원과 같이 단순 수용기능에만 머물렀다면, 최근 민간사업자에 의해 공급되고 있는 실버타운은 각종 문화시설과 쇼핑시설의 인접도와 사업의 용이성 및 자손과의 왕래의 편리성 등을 고려하여 도심형을 선택하는 경향이 더욱 높아지는 추세이다. 교통이 편리한 도심지에 위치해 외롭지 않고, 단지 내 복지 · 의료 · 문화 · 안전 서비스가 갖춰져 있으며 아파트 등의 독립적인 주거시설과 병원, 문화시설, 요양원, 너싱홈, 치매센터 등 보호시설이 집합을 이루어 상호연계 및 협력이 가능하도록 설계되어 있다.

(3) 조세 감면 및 주택공급 혜택

또 다른 지원정책 중 하나는 가족과의 동거를 유인하는 간접적 소득지원으로 자식이 부모를 함께 부양하고 사는 경우에 제공되는 각종 세금감면정책과 주택관련 분양 또는 대출에서 혜택을 제공하는 정책들이 있다.

먼저 세금감면정책을 살펴보면 소득세 공제에는 부양가족공제(소득세법 제50조), 경로우대공제(소득세법 제51조)가 있다. 부양가족공제는 남성노인의 경우 60세 이상, 여성노인의 경우 55세 이상의 직계존속을 부양하는 경우 연간 100만원을 소득에서 공제하는 제도이며, 경로우대공제는 부양가족 중 65세 이상의 노인을 모시는 경우 연간 100만원, 70세 이상의 노인을 모시는 경우 연간 150만원을 소득세에서 공제하는 제도이다. 또한 부모와 자녀가 각각 주택을 소유하고 살다가 세대를 합친 경우, 양도소득세를 면제해 주기도 한다.

다음은 각종 주택분양 및 대출에서 혜택을 제공하는 정책으로, 노인을 부양하고 있는 가구 또는 노인이 세대주인 가구를 대상으로 공공 및 국민임대주택을 우선적으로 공급하거나 주택자금을 우대해 주는 방식이 있다. 또한 만 65세 이상 노인을 부양하는 세대주가 전세보증금을 대출받을 때 500만원의 할증, 개인주택을 신축하거나 매입, 개량자금 융자를 받을 때 1,000만원을 더 융자해 주는 내용이다.

2) 개선 방안

노인의 주거생활을 위한 정책 및 서비스의 현황과 문제점을 개선할 수 있는 다음과 같은 몇 가지 방안을 제시할 수 있다.

첫째, 정부가 현재 추진 중인 각종 주거지원정책 및 서비스에 대한 적극적인 홍보활동이 강화될 필요가 있다. 비록 미진한 상태이지만 과거에 비해 다양한 주거지원정책이 마련되었음에도 불구하고 실제 경험적 조사를 통해 살펴본 결과, 다수의 노인들은 현재 정부가 추진 중인 노인주거지원정책 및 서비스에 대해 잘 알지 못하고 있으며, 이용해 본 경험도 거의 없다. 주거지원정책에 대한 적극적 홍보를 통해 누구나 손쉽게 이용 가능할 수 있도록 정책 및 서비스에 대한 접근성을 높여야 할 것이다.

둘째, 주거환경적 측면에서 주택개조를 통해 기존의 주거공간을 개선하고자 할 때, 설계부터 개보수에 이르기까지 경제적 지원뿐만 아니라 전문적 상담의 제도적 지원이 더욱 강화되어야 한다. 이를 위해서, 각 지방자치단체마다 보건, 의료, 복지, 건축 등 다양한 전문가로 구성된 네트워크를 구축함으로써 고령자형 주택개조에 대한 자문이 손쉽게 가능한 조건을 조성하는 것이 필요하다. 고령자형 주택은 일반 주택과 달리 노인의 신체적 특성이 충분히 반영되도록 설계 또는 변경되어야 하며, 보다 전문적 접근이 요구된다. 하지만 현실적으로는 많은 어려움이 따르는데 당장 누구에게 주택의 설계 및 변경을 의뢰해야 할지 주변에서 조언을 구할만한 전문가 집단을 찾기도 쉽지 않을 뿐만 아니라, 설령 사업이 진행이 된다 하더라도 그 비용이 만만치 않아 소득이 낮은 노인에게는 경제적 지원이 없다면 스스로 감당하기가 거의 불가능한 일이다. 그러나 만약 가까운 지역사회 내에 전문가 네트워크가 구축되어 있어, 충분한 자문과 주택개조 비용에 대한 보조금의 지원, 저리의 융자, 정보 및 서비스 제공 등 경제적 지원을 제공받을 수 있다면, 이로부터 정책 접근성이 매우 높아질 수 있을 것이다.

셋째, 주거환경 개선 시에 고령자의 신체적 특성과 기본적 욕구가 충분히 반영될 수 있도록 관련 법안에 그 기준과 요건이 보다 구체적으로 명시되어야 할 것이다. 물론 현재도 관련 기준 지침이나 항목이 분명하게 제시되고 있으나, 그 법적 효력과 강제성이 약해 제대로 지켜지지 못하고 있는 실정이다. 이러한 문제점을 해결하고자 정부는 고령자 주거안정법의 제정을 추진해 왔으나, 아직껏 그 입법진행이 충분히 속도를 내지 못하고 있다. 이 법안은 고령자 주거지원 계획, 고령자 임대주택 의무건설, 주택개조비용 지원, 고령자 최저주거기준 및 최소안전기준 설정·공고의 내용을 담고 있다(김혜승·강미나, 2008:68-69).

넷째, 노인이 지금까지 살아온 주거지역에서 인위적으로 떠나가지 않고 지역사회의 일원으로 살아갈 수 있도록 주거환경이 개선되어야 하며, 지역사회 내에서 노인의 특성에 따라 다양한 복지서비스가 제공될 수 있는 지역사회복지서비스 환경이 마련되어야 한다. 앞서 살펴본 바와 같이, 노인은 기존의 거주공간과 지역사회를 벗어나서 새로운 곳으로 이동하려는 경향이 강하지 않다. 따라서 노인이 자신에게 익숙한 생활터전에서 낯익은 이웃과 지속적인 교류관계를 유지하며 생활할 수 있어야 한다. 이것이 가능하기 위해서는 다양한 주거환경을 제공하여 노인에게 신체적·경제적 조건에 맞게 생활터전을 선택할 수 있는 기회를 제공하여, 필요에 따라 적절한 서비스가 제공될 수 있는 주거환경과 지원시스템을 갖추어야만 지역사회 내에서 진정한 의미의 노후주거생활이 영위될 수 있을 것이다.

제 6 장

도시노인의 가족관계와 삶의 질

1. 연구 성과 논의

1) 노인의 삶과 가족관계

(1) 가족의 개념과 기능

인간은 태어나면서부터 대부분 가족이라는 사회의 가장 작은 단위에 소속되어 최초의 사회관계를 맺게 된다. 가족(family)은 혈연·결혼·입양 등을 통해 긴밀한 관계가 형성된 1차 집단(primary group)[1]에 해당되는 사회집단(social group)으로, 가족 내의 역할에 따라 부부, 부

1) Cooley(1902)는 사회집단(social group)을 1차 집단(primary group)과 2차 집단(secondary group)으로 구분했다. 1차 집단은 가족이나 절친한 친구 집단처럼 직접적이며 비교적 영구적이고 친밀한 인간관계를 가리키며, 2차 집단은 그 밖의 모든 대인관계를 가리키지만 특히 대개 법적인 관계나 계약관계를 통해 개인들이 공식적인 관계를 맺게 되는 직업집단 같은 집단 및 단체를 가리킨다.

모, 자녀 등으로 구성된다. 따라서 가족관계(family network)는 좁은 의미에서는 부부관계, 부모와 자녀의 관계를 의미하며, 보다 넓은 의미에서는 동거 여부를 떠나 형성된 친족관계(kinship)를 포함한다. 대개의 전통 사회에서는 직계가족의 관계 그 이상으로 확대되는 친족집단, 나아가서 씨족(clan)[2]이 존재했다. 이처럼 가족 및 친족으로 구성되는 가족관계는 다양한 사회관계의 유형 가운데 하나로, 일차적인 비공식적 관계라 할 수 있다.

전통적으로 가족은 사회의 기초 단위로서 그 구성원들에 대해 전 생애과정을 통해 다양한 기능을 수행하며 가장 많은 영향을 미치고 있다. 자녀를 양육·사회화하고 가족원을 돌보며 가족 구성원간의 교제와 사랑을 통해 정서적·심리적 안정감을 제공할 뿐만 아니라 출산을 제도화하고 성관계 규제에 대한 지침을 수립하여 사회적·정치적 기능을 수행한다. 경제적으로는 가족 구성원에게 의식주와 신체적 안전을 제공하며, 사회 전체적으로 질서와 안정을 촉진시키는 역할을 수행한다. 가족단위 조직과 친족관계의 구조가 사회와 시대에 따라 다양하지만, 전 지역과 국가에 걸쳐 가족과 친족은 사회조직 속에서 중추적 역할을 해왔다.

오늘날 전통적 가족의 구조와 기능은 급격히 변화하고 있다. 특히, 경제성장 과정에서 산업화·도시화와 함께 급격히 진행된 가족구조의 변화는 가족관계에 큰 영향을 미치고 있다. 전통적인 가족형태는 노부모와 그들의 손·자녀 세대들이 동일한 주거지에서 함께 생활하는 확대가족(extended family)이 보편적이었으나, 현대사회에서는 부부와 자녀로만 구성된 핵가족(nuclear family)으로 변화해갔다. 이에 따라,

2) 씨족(clan)이란 몇 세대 전부터 공통의 조상을 모시는 집합체로 자손으로 대물림된 전체 구성원 집단을 말한다. 일상적으로 동일한 씨족에 속하는 성원들은 종교적 믿음, 서로에 대한 경제적 의무감 등을 공유하며 동일한 주거지에서 살아간다.

전반적으로 기혼자녀와의 동거는 줄어드는 반면, 자녀와 별거하여 노인들로만 구성된 노인독신가구 및 노인부부가구의 유형과 그 수는 점차 늘어나고 있다. 최근 우리나라 핵가족 수는 1966년 66.8%에서 1985년 75.3%로, 1995년에는 79.8%로 증가했다. 이러한 추세는 향후 노인인구의 증가와 함께 지속될 것으로 전망된다.

이처럼 급격한 가족구조의 변화와 함께 전통적 가족이 수행하던 역할과 기능은 점차 축소되고 있다. 전통 농경사회에서는 가족이 일상생활의 중심으로 모든 활동이 이루어졌으며, 산업화 이전에 대개의 가족은 농토를 경작하거나 수공업에 종사하는 생산의 단위이기도 했다. 하지만 산업화와 더불어 가정과 일터의 개념이 분리되기 시작하면서 종전에 가족이 맡았던 생산, 교육, 치료, 오락 등의 기능은 공장, 학교, 병원, 오락시설 등으로 분화됨에 따라 가정의 기능은 크게 축소되어 자녀양육과 가사노동이 중심이 되었다. Ogburn(1930)은 전통적인 가정의 기능을 경제적 생산기능, 교육기능, 종교적 기능, 오락기능, 의료기능으로 보고 현대 가족에서는 대부분의 기능이 상실된 채 가족에게 애정과 이해를 제공하는 기능만이 남아 있다고 보았다. 그러나 이러한 주장에 대해 Adams(1986)는 가족의 여러 가지 기능이 변하고 있는 것은 사실이나 가족 기능의 일부를 상실했을지라도 그 대신 다른 기능을 떠맡게 되었다고 설명하고 있으며 또한 Burgess는 가족과 사회의 관계보다는 가족 성원 간에 발생하는 문제에 관심을 갖고 제도적 가족으로부터 우애적·동반자적 가족으로 변화하고 있다고 보았고(정민자 외, 1997 재인용), 유영주(1993)는 현대 가족의 기능으로 성적인 질서 유지의 기능, 사회화 교육의 기능, 경제적 협력체로서의 기능, 소비 주체로서의 기능을 들었다.

그럼에도 불구하고 가족이 행하는 일부 기능들은 현대사회에서도 여전히 그 중요성을 지속하고 있다. 오히려 비인격화되기 쉬운 사회생활에서 그나마 인간적 유대와 정서적 교류를 가능하게 하는 마지막 보루로서 가족의 가치는 더욱 중시되기도 한다. 즉 이러한 변화 속에서도 여전히 수행하고 있는 자녀의 사회적 기능과 가족 구성원에 대한 애정의 기능은 가족의 본질적인 기능으로 유지되고 있으며, 보다 그 기능이 강조됨으로써 미래 사회의 가정에 대한 중요성에 대하여 의미를 부여하고 있는 것이다. 전통적으로 유교사상에 뿌리를 둔 강력한 가족주의적 문화를 가지고 있는 한국 사회에서는 원만하고 만족스러운 가족관계는 원활한 사회생활을 뒷받침해 줄 수 있는 활력과 재충전의 기능을 제공할 뿐만 아니라, 그런 가족관계를 형성하는 것 자체가 삶의 목표가 되기도 한다.

(2) 노년기 가족관계의 특성

가족의 역할과 기능의 중요성은 생애주기 상의 모든 단계에서 발견되어진다. 특히, 노년기는 배우자 및 친구 등과의 사별로 인한 심리적 소외와 고독이 증가하고, 신체적 노화에 따른 일상생활에서 타인에 대한 의존이 높아지며, 직장에서의 은퇴에 따른 사회적 지위 및 역할의 상실로 기존의 사회관계가 축소되는 시기이기 때문에 그 중요성은 더욱 커진다. 한국사회에서는 노후의 삶이 가족의 책임이라는 전통적 규범과, 가족 이외에 이러한 욕구를 충족시킬 수 있는 사회제도적 기제가 발달되어 있지 않은 현실적 여건으로 인해, 노인에게 가족에 대한 의존과 중요성은 클 수밖에 없다(오영희 외, 2005:73).

가족관계에서 노부모와 성인 자녀와의 관계는 사회적으로 허용된 상호의무와 가족의 결속에 기초한다. 가족의 의무는 즉각적인 상호호혜성이 있기보다는 연속적인 것이기 때문에, 각각의 세대들은 다음의 세대를 부양할 책임과 의무를 가진다. 즉, 부모는 자녀에게, 자녀는 부모에게 책임과 의무가 있는 것이다. 그러나 이러한 관계는 단순한 의무감 때문이 아니라, 정서적 유대감에서 비롯될 때 그 만족도가 높게 나타난다. 자녀와의 상호작용에서 노인에게 중요한 지원이나 상호교류는 정서적 교류라고 할 수 있다. 오늘날 부모와 자녀와의 관계 역시 효(孝)에 바탕을 둔 전통적인 관계를 벗어나서, 주로 교환관계에 입각한 상호 호혜적인 측면이 점차 더 강하게 나타나고 있다. 이와 관련하여 노부모와 자녀와의 권력관계에 관한 경험적 연구에 의하면, 대부분의 노년기일지라도 부모가 주로 자녀로부터 받기만 하는 관계가 아니라 상호 호혜적 관계인 경우가 많았다. 즉 부모와 자녀 간에도 어떤 교환적 가치가 있는 유용한 자원을 서로 공유해야만 노인들의 권위나 지위가 유지된다는 것이다(조성남, 2004:145).

오늘날 가족 내에서 노인의 권한과 역할은 매우 약화되었다. 노년기에 누구와 함께 사느냐의 문제는 노인의 사회, 심리, 건강 등의 상황과 사회적 환경요인, 주변 가족들의 특성에 따라 결정될 뿐만 아니라, 노인의 일상생활에서 정서적, 도구적, 경제적으로 지원하거나 사회적 서비스의 제공 등과 관련되어 있다. 노인부양에 대한 전통적인 가족의 책임과 가족구성원의 경제적 지원이 약해지면서 그 역할은 사회적 연대의 원리에 따라 국가의 책임으로 이양되고 있으나, 국가적 차원의 제도적 지원과 인프라가 부족한 현재의 상황에서 노인들은 경제적·신체적·심리적 어려움에 처할 위험이 더욱 커지게 되었다.

이에 따라 현대사회에서는 자녀와의 관계보다 부부관계가 더욱 중요해지고 있다(최재석, 1982). 노년기에는 부부간의 접촉시간이 많아지므로, 은퇴 후 부부관계의 변화는 노인들의 생활적응에 직접적 영향을 미치게 된다. 특히 퇴직과 더불어 배우자와의 사별이 가장 큰 충격으로 나가옴으로 그 어느 단계보다 부부관계가 더욱 중요한 것으로 인식된다. 노년기에 부부관계의 변화를 가져오는 가장 중요한 요인은 바로 가족 내 역할의 변화이며, 이는 노년기 부부의 주된 생활공간이 남녀 모두 가정으로 바뀌게 됨에 따라 나타나는 현상이다(조성남, 2004:143). 전통적으로 우리나라 노인들은 가부장적 유교문화의 영향으로 남녀 간 정형화된 성역할에 따른 권위구조가 유지되어 부부간의 원활한 의사소통이 어려운 편이었다(임정빈 외, 1995). 하지만 최근에는 결혼과 출산에 대한 가치관의 변화, 여성의 사회적 지위 향상, 가족구조의 변화 등으로 인해 부부간 동반자적·평등적 관계가 중시되면서 현대사회에서 부부간 의사소통은 비교적 원활한 형태로 변화되고 있다. 집안의 가계관리는 아직도 여자가 주관하나 의사결정에서는 부부가 공동으로 참여하는 현대적 모습을 보이고 있으며, 부부간의 대화는 자주 나누고 있는 반면, 부부가 함께하는 집 밖의 여가활동은 드문 것으로 나타나고 있다(모선희, 1997).

2) 노인의 가족관계 실태

우리나라 노인의 가족관계의 현황과 실태를 파악하기 위해 먼저 노인의 자녀 및 친지의 규모, 동거형태에 따른 세대구성 및 가구유형과 동거이유를 알아본 후, 자녀와의 관계유지에 필요한 항목, 가족과의 접촉 및 연락빈도를 통한 가족관계의 긴밀성, 가족 간의 지원과 기대를 통한 상호작용 정도를 살펴보았다.

우선 노인의 자녀 및 친지의 규모를 파악해 보면 노인의 2.4%는 생존자녀가 없으며 평균 생존자녀수는 4.2명으로 1998년의 4.6명보다 낮아졌는데, 이는 우리사회의 지속적인 출산율 저하현상이 반영되었기 때문으로 해석되었다. 생존자녀가 있는 노인 중 39.7%가 동거자녀가 있는데 이는 1998년의 49.0%보다 낮아진 수준으로, 또 노인의 3.8%가 생존 손자녀가 없는 것으로 나타났는데, 생존자녀가 모두 미혼이기 때문으로 보았다. 평균 손자녀수는 7.8명으로 생존자녀 1명당 1.9명의 손자녀에 해당하는 규모이고, 형제·자매의 경우 생존해 있는 형제·자매가 전혀 없는 노인이 22.7%에 달하고 있으며 평균 형제·자매수는 2.2명이다. 친척이 전혀 없는 노인도 12.9%로 나타났다.

노인의 사회관계 중 친족이 차지하는 비율은, 노인의 40%정도가 연계망의 90% 이상을 친족으로 갖고 있는 것으로 나타나, 친족이 노후생활에 있어서 매우 중요한 사회관계임을 알 수 있다. 특성에 따라 세부적으로 살펴보면, 농어촌 지역, 남성, 무배우자, 고연령대의 노인에게서 친족의 비율이 더 높은 것으로 나타났다.

[표 6-1] 노인의 사회관계 중 친족의 비율

(단위 : %)

구 분		78% 이하	78.1-90%	90.1-95%	95.1% 이상	계
전 체		29.1	29.6	17.9	23.4	100.0
지역	농어촌	23.0	28.4	20.4	28.2	100.0
	도 시	32.0	30.2	16.7	21.1	100.0
성별	남 자	26.4	30.1	19.4	24.1	100.0
	여 자	33.4	28.8	15.5	22.3	100.0
연령	65-69세	36.9	30.2	16.5	16.4	100.0
	70-74세	26.4	31.5	19.8	22.4	100.0
	75세 이상	21.4	27.0	17.9	33.7	100.0
결혼	무배우자	31.0	27.3	18.0	23.8	100.0
	유배우자	27.7	31.4	17.8	23.1	100.0

자료 : 한국보건사회연구원, 「노년기 사회경제적 불평등의 다차원적 구조분석」, 2008

세대구성별 분포가 [표 6-2]에 나타난 대로 살펴보면, 2000년 65세 이상 인구 중 30.8%가 3세대 이상 가구에 거주하고 있으며, 다음으로 1세대가구가 28.7%, 2세대가구가 23.9% 순을 차지하며 노인 혼자 사는 1인가구도 16.2%를 차지하고 있는 것으로 파악되었다. 이는 1990년에 비하여 1세대가구는 11.8%포인트로 크게 증가한 반면, 3세대 이상 가구는 크게 감소한 수치이다. 연령별로 보면 65~69세 연령층은 1세대가구에, 70세 이상은 3세대 이상 가구에 가장 많이 분포하고 있다.

[표 6-2] 노인 인구의 세대구성별 분포

(단위 : %)

구 분	2000	2005	증 감
계	100.0	100.0	-
1세대가구	28.5	32.6	4.1
2세대가구	23.7	24.6	0.9
3세대 이상 가구	30.6	23.2	-7.4
1인가구	16.1	17.9	1.8
비혈연가구	0.4	0.4	0.0
집단가구	0.7	1.2	0.4

자료 : 통계청, 「인구주택총조사 보고서」, 각 년도

자녀 및 부부와의 동거유무에 따른 노인의 가구 형태가 정경희 외(2005)에서는 노인가구 중 24.6%가 노인 혼자살고 있는 독신가구이며, 26.6%가 노인부부만으로 구성된 부부가구로 노인 단독가구 비율이 전체 노인가구의 51.2%를 차지하고 있다. 특히, 노인단독가구는 도시지역이 46.6%인데 비하여 농어촌은 61.3%로 농어촌이 도시에 비해 매우 높게 나타나고 있다. 자녀와 동거 중인 가구는 1998년도 결과와 비교하면 53.2%에서 43.5%로 9.7%포인트 감소하였으며, 1994년 이후 계속해서 감소추세에 있다. 이는 더 이상 노년기의 자녀와의 동거가 당연한 것으로 받아들여질 수 없음을 의미하는 것이며, 노인단독가구에 대한 사회적 관심과 서비스의 개발이 필요한 시점이다.

[표 6-3] 노인가구 형태의 변화

(단위 : %)

구 분	노인독신	노인부부	자녀동거	기타	계
2004년도	24.6	26.6	43.5	5.4	100
도 시	22.1	24.5	47.7	5.7	100
농어촌	30.0	31.3	34.0	4.7	100
1998년도	20.1	21.6	53.2	5.1	100
1994년도	14.9	23.6	56.2	5.2	100

자료 : 정경희 외, 「2004년도 전국 노인생활실태 및 복지욕구조사」, 2005.

국토해양부(2008)조사를 통해 노인독신가구와 부부가구로 구성된 노인단독가구의 특성을 가구주를 중심으로 살펴보면, 노인독신가구의 경우 여성의 비율이 86.2%로 월등히 높고, 부부가구의 경우 97.7%가 남성이 가구주를 구성하고 있다. 독신가구에서 여성의 비율이 높은 것은 여성의 평균수명이 남성에 비해 길기 때문인 것으로 판단된다. 한편 가구주의 학력은 노인독신가구와 노인부부가구에서 초졸 이하가 각각 86.1%, 54.4%로 노인독신가구에서 저학력자가 상대적으로 높고, 대졸 이상의 고학력자의 경우 부부가구가 높으며 독신가구에 비해 부부가구의 가구주학력이 상대적으로 높은 것으로 나타나 있다.

[표 6-4] 노인단독가구 유형별 가구주 특성

(단위 : 세, %)

구 분	성 별		평균 연령	학 력					
	남	여		초졸 이하	중졸 이하	고졸 이하	대졸 이상	무응답	계
노인독신	13.8	86.2	74.2	86.1	7.7	4.4	1.8	0	100
노인부부	97.7	2.3	74.0	54.4	15.5	16.5	13.2	0.3	100

자료 : 국토해양부 · 국토연구원, 「2007년 주거실태조사」, 2008.

가구유형별 삶의 만족도는 국토해양부(2008)에 의하면, 배우자의 유무에 따라 큰 차이를 보인다. 건강과 경제상태, 자녀와의 관계 등 모든 면에서 노인부부가구의 만족도가 노인독신가구보다 높게 나타나고 있다. 전반적 삶의 질에서 노인독신가구는 35.7%가 만족한다고 응답한 반면, 노인부부가구는 71.9%가 만족한 것으로 조사되었다.

[표 6-5] 노인단독가구 유형별 삶의 만족도

(단위 : %)

구 분	건 강	경제 상태	배우자와의 관계	자녀와의 관계	전반적인 삶의 질
노인독신	24.8	18.6	-	86.2	35.7
노인부부	42.4	43.7	95.2	95.9	71.9

자료 : 국토해양부 · 국토연구원, 「2007년 주거실태조사」, 2008.
주 : 각 항목에 대해 '좋은 편이다', '매우 좋다'에 응답한 비율.

한편 통계청(2007)의 사회통계조사를 통해 현재 자녀와 동거여부와 그 이유를 살펴본 결과, 60세 이상 노인 중 39.9%가 현재 자녀와 같이 살고 있었으며, 도시지역이 46.3%로 농어촌지역 25.7% 보다 많았다. 이들 노인이 자녀와 동거하는 이유를 보면, 본인의 독립생활의 불가능이 36.0%, 자녀의 독립생활 불가능이 29.2%, 모두 독립생활이 가능하지만 같이 살고 싶어서가 17.4% 순으로 나타나 경제와 건강상의 이유가 가장 주가 되는 것으로 나타난 반면, 자녀와 같이 살고 있지 않은 이유로는 따로 사는 것이 편해서가 33.7%로 가장 높고, 다음으로 독립생활이 가능해서가 26.0%, 자녀에게 부담을 주기 싫어서가 21.3% 순으로 나타났다.

[표 6-6] 자녀와 동거여부 및 이유

(단위 : %)

구 분	계	같이 살고 있음	현재 자녀와 같이 살고 있는 이유						
			소 계	본 인 의 독립생활 불가능	자녀의 독립생활 불가능	손·자녀의 양육 및 자녀의 가사를 돕기 위해	독립생활이 가능하지만 같이 살고 싶어서	자녀가 학생 또는 미성년자 이므로	기타
2005년	100.0	40.9	100.0	-	-	-	-	-	-
2007년	100.0	39.9	100.0	36.0	29.2	12.1	17.4	3.9	1.4
도 시	100.0	46.3	100.0	35.7	28.7	12.8	17.5	4.1	1.3
농어촌	100.0	25.7	100.0	37.2	31.4	9.5	16.9	3.3	1.7

자료 : 통계청, 「사회통계조사」, 각 년도.

배우자가 노인과 비슷한 연령층인데 비하여 자녀는 노인에 비하여 젊은 연령층으로 노인에게 다양한 간접 경험의 기회를 제공하며 다양한 연령층과의 접촉의 출발점이 된다는 점에서 배우자 다음으로 밀접한 거리를 가지고 있는 자녀는 노인의 삶에 있어 중요성이 매우 크다. 특히, 배우자가 없는 노인의 경우 정서적 및 현실적 도움의 교환에 있어 자녀의 중요성은 더욱 커진다. 노인이 자녀와 갖고 있는 관계의 기본은 접촉과 연락 빈도이다.

정경희 외(2005)에서 별거하고 있는 자녀와의 접촉 및 연락빈도를 보여주는 [표 6-7]을 보면, 노인의 11.4%는 자녀와 거의 매일 접촉하고 있다. 노인의 12.5%는 주 2~3회 정도 접촉하고 있으며, 17.2%는 주 1회 정도 접촉하고 있어 노인의 41.1%는 적어도 주 1회 정도는 별거자녀와 접촉하고 있는 것으로 파악되었다. 이는 1998년도 조사결과의 40.8%와 유사한 수준이다. 또한 월 1회 이상 접촉하는 노인의 비율은 77.3%로 노인의 약 3/4은 적어도 월 1회 이상은 별거자녀와 대면 접촉을 하는 것으로 보았다.

한편 연락빈도의 경우 자주 만나기 때문에 별도의 연락이 필요없다는 노인이 7.2%, 거의 매일 자녀와 통화를 주고받는다는 노인이 22.5%, 주 2~3회의 빈도로 연락을 주고받는 노인이 31.1%, 주 1회 정도 주고받는 노인이 18.7%로 79.5%의 노인은 적어도 주 1회 이상의 연락을 별거자녀와 주고받는 것으로 나타났다. 주 1회 이상은 아니지만 적어도 월 1회 이상 연락을 주고받는 노인까지 포함하면 96.6%에 달하고 있어 약 3%정도의 노인만이 별거자녀와 별다른 연계를 갖고 있지 않고 있음을 알 수 있다.

이러한 접촉 및 연락빈도를 노인의 일반특성별로 살펴보면 지역별로 농어촌에 비하여 도시거주 노인이 별거자녀와 더 빈번하게 접촉하고 있는 것으로 나타났다. 주 1회 이상 접촉하는 비율이 농어촌은 36.6%인데 비하여 도시는 43.3%이다. 이는 농어촌거주 노인의 경우 도시지역에 거주하는 자녀가 많은 경향이 있기 때문으로 이해된다. 그러나 연락빈도의 경우는 지역간 차이가 거의 없는 편이다. 연령별로 별거자녀와의 관계적 유대를 살펴보면 연령이 높아질수록 별거자녀와 접촉빈도가 저하됨을 볼 수 있다. 65-69세 연령대의 경우 44.7%가 주 1회 이상 별거자녀와 접촉하고 있는데 비하여 동비율이 70-74세 연령대는 39.9%, 75세 이상은 37.5%이다. 월 1회 이상 접촉 빈도를 연령대별로 비교해보아도 동일한 현상을 발견할 수 있는데, 각각 80.4%, 76.0%, 74.6%이다. 연령이 높아질수록 별거자녀와의 관계적 유대가 저하되는 이러한 현상은 연락빈도에서도 확인할 수 있어, 주 1회 이상 연락을 주고받는 비율이 각각 84.2%, 78.3%, 74.5%이다.

가구형태별로는 노인부부가구의 경우 주 1회 이상 접촉하는 비율이 44.3%로 가장 높고 다음이 노인독신가구로 42.2%이다. 반면 자녀동거가구의 경우는 38.0%, 기타가구는 35.8%이다. 자녀동거가구의 경우 노인독신가구나 노인부부가구에 비하여 그 비율이 낮은 것은 별거자녀가 상대적으로 적고 동거하는 자녀가 있기 때문에 별거하는 자녀들이 상대적으로 관심을 적게 쓰기 때문일 것이다. 연락빈도의 경우도 마찬가지 현상이 발견된다. 특히, 연락빈도의 경우도 주 1회 이상 연락을 주고받는 비율이 노인부부가구의 경우 가장 높아 85.6%이며 그 다음이 노인독신가구로 79.0%이다. 즉, 접촉비율에서는 노인독신가구나 노인부부가구간의 차이가 거의 없는데 비하여 연락빈도에 있어서는 차이를 보이고 있다.

[표 6-7] 별거자녀와의 접촉 및 연락빈도

(단위 : %)

구 분		접촉빈도								
		거의 매일	주2-3회	주1회	2주에 1회	월1회	3개월에 1회	6개월에 1회	년 1회 이하	만나지 않음
전 체		11.4	12.5	17.2	15.9	20.3	16.6	3.8	1.3	1.0
1998년		12.3	12.1	16.4	15.8	20.7	15.7	3.5	2.7	0.8
지역	도 시	12.0	13.6	17.7	15.2	20.6	14.8	3.8	1.2	1.1
	농어촌	10.1	10.2	16.3	17.4	19.6	20.3	3.9	1.5	0.7
성별	남 자	11.7	13.0	18.2	17.1	20.5	15.2	3.0	0.4	0.9
	여 자	11.2	12.2	16.6	15.2	20.2	17.5	4.3	1.9	1.0
연령	65-69세	12.9	13.7	18.1	16.9	18.8	15.0	2.9	0.5	1.3
	70-74세	11.2	11.1	17.6	15.3	20.8	17.6	3.9	1.5	0.9
	75세이상	9.6	12.3	15.6	15.2	21.9	17.7	5.0	2.2	0.5
가구형태	노인독신	14.2	12.6	15.4	12.3	21.0	15.2	5.2	2.7	1.4
	노인부부	10.7	13.5	20.1	17.3	19.9	14.9	2.6	0.4	0.7
	자녀동거	10.8	11.6	15.6	16.0	20.5	19.3	4.2	0.9	0.9
	기 타	9.2	11.2	15.4	20.4	18.6	15.8	3.6	4.5	1.2

구 분		연락빈도									
		자주 만나서 별도의 연락 없음	거의 매일	주 2-3회	주1회	2주에 1회	월1회	3개월 1회	6개월 1회	년1회 이하	만나지 않음
전 체		7.2	22.5	31.1	18.7	11.2	5.9	1.7	0.6	0.2	1.0
1998년		2.0	20.6	30.4	21.5	11.3	8.8	3.0	0.6	0.6	1.2
지역	도 시	8.0	22.9	30.6	18.4	10.6	6.1	1.6	0.6	0.1	1.0
	농어촌	5.6	21.8	32.0	19.3	12.2	5.5	1.7	0.6	0.5	0.8
성별	남 자	6.7	23.3	34.2	18.2	9.8	4.9	1.4	0.5	0.2	0.9
	여 자	7.5	22.0	29.1	19.0	12.0	6.6	1.8	0.7	0.3	1.0
연령	65-69세	8.0	26.8	31.4	18.0	8.6	4.9	0.8	0.5	0.2	0.9
	70-74세	6.9	20.2	33.8	17.4	12.8	6.6	1.6	0.4	-	0.4
	75세이상	6.4	19.2	27.9	21.0	12.9	6.7	2.9	1.0	0.5	1.7
가구형태	노인독신	9.7	23.0	27.7	18.6	9.7	6.9	1.3	0.9	0.1	2.1
	노인부부	5.6	25.8	34.9	19.3	9.4	3.1	1.0	0.3	0.2	0.5
	자녀동거	7.6	19.4	29.8	18.9	12.3	8.2	2.5	0.5	0.3	0.6
	기 타	6.0	18.9	27.2	13.6	21.1	6.3	1.8	2.4	0.7	2.0

자료 : 정경희 외, 「2004년도 전국 노인생활실태 및 복지욕구조사 자료」, 2005

이 조사에 의하면 별거하고 있는 자녀 중 노인과 가장 접촉을 많이 하고 있는 자녀의 특징을 살펴보면 형제순위가 첫째인 경우가 36.0%, 둘째가 23.1%, 셋째가 17.2%, 넷째 이상이 23.8%의 분포로 파악되고 있다. 성별로는 남자가 60.0%를 차지하고 있으며, 연령별로는 50세 이하가 대부분이며 유배우가 대부분으로 90.8%이다. 취업상태의 경우 본인이 취업중인 경우가 72.2%, 배우자가 취업중인 비율이 59.3%이다. 자녀의 직업분포를 살펴보면 판매직이 13.2%, 전문가가 12.4%, 단순노무직이 12.0%, 고위공무원・관리직이 10.5%를 차지하고 있으며, 배우자의 경우 판매직이 15.6%로 가장 많고 다음으로 준전문직 13.4%, 사무직 12.2%, 단순노무직 10.7%, 전문가 10.1%의 순이다.

친척의 경우 접촉빈도는 형제·자매와 비슷한 수준을, 연락빈도는 훨씬 낮은 빈도로 이루어지는 것으로 나타났다. [표 6-8]에 의하면 월 1회 이상 접촉하는 비율은 19.8%이며, 연락빈도의 경우는 29.6%이다. 형제·자매의 경우 동 비율이 22.2%와 51.5%인 것과 비교해보면 연락빈도는 형제·자매의 경우와 그리 큰 차이가 없지만 연락빈도에 있어서는 큰 차이가 있음을 알 수 있다. 또한 친척과 전혀 만나지 않는 노인이 11.3%, 연락을 전혀 주고받지 않는 비율이 13.3%로 적어도 전체 노인의 1/10정도는 관계가 유지되는 친척이 없다는 사실을 알 수 있다.

친척과의 관계에 있어 지역별 차이는 매우 큰데 월 1회 이상 접촉하는 비율이 도시가 15.3%인데 비하여 농어촌은 28.9%로 약 2배 수준을 보이고 있다. 또한 연락빈도의 경우 월 1회 이상 연락을 주고 받는 비율이 도시가 27.2%로 농어촌의 34.2%보다 낮다. 그러나 접촉빈도에 비해서는 그 차이가 적은 편으로 도시지역노인의 접촉수준에는 아무래도 물리적 거리가 영향을 미쳤을 것으로 추측된다.

성별로는 접촉과 연락에 있어 남자노인이 여자노인보다 더 빈번하게 접촉하고 있는데 성별 차이는 연락의 경우가 더 크다. 즉, 접촉의 경우 월 1회 이상 접촉하는 비율이 남자노인 21.9%로 여자노인의 18.6%보다 높고 연락의 경우 각각 31.6%와 28.0%로 약 3~4% 포인트의 차이가 보인다. 연령대별로는 뚜렷한 경향성이 발견되지 않으며, 가구형태별 또한 친척과의 접촉 및 연락빈도에 있어 큰 차이가 없다. 단 연령이 높을수록 전혀 접촉이 없거나 연락하지 않는다는 비율이 높고, 자녀동거가구의 경우가 타 가구형태에 비하여 전혀 접촉이 없거나 연락하지 않는다는 비율이 높은 것으로 나타나 있다.

[표 6-8] 노인의 친척과의 접촉 및 연락빈도

(단위 : %)

구 분		접촉빈도								
		거의 매일	주2-3회	주1회	2주에 1회	월1회	3개월에 1회	6개월에 1회	년1회 이하	만나지 않음
전 체		6.5	2.5	2.3	2.1	6.4	15.6	26.3	27.0	11.3
1998년		8.9	1.7	1.1	1.3	5.1	8.5	8.6	52.6	12.4
지역	도 시	2.4	1.6	2.1	2.2	7.0	16.3	27.7	29.2	11.5
	농어촌	14.7	4.4	2.5	2.0	5.3	14.3	23.7	22.6	10.7
성별	남 자	7.2	2.4	2.7	2.6	7.0	18.5	28.3	23.3	8.1
	여 자	6.0	2.6	2.0	1.9	6.1	13.8	25.1	29.4	13.3
연령	65-69세	5.8	2.0	2.2	2.9	7.4	19.9	28.0	23.5	8.3
	70-74세	7.1	2.9	1.8	1.4	7.1	14.9	26.2	26.5	12.1
	75세이상	6.8	2.8	2.9	1.9	4.4	10.3	24.1	32.4	14.5
가구형태	노인독신	7.9	3.6	0.6	1.1	5.6	12.0	23.2	30.3	15.7
	노인부부	6.8	2.9	2.6	3.1	7.1	16.5	26.1	26.1	8.8
	자녀동거	5.3	1.7	2.9	1.8	6.8	17.1	28.2	25.7	10.6
	기 타	6.3	0.9	1.7	2.2	2.9	14.2	28.2	28.5	15.1

구 분		연락빈도									
		자주 만나서 별도의 연락 없음	거의 매일	주 2-3회	주1회	2주에 1회	월1회	3개월 1회	6개월 1회	년1회 이하	만나지 않음
전 체		4.8	0.4	2.4	3.7	5.3	13.0	18.9	21.5	16.8	13.3
1998년		6.1	0.6	2.6	2.4	3.8	11.1	11.6	8.6	39.7	13.5
지역	도 시	1.8	0.2	2.1	3.8	5.4	13.9	19.9	22.8	17.6	12.6
	농어촌	10.7	0.8	3.0	3.5	5.0	11.2	17.0	19.0	15.2	14.8
성별	남 자	5.1	0.3	2.2	3.8	6.5	13.7	21.4	22.1	13.9	11.0
	여 자	4.5	0.4	2.5	3.6	4.5	12.5	17.3	21.2	18.7	14.8
연령	65-69세	4.1	0.5	2.8	4.8	5.7	14.7	23.1	20.8	13.0	10.6
	70-74세	5.5	0.3	1.5	3.2	5.0	12.4	18.0	22.2	19.3	12.6
	75세이상	5.0	0.4	2.6	2.8	4.9	11.1	13.9	21.9	19.6	17.9
가구형태	노인독신	5.2	0.6	2.8	2.9	4.8	11.8	12.8	21.4	18.9	18.9
	노인부부	5.5	0.2	2.5	4.6	5.4	12.4	22.0	21.0	14.6	11.9
	자녀동거	3.9	0.4	2.4	3.3	5.5	14.5	19.2	22.5	17.6	10.8
	기 타	3.5	1.2	0.4	3.6	4.7	11.7	20.1	18.8	18.2	17.9

자료 : 정경희 외, 「2004년도 전국 노인생활실태 및 복지욕구조사 자료」, 2005

노인이 가족 구성원들과 어떠한 도움을 주고받는가 하는 것은 노인들이 가족과 얼마나 어떻게 통합되어 있는지를 구체적으로 살펴볼 수 있는 지표이며, 노인이 실제로 도움이 필요할 때 적절한 도움을 받고 있는지를 구체적으로 보여준다. 다음은 노인이 주위사람들과 경제적, 신체적, 정서적인 측면에 있어 어떠한 도움을 주고받는가를 살펴보았는데, 자녀와 좋은 관계 유지를 위해 필요한 항목으로 가장 많이 지적된 것은 정서적 유대로 41.7%이며, 다음이 빈번한 접촉으로 25.7%, 경제적 교환 11.5%, 비슷한 가치관 9.4%, 근거리 거주 9.0%의 순이다. 즉, 정서적 유대가 세대간 유대 중 가장 중요한 차원으로 지적되고 있는 것이다.

정서적 유대와 관계적 유대의 상대적 중요성에 있어 지역별 차이가 두드러지는데 도시의 경우 정서적 유대를 더 중요시 하여 43.3%로 빈번한 접촉을 지적한 23.7%보다 20%포인트 정도 높은데 비하여, 농어촌은 정서적 유대와 관계적 유대를 비슷한 비중으로 중요시 하고 있어서 각각 34.9%와 33.6%의 응답률을 보이고 있다. 이는 농어촌의 경우 도시지역으로 이주 등으로 인하여 관계적 유대조차 유지하기가 어려운 경우가 많기 때문으로 이해된다. 성별로는 23.8%의 여자에 비하여 남자가 29.1%로 빈번한 접촉이라는 응답률이 높게 나타나고 있다. 연령별로는 정서적 유대에 비하여 빈번한 접촉의 응답률이 높아 65-74세의 경우, 28.6%와 38.4%, 75세 이상의 경우는 21.1%와 46.9%이다. 이는 젊은층일수록 감정적 개인화의 영향으로 세대 간의 관계에서도 정서적 유대감이 근간이 되어야 한다는 기대를 갖고 있음을 보여주는 것이다.

[표 6-9] 자녀와 좋은 관계를 유지하기 위해 필요한 항목

(단위 : %)

구 분		정서적 유대	비슷한 가치관	근거리 거주	빈번한 접촉	경제적 교환	도움의 교환	기타	계
전 체		41.7	9.4	9.0	25.7	11.5	1.9	0.8	100.0
지역	도 시	43.3	9.8	8.6	23.7	11.8	2.1	0.6	100.0
	농어촌	34.9	8.0	10.6	33.6	10.2	1.3	1.4	100.0
성별	남 자	40.0	6.7	10.3	29.1	11.5	1.7	0.8	100.0
	여 자	42.6	11.0	8.3	23.8	11.5	2.1	0.8	100.0
연령	65-74세	28.6	4.4	11.3	38.4	14.4	1.7	1.1	100.0
	75세이상	21.1	2.3	18.0	46.9	10.0	1.1	0.6	100.0

자료 : 정경희 외, 「2004년도 전국 노인생활실태 및 복지욕구조사 자료」, 2005

아래 [표 6-10]에 의하면 도움의 종류에 따라서 지난 기간의 수혜율이 매우 큰 차이가 있음을 알 수 있다. 가장 수혜율이 높은 것은 경제적 지원으로 78.1%의 노인이 도움을 받고 있으며 다음은 걱정거리나 문제점 등을 청취해주는 정서적 지원으로 76.1%, 집안청소・세탁・식사준비와 같은 실생활에 있어 도움은 75.7%로 모두 높은 수준의 수혜율을 보이고 있다. 다음으로는 교통편의가 41.4% 수혜율을 보이며 간병수발은 25.1%, 손자녀 돌보기가 1.0%로 나타나고 있다.

한편 노인의 주변사람들에게 도움을 주는 제공률을 살펴보면 가장 높은 걱정거리나 문제점 청취와 같은 정서적 지원이 59.2%이고 다음이 집안청소・세탁・식사준비로 51.7%로 50%대의 제공률을 보이고 있다. 이는 수혜율에서도 수준이 높았던 영역으로 단지 수혜율이 70%대인 것에 비해서는 20%포인트 정도 낮다. 다음은 시장보기로 39.1%, 경제적 지원 21.7%, 손자녀 돌보기 18.2%, 간병수발 11.2%의 순이다. 경제적 지원의 경우 수혜율과 제공률의 차이가 매우 큰 항목으로 노후에는 경제적으로 주는 것보다는 받는 경향이 있음을 보여주는 것이다. 손자녀

돌보기의 경우는 제공률이 수혜율보다 높은 항목으로 노인의 약 1/5이 손자녀 돌보기라는 실제적인 도움을 제공하고 있다.

[표 6-10] 노인의 경제적·신체적·정서적 지원의 수혜율과 제공률

(단위 : %)

구 분			경제적 지원	간병 수발	손자녀 돌보기	집안청소/세탁/식사준비	시장 보기	교통 편의	걱정거리나 문제점 등 청취
수혜율	전 체		78.1	25.1	1.0	75.7	71.6	41.4	76.1
	지역	도 시	76.9	24.5	1.0	75.3	69.9	40.4	76.9
		농어촌	80.6	26.3	0.9	76.4	75.3	43.6	74.4
	성별	남 자	71.4	22.3	0.4	93.1	84.6	33.5	77.9
		여 자	82.2	26.8	1.4	64.9	63.6	46.3	74.9
	연령	65-69세	73.4	1.7	0.7	75.4	69.7	36.3	81.4
		70-74세	78.7	22.0	0.9	74.1	67.5	38.7	76.8
		75세이상	82.8	36.4	1.5	77.2	77.4	49.4	69.4
제공율	전 체		21.7	11.2	18.2	51.7	39.1	6.9	59.2
	지역	도 시	20.8	10.7	20.0	51.3	39.0	7.0	60.8
		농어촌	23.7	12.1	14.4	52.6	39.2	6.5	55.9
	성별	남 자	26.6	11.9	16.0	44.3	36.0	14.7	67.2
		여 자	18.7	10.7	19.6	56.3	41.0	2.0	54.3
	연령	65-69세	28.3	12.3	24.8	60.1	50.5	11.7	69.3
		70-74세	20.0	11.8	17.9	54.1	41.9	5.3	62.9
		75세이상	15.9	9.4	11.0	40.3	23.8	2.7	44.8

자료 : 정경희 외, 「2004년도 전국 노인생활실태 및 복지욕구조사 자료」, 2005

이 조사에서는 경제적 지원의 경우 주제공자로는 장남부부가 가장 많이 언급되어 53.2%이며, 그 다음이 그 외 아들·며느리로 21.2%, 장녀·사위 12.9%, 그 외 딸·사위 10.0%로 파악되고 있다. 부제공자가 없다는 응답도 26.5%이며, 부제공자로는 장남 외의 아들·며느리가

27.8%, 장녀·사위 17.9%, 그 외 딸·사위 14.9%, 장남·며느리 10.8%의 순이다. 이러한 결과는 자녀중심으로 경제적 지원이 제공되고 있으며 자녀 중 장남으로부터의 지원이 가장 중심을 이루고 있음을 보여주는 것이라 할 수 있다.

또한, 노인들이 도움이 필요한 경우 지원받기를 원하는 도움 요청유형이 조사되었는데 한밤 중 비상시, 경제적 도움, 정서적 도움의 3측면 중 한밤중 비상시가 도움을 요청하기를 희망하는 사람의 수가 가장 많아 2명을 언급한 비율이 79.6%이다. 경제적 도움의 경우는 59.8%, 정서적 도움은 72.4%이다. 또한 경제적 도움의 경우 도움을 요청하기를 희망하는 사람이 전혀 없는 비율도 14.8%로 노인의 삶에서 가장 취약한 영역으로 나타났다.

[표 6-11] 노인의 상황별 도움요청 희망자수

(단위 : %)

구 분	한밤중 비상시	경제적 도움	정서적 도움
0명	1.6	14.8	6.0
1명	18.9	25.4	21.6
2명	79.6	59.8	72.4

자료 : 정경희 외, 「2004년도 전국 노인생활실태 및 복지욕구조사 자료」, 2005.

3) 노인의 가족관계와 삶의 질

(1) 노인의 생활과 가족관계

노인의 가족관계는 노인의 삶의 질에 영향을 미치는 여타의 다른 영역, 즉 주거생활, 경제생활, 건강생활과 어떻게 연관되어 있는지 살펴보았는데, 가족관계는 먼저 노인의 주거생활과 밀접한 관련을 맺고 있는 것으로 파악되고 있다. 노인의 경우 가족과의 동거여부에 따른 가구형태는 가족관계의 존재 자체만으로도 그들의 삶의 질에 중요한 영향을 미치게 되는데, 독거노인보다는 배우자 또는 자녀와 함께 동거하는 가구 유형일수록 삶의 질은 높아진다(김미령, 2005). 자녀와 동거하느냐, 별거하느냐에 따라 노부모와 자녀와의 관계 및 자녀의 부양에 대한 기대는 달라진다. 자녀부부와 함께 살고 있는 동거노인들은 자녀가 노부모를 부양해야 한다는 의식이 높은 반면, 별거노인들은 비교적 자녀로부터 독립하려는 의식이 강하게 나타났으며(송효석, 1988), 자녀와의 동거여부는 부모자녀간의 교환의 양을 결정하는데 결정적 요인으로 작용하며, 더 나아가 세대 간의 결속과 갈등에 영향을 주는 것으로 밝혀졌다. 자녀와 노인의 동거유무와 형태는 독립적 생활과 의존적 생활을 구분하고 연계시키는 매개가 되기 때문이다. 특히 핵가족화된 현대 사회에서 그 의미는 더욱 커진다.

자녀와의 동거여부와 경제적 자립여부에 따른 주거유형과 가족의 결속력의 관계를 파악한 연구(유희정, 2000)에 의하면, 동거자립형이 자녀와의 애정이나 접촉, 일치, 기능면에서 가장 결속이 높고 갈등이 적으며, 별거의존형이 가장 자녀와의 결속이 낮고 갈등이 크게 나타났는데 이는 자녀로부터 도움을 받기는 하지만 그 도움은 의무적 성격을 강하게 띠며, 재정적·정서적 갈등이 상존하는 관계이다. 노년기에 누구와 함께 사느냐의 문제는 노인의 사회, 심리, 건강 등의 상황과 사회적 환경요인, 주변 가족들의 특성에 따라 결정될 뿐만 아니라, 노인의 일상생활에 대한 정서적, 도구적, 경제적 지원이나 사회적 서비스의 제공 등과 관련되어 있다. 그러므로 거주형태는 가족관계의 한 유형으로 그들의 삶의 질에 중요한 영향을 미치게 된다(김미령, 2005).

노인의 주거형태에 영향을 미치는 다양한 요인 중에는 성, 연령, 결혼상태, 건강 등의 인구사회학적 변인 이외에 노인의 경제력, 교육수준, 자녀 수, 자녀들의 부양 및 효 의식 등이 있다. 노인은 교육수준과 경제력 등의 자원을 많이 가지고 있을수록 자신의 거주형태를 선택할 수 있는 가능성도 커진다. 교육수준이 높고, 경제적 상태가 좋은 노인일수록 자녀와 별거하여 독립적인 가구를 형성할 가능성이 높다. 학력은 소득과 상관관계가 매우 높은 변인이기도 하지만 자녀와의 동거와 별거에 대한 가치관에 영향을 주기도 한다. 즉 교육수준이 높을수록 개인주의, 독립심 등의 가치관을 소유할 가능성이 높아져 자녀에 대한 의존도가 낮아지게 된다. 이외에도 자녀 수와 노인 부양 및 효의식도 노인의 거주형태에 영향을 미치는 변인이다. 즉, 자녀가 많을수록, 노부모에 대한 부양 및 효에 대해 전통적이거나 자녀와의 동거를 선호할수록 자녀와 동거할 가능성이 높아진다. 일반적으로 노인들은 배우자가 생존해 있을 경우에는 자녀들과 동거하지 않고 주로 배우자와 함께 노인부부가구를 이루며 생활한다. 그러나 배우자와 사별 후에는 자녀와 함께 동거하려는 경향이 강하게 나타나는데, 이는 독립적 생활을 영위하기 위한 여러 가지 자원의 부족과 더불어 심리적 박탈감을 비롯한 다양한 일상생활의 변화를 경험하게 되기 때문이다.

가족관계는 노인의 경제생활과도 밀접한 관련을 맺고 있다. 최근 급격한 가족구조의 변화는 노인빈곤을 더욱 가속화하는 경향이 있다. 과거 확대가족 중심에서 핵가족 중심의 사회로 변화해 감에 따라 자녀들과 함께 동거하지 않고 노인들로만 구성된 가구의 유형이 증가했으며, 사회적 인식의 변화로 인해 기혼여성의 경제활동참가율과 이혼율은 과거에 비해 증대되었다. 이제 자녀를 둔 많은 여성들이 직업을 가지고 사회생활을 지속하게 되면서 과거에 여성의 역할로 여겨져 자녀양육과 노인부양의 역할과 책임은 이제 더 이상 가족 내에서 모두 소화되기 힘든 상황에 처했다. 이처럼 급격한 가족구조의 변화와 더불어 노인부양에 대한 전통적 가족의 책임과 가족구성원의 경제적 지원이 약해지게 되면서 노인들은 경제적 빈곤에 처할 위험이 더욱 커지게 되었다.

최현수와 류연규(2003)의 연구에 의하면, 경제활동연령대의 가구원과 동거하는 노인가구의 빈곤율과 빈곤위험도가 매우 낮게 나타난 반면, 여성노인 단독가구와 손자녀 등 경제활동이 불가능한 가구원과 살고 있는 노인들의 빈곤율은 매우 높게 나타났다. 이러한 분석결과는 동거가구원의 성격에 따라 노인빈곤에 미치는 영향이 다르게 나타난다는 선행연구결과와 유사하다. 소득수준별 노인가구의 비중을 살펴보면, 노인 혼자서 생활하는 독신가구의 경우, 고소득층에 속하는 비중은 0.3%, 노인부부가구는 6.8%에 불과한 반면, 자녀와의 동거가구는 92.9%가 고소득층에 속해 있어, 자녀와의 동거하고 있는 가구에 비해 노인만 거주하고 있는 단독가구의 소득수준은 현저히 낮았다.

노인에 대한 가족구성원의 지지의 정도가 건강생활에 미치는 영향을 살펴보면, 일반적으로 노인들은 노년기라는 생애주기적 특성상 다양한 사회적 지지(social support)[3]를 필요로 한다. 위계적 보상모델(hierarchical compensation model)에 따르면, 노인이 사회적 지지의 대상을 선정하는 경우에 가장 정서적으로 가장 친밀한 집단인 배우자, 자녀, 친척 등 가족들로부터 최우선적인 지지를 받기를 원한다. 가족은 신체적 도움을 필요로 하는 노인에게 간병, 수발 등 도구적 지지를 제공하며, 이는 노인의 신체적 활동을 보조하고 향상시키는 데 기여한다. 자녀 또는 배우자와 동거하며 친밀한 관계를 유지하고 있는 상황에서

3) 사회적 지지란 주로 가족, 친척, 친구 등 주요한 타인들(significant others)에 의해 개인에게 제공되는 생활상의 도움, 재정적 도움을 포함하는 도구적 지지(instrumental support)와 위로, 격려, 걱정거리나 관심사에 대해 의논상대가 되어주기와 같은 정서적 지지(emotional support)가 포함된다(이인정, 2007:163).

행해지는 가족의 도구적 지지는 정서적 안정뿐만 아니라 신체적 활동에 있어서도 매우 큰 도움을 발휘한다. 또 역으로 노인의 신체적 건강수준 역시 가족관계에 영향을 미친다. 노부모의 건강상태가 악화되어 부양의 일차적 책임이 가족에게 큰 부담으로 다가올 경우, 가족관계는 가족구성원의 대응에 따라 긍정적·부정적 영향을 모두 받을 수 있다. 친밀하지 못한 가족관계에서 건강상태가 악화된 노인에 대한 부양은 가족에게 큰 부담이 되어 이들이 모두 책임회피적 태도를 보일 경우, 기존의 가족관계는 더욱 악화될 수 있는 반면, 노부모의 부양이라는 공동의 목표를 달성하기 위한 상호협력적 노력을 기울인다면, 이 과정에서 가족관계는 더욱 강화된다.

(2) 노인의 가족관계와 삶의 만족도

노년기 삶의 질에 관한 연구(김태현 외, 1998; 박경숙, 1999)에서는 자녀와의 정서적 결속이 높고, 부부관계가 원만하며, 장남과 동거하고, 자녀가 경제적·정서적으로 안정될 때 노인의 삶의 만족도가 더욱 높게 나타났으며(김익기 외, 1999:85), 기혼자녀와 동거하고 있는 노인이 기혼자녀와 별거하고 있는 노인보다 삶의 만족 수준이 높았으며, 별거하고 있는 노인의 경우에는 자녀의 거주지가 가까워 방문이 빈번하거나 전화접촉이 잦을수록 삶의 만족도가 높게 나타났다. 성인자녀와의 관계에 있어서 동거나 접촉의 접근성이 삶의 만족에 긍정적 영향을 미친다고 할 수 있다(김두섭 편, 2003:59).

조병은(1990)에 의하면, 미국에서는 부모와 성인자녀와의 관계가 노인의 삶의 만족도에 유의미한 영향을 미치지 않지만, 우리나라 노인을 대상으로 한 조사에서는 자녀와의 애정적 결속도, 자녀와의 직·간접적 접촉, 자녀에게 도움, 접촉 기대감 등이 매우 중요한 요인으로 나타나고 있었다. 만일 서구에서처럼 사생활과 독립성을 선호함에도 불구하고 노인의 건강상태나 경제적 문제 등의 필요에 의해서 자녀와 동거하게 되었다면 동거노인의 생활만족도는 별거노인에 비해 오히려 낮을 수 있다. 한국의 노인들은 배우자와 자녀로 구성되는 가족 중심적인 사회관계망을 가지고 있으며, 가장 핵심적인 지원망도 역시 가족 중심적인 지원망인 것으로 나타나고 있다. 특히, 독립성과 개인주의를 강조하는 서구 사회와는 달리 가족주의를 중시하는 유교사상의 영향으로 자녀와 부모의 관계가 의존적이고 노부모의 자녀부양이 규범화되어 있는 우리 사회에서는, 자녀와의 관계정립이 노후의 삶의 만족도에 큰 영향을 미치는 것으로 밝혀지고 있다.

한편 노인의 삶의 만족도는 부모와 자녀 간 지원의 형태와도 관련이 있는 것으로 보인다. 가족 내 결속력과 의사결정권이 노인의 주관적 삶의 만족도에 미치는 영향을 분석한 연구(김태현 외, 1999)에 의하면, 가족결속력은 노인의 만족도에 영향을 미치는 주요한 변인임이 입증되었으나, 노인이 가지고 있는 자원의 정도에 따라 다르게 나타났다. 앞서 언급한 바와 같이, 노인과 가족구성원들은 경제적, 정서적, 신체적으로 서로 도움을 주고받을 수 있는 상호 호혜적 관계를 맺고 있다. 세대간의 균형적 교환관계가 노인들의 주관적 안녕과 만족을 유지한다고 보고 있는데, 자녀들로부터 일방적으로 지원을 받거나 주기만 하는 수직적 관계나, 어떠한 지원을 주지도 받지도 않는 관계에 비해 상호간에 지원을 주고받는 관계일 때 노인들의 삶의 만족도가 더 높게 나타났다(김정석 · 김익기, 2000). 이는 교환이론의 관점에서 보면, 노부모들은 자녀가 제공하는 지원에 대해 어떠한 형태로든 보상할 수 있을 때, 자녀에게 짐이 되거나 부담을 준다는 의식에서 벗어나 노인들로 하여금 자신의 존재가치를 느끼게 하고, 심리적 만족감을 높이기 때문인 것으로 해석된다(김두섭 편, 2003:60).

노부모와 성인자녀 사이의 접촉은 노부모가 성인자녀로부터 도움이 필요할 때 늘어날 것이라는 일반적 가설과는 달리 우리나라 노인들은 자원, 즉 경제적 능력과 건강상태가 양호할수록 성인자녀와의 결속력이 강한 것으로 나타나 부모의 욕구보다는 자녀의 욕구가 좀 더 관계를 결정짓는 요인이 되고 있다. 즉, 자녀에게 도움을 줄 수 있는 부모일수록 자녀로부터 도움을 얻을 수 있는 교환관계가 성립된다는 것이다. 그러나 의사결정권과 노인의 주관적 만족도의 관계는 미비하여 가족관계에서 권위 및 지위를 유지하고자 하는 욕구보다는 정서적인 안정감과 소속감을 더욱 중요하게 여기고 있었다(김태현 외, 1999:76).

일반적으로 조부모와 손자녀와의 관계 역시 노인들의 삶의 만족도에 긍정적 영향을 미치는데, 노인은 일생동안 쌓아온 지혜와 경험을 제공함으로써 삶의 의미와 생산성이라는 성취감을 갖게 되며, 노년기 배우자의 상실을 포함한 다양한 사회적 상실감을 경험한다고 해도 조부모의 역할을 인식하고 그 역할을 수행하는 노인의 만족감은 높아질 수 있기 때문이다(권중돈 · 조주연, 2000). 특히 미국의 경우 사회적으로 높은 이혼율로 인한 편부모 가족의 증가, 기혼여성의 사회진출의 보편화 등으로 나이 어린 손자녀에게 조부모의 직접적 도움의 필요성이 높아지고 있다.

한국에서는 최근 농촌지역에 조손가족이 증가하고 있는데, 이들을 대상으로 면접조사를 실시한 결과, 농촌 조손가족 조모는 경제적 형편이나 건강상태에 있어 좋지 않은 비율이 높았고 주로 친손자를 돌보고 있었으며 대부분이 성인자녀세대의 가족해체로 인해 손자녀를 맡고 있었다. 조손가족 조모의 심리적 복지상태는 비교적 낮은 편이었고, 세대관계의 질에 의해 영향을 받아 세대관계가 좋을수록 조모의 행복감은 높고, 우울감은 낮게 나타났다. 세대관계 중에서도 특히 아들과의 관계와 손자녀와의 관계가 조모의 심리적 복지에 미치는 영향이 큰 것으로 나타났다. 조손가족에 대한 또 다른 연구(최혜지, 2006)에 의하면, 조부모의 손자녀 양육부담이 낮을수록, 손자녀가 어릴수록, 우울이 낮을수록, 행동상의 문제가 낮을수록, 손자녀가 여아이고, 조모일 경우 조손가족 조부모와 손자녀의 관계가 긍정적인 것으로 나타났다.

또 다른 국내의 선행연구(김영범 · 박준식, 2006)에서는 노인이 자녀보다 배우자와 긴밀한 관계를 맺거나 자녀와 배우자 모두와 긴밀한 관계를 맺지 않는 경우가 더 많으며, 노인이 느끼는 삶의 만족도 역시 가족관계의 유형에 따라 차이가 있음을 보여주었다. 배우자와 동거하면서 자녀보다는 배우자에게 의존하는 유형이 다른 유형, 즉 배우자나 자녀와 동거하지 않지만 근처에 거주하는 자녀와 긴밀한 관계를 맺고 있는 유형과 배우자 및 자녀 양쪽과 모두 관계를 맺지 않고 있는 유형에 비해서 주관적으로 느끼는 만족도가 가장 높으며, 무관계형에서 가장 낮게 나타났다. 이는 자녀와 동거하는 노인의 경우, 자녀로부터 심리사회적 지지를 받을 수 있고, 노인부부가구의 경우 배우자간 심리사회적 지지가 이루어질 수 있는 반면, 독신가구 노인의 경우 가족내에서 비공식적 지지를 해줄 수 있는 인적자원이 없기 때문에 심리적 고독과 사회적 소외를 경험할 가능성이 높기 때문이라 할 수 있다.

정경희 외(2005)의 조사에 의하면, 노인독신가구나 기타가구의 경우 전반적인 삶의 만족도가 30% 내외인데 비해 노인부부가구가 50%로 가장 높고, 다음으로 자녀동거가구가 46.4%로 높게 나타났다. 가구유형에 따른 가족관계에 대한 만족도의 경우, 노인부부가구에서 배우자와의 관계에 대한 만족도가 67.6%, 자녀와의 관계에 대한 만족도는 75.9%로 배우자 및 자녀와의 관계에서 만족도가 가장 높게 나타났다.

자녀와의 관계에 대해 만족스럽다는 응답이 자녀동거가구는 69.8%, 노인독신가구는 59.3%, 기타 가구는 54.1%로 나타났다. 이러한 결과는 노인들이 경제적·신체적 능력이 있으면 자녀와 동거하지 않고 독립가구를 이루기를 희망하는 경향과 함께 생각해볼 때 함께 살면서 갈등을 경험하는 것보다는 적당한 거리를 유지하며 접촉을 하는 것이 자녀와의 관계를 만족스럽게 하고 있음을 유추해볼 수 있다(정경희 외, 2005:339).

일반적으로 정년 이후 부부간의 결혼 만족도는 더욱 높아지는 것으로 알려져 있다(Atchley, 1992; Lee & Shehan, 1989). 부부의 결혼만족도를 가족 생활주기별로 살펴보면, 신혼 초에 가장 높게 나타났다가 자녀 출산과 아동 양육기에 차츰 감소하여 자녀의 청소년기에 가장 낮아졌다가 그 이후 서서히 증가하여 자녀가 성장한 이후에는 다시 높아지는 U자형 곡선을 그린다는 것이 일반적 연구 결과이다. 이는 자녀양육에 대한 여러 가지의 스트레스와 부담이 작용하다가 점차 그로부터 벗어나기 때문인 것으로 보인다.

노인부부가구의 경우 가족관계에서 부부간 원활한 의사소통은 무엇보다도 중요하며 이는 삶의 질에 직접적 영향을 미친다. 부부간의 의사소통이 원활할수록 부부간 갈등이 적고(김경신·이선미, 2001), 결혼 및 생활만족도도 높으나, 결혼기간이 길어짐에 따라 의사소통은 감소되고 부부간 갈등이 증대하고 생활만족감의 저하를 초래하는 경우가 많다(김태현 외, 1999). 노인부부간 의사소통에 영향을 미치는 변인을 규명한 연구(박은아·이정우, 2005)에 의하면, 부부관계의 친밀감은 부부간 의사소통의 공통적 영향변인이자 가장 큰 변인으로 나타나, 노인부부가구가 서로 인정하고 지지하며 감정과 행동을 공유하는 친밀한 부부관계를 유지할 때 부부간 의사소통이 원활하게 이루어질 수 있음을 알 수 있었다. 한편 남녀 간 의사소통에 영향을 미치는 변인이 서로 다르게 나타났는데, 남성노인의 경우 부부간 친밀감, 자아 존중감, 성역할 태도가, 여성노인의 경우 부부간 친밀감, 건강상태, 관계지향성, 단독가구에 대한 지속의향이 영향을 미쳤으며, 건강상태가 좋고 경제상태가 여유로운 노부부가 의사소통을 효율적으로 하고 있었다(이정우 · 박은아, 2003).

또 노년기에 배우자가 있는 경우가 그렇지 못한 경우보다 개인의 심리적 적응도와 삶의 만족도가 높으며, 건강과 관련하여 정신질환이나 사망 등의 발생율도 상대적으로 적게 나타난다(조성남, 2004 재인용). 남녀노인의 삶의 만족과 우울에 대한 사회적 지지의 효과를 분석한 연구(이인정, 2007)에 의하면, 남녀노인 모두 도구적 지지(instrumental support)와 정서적 지지(emotional support)가 특정한 삶의 사건의 우울과 삶의 만족에 대한 부정적 영향을 완화시켜주는 효과가 있었는데, 그 근원을 살펴보면 남녀 노인간 약간의 차이가 있다. 가족관계에서 배우자로부터의 지지는 여성노인에게는 완화효과를 발휘하지 못하고 남성노인에게서만 완화효과가 나타났으며, 자녀로부터의 지지는 남녀노인 모두 공통적으로 우울의 완화효과를 발휘하여 노인의 정신건강에 매우 중요한 지지의 근원으로 확인되었다. 사회적 지지가 노인들이 겪을 수 있는 사회적 고립감을 해소시켜 주고 소속감과 타인의 관심의 대상이 되고 있음을 느끼게 함으로써 노인의 삶의 만족을 향상시키고 우울을 막아주는 중요한 요소로 작동하고 있다는 사실은 다양한 선행연구결과를 통해 이미 확인된 바 있다(정경희 외, 2005:203).

다음은 인구사회학적 변인에 따른 가족관계의 차이와 삶의 질에 대한 영향을 살펴보면 먼저 성별에 따른 차이는 일반적으로 남성보다는 여성의 삶이 더욱 의존적인 형태를 띤다고 볼 수 있다. 이는 여성노인이 남성노인에 비해 평균연령이 높고, 배우자의 생존율이 적다는 인구학적 요인뿐만 아니라 경제적으로도 노년기 이전부터 여성들은 취업활동이 적었고 사회적으로도 생활이 가정에 더 국한되어 있는 여러 가지 사회적인 요인들도 큰 작용을 하고 있다. 주로 여성노인들이 남성노인들에 비해 자녀와 동거하는 비율이 높으며, 가족들로부터의 수혜에 있어서도 자녀로부터 도움을 받는 경우가 많은데, 이러한 도움은 경제적 지원뿐만 아니라 정서적 지지에서도 그러하며 여성노인들은 자녀와의 세대 간 관계에 있어서 큰 영향을 받고 있다.

하지만 부부관계에 대한 주관적 평가 및 만족도에서 대체적으로 남성노인이 여성노인보다 배우자에 대해 만족하는 정도가 다소 높게 나타나고 있어 부부관계에 있어서는 남성노인이 보다 큰 비중을 느끼고 있다. 따라서 남성노인은 여성노인보다 배우자의 상실에 더 큰 타격을 받는다.

연령에 따른 차이를 비교해보면, 가족관계와 관련된 객관적·주관적 부문 모두 저연령대의 노인들이 고연령대의 노인들보다 더 긴밀하고 만족스러운 가족관계를 유지하고 있다. 부모와 자식 간 세대 관계에서 외형적 긴밀성은 저연령대 노인에 비해 고연령대 노인에게서 높게 나타나고 있으며, 경제적 지원과 정서적 지지 역시 고령 노인에게서 더 높게 높게 타나나고 있는데, 이는 고령노인들의 자녀에 대한 의존성이 크기 때문이다. 연령이 높아지면 신체적·정신적 건강상태가 나빠져서 자녀 등 타인에게 의존할 가능성이 높아진다. 건강의 약화는 자녀와의 동거 가능성과 관계가 깊다. 또 배우자와 사별한 노인은 배우자가 있는 노인에 비해 타인과 동거할 가능성이 크다. 이는 사별후 독립적 생활을 유지하기 위한 여러 가지 자원의 부족과 필요성 등의 이유 때문이다. 나이가 더 들수록 가족 및 친구들과의 사별 등으로 정신적 압박감을 많이 느끼게 되어 삶의 만족도가 떨어진다. 반면 저연령대 노인들은 가족 내의 역할 면에서 보다 적극적 역할을 담당하고 있으며, 고령의 노인보다 부부관계에서 여러 가지로 더 나은 관계를 형성하고 있어, 주관적인 삶의 만족도 역시 긍정적인 평가를 내리고 있었다.

지역별로는 농어촌이 도시에 비해 독거노인가구가 증가하고 있으며 노인의 삶을 만족시켜줄 만한 사회적 지지체계가 부족하고 보건의료시설뿐만 아니라 가족이나 이웃 등의 사회적 지지체계가 부족한 것으로 나타났다. 도시노인은 배우자와 자녀들과 동거하는 비율이 높고 사회적 지지가 높은 것을 알 수 있다. 사회적 지지의 경우 동거가족이 사회적 지지의 가장 중요한 변인이고, 배우자가 가장 유효한 지지자이며 영향력 있는 가족구성원으로 배우자의 지지는 건강관리에 필요한 구성요소이다. 고령일수록 사회적 지지의 대부분이 가족 구성원으로부터 획득된다(손신영, 2006). 교육수준이 높고 경제적 상태가 좋은 노인일수록 자녀와 별거하여 노인단독가구를 형성할 가능성이 높다. 학력은 소득과 상관관계가 높은 변인이기도 하지만 자녀와의 동·별거에 대한 가치관에 영향을 주기도 한다. 즉, 교육수준이 높을 경우 개인주의, 독립심 등의 가치관을 소유할 가능성이 높아 자녀에 대한 의존도가 낮아져서 독립적인 거주 형태를 선호할 수 있다(김익기 외, 1999:88).

이를 종합해보면 인구사회학적 변인에 따라 삶의 만족도가 다르게 나타나는데, 여성노인보다 남성노인이, 농어촌지역 노인보다 도시지역 노인의 생활만족도가 더 높았으나, 성별과 거주지역이 생활만족도에 미치는 영향은 통계적으로 유의미하지는 않았다. 또 연령이 낮고 자녀수가 많을수록, 유배우자이며, 교육수준이 높고, 경제상태가 높을수록 심리적 안정으로 인해 삶의 만족도가 높아지는 것으로 나타나고 있다.

2. 가족관계의 삶의 질에 대한 경험적 분석

1) 객관적 지표

노인들에게 있어서 가족은 경제적, 신체적, 정서적 지원을 받을 수 있는 가장 일차적인 지원처이다. 따라서 가족관계의 객관적, 주관적 특성은 노인의 삶의 질에 큰 영향을 미치게 된다. 가족관계와 관련하여 노인이 처해있는 객관적 조건은 배우자의 유무와 자녀와의 동거여부라는 두 가지 차원에서 접근할 수 있다.

(1) 배우자

노년기에 있어서 배우자의 유무는 노인의 삶에 매우 중요한 조건으로 작용한다. 노인이 된다는 것은 가정과 사회로부터 여러 가지 형태로 소외됨으로써 고독과 상실감이 상승하게 된다. 이러한 상황에서 배우자의 존재는 노인의 삶을 안정적으로 만들어 줄 수 있는 토대로 작용한다. 또 노년기의 육체적 건강과 정신 건강은 배우자의 유무로부터 영향을 크게 받는다는 점에서 중요하게 간주될 필요가 있다. 전체 1,004명의 응답자 가운데 현재 배우자가 존재하는 경우는 56.1%이며, 배우자가 없는 노인이 43.9%에 달한다.

성별로는 당연히 남자노인이 배우자가 있는 비율이 여자노인의 유배우 비율보다 월등히 높게 나타났다. 이와 같은 결과는 남녀 간의 평균수명의 차이를 매우 적절하게 반영하는 것이다. 성별 유배우자의 비율 차이는 연령별 배우자 유무의 비율의 차이로 연결된다. 연령이 증가할수록 유배우자 비율이 급속히 떨어지고 있어 60-64세의 초기노인 집단의 경우 유배우 비율이 70%를 상회하고 있지만 중기노인(65-74세) 집단은 50%대, 그리고 75세 이상의 후기노인 집단으로 가면 그 비율이 30%대로 급락하고 있다.

교육수준에 따라 노인들을 구분할 때에도 집단별로 유배우자의 비율이 크게 다르다. 노인의 성별 및 연령과 교육수준은 정적(+)인 상관관계를 갖는 것이 이런 결과를 유발했다고 볼 수 있다. 여자노인에 비해 남자노인들의 교육수준이 높으며, 연령이 낮을수록 교육수준이 높다. 정규학력을 갖지 못한 노인들의 경우 유배우자 비율이 28.2%에 불과하며, 초졸-중졸 집단은 56.3%, 고졸이상 집단은 그 비율이 78.3%로 상향되어 있다.

[표 6-12] 인구사회학적 변인별 배우자 유무

		배우자 존재 여부		X^2값
		있다	없다	
전 체(1004명)		563(56.1)	441(43.9)	
성별	남	326(77.1)	97(22.9)	130.7***
	여	237(40.8)	344(59.2)	
연령	60-64세	269(70.2)	114(29.8)	69.1***
	65-74세	215(53.8)	185(46.3)	
	75세 이상	79(35.7)	142(64.3)	
교육수준	정규학력무	71(28.2)	181(71.8)	142.3***
	초졸-중졸	247(56.3)	192(43.7)	
	고졸 이상	245(78.3)	68(21.7)	
직업	하위직업	118(39.7)	179(60.3)	63.3***
	중위직업	187(54.8)	154(45.2)	
	상위직업	258(70.5)	108(29.5)	

* p<.05, ** p<.01, *** p<.001

직업별로도 본인(남자노인의 경우) 또는 배우자(여자노인)의 생애 최장기 종사직업의 직업위세가 높을수록 유배우자 비율이 높다. 하위직업은 유배우자 비율이 39.7%인데 비해 중위직업은 54.8%, 상위직업은 70.5%의 분포를 갖는다. 직업에 따른 유배우자 비율의 통계적으로 유의미한 차이는 결국 직업이 연령, 교육수준과 갖는 관계를 통해 설명될 수 있다.

(2) 자녀와의 동거

노인의 가족관계의 객관적 차원은 자녀와의 동거 여부로서 파악될 수 있다. 그리고 여러 가지 이유에서 자녀와 떨어져서 부부만이 또는 혼자 생활하는 독거노인가구가 지속적으로 증대하는 상황이지만 자녀와의 동거 여부 역시 노인의 삶의 질을 파악하는 데 있어서 고려해야 할 주요 요인이다.

자녀와의 동거여부가 노인의 삶에 미치는 영향은 확실치 않아 과거에는 노인이 자녀와 동거할 때 경제적 안정과 육체적·정신적 건강을 얻을 수 있다고 여겨졌으나, 최근 노년기에 새로 진입하는 세대는 자녀와의 동거를 맹목적으로 선호하고 있지 않다. 자녀와의 동거를 통해 얻는 것도 있겠으나 잃는 것도 있을 수 있으며, 따라서 자신들만의 독립적 삶을 통해 행복을 추구하겠다는 생각이 점차 강화되고 있다. 전체 응답노인의 58.4%만이 현재 자녀와 동거하고 있다.

현재 자녀들과의 동거 여부를 인구사회학적 변인별로 분석한 결과 노인의 성별과 직업에 따라 집단별로 체계적인 차이가 나타나고 있다. 먼저 성별로 남자노인에 비해 여자노인들이 자녀와의 동거를 하고 있는 비율이 높아 남자노인은 동거하고 있다는 응답이 54.6%인데 비해 여자노인의 경우 61.1%이다. 이처럼 여자노인의 자녀 동거 비율이 상대적으로 높은 것은 이들이 남자노인에 비해 평균수명이 길기 때문이다. 상대적으로 젊은 노인은 배우자가 있을 가능성이 높으며, 배우자가 있는 노인은 자녀와 함께 살기보다는 노부부만이 가구를 구성하는 경향이 있기 때문이다.

[표 6-13] 인구사회학적 변인별 자녀동거 여부 교차분석

		현재 자녀동거 여부		x^2값
		예	아니오	
전 체(1004명)		586(58.4)	418(41.6)	
성별	남	231(54.6)	192(45.4)	4.2*
	여	355(61.1)	226(38.9)	
연령	60-64세	217(56.7)	166(43.3)	3.5
	65-74세	228(57.0)	172(43.0)	
	75세 이상	141(63.8)	80(36.2)	
교육수준	정규학력무	161(63.9)	91(36.1)	5.0
	초졸-중졸	254(57.9)	185(42.1)	
	고졸 이상	171(54.6)	142(45.4)	
직업	하위직업	159(53.5)	138(46.5)	12.5**
	중위직업	225(66.0)	116(34.0)	
	상위직업	202(55.2)	164(44.8)	

* $p<.05$, ** $p<.01$, *** $p<.001$

그러나 연령별로는 75세 이상의 후기노인들이 자녀와 동거하는 비율이 가장 높아 75세 이상 집단은 약 63%가 자녀와 동거하고 있는 반면에 중기노인(65-74세) 집단과 초기노인(64세 이하) 집단은 각각 57.0%와 56.7%가 자녀와 동거하고 있다. 75세 이상 노인들이 자녀와 동거하는 비율이 높은 것은 이 시기에 접어들면서 노인들이 독립적으

로 살기에는 건강상 많은 문제를 안고 있기 때문이다. 그리고 노인들은 75세를 넘으면서 배우자를 상실할 가능성이 높아지고, 배우자의 상실은 자녀와의 동거의 계기로서 작용한다. 하지만 이들 세 집단간의 자녀와의 동거여부의 분포는 통계적으로 유의미하지 않은 수준이다.

노인들의 자녀와의 동거여부는 교육수준에 따라 다소 다른 것으로 나타났으나, 이러한 결과를 통계적으로 유의한 것으로는 볼 수 없다. 교육수준이 높은 집단일수록 자녀와 동거하고 있다는 응답의 비율이 낮아지고 있으며 특히 정규학력을 갖지 못한 집단의 경우 그 비율이 63.9%로서 가장 높은 수준이다. 반면에 초졸-중졸 집단과 고졸 이상 집단에서 노인이 자녀와 동거하고 있다는 응답은 각기 57.9%와 54.6%에 불과해 두 집단간에는 명확한 차이가 존재하지 않는 것으로 판단된다.

교육수준과 달리 최장기 직업의 위세별로는 집단간에 통계적으로 유의미한 차이가 존재하고 있다. 여기서 특이한 점은 중간 수준에 위치하는 직업을 가졌던 노인들이 자녀와 동거하는 비율이 가장 높다는 점으로 66%가 자녀와 동거하고 있다. 그리고 직업위세가 가장 낮은 집단의 자녀동거 비율은 세 집단 가운데 가장 낮은 53.5%이다. 하위직업에서 자녀와의 동거 비율이 낮은 것은 부모의 사회계층적 지위가 자녀에게 이전된다는 점을 통해 설명될 수 있다. 부모의 사회적 지위가 낮을 경우 자녀의 경제적 형편이 어려우며, 이는 자녀들이 부모와 동거하면서 부양할 수 있는 가능성을 낮추는 결과를 가져온다. 반면에 상위직업의 노인들이 자녀와 동거하는 비율이 낮은 것은 이들이 상대적으로 연령이 낮아서 건강상 누구의 도움을 받아야 할 필요가 적을 뿐만 아니라 경제적으로도 자녀의 부양을 받지 않거나 적게 받으면서 독립적으로 생활할 수 있는 능력을 가지고 있기 때문이다.

노인의 가족관계와 관련해서 앞으로 나이가 더 들어서 자녀와 동거할 의향을 가지고 있는지의 여부를 파악할 필요가 있는데 분석 결과 전체의 63.4%가 자녀와 동거할 의향이 있다고 응답하였다. 이 수치는 현재 자녀와 동거하고 있다고 응답한 비율과 비교할 때 약 5% 정도 증가한 수치이다. 즉 현재는 여러 가지 이유에서 독립적으로 살고 있지만 나이가 더 들어서 건강이 나빠지고 경제적으로 어려움을 겪을 때 자녀와 동거하겠다는 노인들이 다수 존재하고 있다.

인구사회학적 변인들과 향후 자녀와의 동거 의향을 교차분석한 결과 성별과 연령, 교육수준에 따라 동거의향의 분포가 통계적으로 유의미하게 달라지고 있다. 먼저 성별로는 남자노인의 경우 약 55.3%가 자녀와 동거하겠다고 응답한 반면에 여자노인은 그 비율이 68.8%이다. 현재의 동거 여부와 비교할 때 남자노인의 경우 큰 변화가 없는 반면에 여자노인은 현재는 자녀와 동거하고 있지 않지만 앞으로 동거하고 싶다는 응답자가 약 68%를 차지하고 있다. 즉 남자노인보다 여자노인들이 자녀와의 동거를 원하고 있다고 볼 수 있다.

[표 6-14]에 나타난 대로, 연령별로는 연령이 높아질수록 자녀와의 동거의향이 있는 노인의 비율이 급속히 높아진다. 초기노인의 경우 동거의향이 있다는 응답이 56.9%에 불과하지만 중기노인은 64.5%, 후기노인은 71.5%까지 상승하고 있다. 건강에 상대적으로 문제가 적고 경제활동을 할 능력과 기회가 많은 초기노인들은 동거의향이 낮은데 비해 건강상태가 나쁘고 경제적으로 의존적인 후기노인으로 갈수록 자녀와의 동거를 원하는 비율이 급속히 높아지고 있다.

[표 6-14] 인구사회학적 변인별 향후 자녀와의 동거의향 교차분석

		향후 자녀 동거의향		X^2값
		있다	없다	
전 체(1004명)		634(63.1)	370(36.9)	
성별	남	234(55.3)	189(44.7)	19.2***
	여	400(68.8)	181(31.2)	
연령	60-64세	218(56.9)	165(43.1)	13.3**
	65-74세	258(64.5)	142(35.5)	
	75세 이상	158(71.5)	63(28.5)	
교육수준	정규학력무	181(71.8)	71(28.2)	19.8***
	초졸-중졸	284(64.7)	155(35.3)	
	고졸 이상	169(54.0)	144(46.0)	
직업	하위직업	190(64.0)	107(36.0)	.7
	중위직업	219(64.2)	122(35.8)	
	상위직업	225(61.5)	141(38.5)	

* p<.05, ** p<.01, *** p<.001

노인의 교육수준에 따라 향후 자녀와의 동거의향 여부의 분포가 달라지고 있다. 교육수준이 가장 낮은 집단은 약 72%가 향후 자녀와의 동거를 원하고 있는 반면에 초졸-중졸 집단은 64.7%, 고졸 이상의 고학력 노인들은 약 54%만이 자녀와 동거를 하고자 한다. 교육수준이 높을수록 노인들이 자녀와의 동거를 원하지 않는 비율이 높은 것은 이들이 경제적으로나 의식적으로 독립적인 성향이 강하기 때문으로 판단된다. 이와 함께 직업별로는 직업위세가 높을수록 향후 자녀와의 동거를 할 의향이 있는 비율이 낮아지고 있다. 그러나 이와 같은 차이는 통계적으로 유의미한 수준은 아니다. 직업위세 상 하위직업과 중위직업에 해당되는 노인들은 각각 64.0%와 64.2%가 향후 자녀들과 동거할 의향을 가지고 있는 반면에 상위직업은 61.5%가 그러하다.

현재 자녀와의 동거여부와 향후 동거의향간의 응답의 일치 여부를 분

석한 결과는 다음 [표 6-15]와 같이, 현재동거-미래동거가 전체 응답자의 44.3%가 해당되어 가장 큰 비율을 차지하고 있다. 그 다음으로는 현재미동거-미래미동거 22.8%, 현재미동거-미래동거 18.8%, 현재동거-미래미동거 14.0% 순이다.

[표 6-15] 현재 자녀와의 동거 여부와 향후 동거의향간의 일치 여부

		응답범주				X^2값
		현재미동거 미래동거	현재동거 미래미동거	현재미동거 미래미동거	현재동거 미래동거	
전 체(1004명)		189(18.8)	141(14.0)	229(22.8)	445(44.3)	
성별	남	77(18.2)	74(17.5)	115(27.2)	157(37.1)	21.1***
	여	112(19.3)	67(11.5)	114(19.6)	288(49.6)	
연령	60-64세	73(19.1)	72(18.8)	93(24.3)	145(37.9)	21.5***
	65-74세	78(19.5)	48(12.0)	94(23.5)	180(45.0)	
	75세 이상	28(17.2)	21(9.5)	42(19.0)	120(54.3)	
교육수준	정규학력무	45(17.9)	25(9.9)	46(18.3)	136(54.0)	36.2***
	초졸-중졸	79(18.0)	49(11.2)	106(24.1)	205(46.7)	
	고졸 이상	65(20.8)	67(21.4)	77(24.6)	104(33.2)	
직업	하위직업	62(20.9)	31(10.4)	76(25.6)	128(43.1)	16.7**
	중위직업	48(14.1)	54(15.8)	68(19.9)	171(50.1)	
	상위직업	79(21.6)	56(15.3)	85(23.2)	146(39.9)	

* p〈.05, ** p〈.01, *** p〈.001

자녀와의 현재 동거 여부와 미래 동거 의향간의 일치 여부를 인구사회학적 변인별로 살펴보면 다음과 같다. 먼저 여자노인의 경우 현재동거-미래미동거 범주에 해당되는 비율이 전체의 약 절반에 가까운데 비해 남자노인은 37.1%에 불과하다. 반면에 현재동거-미래미동거, 현재

미동거-미래미동거 범주에서는 남자노인들이 차지하는 비율이 상당히 높다. 특기할 점은 현재동거-미래미동거 범주에서 남자노인의 비율은 17.5%로서 11.5%인 여자노인과 크게 차이가 난다. 즉 남자노인들의 경우 현재 자녀와 동거하고 있는 상태이지만 장래 자녀와 동거하지 않겠다는 응답의 비율이 높은 것은 자녀와의 관계가 상대적으로 원만하지 못하고 자녀와의 동거에 대해 만족도가 낮은 것에 기인한다고 하겠다.

연령별로도 노인들의 현재 자녀와의 동거여부와 미래 동거의향간의 일치 여부에서 유의한 차이가 나타나고 있다. 60-64세 사이의 초기노인 집단의 경우 현재 자녀와 미동거하고 있으며 향후에도 동거하지 않을 의향을 가지고 있는 경우와 현재는 동거하고 있지만 앞으로 동거하고 싶지 않다는 응답이 상대적으로 높게 나타나고 있다. 반면에 75세 이상의 후기노인 집단은 현재도 자녀와 동거하고 있으며 장래에도 동거를 지속하겠다는 응답이 54.3%에 이르고 있는 반면에 현재는 동거하고 있지만 장래에는 자녀와의 동거를 하지 않겠다는 응답이 9.5%로서 매우 낮은 비율을 보이고 있다. 즉 상대적으로 연령이 낮은 층에서는 건강과 경제적 능력이 뒷받침되면서 독립적인 생활에 대한 욕구가 강한 반면에 연령이 증가할수록 자녀와의 동거를 기정 사실로 받아들이고 있는 경향을 발견할 수 있다.

노인의 교육수준별 분석에서도 앞의 연령별 분석결과와 유사한 경향이 포착되고 있다. 교육수준이 높은 집단일수록 현재 자녀와 동거하고 있으면서 미래에도 동거하겠다는 응답의 비율이 낮아지고 있고 고졸이상 전체 노인의 33.2%만이 여기에 해당된다. 반대로 현재도 동거하고 있지 않으며 미래에도 동거할 의사가 없다는 노인이 약 25%에 달한다. 그리고 현재는 자녀와 동거하고 있지만 앞으로는 따로 살았으면

하는 생각을 가진 노인이 20%를 상회하고 있으며, 이는 다른 교육수준 집단과 큰 차이를 나타낸다. 교육수준이 낮은 집단일수록 자녀와의 동거를 지속하고자 하는 비율이 높은 것을 확인할 수 있다.

노인의 직업위세별 교차분석에서는 다소 다른 결과가 나타나고 있다. 현재 자녀와 동거하고 있으며 앞으로도 동거를 지속하겠다는 응답은 중위직업을 가진 노인들에게서 가장 높게 나타난다. 이는 직업위세가 낮은 직업을 가진 노인들의 경우 경제적으로 자녀들에게 부양을 의존할 여지가 상대적으로 제약되고 있는 반면에 상위직업 집단의 노인들은 스스로가 경제적 능력을 보유하고 있기 때문에 자녀 부양의 필요성이 적기 때문으로 해석된다.

(3) 종합

앞서 제시한 바와 같이 배우자의 유무와 자녀와의 동거 여부를 종합적으로 고려하여 노인의 가족관계의 객관적 조건을 파악할 수 있다. 구체적으로 노인들은 무배우자/비자녀동거, 무배우자/자녀동거, 유배우자/비자녀동거, 유배우자/자녀동거의 네 가지 범주 중에 하나에 소속된다. 본 연구의 조사대상 노인들의 가족관계의 객관적 지표의 분포를 살펴보면 네 가지 유형이 골고루 분포하고 있다. 유배우자/자녀동거형이 가장 많으며, 전체의 30.1%가 여기에 해당된다. 다음으로는 무배우자/자녀동거 28.3%, 유배우자/비자녀동거 26.0%, 무배우자/비자녀동거 15.6%의 순이다.

이와 같은 가족관계의 분포는 인구사회학적 변인들에 따라 통계적으로 유의미한 차이를 나타내고 있다. 먼저 성별 분포에서는 남자노인의 경우 유배우자/자녀동거 형이 42.1%, 유배우자/비자녀동거가 35.0%를 차지하고 있다. 무배우자/비자녀동거와 무배우자/자녀동거는 각각 10.1%와

12.5%에 불과하다. 여자노인 집단은 무배우자/자녀동거가 39.8%로 가장 많고 무배우자/비자녀동거도 19.4%에 달하고 있다. 즉 남자노인과 여자노인의 분포는 서로 상반되는 경향을 보이고 있다. 이는 남자노인과 여자노인의 평균수명의 차이가 영향을 미친 것이 아닌가 생각된다. 연령별로는 연령이 높은 집단일수록 무배우자/비자녀동거, 무배우자/자녀동거 형의 비율은 증가하고 있다. 반대로 유배우자/비자녀동거와 유배우자/자녀동거의 비율은 줄어들고 있다.

[표 6-16] 인구사회학적 변인별 가족관계 객관적 지표 분석

		가족관계				χ^2값
		무배우자 비자녀동거	무배우자 자녀동거	유배우자 비자녀동거	유배우자 자녀동거	
전 체		157(15.6)	284(28.3)	261(26.0)	302(30.1)	
성별	남	44(10.1)	53(12.5)	148(35.0)	178(42.1)	134.7***
	여	113(19.4)	231(39.8)	113(19.4)	124(21.3)	
연령	60-64세	49(12.8)	65(17.0)	117(30.5)	152(39.7)	75.3***
	65-74세	64(16.0)	121(30.3)	1.8(27.0)	107(26.8)	
	75세 이상	44(19.9)	98(44.3)	36(16.3)	43(19.5)	
교육수준	정규학력무	59(23.4)	122(48.4)	32(12.7)	39(15.5)	144.3***
	초졸-중졸	73(16.6)	119(27.1)	112(25.5)	135(30.8)	
	고졸 이상	25(8.0)	43(13.7)	117(37.4)	128(40.9)	
직업	하위직업	68(22.9)	111(37.4)	70(23.6)	48(16.2)	78.7***
	중위직업	44(12.9)	110(32.3)	72(21.1)	115(33.7)	
	상위직업	45(12.3)	63(17.2)	119(32.5)	139(38.0)	

* $p<.05$, ** $p<.01$, *** $p<.001$

교육수준별 분포에서는 교육수준이 높을수록 유배우자/비자녀동거,

유배우자/자녀동거의 비율은 증가하고 있는데 비해, 무배우자/비자녀동거와 무배우자/비자녀동거 형의 비율은 낮아지는 것이 뚜렷하게 확인된다. 특히 노인들에게 있어서 가장 열악한 조건을 의미하는 구배우자/비자녀동거 형의 경우 교육수준이 낮은 집단에서 매우 높게 나타나고 있으며 정규학력을 갖지 못한 집단의 경우 무려 23.4%가 여기에 해당한다.

마지막으로 직업별 분포에서는 가족관계와 관련하여 일관된 경향이 나타나고 있지는 않다. 먼저 하위직업집단은 무배우자/자녀동거 형이 37.4%로서 가장 큰 비율을 차지하고 있다. 다음으로 무배우자/비자녀동거와 유배우자/비자녀 동거의 순이다. 유배우자/자녀동거의 형은 단지 16.2%에 불과하다. 중위직업집단은 유배우자/자녀동거와 무배우자/자녀동거가 각각 33.7%와 32.3%로 큰 비율을 차지한다. 상위직업집단은 유배우자/자녀동거가 38.0%로 가장 많으며, 유배우자/비자녀동거가 32.5%로 그 뒤를 잇고 있다. 반면에 무배우자/비자녀동거형은 12.3%에 불과해 매우 작은 부분을 차지한다.

2) 개인적 욕구

(1) 가족관계

가족관계에 관한 욕구는 '배우자와의 친밀한 관계'와 '가족구성원들과의 친밀한 관계'에 관한 욕구를 통합하여 살펴보는 것이 타당하다. 우리나라의 경우 가족관계가 친구, 이웃, 친척 등으로 구성되는 사회관계에 비해 상대적으로 더 강조되고 있다.

가족관계에 관한 욕구 수준은 성별, 연령, 교육수준, 그리고 직업과 같은 인구사회학적 변인들의 범주들 간에 통계적으로 유의미한 차이를 보이고 있다. 먼저 남자노인의 욕구의 평균값이 여자노인에 비해 상대적으로 높은 수준이며, 연령별로는 초기노인집단이 75세 이상의 후기노인 집단에 비해 가족관계의 중요성을 보다 강조하고 있다.

[표 6-17] 인구사회학적 변인별 가족관계 욕구 분산분석

		가족관계 개인적 욕구	
		평균	F값
전 체		8.27	
성별	남	8.54	14.1***
	여	8.08	
연령	60-64세	8.52	10.2***
	65-74세	8.31	
	75세 이상	7.79	
교육수준	정규학력무	7.96	9.2***
	초졸-중졸	8.20	
	고졸 이상	8.63	
직업	하위직업	7.55	34.3***
	중위직업	8.42	
	상위직업	8.72	

* p<.05, ** p<.01, *** p<.001

또 교육수준이 높은 집단일수록 가족관계에 대한 욕구의 수준이 높은 것으로 밝혀졌다. 마찬가지로 직업별로도 직업의 사회적 위세가 높은 상위직업의 가족욕구의 평균값이 8.72로서 7.55에 그친 하위직업 집단의 비해 크게 높은 수준을 나타내고 있다.

(2) 객관적 지표와 개인적 욕구 간의 관계

노인의 가족관계의 개인적 욕구는 자녀와의 동거 보다는 배우자 유

무와 보다 밀접한 관련을 갖는 것으로 밝혀졌다. 객관적 지표와 개인적 욕구 간의 상관관계를 분석한 결과, 배우자 존재 여부와 욕구 간에 매우 강한 상관관계가 도출되었다. 그리고 이 상관관계는 성별과 연령, 교육수준, 생애 최장기 종사 직업을 통제한 후에도 유지되고 있다. 반대로 자녀와의 동거여부와 가족관계 욕구 간에는 뚜렷한 상관관계를 확인할 수 없었다. 다만, 교육수준을 통제할 경우 두 변인 간의 상관관계가 다소 의미있는 수준으로 증가하였다.

[표 6-18] 가족관계의 객관적 지표와 개인적 욕구간의 상관관계 분석

	가족관계 개인적 욕구				
	단순상관계수	부분상관계수			
		성별통제	연령통제	교육통제	직업통제
자녀와의 동거여부	.05	.06	.06	.06*	.05
배우자 존재 여부	.40***	.39***	.38***	.38***	.38***
가족 종합지표	.40***	.38***	.38***	.38***	.38***

* p<.05, ** p<.01, *** p<.001

노인의 가족관계의 객관적 지표와 개인적 욕구간의 차이는 성별과 연령, 교육수준에서 통계적으로 유의미한 결과를 보여주고 있다. 먼저 남자노인의 평균값은 .26인데 비해 여자노인들의 평균값은 -.78로 남자노인들은 객관적 조건에 비해 욕구의 상대적 수준이 다소나마 낮은 반면에 여자노인들은 반대의 경향을 나타내고 있다. 즉 현실수준과 비교해서 상대적으로 높은 개인적 욕구를 가지고 있다고 볼 수 있으며, 이러한 결과는 여자노인들의 가족관계에 대한 만족도에 영향을 미칠 수 있다.

[표 6-19] 가족관계의 객관적 지표와 개인적 욕구간의 차이 분산분석

		가족관계의 객관적 지표와 욕구간의 차이	
		평균	F값
전 체		-.34	
성별	남	.26	26.4***
	여	-.78	
연령	60-64세	.07	5.5**
	65-74세	-.51	
	75세 이상	-.74	
교육수준	정규학력무	-1.27	16.2***
	초졸-중졸	-.21	
	고졸 이상	.23	
직업	하위직업	-.46	.6
	중위직업	-.37	
	상위직업	-.20	

* p〈.05, ** p〈.01, *** p〈.001

가족관계의 객관적 지표와 개인적 욕구간의 차이에서 초기노인(60-64세) 집단과 나머지 두 연령집단, 즉 중기노인(65-74세) 집단과 후기노인(75세 이상) 집단은 대조적 위치에 있다. 초기노인 집단의 경우 순위점수에서 객관적 지표와 개인적 욕구가 비슷한 수준인 데에 비해 중기노인 집단과 후기노인 집단은 객관적 지표에 비해 개인적 욕구의 수준이 상당 정도 높게 나타났다. 교육수준별로는 학력수준이 낮은 집단은 가족관계의 객관적 지표에 비해 강한 개인적 욕구 수준을 갖고 있는 반면에 고졸 이상의 고학력 집단에서는 개인적 욕구수준에 비해 객관적 조건의 수준이 높은 것을 볼 수 있다.

3) 주관적 만족도

가족관계에 대한 주관적 만족도는 인구사회학적 변인을 포함하여 객관적 지표와 개인적 욕구 등의 변인들과 통계적으로 유의미한 상관관계를 가지고 있다. 인구사회학적 변인들의 경우 연령 변인만 가족관계 만족도와 부(-)적인 상관관계에 있으며, 나머지 변인들은 정(+)의 관계를 가지고 있다. 경험적 분석에 의하면 여성에 비해 남성노인의 가족관계 만족도가 높은 것으로 나타났다. 여자노인의 만족도의 평균값이 3.29에 불과한데 비해 남자노인 집단의 평균값은 3.61에 달하고 있다.

연령별로는 연령이 증가할수록 가족관계의 만족도가 낮아지는 경향이 존재하여 연령집단별로 살펴보면 64세 이하의 초기노인 집단의 평균값이 3.51로서 가장 높고 중기노인 집단(65-74세)은 3.45, 후기노인 집단(75세 이상)은 3.26에 그치고 있다. 그리고 교육수준과 직업위세가 높은 노인일수록 가족관계 만족도가 높은 경향이 뚜렷이 확인된다.

[표 6-20] 가족관계 만족도 상관관계 분석

	가족관계 주관적 만족도
성별	.21***
연령	-.13***
교육수준	.26***
직업위세	.21***
가족관계 객관적 지표	.54***
가족관계 개인적 욕구	.36***
가족관계 객관적 지표와 욕구 차이	.17***

* p<.05, ** p<.01, *** p<.001

가족관계에 관한 만족도는 가족관계 객관적 지표와 가족관계 개인적 욕구, 객관적 지표와 욕구 간의 차이변인들과 통계적으로 유의미한 상관관계를 가지고 있다. 특히 가족관계의 객관적 지표와의 상관계수 값은 무려 .54에 달하고 있다. 가족관계의 객관적 지표는 배우자 유무와 자녀와의 동거여부를 포함한다. 따라서 배우자가 존재하고 자녀와 동거하고 있는 노인들이 가족 관련 만족도가 높은 것으로 판단된다. 앞서 기술한 바와 같이 노인들의 가족관계 만족도에 있어서 자녀와의 동거여부보다는 배우자의 존재 유무가 더욱 중요한 요인임을 확인할 수 있다.

4) 종합적 삶의 질

가족은 사회의 기초 단위이며, 개인의 생애과정에서 반드시 필요한 경제적, 사회적, 심리적 지원이 이루어지는 장이다. 신체적 노화와 경제적 어려움, 사회적 고립 등의 문제에 직면하게 되는 노년기에 있어서 가족관계의 객관적, 주관적 측면은 노인의 삶의 질에 큰 영향을 미칠 수밖에 없다.

대도시 노인들을 대상으로 수행한 경험적 분석을 통해 가족관계의 객관적 지표와 개인적 욕구, 주관적 만족도는 삶의 종합적 평가와 강한 상관관계를 형성하고 있음이 밝혀졌다. 배우자 및 자녀와 동거하고 있고, 가족구성원들과의 관계에 대한 만족도가 높을수록, 그리고 평소 가족과의 관계의 중요성을 크게 강조하고 있는 노인들일수록 삶의 질이 높은 것으로 해석된다.

최근 가족구조가 핵가족화됨에 따라 노인은 가족 내에서의 위치가 점차 약해지고 있으며 가족해체 등의 현상으로 인해 노인에 대한 가족

안에서의 부양에 대한 인식이 점차 변모하고 있는 추세이다. 따라서 노인을 위한 가족복지정책 및 서비스의 확대가 필요하다.

[표 6-21] 종합적 삶의 만족도와 가족관계의 상관관계 분석

	연령	교육수준	직업위세	가족관계 개관적 지표	가족관계 주관적 욕구	가족관계 개인적 만족도	종합적 삶의 만족도
성별	.02	.38***	.21***	.31***	.12***	.21***	.08*
연령		-.26***	-.04	-.23***·	-.14***	-.13***	-.03
교육수준			.41***	.34***	.16***	.26***	.19***
직업위세				.21***	.20***	.21***	.22***
가족관계 객관적 지표					.40***	.54***	.21***
가족관계 개인적 욕구						.36***	.27***
가족관계 주관적 만족도							.35***
종합적 삶의 만족도							1.0

* p<.05, ** p<.01, *** p<.001

가족복지정책 및 서비스의 인지 여부는 도시노인의 연령, 교육수준, 직업위세, 가족관계 객관적 지표, 가족관계 주관적 만족도, 종합적 삶의 만족도와 유의미한 상관관계를 갖고 있으며 특히 직업위세의 경우 .72로 매우 강한 정(+)의 상관관계를 지니고 있었다. 연령이 높아짐어 따라 가족복지정책 및 서비스에 대한 인지수준은 낮아지는 것으로 나타났고 교육수준, 직업위세, 가족관계 객관적 지표, 가족관계 주관적 만족도, 종합적 삶의 만족도 변인은 낮아질수록 가족복지정책 및 서비스의 인지수준이 높은 것으로 나타났다.

가족복지정책 및 서비스의 필요도는 직업위세, 가족관계 객관적 지

표, 가족관계 주관적 만족도, 종합적 삶의 만족도와 유의미한 정(+)의 상관관계를 갖고 있으며 특히 가족관계 주관적 만족도의 경우 .77로 매우 강한 정(+)의 상관관계를 지니고 있었다. 가족복지정책 및 서비스의 필요도와 유의미한 상관관계를 지니고 있는 변인들의 경우 연령이, 가족관계 객관적 지표가, 가족관계 주관적 만족도가, 종합적 삶의 만족도가 높아질수록 가족복지정책 및 서비스의 필요도가 높은 것으로 나타났다.

[표 6-22] 노인의 삶의 질 관련 변인들과 가족복지정책 및 서비스와의 상관관계 분석

	가족복지정책 및 서비스 인지여부	가족복지정책 및 서비스 필요도
성별	-.36	-.14
연령	-.45*	-.35
교육수준	.50*	.38
직업위세	.72**	.60**
가족관계 객관적 지표	.57**	.74**
가족관계 개인적 욕구	-.25	-.08
가족관계 주관적 만족도	.54*	.77**
종합적 삶의 만족도	.60**	.67**

* p<.05, ** p<.01, *** p<.001

즉, 가족복지정책 및 서비스는 직업위세, 가족관계 객관적 지표, 가족관계 주관적 만족도, 종합적 삶의 만족도가 높을수록 그 필요도가 증가함을 알 수 있으며 삶의 만족도 향상을 위해 가족복지정책 및 서비스가 필요한 것임을 알 수 있다.

3. 가족관계의 삶의 질을 위한 정책 및 서비스

가족관계는 그 구성원에게 매우 중요하지만 특히 노인에게는 더욱 그러하다. 왜냐하면, 노인은 한 가정에서 가족원의 어른으로 자리매김하고 있으며, 오랫동안 부부관계를 유지하다가 흔히 배우자를 사별하고 자녀들과 살아가면서 제2의 삶의 영역을 개척하고 있기 때문이다. 본 경험적 분석에서 나타나듯이 아직도 자녀와 동거하고 있는 노인이 58.4%인 것을 보면, 아직도 가족관계 안에 노인의 삶이 있는 것이다. 노인이 가족과 현재 동거하지 않는다 하더라도 정서적 유대는 항상 유지하고 있는 게 우리나라 노인과 가족원과의 관계이다. 경험적 분석에 나타난 가족관계에 관한 조사결과에서도 뒤에서 다룰 사회관계 및 취업활동에 비해 가족관계가 상대적으로 더 강조되고 있는데 여기에서도 우리 사회에서의 도시노인의 삶의 질에 미치는 가족관계의 중요성은 확인되고 있는 것이다.

이처럼 가족관계는 노인의 삶의 버팀목이 되고 의사소통의 대상이 된다. 그러나 가족원의 입장에서 노인은 집안의 어른으로 존재 하지만, 노부모가 심신이 허약해지거나 치매상태에 이르게 되면 다른 가족원들은 일상생활을 제대로 수행하기가 어렵게 된다. 즉, 노인부양을 가정내에서 가족원이 전적으로 책임지기에는 이제 많은 한계를 지니고 있는 것이 현실이다.

따라서 여기에서는 가족관계가 제대로 이루어지도록 가족의 기능을 보완해 주는 다양한 정책 중 재가노인복지사업(방문요양서비스, 주야간보호와 단기보호, 방문목욕), 치매상담센터, 노인돌봄서비스, 노인보호전문기관의 서비스의 현황을 파악해서 이를 바탕으로 개선방안을 찾아보고자 한다.

1) 현황 및 문제점

(1) 재가노인복지사업

노인의 가족관계를 위한 정책으로 재가노인복지사업은 매우 중요한 역할을 하고 있다. 이는 재가노인을 보호함으로써 가족의 기능을 보완해주고, 노인을 돌보아야 할 가족의 부담을 완화해 주기 때문이다. 주지하는 대로 재가노인복지사업은 시설위주의 보호를 탈피하여 가정에서 보호하자고 하는 의식의 변화로부터 출발하였다. 즉, 1987년 가정봉사원파견사업이 실시되면서부터 재가노인복지사업이 시작되었고, 2003년 1월부터는 중산층과 서민층 노인을 위한 주간보호사업을 하는 등(박석돈 등, 2008) 노인복지의 중요한 축으로 발전하였다.

재가노인복지사업은 가정봉사원파견사업, 주간보호사업, 단기보호사업으로 나뉘었으나, 2008년부터 방문요양서비스, 주야간보호사업, 단기보호서비스, 방문목욕서비스로 나누어 시행하고 있다. 이 사업은 정신적·신체적 이유로 독립적인 일상생활을 수행하기 곤란한 노인과 노인부양가정에 필요한 각종 서비스를 제공함으로써, 노인이 가족 및 친지와 더불어 건강하고 안정된 노후 생활을 영위할 수 있도록 함과 동시에 노인부양으로 인한 가족의 부담을 덜어주기 위한 사업이다. 이용대상은 주로 장기요양급여수급자 이외의 자(등급외 자) 중 기초생활보장수급자 및 부양의무자로부터 적절한 부양을 받지 못하는 노인으로서 혼자서 일상생활을 수행하기 어려워 재가서비스의 제공이 필요한 노인들이다.

재가노인복지서비스를 보다 세분화하여 살펴보면 재가복지서비스 중 늘어나는 치매 허약노인을 위하고 이들을 돌보는 부양자들의 부담을 덜어주기 위한 방문요양서비스가 있다. 방문요양서비스는 가정에서 일상생활을 영위하고 있는 노인으로서 신체적·정신적 장애로 어려움을 겪고 있는 노인에게 지역사회 안에서 건전하고 안정된 노후를 영위하도록 요양보호사가 가정을 방문하여 신체활동 및 가사활동 등 필요한 각종 서비스를 제공함을 목적으로 이루어지는 서비스이다.

서비스 내용은 방문요양에 관한 사항으로 신체활동지원서비스, 가사활동지원서비스, 개인활동지원서비스가 있다. 또한 상담 및 교육에 관한 서비스가 있는데 이는 노인생활 및 신상에 관한 상담서비스, 질환 및 장애노인, 가족을 위한 상담 및 교육 등이다. 한편, 노인결연에 관한 사항으로 무의탁 노인의 후원을 위한 결연사업이 있는데 2009년 기준 1인당 월 10,000원 이상을 3월 이상 계속하여 지속적으로 지원하는 사업이 있다.

방문요양서비스는 가정에서 보호가 필요한 노인을 대상으로 요양보호사를 동원하여 보호하는 유익한 제도이지만 이를 수행하는 기관이 그동안 경쟁적으로 설립되어 최근 문제가 되고 있다. 개인시설로서 방문요양서비스기관설립이 신고제이다 보니, 노인요양에 대한 기본적인 지식이나 기술도 없이 기관을 설립하여 제대로 된 서비스를 제공하지 못하는 기관이 속출하고 있다. 개인 신고시설로서 지역사회에 대한 충분한 조사 없이 서비스를 개시하여 서비스가 단절되는 현상이 나타나고 있으며 대상자가 매우 허약하여 노인돌봄서비스가 지속적으로 이루어져야 함에도 서비스가 단절되는 상황은 노인들에게 많은 어려움을 주고 있는 것이다. 또한 요양보호사는 단기간의 요양보호사 과정만 이수하고, 충분한 실습을 거치지 않고 배출되어 제대로 전문적 서비스가 이루어지지 않고 있다.

그러나 이를 관리·감독해야 하는 지방자치단체의 직무소홀도 문제이다. 방문요양의 필요성이 인정되고, 그 수요가 있을 것으로 판단되더라도 현재와 같은 거의 무대책적인 관리·감독은 이후 더 큰 문제를 야기할 수 있다. 즉, 복지서비스 제공보다는 서비스 단가를 이윤창출의 관점에서만 접근하는 시설들이 많이 나오고 있고 또한 앞으로도 그럴 것이기 때문이다.

재가노인복지서비스에서 주야간보호서비스와 단기보호서비스 또한 가족관계 향상을 위한 서비스이다. 주야간보호서비스는 부득이한 사유로 가족의 보호를 받을 수 없는 심신이 허약한 노인과 장애노인을 주간 또는 야간 동안 보호시설에 입소시켜 필요한 각종 편의를 제공하여 이들의 생활안정과 심신기능의 유지·향상을 도모하고, 그 가족의 신체적·정신적 부담을 경감하고자 시행하는 프로그램이다. 서비스내용을 보면, 생활지도 및 일상동작훈련 등 심신의 기능회복을 위한 서비스, 급식 및 목욕서비스, 송영서비스가 있으며 보호시간은 오전 8시부터 오후 10시까지로 되어 있다.

주야간보호서비스와 유사하게 제공되는 서비스가 단기보호서비스다. 이 서비스도 부득이한 사유로 가족의 보호를 받을 수 없는 심신이 허약한 노인과 장애노인을 주간 또는 야간 동안 보호시설에 단기간 입소시켜 보호함으로써 노인 및 노인가정의 복지증진을 도모하고자 하는 프로그램이다. 이용대상은 주로 재가노인복지시설 이용 노인이며, 이들에게 제공되는 서비스는 급식, 치료, 그 밖의 일상생활에 필요한 편의를 제공하는 서비스와 그 밖에 노인요양시설 또는 노인요양 공동생활가정의 사업에 준하는 서비스로 이루어져 있다. 보호기간은 1회 90일이며, 연간 180일을 초과할 수 없다. 그러나 주야간보호사업과 단기보호사업이 더 활성화되기 위해서는 다음과 같은 문제점들을 지적하지 않을 수 없다.

대상자 선정 시 소득기준을 우선적으로 적용하는데 이는 노인보호의 필요성은 고려하지 않고, 소득기준조사 등을 통해 사업기관의 주관적 판단에 의해 재가노인복지기관에서 보호가 필요하다고 인정된 노인에 대해서만 급여가 제공되는 것은 문제이다.

서비스 대상자 요구에 맞는 개별화된 급여가 부족하다. 이용 노인의 다수가 거동이 불편한 노인과 치매노인인데 비해 빈약한 시설과 프로그램으로 인해 일상생활동작훈련의 프로그램은 거의 형식에 그치고 있다. 또한, 서비스 프로그램이 대상자에 맞게 개별화되어 있지 않고, 너무 포괄적이고 불특정 다수를 대상으로 하므로 개인에게 적합한 서비스를 제공하기 어려워 주간보호사업의 기본 목적인 낮 시간 동안 시설에서 보호하며 노인의 기능회복을 도모한다는 취지를 살리기 힘들다. 대상자 운영방식에서도 고려해야 할 점이 있는데, 65세 이상 기초생활보장수급자를 우선으로 이용하게 하고, 시설 이용정원에 이르기까지는 수용 가능하지만, 만일 정원이 충족된 상태에서 기초생활보장수급자인 노인이 신청하면 기존 실비 입소노인 중에서 이용기간 · 건강상태 · 소득 등 보호의 필요성을 고려하여 퇴소 대상자를 결정하는 방식은 보편적 서비스를 받을 권리에 역행하는 선별적 방법이라고 할 수 있다.

재가노인복지서비스 중 방문목욕서비스가 있는데, 이는 목욕장비를 갖추고 가정을 방문하여 거동이 불편한 노인들을 돌보는 서비스이다. 이 서비스로 말미암아 목욕을 할 수 없는 장애노인, 허약노인에게 목욕서비스를 제공하여 노인위생의 향상과 가족관계를 향상시킬 수 있다. 그러나 방문목욕서비스에는 목욕차량, 자원봉사자 등 장비가 많이 소용되는 것과 목욕차량이 진입하지 못하는 지역에서는 목욕서비스가 불가능하다는 단점이 있으며 또한 목욕 서비스를 하면서 노인의 인권 침해 사례 등이 보고되어 이에 대한 개선이 필요하다.

(2) 노인돌봄서비스

최근 허약한 노인이 증가하면서 노인돌봄서비스가 가족관계 향상을 위한 서비스로 주목받고 있다. 이 노인돌봄서비스는 기본서비스와 종합서비스 두 가지 형태로 제공되고 있다. 기본서비스 대상자는 65세 이상 노인으로 요양서비스가 필요 없지만 소득·건강·주거·사회적 관계 등에서 서비스가 필요한 노인에게 무료로 제공하는 것이다.

종합서비스는 65세 이상 장기요양등급 경증의 노인에게 바우처(Voucher) 제도로 제공하는 것이다. 바우처는 서비스 비용의 지불증서 또는 현금 교환권을 말하는데 정부에서 일정 서비스를 민간 비영리 및 영리단체에게 받게 하고 그 비용의 전부와 일부를 바우처로 지급하는 제도다. 서비스 수급자는 서비스 대상 기관을 선택하여 서비스를 받고 바우처로 지급하면 서비스 기관은 그 증서를 정부에 청구하여 비용을 받게 된다. 우리나라에서는 바우처 제도가 2006년부터 사회서비스 분야에 도입되어 시행되고 있으며(이재원, 2008) 현재 바우처는 문서로 된 것이 아니라 신용카드와 같은 카드로 지급하면 정부가 마련한 바우처 결재기관에서 결재하여 서비스 제공기관에 비용을 지급해 주도록 하고 있다.

종합서비스는 2006년에 시작된 노인돌봄미 바우처서비스와 독거노인 생활관리사 파견 서비스를 2009년부터 혼합한 서비스이다. 노인에 대해서는 혼자의 힘으로 일상생활이 어려운 노인에게 가사활동지원서비스를 제공하는 것인데 노인장기요양보험의 등급판정 기준에 의하여 요양등급점수가 40-55점인 경우 소득수준과 한 달 동안 희망하는 서비스

시간에 따라 정부의 바우처와 본인의 부담 부분을 달리하고 있다. 월평균 소득이 최저 생계비의 120% 미만인 경우는 서비스 비용의 대부분을 정부가 바우처로 부담하고 이용자가 월 18,000원에서 24,000원을 부담하도록 하고 있으며 최저생계비의 120% 이상 150% 미만인 경우는 이용자가 36,000원에서 48,000원을 부담하도록 하고 있다.

노인돌봄서비스는 재가노인복지서비스가 공급자 위주에서 수요자 중심의 사회서비스 제공체계로 전환되고, 서비스 수요자의 선택권을 보장하며, 공급자 간 경쟁을 통해 질 높은 재가노인복지서비스를 제공할 수 있도록 새로운 시장 구조를 형성·운영하기 위한 시도라 할 수 있다(최은희, 2008).

그러나 이 노인돌봄서비스에 대하여 아직 홍보가 미흡하여 이러한 서비스가 있는지 조차 알지 못하고들 있기 때문에 서비스가 필요한 대상자들이 이를 인지하지 못해서 이용을 못하는 경우가 적지 않다. 또 제공인력인 서비스 관리자나 노인돌보미에 대한 정기적인 교육이 준비되어 있기는 하지만 충분한 교육이 이루어지지 않아 노인들에게 충분한 서비스가 제대로 전달되지 못하고 있다. 노인돌보미 인력과 서비스 수혜자 간에 서비스의 범위를 놓고 분쟁이 발생하는 경우도 있어서 이에 대한 정리가 필요하다. 노인돌보미 인력은 전문적인 인력이라 여겨야 하는데, 수혜자는 허드렛일 하는 사람 정도로 취급하여 양자간에 인식의 차이가 있는 것이 사실이다. 또 도농간 격차의 문제도 있어 도시지역에서는 비교적 제공인력이 많아 노인돌봄서비스를 제공하고 있는데, 농어촌의 경우 노인돌봄인력이 충분치 않아 이 서비스가 제한적일 수밖에 없는 실정이다.

(3) 노인보호전문기관

최근 빈번하게 발생하는 노인학대는 그 주된 가해자가 그 직계아들이라는 조사결과가 나오는 것처럼 이는 가족관계를 저해하는 문제가 되고 있다. 이러한 노인학대의 문제를 해결하기 위해서 노인보호전문기관이 설치되어 운영되고 있다. 당초 노인보호 전문기관은 2002년 12월 민간사업으로 노인학대상담센터를 처음 개설하였고, 2004년 노인복지법이 개정되면서 법제화 되었다. 이 해에 전국 16개 광역시도에서 노인학대상담센터를 설치하기에 이르렀으며 2009년 1월 현재 중앙노인보호전문기관 1개소, 지방노인보호전문기관 18개소, 분관 1개소가 운영되고 있다. 2008년 1월부터는 노인보호전문사업 활성화 및 기관의 정체성 확립을 위해 노인복지법상의 명칭인 노인보호전문기관을 공식명칭으로 사용하고 있다.

이 사업의 목적은 인구 노령화와 핵가족화가 가속화 됨에 따라 가족간의 갈등 및 노인부양부담이 증대되고 노인학대사례가 계속 증가하여 이를 전문적이고 체계적으로 대처하여 노인권익을 보호하는 한편 노인학대 예방 및 노인인식개선을 통한 노인의 삶의 질 향상을 도모하고자 하는 것이다.

주요 사업을 보면, 노인복지법 제39조의 5에서 규정한 노인학대예방사업으로 하되, 노인인식개선교육(경로효친교육 등 포함), 노인자살 예방사업, 시설 내 노인권리 보호 및 기타 노인의 권익보호를 위한 사업을 포함하고 있다. 특히 효행장려 및 지원에 관한 법률과 관련하여 유치원 및 초등학교, 중학교, 고등학교, 영유아보육시설, 사회복지시설, 평생교육기관 등을 대상으로 한 효행교육과 노인복지 시설내 노인권리를 증진할 수 있도록 다양한 사업을 하고 있다.

노인보호전문기관이 노인학대예방센터로부터 시작하여 서비스를 제공한지 10년이 다되어가지만 여전히 이 사업에 대한 일반 국민의 인식이 부족하다. 다른 노인복지시설인 노인복지관, 요양원, 양로원 등과는 다르게 일반 국민들이 노인보호전문기관에 대한 인식이 덜 되어 있는 것이 사실이다. 이는 사업이 시행된 지 얼마 되지 않은 까닭도 있겠지만, 노인학대에 대한 저변의 인식이 부족한 것도 그 이유이다. 또한 사업의 편중성이 심한 것도 문제로 지적할 수 있는데 주로 노인학대와 관련한 사업만을 하고 있어서 다른 여타의 노인문제에 대해서는 접근이 이루어지지 않고 있다. 즉 노인학대와 관련한 사업과 더불어 노인교육, 노인인식개선 등 다양한 사업이 이루어지지 못하고 있어 아쉬운 것이다. 또한 이 기관이 이용기관이므로 노인을 위한 동아리 운영, 교양교육이 필요하며 특히 전문적인 서비스가 이루어지기 위해서는 직원교육이 긴요한데 이것이 제대로 이루어져 있지 않은 실정이다. 이는 노인보호전문기관의 직원들이 소규모이다 보니 직원교육이 잘 시행되어지지 않고 있기 때문이다.

(4) 실종위험 노인보호 프로그램

최근 노인성 치매나 정신 질환 등으로 노인들이 자신의 의지와는 상관없이 가출을 하거나 거리를 배회하여 가족관계에 여러 가지 어려움을 주고 있다. 아동이나 노인의 실종은 자신이 실종되었다는 사실조차 인식하지 못한 상태에서 실종되므로 문제가 매우 심각하다. 노인의 실종은 가족원들에게는 노부모를 찾기 위해 무한한 시간과 비용을 지불하게 함으로써 가족관계의 위기를 가져올 수 있다. 이러한 문제를 예방하기 위하여 어르신에게 인식표를 제도적인 차원에서 활용하는 '배회 가능 어르신 인식표 나누어 드리기 사업'이 있다. 이 사업은 실종치매노인 수가 매년 증가하고, 무연고노인 역시 지속적으로 발생하고 있는 상황에서 노인들에게 인식표를 나누어 드림으로써 노인실종을 예방하려는 것이다. 인식표를 받기 희망하는 가족은 시군구 보건소에 신청서를 제출해야 하는데, 이때는 동의서가 필요하다. 보건소에서는 실종노인상담지원센터 홈페이지에 신청자료를 입력한 후 코드번호와 인식표를 제작하여 가족에게 제공해 주고 있다.

이렇게 가족에게 인식표를 배부활용하고 있음에도 노인실종의 문제는 지속적으로 발생하고 있다. 그래서 일단 실종된 노인을 찾는 '실종노인 찾기 사업'을 동시에 국가적 차원에서 진행하고 있다. 이는 실종노인의 조속한 발견과 복귀를 지원함으로써 노인의 안전을 위한 사회안전망 구축과 실종 노인 가정의 복지증진에 기여하고자 시행하고 있다. 실종된 노인에 대하여는 누구든지 정당한 사유없이 경찰관서나 지방자치단체 장에게 보고없이 임의로 보호할 수 없다. 누구든지 실종노인을 발견하면 경찰서, 읍면동, 실종노인상담센터에 신고해야 한다. 노인복지법은 2008년 8월부터 실종노인에 대한 신고의무조항을 신설하여 이를 강제하고 있다.

우리나라에서 매년 수많은 노인들이 실종되어 가족과 헤어지고 있음에도 노인실종은 아직까지 크게 사회적으로 이슈화되지 않고 있다. 여전히 아동실종의 연장선상에서 다루어지고 있으며, 노인실종의 문제도 흔히 실종아동찾기센터에서 이루어지고 있는 형편이다.

2) 개선 방안

노인에게 가족관계는 노인 자신을 지탱해 주는 버팀목과 같은 존재이고, 울타리로서의 보호벽이다. 노인이 가족관계에서 건강하고 안락한 노후를 보낼 수 있도록 하기 위해서는 다음과 같은 몇 가지 개선방안이 제시될 수 있을 것이다.

첫째, 노인을 가정에서 가족이 우선 보호해야 한다는 종래의 인식에서 벗어나 사회도 노인을 보호해야 하는 연대성의 책임이 있다는 인식으로 전환해 나가야 한다. 치매노인, 학대받는 노인, 방치된 노인 등 보호가 필요한 노인을 위한 대책에 대해 과거보다는 진일보하여 국가 책임이 강화되기는 하였지만, 여전히 가족책임 우선이 강한 것이 현실이다. 이는 국가의 노인보호에 대한 역할을 방기하는 것이므로 앞으로 사회의 연대성에 의한 국가의 정책이 이를 뒷받침해야 할 것이다.

둘째, 노인가족관계를 향상하기 위해서는 노인뿐만 아니라 노인을 보호하고 있는 그 부양가족원에 대한 지원도 이루어져야 한다. 특히 치매노인을 부양하고 있는 부양자들의 부담은 매우 크다고 할 수 있다. 이들은 치매노인인 부모의 부양 때문에 생업을 포기해야 하기도 하고, 스트레스를 받아 제대로 부양을 못하고 끝내 방기하는 경우까지 생기기도 한다. 따라서 치매노인을 직접 부양하는 자녀에게는 세제혜택, 부양휴가, 부양수당 등을 제공해야 할 것이다.

셋째, 가족이 직접 노인을 보호하지 못할 경우 요양보호사 등 제공인력을 통해 노인을 보호해야 하는데, 제공인력의 졸속한 과잉공급과 훈련체계의 미비로 적절한 서비스가 전달되지 못하는 문제점이 나타나고 있다. 따라서 제공인력에 대한 교육훈련을 제대로 하여 최상의 서비스가 전달되도록 해야 할 것이다.

넷째, 노인의 가족관계 개선을 위해 재가노인복지사업이 효율적으로 이루어지기 위해서는 기초생활보장수급자뿐만 아니라 저소득층 노인들도 보호를 하여 그 수혜 대상을 확대할 필요가 있다. 우리나라 수급자 선정은 매우 엄격하게 이루어져서 생활이 어려운 노인들이 탈락하는 사례가 적지 않기 때문에 많은 노인이 제대로 보호를 받지 못하고 있다. 또한 누수없는 적절한 보호를 위해서는 지역사회네트워크를 구축하여 보호받지 못하는 노인들을 보호해야 한다. 여기에서 지역사회네트워크는 지방자치단체가 처음에는 주도하고, 민간단체가 자발적으로 운영하도록 하는 것이 바람직 할 것이다.

다섯째, 노인돌봄서비스나 노인학대예방을 위한 보호전문기관 등 대부분의 노인시설이 도시지역에 집중되어 있는 점도 개선해야 한다. 노인돌봄서비스는 시설설치가 까다롭지 않기 때문에 농어촌지역에서도 설치가 가능할 것이며 노인보호전문기관 또한 소규모 시설이기에 농어촌지역에서도 충분히 이루어 질 수 있다고 보여진다. 지방자치단체는 이러한 노인돌봄서비스를 농어촌지역에 가능하도록 적극 지원하는 것이 필요하다.

여섯째, 노인돌봄서비스의 경우 설립 조건은 완화되어 많은 시간과 자본없이 이루어져 농어촌지역에서도 가능한 것이 장점이지만, 그러나 난립의 위험이 있어 현재 너무 많은 돌봄서비스 기관이 만들어져 서비스의 중복과 이로 인해 제대로 된 서비스를 제공하지 못하는 문제가 나타나고 있다. 이를 개선하기 위해서는 감독기관의 엄격한 관리와 행정지도가 뒤따라야 할 것이다.

일곱째, 노인들이 실종되고 배회하는 것은 가족기능의 약화를 단적으로 보여주는 것이다. 현재와 같이 경찰서, 읍면동에서만 담당할 것이 아니라 각 기차역이나 터미널 등에서 신고처나 신고함을 만들어 실종노인을 다각적으로 신고할 수 있도록 해야 한다. 또한 노인실종전화에 대한 홍보를 강화하여 누구든지 무연고 실종 노인을 발견하면 신고할 수 있는 사회적 분위기를 만들어야 하겠다.

제 7 장

도시노인의 사회관계 및 취업활동과 삶의 질

1. 연구 성과 논의

1) 노인의 삶과 사회관계 및 취업활동

(1) 사회관계 및 취업활동의 개념과 기능

사회관계(social relation)란 개인에게 일상생활 속에서 자아감이나 소속감, 또는 물리적 도움을 주는 사람들 사이의 유대(tie)를 의미한다(Litwin, 1996:1). 즉, 친밀감을 갖는 단체나 사람들과의 상호접촉을 통해 물질, 정서, 정보 등을 상호교환하고 행위를 규제하는 지속적인 유대관계이다(손장권 · 조용하, 2004 : 499). 개인 또는 집단 간의 연계구조를 설명하는 분석적 개념으로, 개인이나 조직의 지속적 사회활동을 가능하게 하는 사회적 구조물이라 할 수 있다(Mueller, 1980; 김용학, 1987). 견해에 따라 그 의미가 조금씩 다르게 해석되지만, 일반적으로 사회적 지지망, 관계망, 연계망과 유사한 의미로 사용되고 있다(정순둘, 2000).

사회참여(social participation)란 직업, 종교, 정치, 자원봉사, 지역사회조직 및 단체활동 등 개인 및 집단의 목적을 달성하기 위한 사회적 활동을 의미한다. 개인은 자신의 긍정적 이미지를 위해 사회적 상호작용을 유지하려고 하며, 사회참여를 통해서 자신의 소속감과 정체성을 확인할 수 있으므로 복지에도 긍정적 영향을 미친다. 사회적 역할(social role)은 사회의 위치에 결합되어 있는 권리, 의무와 기대로 정의되며(Wan, 1982:37), 주어진 사회적 지위에 동반하는 기대되는 행동이다(Atchley, 2000). 인간은 일생동안 다양한 사람들과 사회적 참여활동을 통해 매우 복잡한 사회관계를 맺는다. 개인의 정체성은 사회적 역할을 통해 결정되며, 이러한 역할은 개인의 행동이나 태도에 영향을 미친다. 개인의 사회적인 역할에 투자하도록 사회화되었기 때문에 개인이 사회적 역할을 담당할 수 없을 경우, 스트레스의 원인이 되기도 한다(Pearlin, 1983).

사회구성원으로서의 역할은 공식적 역할과 비공식적 역할로 나눌 수가 있는데, 모두 개인의 행동이나 태도를 결정하는 중요한 사회적 기능을 한다. 전자는 주어진 사회적 역할의 실체와 지위로 개인을 결정하며, 후자는 개인의 가족, 친구, 이웃과의 관계로 이루어져 있는데 이는 사회적인 지위를 주는 것은 아니지만, 사회적 활동 유형과 사회적 기능을 가지고 있다.

Cantor(1980)의 사회적 지지체계 모델에 의하면, 사회관계는 자아로부터의 거리에 따라서 배우자, 부모, 자녀, 친척 등을 포함하는 일차적인 비공식적 관계와 친구, 이웃과 같은 이차적인 비공식적 관계, 그리고 직장동료, 단체성원 등과 같은 공식적인 관계가 동심원을 그리고 있다(정경희 외, 2005:100). 이러한 광의의 사회관계 중에서 가장 일차적인 비공식적 관계에 해당되는 배우자, 부모와 자녀, 친척은 가족관계라는 또 다른 표현으로 명명될 수 있으며 별다른 사회참여 활동 없이도 부여되는 자연스러운 역할과 기대에 의해 형성되는 관계라는 특징을 가진다. 따라서 협의의 사회관계는 가족관계를 제외한 여타의 의도적 사회참여 활동을 통해 형성되는 친구, 이웃, 직장동료, 단체성원 등으로 구성된다고 할 수 있다.

친구는 생애주기에서 맺게 되는 다양한 사회관계 중 가족과 더불어 한 개인을 둘러싼 사회적 공간 내에서 자신의 삶에 적응하도록 지속적으로 지원하는 보호막의 역할을 하는 가장 기본적인 사회관계망 중의 하나이다. 이웃은 거주공간을 중심으로 근거리에 위치하며 주거환경 및 공간과 관련된 지역사회의 문제를 공유하는 개인 또는 집단을 의미한다. 거리상으로 근거리에 위치하는 장점으로 인해 의도하지 않더라도 접촉의 빈도가 높아지며 그로 인해 사회적 지지를 제공할 가능성이 높아진다. 한편 공식적으로는 경제활동을 위한 일자리인 직장 내에서 맺어지는 동료관계, 사회단체에 가입과 참여를 통해 형성되는 관계가 존재한다.

한편 사회적 지지(social support)란 타인들에 의해 제공된 자원을 말하는 것(Cohen & Hoberman, 1983)으로 다른 사람에 대한 긍정적 감정 표현과 타인의 행동이나 지각의 인정 그리고 타인에 대한 상징적 또는 물질적 도움의 제공을 받거나, 대인 관계적 거래를 통해 한 개인이 얻을 수 있는 모든 긍정적 자원을 의미한다(전귀연 · 임주영, 2002). 다시 말해서, 사람들이 사회관계를 통해 얻을 수 있는 물질적 지원과 서비스, 정서적 지지나 충고, 지도, 칭찬 등으로 개인의 욕구가 충족된 정도를 말한다.

사회적 지지 역시 소득보장, 의료보장, 사회복지 등 사회가 제공하는 공식적인 지지와 가족, 친척, 친구, 이웃 등 사적관계에서 제공하는 비공식적인 지지로 분류될 수 있다. 신체적 및 정신적 기능의 저하와 경제적 소득의 감소를 겪는 노년기에는 특히 비공식적 지지에 많이 의존하는 경향이 강하다(이영자 · 김태현, 1999). 노인들을 위한 비공식적 지원은 도구적 지원 · 정서적 지원 · 정보지원으로 분류될 수 있는데, 도구적 지원은 일상생활에서 실질적인 일로 도움을 받는 것을 의미하며, 정서적 지원은 호의적이고 도와주는 관계를 통해 자신감을 얻고 심리적 지원을 받는 것을 의미하고, 정보지원은 문제를 해결하고 의사결정을 돕는 것을 말한다(이기홍 외, 2006:86).

따라서 사회관계는 교제 및 정보의 교환을 가능하게 하며, 비상시 후원자로서의 역할을 할 뿐만 아니라, 사회로의 통합을 가능하게 하는 중요한 자원이다. 이는 사회관계가 배타적인 호혜성과 상호의무를 촉진하는 강하고 밀도 높은 연계망으로서의 기능을 가지고 있으며, 동시에 다양한 특성을 지닌 개인들의 소속감과 사회통합적 연결을 통해 다양한 자원에의 접근성을 높여주는 기능을 갖고 있기 때문이다.

이 개념들의 연관성을 보면, 사회관계는 사회참여를 통해 부여되는 사회적 지위와 역할을 수행하는 과정에서 형성되며, 이 과정에서 형성된 관계망을 통해 사회적 지지를 상호 교환한다고 할 수 있다. 사회적 연계망(social network)에 관한 연구(Hall & Wellman, 1985)에서는 사회참여를 통해 사회적 연계망의 크기가 증대하고 구성이 다양화됨으로써 노인에게 정서적 지지, 물질적 보조, 서비스, 정보 및 새로운 접촉기회를 증대시킬 수 있다는 점을 강조하고 있다.

한편 인간이 취업활동을 하는 이유는 오로지 경제적인 것에만 있지 않으며, 여타의 사회적 · 심리적 목적 역시 작동하게 된다. 일이라는 것은 경제적 기능 이외에 사회적·심리적 기능도 동시에 지닌다. O'tool은 일은 인간에게 자기 존중감(self esteem), 정체감(identity), 질서의식(a sense of order)을 부여해 준다고 했고, Kieffer는 특히 은퇴한 노인들의 취업활동은 노후생활에 필요한 소득원을 확보해줄 뿐만 아니라 신체적, 정신적 건강을 유지시키며, 생산적 활동을 계속하므로 의미있는 역할 수행에 대한 자부심, 유용감, 자아정체감 등을 갖게 해준다고 했다.

그렇다면 이처럼 일자리를 통한 취업활동은 노인에게는 어떠한 영향을 미치며 노인의 삶에서는 어떤 의미를 가지는가? 세계적으로도 유례없이 급속하게 진행되고 있는 인구고령화 현상은 사회·경제적 구조뿐만 아니라 노인 개인의 삶 전반에도 많은 영향을 미칠 것으로 예상되고 있다. 국가 경제적 차원에서 인구고령화는 일자리 및 생산가능인구 수와 직결될 뿐만 아니라 고령화 사회에서 나타나는 가장 큰 문제 가운데 하나인 노년부양비도 급속하게 높아지게 되어 거시경제, 노동시장, 국가재정에 영향을 미치는 한편, 개인적 측면에서는 사회적 역할의 상실과 근로소득의 중단으로 이어져 개인의 경제적·신체적·심리적 변화에 영향을 미친다(김교성, 2008).

(2) 노년기 사회관계 및 취업활동의 특성

노인의 삶에서 사회관계는 매우 중요한 의미를 가지는데, 그 이유는 노인의 경우 노년기에 나타나는 특성상 타인에게 그들의 삶을 의존할 필요성이 더욱 커지기 때문이다. 노년기는 배우자의 사별과 자녀와의 별거 등으로 인한 심리적 소외와 고독이 증가하고, 신체적 노화에 따른 일상생활에서 타인에 대한 의존이 높아지며, 직장에서의 은퇴에 따른 사회적 지위 및 역할의 상실로 기존의 사회관계가 축소되는 시기이다(오영희 외, 2005:73). 사회적 역할이 중요한 것은 그것을 통해 사람들은 자신이 누구이며 어떻게 행동해야 하는지를 인식하기 때문이다.

노년기는 사회적으로는 경제활동의 감소로 인해 사회적 지위와 역할이 감소하고, 가족 내에서는 자녀양육의 책임이 줄어들면서 사회적 의무가 줄어드는 시기이다. 이로 인해, 노인은 의무로부터 자율감과 함께 역할상실로 인해 활동과 관계의 상실을 경험하게 되며, 자신이 수행하고 있는 역할을 통해서 정체성, 자기평가, 자기가치, 통제력 등을 느꼈던 사람들은 역할이 변화되거나 상실되었을 때, 커다란 스트레스를 경험하게 된다(김미령, 2006:203). 이와 같은 상태에 직면하게 되면 지역사회와의 교류가 단절된 채로 장기화된 노년을 맞이하며, 신체적·정신적으로 활동할 수 있으면서도 사회로부터 고립되어 개인적으로나 사회적으로 모두 바람직하지 못한 결과를 초래하게 된다.

노인은 생물학적 측면과 건강의 불가피한 변화를 제외하고는 중년기와 다름없는 심리적 욕구를 유지하고 있다. 따라서 노인이 다른 사람들과 어울리기를 원하고 집단 활동과 지역사회의 일에 참여하는 것은 자연스러운 욕구이다. 이처럼 사회생활에 대한 노인의 욕구가 충족되지 못하면 노인들은 자신의 삶에 대한 무력감을 겪게 된다. 정승은·최영희(1996)는 노인들이 무력감을 느끼는 원인 가운데 하나로, 사회와의 단절을 지적하고 있다. 무력감은 자신이나 환경 또는 곧 직면하게 될 상황을 자신이 통제할 수 없음을 지각한 상태로, 그 원인을 사회와의 상호작용을 유지하지 못하게 되는 데에서 찾고 있다. 여기에는 노인에 대한 사회의 무관심, 조기 정년으로 인한 실직, 배우자나 친구의 상실, 대외활동의 어려움 등이 포함된다.

노인이 되면 겪게 되는 대부분의 탈참여 현상은 노인 자신의 욕구가 아닌 사회적 추방의 결과이다(조성남, 2004:282). Kuyper와

Bengtson(1973)은 사회재구성 이론에서 노인은 사회적 은퇴 및 사회관계의 축소로 인해 이전의 역할을 상실하게 되어 스스로 자신감의 결여 및 정체성의 위기를 느낄 가능성이 높은데, 사회가 노인을 무능하고 쓸모없는 사람으로 인식하고 있으며 노인 스스로가 부정적 낙인을 수용하게 되어 사회에 적응하는 능력이 그만큼 저하된다고 주장했다. 이러한 사회적 적응의 감퇴는 노인 스스로가 자신을 무능하다고 판단하게 하고 이는 다시 노인이 사회적 낙인에 의존하여 이를 수용하게 되는 악순환을 겪으면서 사회적으로 노인이 계속 와해되도록 만드는 악순환이 반복된다는 것이다(조성남, 2004:282).

이를 해소하기 위한 방안으로 새로운 영역의 활동을 실천하는 것은 노년기를 풍부하게 하는 요소가 되고 있다. 지역사회 내에서 이웃과 함께 교류하며, 가치있는 자원으로 활용되어 사회의 일익을 담당할 수 있는 사회참여 활동은 매우 중요하다. 특히, 최근 노년기가 길어지면서 건강한 노인이 증가하고 있고, 이들의 적극적 사회참여활동은 노인 개인에게는 활력있는 노후생활을 제공할 뿐만 아니라 사회적으로 노인을 사회부양의 대상이 아닌 사회적으로 활용할 수 있는 자원으로서 이용 가능하게 하고 있다(정경희 외, 2005:59). 활동 이론(Activity theory)에 의하면, 사회적 역할은 사회안에서 특정한 기능을 수행한다는 의미를 가질 뿐만 아니라 역할을 담당하는 사람에게는 자신이 누구이며 또 어떻게 행동해야 하는지를 규정하는 기준을 제공하기도 한다. 따라서 노후의 역할 상실은 정체성의 위기를 가져올 가능성이 크기 때문에 바람직한 노후의 삶을 위해서는 사라진 역할을 대체할 수 있는 다양한 역할을 개발하는 것이 중요하다.

노인들의 사회관계는 노인의 사회생활의 적응과 밀접하게 관련된다(서병숙・오경숙, 1990:127). 노인들은 다른 삶의 단계에서와는 달리

사회적 지지가 가장 절실히 요구되는 반면 사회적 지지 자원의 급격한 감소와 사회적 지지의 상실을 경험하게 되므로, 사회활동을 통해 이를 완화할 수 있다. Stemp, Tumer 와 Noh(1986)는 사회관계에서 제공되는 사회적 지지의 유형을 도구적 지지, 수단적 지지, 정서적 지지로 구분했으며, Cobb(1976)는 정서적 지지, 평가적 지지, 정보적 지지의 유형으로 구분했다. 이를 노인에게 적용하여 설명하면 다음과 같다(최은영, 2005 재인용). 정서적 지지는 노인으로 하여금 심리적 안정감을 제공해주어 자신이 사회구성원들에게 존경의 대상이 되고 애정을 받고 있다고 느끼게 해주는 행위이다. 즉 존중감, 신뢰, 애정, 경청, 관심, 친밀감을 제공하는 것으로 개인이 사회적 지지망의 구성원들과 서로 사랑과 존경을 주고받음으로 자신이 가치가 있다는 것을 느끼도록 해주는 것이다. 도구적 지지는 노인이 필요로 하는 것을 직접 도와주는 행위로서 현금, 현물, 노동력, 시간, 환경의 개선 등을 원조하는 것이다. 즉, 어려움에 처한 노인들에게 일을 대신해주거나 돈이나 물건을 제공하는 등 직접적으로 돕는 행위를 말한다. 평가적 지지는 개인에게 역할 수행과 행위에 관한 구체적 평가정보를 전달하여 스스로 평가할 수 있게 하는 것으로 확인, 피드백, 수용, 긍정적 환류, 긍정적 자기평가, 사회적 비교를 제공하는 것이다. 이러한 평가적 지지는 개인의 결점이나 잘못된 점에도 불구하고 개인을 있는 그대로 수용하고 개인의 가치를 인정하는 것을 표현하는 것이다. 정보적 지지는 개인이나 환경으로부터 제기되는 문제를 원활히 해결할 수 있도록 지식이나 정보를 제공해주는 것으로 충고, 제안, 정보, 지시를 제공하는 것을 의미한다.

현재 우리나라의 노인들의 관계는 주로 자녀를 중심으로 이루어지고 있으며 지역사회와의 교류가 약한 상황이다. 그러나 경험적 연구에 의하면 가족관계에 한정된 노인보다는 지역사회와 동시에 연계된 노인들이 보다 높은 삶의 만족도를 보이고 있다(박경숙, 2000). 즉 다양한 사회적 지원을 기대할 수 있는 자원을 확보할 수 있게 해 준다는 점에서 사회활동이 다른 삶의 단계보다 노년기에 들어와 그 의미가 더 커질 수밖에 없으며, 이를 통해 삶의 만족도는 증대될 수 있다.

노인은 일상생활에서 가족뿐만 아니라 친척과 친구, 이웃 등과의 사회적 지지망과의 상호작용을 통해 노년기의 역할 상실과 소외감을 줄이고 의존욕구를 충족시킨다(한형수, 2007). 특히, 노년기의 친구관계는 비슷한 생활주기와 유사한 변화를 경험하고 있다는 점에서 배우자의 사망 혹은 건강악화와 같은 노화과정에서 경험하게 되는 여러 가지 상실의 경험에서 심리적 안정과 보상, 정서적 유대 등을 회복하는데 중요한 역할을 한다. 배우자와 자녀 다음으로 밀접한 거리를 가지고 있는 친구와 이웃은 노인의 삶에 있어 중요성이 매우 크다. 특히 친구는 비슷한 연령층인데 비하여 자녀는 노인에 비하여 젊은 연령층으로 노인에게 다양한 간접 경험의 기회를 제공하며 다양한 연령층과의 접촉의 출발점이 된다는 점에서 그 중요성이 크다 하겠다. 배우자나 자녀가 없이 지내는 노인의 경우 정서적 및 현실적 도움의 교환에 있어 친구와 이웃의 중요성은 더욱 크게 작동한다.

사회적·문화적 변동이 급격하게 진행되고 있는 현대사회에서 노인의 친구관계는 인척관계 못지않게 삶에 중요한 의미를 부여하게 되는데 다른 사회관계망과 마찬가지로 친구관계 역시 나이가 들면서 그 구조적 특성이나 상호간 역동적 기능이 달라진다(김선자·김애순, 2004:8). 자녀와의 별거, 특히 지리적으로 멀리 떨어져서 생활하는 노인단독가구에게 이웃과 친구는 기능면에서 가족 이상의 주요한 관계망이다. 일상생활의 세세한 도구적 도움과 정서적 말벗 뿐만 아니라 긴급한 일이 생겼을 경우에도 가족의 역할을 대신하기도 한다(김익기 외, 1997).

새로운 사회관계를 형성하기 위한 노인의 사회참여활동은 주로 직업, 교육, 운동, 단체, 정치, 종교, 자원봉사, 여가활동 등으로 나타난다. 노년기의 정치 및 사회활동 중 가장 초보적인 단계로는 지역사회에서의 사회활동을 들 수 있다. 지역사회 구성원으로서 노인들의 여러 가지 활동은 지역사회에 큰 도움을 준다. 지역사회는 개인, 집단, 단체, 조직 등으로 구성되어 있으며, 이들의 독자적 노력과 상호협력, 그리고 지역사회전체의 지원에 의해 발전하고 복지를 달성할 수 있다. 또 노인들은 단체가입과 같은 지역사회활동을 통해 비슷한 연령층 또는 비슷한 관심영역의 사람들과의 접촉 및 관계형성을 통해 회원 간의 우정, 지지, 자원을 상호교환한다. 노인들의 정치활동은 투표행위, 정당참여, 정치행사 및 행동 등으로 나타난다. 노년기에는 일반적으로 정치, 종교, 사회활동에 대한 관심과 참여가 증가하는 것이 일반적이다. 노년기에는 신체활동 능력이나 개인적 성취의 기회가 감소하는 반면, 사회에서 위상강화에 대한 욕구가 반사적으로 증가하면서 정치활동이나 사회활동에 적극 참여하여 자신의 의견을 피력하려는 경향이 증가한다. 미국 노인통계 자료(Statistical Record of Older Americans, 1991)에 의하면, 전체 성인들의 투표율은 68.8%이며 노인들 중에서도 65세에서 74세 연령대 노인들의 투표율이 가장 높아 75.1%에 달하고 있었다. 우리나라 노인들의 관심은 주로 자신과 가족에 집중되는 경향이 있어, 사교모임, 사회봉사활동, 사회참여활동의 순서로 자신에게서 멀어질수록 관심도가 약해지고 참여율이 낮아지는 경향이 있다(이인수, 2001).

경제・사회활동에서 소외되는 노인의 증가로 노인 부양의 문제뿐만 아니라 이들의 경제적, 심리적 위기 또한 가정과 사회의 부담이 된다. 직업을 상실한 노인은 수입의 감소뿐만 아니라 역할 상실과 사회적 유대관계의 변화를 맞게 되면서, 자아존중감이 저하되고 외로움과 소외감을 느끼게 된다. 그 결과 인생의 어느 단계보다도 삶의 질이 저하되기 쉽고, 심지어 신체적·정신적 질환까지도 초래될 수 있다(김애련, 2001).

일반적으로 취업활동 즉, 노인취업은 개인의 자아정체성 유지와 자아실현 등에 매우 중요한 역할을 하고 있으며, 노인들의 삶의 질을 결정짓는 중요한 요소 중 하나이다. 이러한 노인들의 취업활동은 삶의 보람뿐만 아니라 여가선용의 바람직한 실례이다. 일찍이 고령화에 대비해 온 서구에서는 노화에도 '성공적인 노화(successful aging)'나 '생산적인 노화(productive aging)'가 필요하다는 의견을 제시된 바 있다(Baltes & Baltes, 1990). 그렇다면 바람직한 노년을 위해 필요한 조건이 무엇이며, 어떻게 이를 충족시키고, 판단할 것인가에 대한 문제를 고려해야 한다.

하지만 2005년 경제활동인구조사 고령층 부가조사에 따르면 국내에서 평균 퇴직 연령은 53세에 불과한 것으로 나타났다. 실제로 많은 기업에서 정년 연령이전에 조기·명예퇴직을 권고 또는 단행하고 있다. 기업이 노동력의 재배치 및 합리화를 통해 경영 효율화를 극대화하는 것은 불가피하지만 고령자는 생애직장에서 퇴직한 후 발생하는 다양한 문제로 인해 어려움을 겪게 된다(윤형호, 2006). 노인의 재취업의 문제는 업무량에 비해 임금수준이 낮기 때문에 차라리 실업상태로 있는 것이 낫다고 생각한다는 점이다. 우리나라 기업이 고령근로자를 기피하는 몇 가지 이유는 첫째, 기업의 연공서열적 임금구조는 장기근속자에게 유리한 임금을 지불해야 한다는 점과 둘째, 노동현장의 신기술, 생산성, 창의력 등을 추구하는 기업의 입장에서 고령노동력은 젊은 사람에 비해 뒤진다는 생각이 앞선다는 점과 셋째, 장기근속자가 많으면

인사상의 정체가 나타나 전체 사기가 떨어진다는 점, 넷째, 기업체가 퇴직금의 과다지출을 막기 위해 조기퇴직시켜 인건비를 감소해 보려는 경향이 있다는 점이다. 오늘날 노동시장에서는 결국 상대방에게 제공할 것이 없으면 그 노동력은 교환관계에서 배제당할 수밖에 없으며, 같은 맥락에서 오늘날의 고령자들은 제공할 노동력의 질이 문제이기 때문에 노동시장에서의 불리한 위치에 설 수 밖에 없는 현실이다.

고령사회를 대비하여 노인의 능력과 적성에 맞는 일자리를 창출하여 제공함으로써 노인의 취업활동을 촉진하는 것은 매우 중요하다. 특히 현재 우리나라의 경우 다양한 노인 문제 중 노인 빈곤의 해결과 젊은 세대들의 경제적 부양부담을 경감시킬 수 있는 노인고용의 중요성은 아무리 강조해도 지나치지 않을 것이다. 노인세대가 단순히 국가의 부양과 보호의 대상이 아니라, 각각 독립적 개인으로서 일정한 사회적 역할을 수행하고 기여할 수 있는 여건을 조성할 필요가 있다.

이러한 맥락의 일환으로 정부에서는 2004년도부터 노인일자리사업을 본격적으로 시작했다. 대표적인 일자리로는 거리환경지킴이, 교통 및 방범지킴이 등 공공성이 높은 공익형 일자리, 전문지식을 가진 특정분야의 유경험자가 교육기관 등에서 한자·서예, 예절, 숲생태 문화재를 강의 및 해설하는 교육형 일자리, 사회소외 계층을 직접 방문하여 보호서비스를 제공하는 복지형 일자리, 소규모 사업을 공동으로 운영하여 자체수익을 창출하는 시장형 일자리, 수요처의 요구에 의해 일정기간 동안 연속적인 활동의 대가로 보수를 지급받는 인력파견형 일자리가 있다(보건복지부, 2007: 182).

2) 노인의 사회관계 및 취업활동 실태

(1) 노인의 사회관계 실태

먼저 노인이 맺고 있는 사회관계의 규모와 다양성을 한국보건사회연구원의 연구(이소정 외, 2008)에 의해 파악해 보면 노인의 사회적 연계망의 규모는 10개 이하의 비중이 16.0%, 11-15개가 19.3%, 16-20개가 30.4%, 21-25개가 22.2%, 25개 이상이 12.2%로 평균 18.4개이다. 세부적으로는 도시에 비해 농어촌 지역이, 남성에 비해 여성이, 무배우자에 비해 유배우자가, 연령이 높을수록 연계망의 크기는 더 크게 나타나고 있다.

[표 7-1] 노인의 사회관계의 규모

(단위 : %)

구 분		10개 이하	11-15개	16-20개	21-25개	25개 이상
전 체		16.0	19.3	30.4	22.2	12.2
지역	농어촌	12.3	16.6	28.8	27.0	15.3
	도 시	17.8	20.6	31.1	19.9	10.7
성별	남 자	17.2	18.4	30.0	21.4	13.1
	여 자	14.0	20.8	31.0	23.5	10.8
연령	65-69세	15.2	20.4	33.0	22.5	8.9
	70-74세	13.8	18.5	33.6	22.8	11.3
	75세 이상	19.1	18.7	23.6	21.0	17.5
결혼	무배우	24.6	19.7	27.8	17.3	10.6
	유배우	9.3	19.1	32.3	25.9	13.4

자료 : 한국보건사회연구원, 「노년기 사회경제적 불평등의 다차원적 구조분석」, 2008

주 : 사회관계의 규모는 배우자, 본인·배우자의 부모, 자녀수, 손자녀수, 형제·자매 수, 친척유무, 친구·이웃 수, 참여단체 수를 통해 측정되었음.

한편 사회관계가 얼마나 다양한가를 [표 7-2]에 나타난 연계망의 유형으로 구분하여 살펴보면, 3개 이하가 11.7%, 4개가 12.7%, 5개가 25.0%, 6개가 26.7%, 7개 이상이 23.9%의 분포로, 6개인 경우가 가장 많은 것으로 파악되고 있다. 농어촌에 비해 도시노인이, 남성노인에 비해 여성노인이, 배우자가 없는 상태보다 있는 상태가, 연령이 낮을수록 다양한 연계를 맺고 있으며, 가용한 자원이 많을수록 사회관계도 더 다양한 것으로 추정되고 있다.

[표 7-2] 노인의 사회관계의 다양성

(단위 : %)

구 분		3개 이하	4개	5개	6개	7개 이상
전 체		11.7	12.7	25.0	26.7	23.9
지역	농어촌	10.0	13.2	27.5	26.5	22.9
	도 시	12.4	12.5	23.9	26.9	24.4
성별	남 자	14.4	15.9	28.4	26.3	15.1
	여 자	7.4	7.6	19.8	27.4	37.8
연령	65-69세	8.1	6.0	19.9	29.1	36.9
	70-74세	9.4	12.6	26.7	30.2	21.1
	75세 이상	18.7	21.6	30.2	20.2	9.3
결혼	무배우	22.5	20.7	32.1	23.4	1.2
	유배우	3.3	6.5	19.6	29.3	41.4

자료 : 한국보건사회연구원, 「노년기 사회경제적 불평등의 다차원적 구조분석」, 2008

다음으로 친구 및 이웃과의 직접적 접촉정도를 보여주는 [표 7-3]에 의하면, 전체적으로 노인의 56.5%가 거의 매일 접촉하고 있으며, 주 1회 이상 접촉하는 경우는 77.7%, 월 1회 이상인 경우는 90.7%에 달하고 있어, 이들이 즉각적인 도움을 필요로 하는 경우나 일상생활에 있어서 매우 중요한 위치를 차지하고 있다는 사실을 알 수 있다.

노인의 일반 특성에 따른 차이를 살펴보면, 지역별로는 농어촌 지역이 도시지역에 비해 더 밀접한 관계를 유지하고 있다. 거의 매일 만나는 경우가 도시지역은 51.7%인데 비해 농어촌은 66.4%이며, 주 1회 이상 접촉율도 도시지역의 72.4%에 비해 농어촌의 88.9%가 더 높게 나타나고 있다. 성별로는 여성노인이 남성노인보다 접촉 및 연락이 더 잦다. 매일 만나는 경우는 남성노인이 45.4%, 여성노인은 63.5%이겨, 남성노인의 70%가 주 1회 이상 접촉을 하고 있는데 비해 여성노인은 82.6%로 나타나고 있다. 연령군별로는 연령이 높아짐에 따라 접촉빈도 역시 점차 높아지고 있다. 주 1회 이상의 접촉을 중심으로 비교해 보면, 65세에서 69세의 경우 72.6%, 70세에서 74세의 경우 78.9%, 75세 이상의 경우 83.8%로 나타나고 있다. 가구형태별로는 노인독신가구의 70.4%가 거의 매일 만남을 갖고 있어 가장 높게 나타나고 있으며 노인부부가구와 자녀동거가구는 유사한 빈도를 보인다.

[표 7-3] 친구 및 이웃과의 접촉빈도

(단위 : %)

구 분		접촉 빈도								
		거의 매일	주2-3회	주1회	2주에 1회	월1회	3개월에 1회	6개월에 1회	년1회 이하	만나지 않음
전 체		56.5	12.3	8.9	4.3	8.7	3.2	1.9	2.7	1.5
지역	도 시	51.7	11.1	9.6	4.9	10.8	4.1	2.4	3.4	1.9
	농어촌	66.4	14.9	7.6	3.1	4.1	1.3	0.8	1.1	0.7
성별	남 자	45.4	15.5	9.1	6.2	10.9	4.7	2.4	3.8	1.8
	여 자	63.5	10.3	8.8	3.1	7.2	2.3	1.6	2.0	1.3
연령	65-69세	49.8	13.2	9.6	5.7	11.5	4.1	2.2	2.4	1.3
	70-74세	59.2	12.1	7.6	3.3	8.5	2.6	2.5	2.9	1.3
	75세이상	63.3	11.2	9.3	3.3	4.7	2.5	0.8	2.9	2.0
가구형태	노인독신	70.4	10.0	7.9	2.3	5.7	1.2	1.3	0.6	0.6
	노인부부	51.8	14.2	9.1	5.1	10.7	3.2	1.9	2.9	1.2
	자녀동거	52.5	11.3	9.6	4.6	8.9	4.6	2.3	3.9	2.1
	기 타	56.4	14.7	8.3	5.6	6.0	2.3	1.1	2.6	2.9

자료 : 한국보건사회연구원, 「2004년도 전국 노인생활실태 및 복지욕구조사 자료」, 2005

노인이 가장 많은 지원을 제공하는 친구 및 이웃과의 관계를 보면, 이웃보다 친구에게 더 많은 지원을 하고 있었는데, 학교 동창 18.3%, 고향 친구 15.7%, 사교모임 회원 11.0% 순이었다. 한편 전체의 9.3%에 해당하는 노인은 친구 및 이웃에게 전혀 도움을 주고 있지 않았다.

이 조사에서는 노인과 비공식적 관계망의 구체적 지원대상과의 관계는 노인의 성에 따른 차이가 있는 것으로 파악 되었다. 남성노인은 이웃보다 친구가 주 지원대상이지만, 여성노인은 친구와 이웃이 비슷하게 높게 나타나 여성노인이 이웃과 더 긴밀한 관계를 가지고 있다고 추정되고 있다. 노인이 가장 많은 도움을 주고 있는 친구 및 이웃은 성에 따라 유의한 차이가 있어 남성노인은 친구에게 더 많은 지원을 하는 것으로 나타났지만 여성노인은 친구와 이웃이 비슷한 비율을 차지했다. 그 지원 내용을 살펴보면, 정서적 지원, 도구적 지원, 경제적 지원의 순으로 나타났다. 남성노인과 여성노인 모두 친구 및 이웃에게 정서적 지원을 가장 많이 했고, 경제적 지원은 가장 적게 하는 것으로 나타났으며, 도구적 지원에서는 성에 따른 차이가 나타나 친구나 이웃에게 급한 일이 생겼을 때 대신 손자녀를 돌봐주거나, 아플 때 간호를 하고, 집안일을 돕는 등의 도구적 지원을 남성노인보다 여성노인이 더 많이 하는 것으로 나타났다.

한편 친구 및 이웃과의 연락빈도에서는 주 1회 이상 연락을 주고받는 비율이 70.7%이며, 월 1회 이상은 88.1%로 나타나고 있다. 지역별로는 도시와 농어촌이 각각 68.4%, 75.6%로 차이를 보이고 있었다. 성별로는 주 1회 이상 연락을 주고받는 비율이 남성노인의 63.5%에 비해 여성노인은 75.3%로 매우 높으며, 연령대별로는 접촉빈도와 유사하게 각 연령별로 68.7%, 69.9%, 74.5%가 주 1회 이상 연락을 주고받는 것으로 파악되었다.

[표 7-4] 친구 및 이웃과의 연락빈도

(단위 : %)

구 분		연락빈도									
		자주 만나 연락 없음	거의 매일	주 2-3회	주1회	2주에 1회	월1회	3개월에 1회	6개월에 1회	년1회 이하	연락 없음
전 체		40.0	9.7	10.7	10.3	7.8	9.6	3.9	1.8	1.6	4.6
지역	도 시	35.7	10.4	11.4	10.9	8.4	10.4	4.3	2.1	2.1	4.5
	농어촌	49.0	8.1	9.4	9.1	6.6	7.8	3.3	1.2	0.8	4.8
성별	남 자	30.6	9.1	12.3	11.5	10.1	12.2	5.5	2.4	1.9	4.4
	여 자	45.9	10.1	9.8	9.5	6.4	7.9	2.9	1.4	1.5	4.7
연령	65-69세	40.0	9.7	10.7	10.3	7.8	9.6	3.9	1.8	1.6	4.6
	70-74세	31.6	12.3	13.2	11.6	9.6	10.3	4.4	2.1	1.5	3.5
	75세 이상	50.0	6.8	7.7	10.0	5.0	6.5	3.5	1.8	2.0	6.7
가구형태	노인 독신	50.3	14.5	8.6	7.4	5.5	5.4	2.2	1.3	0.6	4.2
	노인 부부	36.5	8.7	12.8	9.1	10.1	10.9	4.3	2.1	1.8	3.8
	자녀 동거	37.1	7.0	9.5	13.4	7.3	11.4	5.0	1.9	2.0	5.5
	기타	39.6	13.5	13.1	10.0	6.2	6.7	1.6	1.3	2.8	5.3

자료 : 한국보건사회연구원, 「2004년도 전국 노인생활실태 및 복지욕구조사 자료」, 2005

다음으로 사회단체별로 65세 이상 노인의 가입률을 살펴보면 종교단체와 사교단체의 가입률이 가장 높게 나타나고 있다. 노인의 47.9%가 종교단체에 가입하고 있으며, 사교단체에 35.5%, 운동단체에 3.9%, 정치단체에 2.1%, 문화단체에 0.9%의 가입률을 보이고 있다. 대체적으로 인생주기의 마지막 단계에 도달하여 삶과 죽음의 문제를 다루는 종교에 더 친밀한 관계를 가지는 것으로 추정된다.

[표 7-5] 사회단체 가입률

(단위 : %)

구 분		종교단체	문화단체	운동단체	사교단체	정치단체
전 체		47.9	0.9	3.9	35.5	2.1
지역	도 시	49.1	1.1	4.2	36.1	1.5
	농어촌	45.3	0.7	3.2	34.3	3.2
성별	남 자	32.3	1.7	7.9	50.5	4.4
	여 자	57.7	0.4	1.3	26.1	0.5
연령	65-69세	47.1	1.2	5.8	52.8	2.9
	70-74세	49.1	0.9	3.8	32.9	1.9
	75세 이상	47.8	0.7	1.4	15.1	1.1
가구형태	노인독신	53.5	0.4	1.2	18.7	1.0
	노인부부	41.9	1.5	6.2	45.9	3.0
	자녀동거	48.5	0.8	3.4	35.8	1.4
	기 타	59.6	0.6	3.4	3.0	3.9

자료 : 한국보건사회연구원, 「우리나라 노인의 사회참여 유형분석 및 정책적 함의」, 2007

지역별로는 도시가 농어촌보다 종교 및 사교단체의 참여가 활발하게 나타나고 있으며, 성별로는 종교활동에 있어 여성노인의 가입률이 57.7%로 남성노인의 32.3%보다 더 높고, 사교단체에서는 남성노인의 가입률이 50.5%로 여성노인의 26.1%보다 높은 것으로 나타났다. 한편 연령이 높을수록 사교단체 가입률은 현저히 감소하지만, 종교단체 가입률은 상대적으로 큰 변화가 없었다. 가구유형별로는 노인독신가구 또는 기타가구의 노인은 종교단체의 가입률이 높은 반면, 노인부부가구와 자녀동거가구의 노인은 사교단체의 가입률이 상대적으로 높은 편이었다. 또 가구소득이 높을수록, 기능상태에 제한이 없는 경우 사회단체 종류별 가입률이 증가하는 경향을 보였다. 98년 결과와 비교하면 문화단체, 운동단체, 사교단체 가입률은 증가하였으며, 종교단체의 가입률은 조금 감소했다.

사회단체에 가입한 노인들의 먼저 성별에 따른 참여율을 살펴보면, [표 7-6]에서 보듯이, 종교단체와 정치단체는 남녀 모두 월 1회 미만으로 참여하는 비중이 각각 34.3%, 54.5%로 가장 높고, 그 다음 참여율은 종교단체는 주 1회, 주 2-3회 정도의 순으로 나타난 반면, 정치단체의 경우에는 월 1회로 나타났다. 문화·운동·사교단체의 남녀 참여율은 월 1회 참여하는 경우가 가장 높았으며, 문화단체와 사교단체의 경우 여성의 참여율이 더 높은 반면, 운동단체는 남성노인의 참여율이 더 높게 나타나고 있었다.

지역별 참여율은 종교단체의 경우 월 1회 미만이 34.3%로 가장 높은 가운데 농어촌 지역이 45.8%로 도시지역 29.1%에 비해 높은 것으로 나타났으며, 정치단체의 경우에도 월 1회 미만이 55.4%에서 농어촌 지역이 60.7%, 도시지역이 50.0%로 파악되었다. 문화단체는 주 1회 참여가 28.6%로 가장 높은 가운데 도시지역이 33.3%로 농어촌지역 14.3%에 비해 높게 나타났으며, 운동단체와 사교단체는 월 1회 참여율이 각각 43.8%와 46.6%로 가장 높은 가운데 운동단체는 농어촌 지역이, 사교단체는 도시지역이 더 높은 참여율을 보였다.

[표 7-6] 사회단체 참여율

(단위 : %)

구 분	종교단체					문화단체				
전 체	전체	성 별		지 역		전체	성 별		지 역	
		여성	남성	농어촌	도시		여성	남성	농어촌	도시
거의 매일	9.4	8.4	12.4	5.7	11.1	-	-	-	-	-
주 2-3회	18.5	19.9	14.2	15.7	19.7	14.3	12.5	15.0	14.3	14.3
주 1회	24.9	24.0	27.5	20.0	27.1	25.0	37.5	20.0	14.3	33.3
2주 1회	4.2	4.2	4.0	3.1	4.6	14.3	-	20.0	14.3	14.3
월 1회	8.7	8.3	9.8	9.7	8.3	25.0	50.0	15.0	28.6	19.0
월 1회 미만	34.3	35.1	32.1	45.8	29.1	21.4	-	30.0	28.6	19.0

구 분	사교단체					정치단체				
전 체	전체	성 별		지 역		전체	성 별		지 역	
		여성	남성	농어촌	도시		여성	남성	농어촌	도시
거의 매일	2.0	3.3	0.9	1.3	2.3	1.8	-	2.2	-	3.6
주 2-3회	2.8	3.5	2.3	2.2	3.0	1.8	-	2.2	3.6	-
주 1회	6.9	5.2	8.3	5.0	7.7	3.6	-	4.4	7.1	-
2주 1회	11.6	13.0	10.4	6.9	13.7	7.3	-	8.9	10.7	3.6
월 1회	46.6	49.7	44.0	41.2	49.1	30.9	40.0	28.9	17.9	42.9
월 1회 미만	30.2	25.4	34.1	43.4	24.2	54.5	60.0	53.3	60.7	50.0

자료 : 한국보건사회연구원, 「우리나라 노인의 사회참여 유형분석 및 정책적 함의」, 2007

다음으로 한국보건사회연구원의 연구(이소정 외, 2007)는 사회참여활동 유형을 자원봉사중심형, 종교중심형, 직업중심형, 경로당중심형, 비참여형으로 구분하여 살펴보고 있다. 퇴직 이전 직종으로는 사무서비스직에 종사했고, 교육수준이 높고, 경제적으로 여유있는 노후준비를

했을 경우일수록 자원봉사중심형일 확률이 높은 것으로 나타나, 적극적 노후생활에 대한 준비가 매우 중요하게 관련되어 있음을 확인할 수 있다. 종교중심형은 여성과 도시지역, 그리고 타 유형에 비해 노인개인의 용돈이 적다는 것이 중요한 변인으로 작동하고 있다. 직업중심형의 가장 차별적인 결정요인은 상대적으로 연령이 젊을수록 이 유형의 사회참여활동을 할 가능성이 높다는 점이며, 동시에 혼인상태에 있어서 유배우자일수록 직업중심형 사회참여활동을 하게 될 확률이 높게 나타났다. 경로당중심형의 경우 타 사회참여활동 유형에 비해 연령이 높다는 점, 교육수준이 낮고 생산직 종사자라는 점, 도시보다 농어촌 지역에 거주할수록, 그리고 자원봉사중심형에 비해 노인의 용돈이 적다는 점 등이 결정요인이 된다. 비참여형의 경우에는 고연령과 건강상태의 악화 뿐만 아니라 노후준비가 없고 가구소득이 상대적으로 낮은 것이 주요한 결정요인으로 작동했다.

[표 7-7] 사회참여활동 유형별 결정요인

유 형	핵심적 결정요인
자원봉사형	사무서비스 종사자, 높은 교육수준, 노후준비
종교중심형	여성, 도시지역 거주, 적은 용돈
직업중심형	낮은 연령, 유배우자
경로당중심형	높은 연령, 낮은 교육수준, 생산직, 농어촌, 적은 용돈
비참여형	높은 연령, 노후준비 없음, 나쁜 건강상태, 낮은 가구소득

자료 : 한국보건사회연구원, 「우리나라 노인의 사회참여 유형분석 및 정책적 함의」, 2007

이 밖에도 노인들이 도움이 필요한 경우 지원받기를 원하는 부양희망자가 누구인가를 파악함으로써 사회관계에서 지원제공자로서 누가 선호되고 있는지를 한밤 중 비상시, 경제적 도움, 정서적 도움의 3측면에 따라 구분하여 살펴보았는데, 한밤 중 비상시에는 장남·며느리가

30.8%로 가장 많이 언급되었으며, 다음이 119 구조대로 16.7%, 장남 외 아들·며느리가 15.9%, 장녀·사위가 11.3%, 친구·이웃이 8.5%순으로 나타났다. 가족관계에서 자녀에 대한 의존도가 높기는 하지만 동시에 119 구조대와 같은 공적 서비스에 대한 기대와 친구·이웃과 같은 사회관계도 상당부분 존재하고 있음을 알 수 있다.

[표 7-8] 상황별 지원 부양대상

(단위 : %)

구 분	한방 중 비상시		경제적 도움		정서적 도움	
	첫 째	둘 째	첫 째	둘 째	첫 째	둘 째
없 음	1.6	20.4	14.8	40.1	6.0	27.6
배우자	0.2	0.2	5.1	0.4	35.2	1.8
장남/며느리	30.8	16.2	42.7	11.3	28.0	24.6
그 외 아들/며느리	15.9	21.0	14.2	24.0	7.1	18.9
장녀/사위	11.3	14.6	10.7	12.1	9.7	11.4
그 외 딸/사위	8.3	9.9	6.4	9.1	5.4	7.9
손자녀/배우자	0.2	0.3	0.2	0.3	0.3	0.5
부 모	-	0.1	-	-	0.1	0.0
형 제	2.9	2.4	1.5	0.9	2.0	1.8
친 척	2.7	1.8	1.1	0.4	0.9	0.7
친구/이웃	8.5	5.4	3.1	1.3	4.9	4.5
가정봉사원/간병인	-	-	0.0	-	0.1	-
성직자	0.4	0.7	0.1	0.0	0.5	0.3
사회복지 담당공무원	0.1	-	0.0	0.0	-	0.1
119 구조대	16.7	6.9	-	-	0.1	-
기 타	0.3	0.1	0.1	0.0	0.1	-

자료 : 한국보건사회연구원, 「2004년도 전국 노인생활실태 및 복지욕구조사 자료」, 2005

비상시 도움을 요청하기를 희망하는 사람에 있어서 지역별 차이는 발견되지 않으며, 연령별로는 노인의 연령이 높을수록 장남·며느리의 비율은 낮고, 그 외 아들·딸에 대한 선호가 높아지며, 친구와 이웃에 대한 기대가 높아지고 있다.

(2) 노인의 취업활동 실태

노인의 취업활동이 2008년 통계청의 경제활동인구 부가조사에서 분석된 바 있는데, [표 7-9]에서 보듯이, 2008년 고령층(55~79세) 인구 중 향후 취업 희망자의 비율은 57.1%였으며, 이들의 주된 취업희망 이유는 '생활비에 보탬이 되어서'가 31.2%로 가장 높은 비율을 차지하고, 다음으로는 '일하는 즐거움'이 19.8%로 나타났다. 이와 대조적으로 '사회가 필요로 함'은 1.1% 수준에 그치고 있는 것으로 나타났다. 구체적으로 연령별로 보면 55~64세의 노인들은 71.5%가 일하기를 원했고, 65세 이상 노인들의 경우는 41.7%만이 장래 일할 의지를 밝혔다.

[표 7-9] 고령자의 취업의사 및 이유

(단위: %)

구 분		계	장래 근로 원함	일하는 즐거움	생활비 보탬	사회의 필요	건강 유지	무료 해서	기타	근로 원하지 않음
전 체		100.0	57.1	19.8	31.2	1.1	1.7	3.1	0.1	42.9
성별	남자	100.0	71.8	27.7	36.8	1.9	2.3	3.0	0.2	28.2
	여자	100.0	44.5	13.0	26.6	0.5	1.2	3.1	0.1	55.5
연령	55~64세	100.0	71.5	24.6	40.5	1.8	1.6	2.7	0.2	28.5
	65~79세	100.0	41.7	14.6	21.4	0.5	1.8	3.4	0.0	58.3

자료 : 통계청, 「경제활동인구조사 부가조사(고령층)」, 2008

또한 성별에 있어서는 남성노인이 71.8%로 여성노인의 44.5% 보다 일하려는 희망률이 높게 나타나고 있다. 이는 고령자 중에서도 상대적으로 젊은 층의 건강상태와 생존기간이 고령층에 비해 강하게 작동했으며, 남성의 경우 여성보다 기존의 사회적 지위와 경제활동의 지속성이 영향을 미쳤을 것으로 판단된다.

다음으로 장래근로 희망자들의 일자리 선택기준에 관한 조사결과를 [표 7-10]에서 보면, '임금수준'이 54.8%로 가장 많고, 다음으로 '계속 근로 가능성'이 13.8%, '일의 양과 시간대'가 12.2%순이다. 성별로는 남자의 경우 '임금수준' 52.3%, '계속 근로 가능성' 16.1%이며, 여자는 '임금수준'이 58.1%, '일의 양과 시간대'가 15.7%순으로 나타났다. 이상을 통해 노인에게 일자리 선택의 가장 중요한 요인으로 작용하는 바는 지속적인 일자리를 통해 일하는 즐거움을 제공하는 바는 함께 더욱 중요한 의미를 가지는 것은 적절한 노후소득을 유지할 수 있는 임금수준이라는 사실을 알 수 있다.

[표 7-10] 고령자의 일자리 선택기준

(단위: %)

구분	계	임금수준	일의 양과 시간대	일의내용	출퇴근 거리등 편리성	계속 근로 가능성	과거취업경험 연관성	그 외
전 체	100.0	54.8	12.2	6.1	2.9	13.8	7.8	2.4
남자	100.0	52.3	9.7	6.7	2.4	16.1	9.5	3.2
여자	100.0	58.1	15.7	5.4	3.6	10.6	5.4	1.3

자료 : 통계청, 「경제활동인구조사 부가조사(고령층)」, 2008
주 : 사업장 규모, 사회적 지위유지 가능성, 기타

실제 노인들의 경제활동참가율과 산업 및 직종별 고용률을 살펴보기 위해 통계청의 조사자료를 보면 1997년부터 2007년까지 그간 10년간 65세 이상 노인의 경제활동참가율[1]과 고용률[2]은 모두 지속적으로 증

1) 65세 이상 경제활동참가율 = 65세 이상 경제활동인구(취업자 + 실업자) / 65세 이상 인구

가하였으며, 남녀 모두 유사한 경향을 보이고 있다. 2007년의 경우 경제활동참가율은 31.3%로 전년보다 0.8%p가 상승했으며, 남자는 42.8%, 여자는 23.3%로 전년보다 0.8%p, 0.6p% 상승하였다. 또한 2007년 노인 고용률 역시 31.1%로 전년보다 0.8p% 증가하였는데, 남자는 42.5%, 여자는 23.3%로 전년보다 각각 1.0%p, 0.7%p 상승한 것으로 나타났다.

[표 7-11] 65세 이상 인구의 경제활동참가율 및 고용률

(단위: %)

연도	전체		남자		여자	
	참가율	고용률	참가율	고용률	참가율	고용률
1997	29.7	29.5	42.0	41.7	22.2	22.2
2000	29.6	29.4	40.7	40.3	22.8	22.7
2004	29.8	29.6	41.4	40.9	22.2	22.2
2005	30.0	29.8	41.2	40.8	22.4	22.4
2006	30.5	30.3	42.0	41.5	22.7	22.6
2007	31.3	31.1	42.8	42.5	23.3	23.3

자료 : 통계청, 「사회통계조사」, 각 년도

다음으로 노인의 직종별 구성비를 살펴보면, 2004년 현재 65세 이상 노인의 30.8%가 현재 수입이 되는 일을 하고 있는 것으로 나타났으며, 이는 지난 1998년의 29.0%에 비해 증가하였다. 지역별로는 동부 지역보다 읍·면부 지역의 취업률이 높게 나타나고 있는데 이는 1차 산업의 비중이 크게 작용했기 때문이다.

현재 취업 중인 노인 중 53.9%가 농·어·축산업과 같은 1차 산업에 종사하고 있고, 단순노무직에 27.8%가 종사하고 있다. 반면 화이트칼라 직종에 속하는 고위임직원 및 관리자는 1.8%, 전문가는 1.3%, 기

2) 고용률 = 65세 이상 취업자 / 65세 이상 인구

술공 및 준전문가는 1.1%, 사무직은 0.7%로 매우 낮게 나타나고 있어 노인의 종사상 지위가 아직 열악한 편이다. 지역별로는 읍·면부 지역에서 1차 산업의 비중이 75.4%로 가장 높게 나타난 반면, 동부 지역은 단순노무직이 41.2%로 가장 높았다. 성별로는 여성의 경우 남성에 비해 서비스 및 판매직에 비중이 높은 반면 남성의 경우 여성에 비해 기술 및 기능직에 비중이 높게 나타났다.

[표 7-12] 노인의 직종별 고용률

(단위: %)

구 분	전 체	지역		성		1998년
		동부	읍·면부	남자	여자	
취업중	30.8	21.5	50.1	41.8	23.8	29.0
비취업	69.2	78.5	49.9	58.2	76.2	71.0
고위임직원·관리자	1.8	3.2	0.6	3.5	0.0	2.0
전문가	1.3	1.8	0.6	2.0	0.2	1.9
기술공·준전문가	1.1	1.4	0.8	1.8	0.2	1.1
사무종사자	0.7	1.1	0.2	0.8	0.5	1.2
서비스종사자	3.4	5.4	1.6	1.6	5.4	8.8
판매종사자	5.4	7.7	3.5	4.3	6.6	0.0
농·어·축산업종사자	53.9	30.2	75.4	54.9	52.8	60.4
기능원·관련기능종사자	1.9	3.2	0.8	3.5	0.2	2.7
기계, 기계조작 및 조립종사자	2.7	5.0	0.8	4.7	0.5	0.4
단순노무종사자	27.8	41.2	15.6	22.7	33.6	21.5
계	100.0	100.0	100.0	100.0	100.0	100.0

자료 : 정경희 외, 「2004년도 전국 노인생활실태 및 복지욕구조사」, 2005

노인들의 취업활동 양상은 아직도 농업의 범위를 벗어나지 못하고 있음을 볼 수 있는데 이것은 노인들이 농업중심 사회에서 그들의 생활을 영위했고, 낮은 교육 수준으로 전문 또는 기술직에 종사할 여건을 갖추지 못한 점과도 관련이 있는 것으로 보인다. 또한 농업에의 경제적 비중이 낮아지면서 젊은이들의 이농향도 현상에서도 찾아볼 수 있으며 따라서 농촌에는 노인들만 남게 되어 결과적으로 농업이 고령자의 직종으로 주어진 것을 볼 수 있다.

마지막으로 65세 이상 노인의 종사상 지위별 구성비를 [표 7-13]에서 살펴보면, 전체적으로 자영업이 55.1%로 가장 큰 비중을 차지하고 있다. 남성노인의 경우 자영업의 비율이 66.3%로 매우 높은 반면 무급가족 종사자의 비중은 2.6% 매우 낮게 나타난 반면, 여성노인의 경우 자영업의 비중이 41.0%로 남성보다 적은 대신 무급 가족종사자인 경우가 28.1%로 높게 나타난 편이다. 한편 전체 대비 임금근로자 비중은 30.9%로 동일하며 임시직의 비중이 모두 높게 나타났지만, 여성노인의 경우 상용직이 4.6%에 불과하고 일용직이 61.4%로 가장 높게 나타났다.

[표 7-13] 65세 이상 노인의 종사상 지위별 구성비

(단위: %)

구분		자영업자	무급가족 종사자	임금근로자			
					상용	임시	일용
전 체		55.1	14.0	30.9	16.9	42.3	41.0
성 별	남 자	66.3	2.6	30.9	26.7	49.0	24.7
	여 자	41.0	28.1	30.9	4.6	34.0	61.4

자료 : 통계청, 「2007 고령자통계」, 2007

3) 노인의 사회관계 및 취업활동과 삶의 질

(1) 노인의 생활세계와 사회관계 및 취업활동

노인의 사회관계가 노인의 삶의 질에 영향을 미치는 여타의 다른 영역과 어떠한 관련을 맺고 있으며 어떻게 상호 영향을 미치고 있는지를

살펴보면 사회관계는 사회의 구성원으로 하여금 어려운 시기에 사회적 지지를 상호 교환함으로써 개인의 심리적·신체적 안녕의 욕구를 충족시키는 역할을 한다. 따라서 생활만족도와 사회관계는 상호밀접한 연관을 맺고 있는 것으로 추정할 수 있다.

노인의 경제수준은 취업활동을 제외한 종교, 교육, 자원봉사 등 사회참여활동 전반에서 긍정적으로 작용할 가능성이 높다. 형편이 어려운 노인들은 생계를 위해 반드시 일자리를 찾아 나서야만 하지만, 경제적으로 좀 더 여유롭고 풍족한 노인은 취업을 위해 무리할 이유는 없으며 보다 의미있고 활동적인 생활을 영위하는데 집중할 수 있기 때문이다. 노인들의 경제수준이 높을수록 사회참여 활동은 높아지며(정경희 외, 2005), 이를 통해 얻는 자아존중감도 높은 것으로 나타났다(김주현·한경혜, 2001). 독거노인의 생활만족도와 사회지지망의 관계를 분석한 연구(김기태·박봉길, 2000)에 의하면, 경제적·신체적으로 스스로 자립하여 생활할 수 없는 독거노인은 기본적 생존권을 위한 최소한의 자원조차 결핍된 상태에 있을 수 있으며, 이러한 경제적 결핍은 노인의 활동을 제한시키기 때문에 고독과 관련된다. 따라서 독거노인의 고독은 사회관계의 부족현상에서 기인한다.

한편 노인이 생애과정에서 종사해 온 직업도 노인의 사회관계의 범위와 접촉빈도에 영향을 미치고 있다. 직업의 사회적 지위가 높은 노인집단일수록 사회관계의 욕구를 강하게 가지고 있었다. 사회계층적 지위가 높을수록 보다 폭넓은 사회연결망을 가지고 있으며, 생애과정에서의 직업경험을 통해 사회연결망의 도구적·정서적 가치를 크게 인식하고 있었다(한형수, 2004:129). 노인의 과거 직업이 관리직, 전문직, 사무직인 경우 고립형의 사회관계를 갖는 비율이 높은 것으로 나타났다(박경숙, 2000).

또 노인 일자리사업에의 참여여부가 노인의 생활만족 향상에 긍정적 요인으로 나타나기도 한다(서수오, 2007). 사회적 활동은 생계유지라는 기본적 욕구를 충족시키는 것은 물론 직업역할의 상실에서 오는 상실감을 치료할 수 있고 사회참여활동을 통해 노인의 육체적·심리적 만족감을 증진시켜 노년기의 삶의 질을 향상시킬 수 있다(윤순덕·한경혜, 2004; 오승환·윤동성, 2006).

다음으로 건강생활과 사회관계의 영향을 살펴보았다. 노인 우울증에 대한 많은 선행연구들은 노년기 우울증의 주요 원인들로 독거환경, 경제적 어려움, 신체적 기능의 약화, 비공식적 지원의 감소 혹은 상실 등을 제시하고 있는데, 특히, Mirowsky와 Ross(1989)는 우울증을 노인의 생애주기와 관련해서 설명하고 있다. 이에 따르면, 은퇴하고 사회로부터의 분리는 생산적 역할의 상실을 가져와 노인의 자아통제감을 저하시키며 사랑하는 사람들이나 가까운 친구와의 빈번한 사별의 경험은 이를 더욱 저하시킨다. 즉, 생의 중요한 변화의 시점에서 경험하게 되는 경제적 소득감소, 건강악화, 배우자 상실과 기존 관계망의 와해 등으로 인한 자아통제감의 저하가 우울증을 설명하는 중요한 원인이 된다는 것이다. 일찍이 노년기의 스트레스에 대해 사회적 지지의 완충적 효과에 대한 많은 선행연구들이 진행되었다. Caplan(1981)에 의하면, 스트레스를 안겨주는 부정적 생애사건들은 근본적으로 자기 존중감을 낮추게 하며, 자아통제감에 손상을 준다는 것이다. 이처럼 일상생활에서의 스트레스 요인들이 자아존중감과 자아통제감을 감소시킨다고 할 때, 사회적 지지는 개인이 안고 있는 문제점들을 해결하는데 도움을 주거나, 정서적인 안정을 제공함으로써 손상된 자아통제감과 자기존중감을 회복시켜 줌으로써 우울증을 미연에 예방할 수 있다(김미혜·이금룡·정순둘, 2000:214).

사회적 지지가 노인들의 정신건강이나 생활만족도에 미치는 영향 등에 대한 연구들이 많이 이루어졌다. 모든 연구 결과들이 일치하는 것은 아니지만, 전반적으로 보면 사회적 지지는 노인들의 삶의 만족도를 높이는데 기여해왔고, 고독감을 줄이며, 스트레스를 감소시키는 긍정적 역할을 해 왔다(한인영 · 정순둘, 2002). 뿐만 아니라, 사회적 지지는 노인들의 우울이나 고독감의 감소에 긍정적 영향을 미친다(박경민, 1993). 한편 노인의 건강상태의 악화는 독립적 생활에 많은 어려움을 야기하고, 활발한 사회활동을 저해하는 요인으로 작동한다. 신체적 불편함이나 장애가 있는 경우, 노인의 사회참여활동은 제한적일 수밖에 없다. 신체기능의 제약 정도 및 특성에 따라 노인의 사회참여활동 유형도 다를 가능성이 있다. 노인의 사회참여활동을 이해하기 위해 건강상태는 우선적으로 고려해야 할 요인이다(이소정 외, 2007:56).

마지막으로 사회관계와 가족생활 및 주거형태와의 관련성을 살펴보면 오늘날은 과거와 달리 친구 · 이웃과의 교류가 더욱 밀접하게 이루어지고 있는 사회환경 속에서 이들은 노인들과 다양한 지지를 주고받는다. 자녀가 있어도 자녀교육이나 직장관계 등으로 멀리 떨어져 접촉이 없거나 있다하더라도 지지를 제공받기 힘든 경우 자녀보다 지리적으로 더 근접하여 살고 있는 친구와 이웃으로부터 정서적 지지는 물론 도구적 지지까지 다양한 원조를 받기가 용이해졌다. 일상생활을 자녀와 동거하고 있는 노인가구보다 자녀와 동거하지 않고 노인만으로 구성된 노인독신가구 또는 노인부부가구일수록 친구와 이웃과의 접촉 및 교류가 더 활발하며 사회적 지지에 대한 욕구를 더 크게 가지고 있다. 시설노인과 일반노인을 대상으로 사회적 지지와 고독감의 관계를 연구한 결과, 두 집단 모두에게 사회적 지지가 높을수록 고독감은 낮았다(신미화 · 고성희, 1996).

(2) 노인의 사회관계 및 취업활동과 삶의 만족도

사회활동의 참여가 삶의 만족도에 미치는 영향에 관한 선행연구들(Bull, 1989; Chapman and Beaulet, 1983)에서는 사회활동에 참여를 많이 할수록 삶의 만족도가 높아지는 것으로 나타나고 있으며, 사회적 역할의 상실을 경험한 노인일수록, 사회적 상호작용의 빈도가 낮은 노인일수록 삶의 만족도가 낮은 것으로 나타나고 있다(권중돈·조주연, 2000:63). 이들의 연구에 의하면, 정치·사회단체, 노인정, 노인학교, 사교모임, 운동 및 취미클럽에 참여하는 정도가 높을수록 삶의 만족도가 높아지는 것으로 나타났는데, 이는 사회관계망의 유지 또는 확대, 동료집단으로부터의 심리사회적 지지의 획득, 건강유지 등과 같은 여가 및 사회단체에 참여가 지니는 긍정적 효과가 반영된 것이라 할 수 있다.

하지만 모든 사회활동이 긍정적 영향을 미치는 것은 아닌데, 자원봉사의 경우 노인의 삶에 긍정적 영향을 주는 것으로 나타나고 있는 반면(장인협·최성재, 2001), 종교활동의 경우는 긍정적 영향을 준다는 결과와 더불어 종교활동의 영향이 크지 않다는 상반된 결과도 제시되고 있다(김미숙·박민정, 2000). 이와 더불어 우리나라의 경우, 특히 혈연 및 지연, 학연 등으로 구성되는 일차집단을 중심으로 한 조직에 참여하는 경우가 많은데, 이들 집단에 참여하는 것 역시 그렇지 않은 경우에 비해 삶의 만족을 증가시키는 것으로 나타나고 있다(이주일 외, 2008:136).

노년기의 종교활동이 정신건강에 어떠한 영향을 주는지에 대한 선행연구들은 생활만족도, 우울증, 행복감 등 다양한 차원에서 접근했다. 종교활동을 하는 노인들이 종교활동을 하지 않는 노인들에 비해 신체적 활동이 많고, 술이나 담배를 하지 않고, 친구 및 가족관계가 돈독하며, 사회활동을 많이 하고, 결국 우울증이 낮은 것으로 나타났다(Ider & Kasl, 1997). 노년기의 종교활동과 자아통합과의 관계를 살펴본 이성혜(1994)의 연구에서 종교생활은 현재 생활에 대한 만족, 지나온 일생에 대한 긍정적 수용, 지혜로운 삶, 죽음에 대한 수용 등을 포함하는 4가지 자아통합의 하위차원들 모두에 긍정적 영향을 미치는 것으로 파악되었다. 종교성을 의식, 헌신, 신념, 경험, 지식 등의 다섯 가지 차원으로 개념화하여 노년기 종교성과 자아통합과의 관계를 살펴본 홍현방(2002)은 종교성의 다섯차원 모두가 자아통합과 긍정적 상관이 있으며, 이 중 지식차원의 종교성이 가장 큰 상관이 있음을 보여주었다. 종교활동은 또한 노인들의 생활만족도 증진(강경혜, 1999)과 이타성의 발달, 죽음불안의 해소(김경자, 1993), 우울증의 예방(윤혜진, 2002)에 기여하는 것으로 나타났다(전혜정, 2004).

노인의 사회활동과 생활만족의 관계에 관한 입장은 활동이론과 분리이론이 상호 대조적이다. 먼저 Neugarten과 Havighurst(1961)는 노인은 일반적으로 사회적 역할에서 후퇴하는 것을 매우 싫어하며 사회활동이 축소되는 것에 대한 저항 의식을 가지고 있다고 보았다. 따라서 적극적 사회활동 참여가 노화에 적절히 적응하도록 도움을 주며, 노인의 심리적 만족을 충족시켜 줄 수 있다고 제안했다. 이러한 활동이론은 은퇴 후 사회적 활동을 강조하여 사회적 활동의 참여와 생활만족에 상관관계가 있다고 본다. 즉, 노인이 사회적 활동의 참여정도가 높을수록 노인의 심리적 만족감 또는 생활만족도가 높아진다는 것이다. 특히 활동에 참여함으로써 자신의 역할에 사회적 지지를 받게 되고 결과적으로 긍정적 자아상을 유지하여 생활만족이 높게 나타난다고 본다(최성재, 2006).

반면 Commings와 Henry(1979)는 노년기에 사회로부터 유리되는 것을 자연스러운 현상으로 인식하고 노인은 적극적이고 능동적인 활동보다는 위안이나 휴식 등 정적인 태도를 지니게 된다고 보았다. 따라서 이러한 관점의 분리이론은 노화와 더불어 사회활동을 적게 할수록 생활만족도는 높아진다고 보았다. 즉, 노인은 정년을 기회로 기존의 사회관계를 정리하고 심리적 에너지를 거둬들이는 것이 바람직하기 때문에 결과적으로 성공적 노화를 가져오는 것이다. 일부 선행연구(이정화 · 한경혜, 2003; 오승환 · 윤동성, 2006)들을 살펴보면, 관련 변인들이 통제되었을 때, 취업이 노후생활의 질에 유의미한 영향을 미치지 않는 것으로 나타났다. 이는 취업상태에 있는 노인들 중 본인이 원해서 취업을 하는 경우도 있지만 경제적 필요에 의해 불가피하게 일을 해야만 하는 노인들의 경우 취업이 생활의 만족을 저하시키는 요인으로 작용하기도 한다(나동석, 2008:316).

한편 사회적 지지는 자신이 관심을 끌고 사랑을 받으며 존중하고 가치 있다는 것을 알게 해주는 사람의 존재 또는 이용 가능성이며(Kaplan, 1977), 개인이 대인관계로부터 얻을 수 있는 모든 긍정적 자원을 의미한다(Cohen & Hoberman, 1983). 사회적 지지를 두 가지 차원으로 구분하여 살펴볼 수 있다. 먼저 개인이 사회적으로 타인과 접촉하는 빈도의 정도를 통해 사회적 지지와 관계의 정도를 살펴볼 수 있다(Barrera, 1986). 사회적 접촉의 빈도와 범위가 높아지면 이것이 사회관계에 대한 만족도를 향상시키는 경향으로 강하게 작용하고 있는데(한형수, 2004:130), 김기태 · 박봉길의 연구(2000)에 의하면 접촉빈도가 높을수록 독거노인의 생활만족도가 높게 나타났으며, 사회적 지지를 많이 받고 있는 일반가정의 노인이 노인복지시설에 거주하는 노인의 삶의 질보다 높으며, 그 과정에 사회적 지지가 큰 영향을 미치기도 한다(채수원 · 오경옥, 1992). 그러나 사회적 접촉빈도는 단순히 빈도수에 따라 평가할 수 있을 만큼 단순하지는 않다. Peplau 외(1982)는 비록 접촉빈도가 많을지라도 즐겁지 못한 사회관계는 오히려 독거노인의 심리적 안녕에 부정적 영향을 미칠 수 있다고 보았다.

Wenger(1990)는 친구와 이웃은 노인의 삶에 있어서 중요한 역할을 하며, 가족의 역할에 비해 그 중요성이 간과되어 왔다고 보았다. 친구는 선택에 기초한 라포(rapport)와 공통된 관심사를 갖고 있는 관계로 친근함과 상호적인 지지의 교환을 큰 특징으로 한다. 반면 이웃은 근접성과 공간적 공유에 기초한 관계로 도구적인 특성을 강하게 갖고 있고 비공식적인 모니터링 체계로서 작동하며 지역사회와 연계될 수 있는 가교의 역할을 한다고 보았다(이소정 외, 2008:180). 친구 수에 따라서 친구 관계망의 크기가 크면 클수록 삶의 만족도 수준이 더 높은 것으로 나타나고 있는데, 이는 접촉을 통한 사회적 소외의 예방, 고독이나 불안과 같은 심리적 문제의 발생 억제, 여가시간의 유익한 활용 등과 같은 긍정적 효과를 거둘 수 있기 때문이라 할 수 있다(권중돈 · 조주연, 2000:73).

노인의 삶의 만족도나 주관적 안녕에 대한 사회관계의 효과에 대한 외국의 선행연구(Litwin, 2001; Wenger, 1994z)에 따르면, 외부와 거의 관계를 맺지 않는 노인보다는 친구와 이웃 등 외부와 관계를 맺고 있는 노인에게서 삶의 만족도나 사기(morale)가 높은 것으로 나타났다. 이들 연구에 의하면, 가족 중심적 관계망에 비해 친구 중심적 관계망이나 분산된 관계망을 가지고 있는 경우가 노인의 사기나 만족도를 더욱 증진시키는 것으로 나타나고 있는데, 이는 친구 중심 관계망이나 분산된 관계망의 경우 가족이나 친족 중심의 관계망에 비해 관계망의 구성원 사이에 공통된 관심사를 가지고 있을 가능성이 크며, 상호작용이 자발적이기 때문이라고 해석되고 있다(김영범 · 박준식, 2006).

다음으로는 사회관계망의 구성원들로부터 제공받은 원조의 실질적 양을 측정하는 것으로, 정서적 지지와 도구적 지지로 구분된다(Barrera, 1986). 정서적 지지란 신뢰, 애정, 감정이입, 친밀감 등을 의미하며, 도구적 지지란 실제적 도움 혹은 욕구 충족의 효과를 가지는 것을 말한다(이원숙, 1995:82). 이런 관점에서 정서적 지지와 도구적 지지는 원조의 상호 교환적 관계를 가진다. 예를 들어, 독거노인은 자녀보다 친구나 이웃으로부터 사회적 지지를 받는 것에 더욱 만족한다(Peplau et al., 1982). 다시 말하면, 노인들이 정서적 혹은 도구적 지지체계로 원조를 제공받을 경우에 상호작용 때문에 부정적 측면이 발생할 수도 있다는 것이다.

앞에서도 이미 살펴본 바와 같이, 노인의 사회관계는 거주 지역, 건강상태, 사회경제적 지위, 성별, 연령에 따라 유의미한 차이를 보이며, 이는 삶의 만족도에도 영향을 미친다.

선행연구에 의하면, 일반적으로 도시에 거주하는 노인은 농촌에 거주하는 노인보다 삶의 만족도가 낮게 나타나는데, 이는 물리적 측면에서 가족과 지역사회의 해체경향이 농촌에서 강하게 나타나는 것과는 대조적이다. 박경숙(2000)의 연구 결과에 의하면, 도시노인은 농촌노인에 비해 자녀와 함께 살거나 주로 근거리에서 교류하는 경향이 강하며 지역사회에 참여하는 경향이 더 강한 것으로 나타났는데, 그럼에도 불구하고 삶의 만족도는 약한 것으로 나타났다. 한편 또 다른 연구(손신영, 2006)에 의하면, 사회관계로부터 오는 사회적 지지는 농촌노인과 도시노인에게 모두 삶의 질에 긍정적 영향을 미치는 요인으로 작동하는데, 농촌지역의 경우 도시지역보다 독거노인가구가 증가하고 있으며 노인의 삶을 만족시켜줄 만한 다른 가족이나 이웃 등의 사회적 체계가 거의 없이 살고 있었으며, 도시지역에 거주하는 노인들의 사회관계에 대한 만족도는 성별을 제외한 다른 변인들과 유의한 관계를 맺고 있었다.

건강상태는 제반 사회관계를 유지하는 데 있어 매우 중요한 조건으로 작동하고 있다. 건강상태가 양호한 노인은 건강이 나쁜 노인에 비해 자녀와 동거하는 개연성과 지역사회에의 참여 정도가 강하게 나타났으며, 생활만족도 역시 높게 나타났다. 신체적 기능의 장애는 노인의 생활영역 및 사회관계를 제한할 뿐만 아니라, 심리적 안녕에도 부정적으로 작용한다.

우리나라는 서구 사회에서와는 달리 자녀와 근거리를 유지하면서 빈번하게 교류하는 경향도 약하다. 오히려 가족관계 대신 비친족관계를 유지하기보다 두 관계 모두로부터 고립되어 생활하는 노인의 비율이 큰 것은 약화되고 있는 가족관계를 보완할 수 있는 지역사회의 지원기능이 취약함을 시사한다.

특히, 연령이 증가할수록 건강상태가 나빠짐으로 인해 사회관계의 범위가 줄어들고 노인의 사회적 고립이 증대한다. 여성노인을 연령에 따라 전기노인과 후기노인으로 구분하여 삶의 질 및 영향요인에 관한 연구(김미령, 2006)에 따르면, 전기노인이 후기노인보다 사회적 지지나 비공식적 역할수행이 월등히 높으며, 상대적으로 높은 삶의 질을 보이고 있다. 하지만 인구학적 변인이 삶에 미치는 영향은 전기노인의 경우 20%, 후기노인의 경우 10% 정도로 그렇게 크지 않았으며, 국외 연구(Diener, 1984)도 인구학적 변인은 10-15%정도로 삶의 질을 설명하고 있다고 보았다.

후기노인이 전기노인보다 사회적 역할 수행에 있어서 약 한 개 정도 적음에도 불구하고 전기노인의 삶의 질에는 유의미하지 않았던 역할수행이 후기노인에게는 긍정적 영향을 미치는 것으로 보아 비공식적 역할도 감소해가는 상황에서 역할수행은 후기노인의 삶의 질에 긍정적 영향을 미치는 것으로 보인다. 사회참여의 경우 평균수치는 전기노인과 후기노인 사이에는 유의미한 차이가 없지만 전기노인은 아직도 활동적이므로 그들이 위축되지 아니하고 사회에 참여하는 것이 삶의 질에 긍정적 영향을 미치는 것을 알 수 있다. 반면 사회참여는 후기노인들에게는 삶의 질에 부정적 영향을 주어 연로한 후기노인의 경우 신체적 취약이 사회참여는 삶의 질에 부정적 영향을 미친다.

성별에 따른 사회관계와 삶의 만족도의 관계를 살펴보기 위해 노년기 삶의 만족도의 성별 차이에 관한 연구(박기남, 2005)에 의하면, 남성노인의 경우에 건강상태와 의료시설접근도, 그리고 배우자 유무, 자식과의 연락빈도 등 가족관계와 친구 및 이웃과의 관계가 만족도에 중요한 영향을 미치고 있었다. 일반적으로 여성노인이 남편과 자식에게 경제적·심리적으로 의존적이고 관계중심적인 존재라는 인식과 달리, 오히려 남성노인이 가족이나 이웃과의 관계에 따라서 삶의 만족에 더 큰 영향을 받고 있었다.

교육수준과 사회적 지지 역시 중요한 상관관계를 가지고 있다. 교육수준이 높은 노인일수록 비혈연적인 사회적 지지를 많이 가지고 있으며, 교육수준이 낮은 노인일수록 혈연과 더 많은 사회적 지지 관계를 가지고 있으며(Fischer & Phillips, 1982), 노인의 사회적 연계망은 소득보다는 교육수준이 지속적 영향력을 가진다(정경희, 1995). 교육수준에 있어서도 교육수준이 낮은 노인보다는 높은 노인들의 사회적 활동범위가 넓고 따라서 이에 대한 만족도도 높아지고 있다. 따라서 노년기 사회적 상호작용 및 역할 상실로 고통받고 있는 노인이 중요한 타자와의 관계를 지속적으로 유지한다면 생활만족도가 높아진다(김기태 · 박봉길, 2000:157).

예전에는 인구 · 사회학적 변인들을 중심으로 삶의 질과의 관련성을 살펴보았다면 최근에는 보다 다양한 변인으로 확대되어 자아 존중감이나 자기 가치를 고양할 수 있는 기제를 찾는 방향으로 바뀌어가고 있다. 이처럼 노인의 존재감에 기여할 수 있는 대표적인 역할 중의 하나는 취업활동에 참여하는 것이라고 할 수 있다.

노인의 취업활동과 삶의 질에 관한 연구들이 많지는 않지만 65세 이후에도 취업중이거나, 재취업을 한 노인들의 삶의 만족도가 높다는 결과를 보고하고 있다(Riddick, 1985). Herzog와 House(1991)는 일에 대한 선택권이 많을수록, 일에 대한 일정 조정이 자유로울수록, 신체적 · 심리적 안녕이 증가된다고 하였다. 즉, 개인의 선호에 따라 선택할 일의 유형 뿐 아니라 활동 수준도 노년기 건강과 안녕에 중요하다는 것을 의미한다.

노인의 취업이 삶의 질을 구성하는 자아존중감, 건강, 가족관계, 대인관계, 경제상태, 여가생활 등 6개 영역에 미치는 영향을 살펴본 연구에 의하면, 취업한 노인의 경우 이전에 비해 자아존중감, 가족관계, 대인관계, 경제상태의 영역에서 모두 삶의 질이 전반적으로 좋아졌지만 여가생활의 경우에는 취업으로 인하여 반대의 결과를 보였다. 취업예정인 노인의 경우에는 가장 먼저 나타나는 삶의 질 변화로서 대인관계가 향상되었으며, 지속적으로 미취업상태에 있는 노인의 경우에는 자아존중감이 낮아졌고 생활의 활력저하로 건강도 나빠졌다. 결국 취업을 통하여 노인은 경제력이 향상되고 대인관계가 좋아지며 자아존중감이 높아지게 되어 결국 삶의 질이 향상된다고 유추할 수 있는데, 이는 경제적 여건이 좋을수록 노인의 삶의 질의 수준이 높다고 보고하였던 기존의 연구(김애련, 2001; 전봉천, 2005; 윤선이, 2002)와 동일한 결론이며, 직업이 있는 노인이 직업이 없는 노인에 비해서 주관적 안녕감이 높다고 보고한 연구(손화희 · 정옥분, 1999)와도 일치하였다(이지현 외, 2008). 정경희 외(2005)의 전국 노인생활실태 및 복지욕구조사에 의하면, 취업 중인 노인이 미취업 상태에 있는 노인에 비해 삶의 만족도가 높은 편으로 나타났다.

노인들을 취업여부에 따라서 성별, 지역별 삶의 만족도 차이를 비교한 연구(박기남, 2006)에 따르면, 서울 지역의 경우 취업해 있는 노인들이 미취업 노인에 비해 남녀 모두 삶의 만족도가 조금 더 높게 나타났으며, 춘천 지역에서는 여성노인의 경우에 생계형 취업의 비율이 높아서인지 취업해 있을 때 만족도가 더 낮게 나타났다.

노동 시장에서 활발하게 일하고 있는 65세 이상의 노인들이 은퇴한 노인들보다 삶의 만족도가 더 높았다(conner et al., 1985). Parnes와 Sommers(1984)는 퇴직 연령이 지난 노인 중 계속적으로 일을 하게 하는 요인이 무엇인가를 살펴보았는데, 양호한 건강 상태와 일에 대한 헌신 정도, 퇴직을 원하지 않는 것 외에 교육 수준과도 정적으로 관련이 있었다. 여성만을 대상으로 한 연구는 소수인데, Riddick(1985) 또한 65세 이후에도 취업중인 여성이 은퇴한 여성보다 삶의 만족도가 더 높았고 높은 사기를 유지한다고 보았다.

마지막으로 노인의 자기의 생활상태를 동년배와 비교하여 어떻게 인식하고 있는지, 노인의 주관적 생활상태에 대한 조사결과, 본인의 생활상태에 대하여 매우 좋다와 약간 좋다로 인식하는 응답자가 각각 2.3%, 9.0%로, 응답자의 11.3%가 생활형편이 비교적 좋은 편이라고 응답한 반면, 38.7%가 보통이라고 대답하였으며, 약간 나쁘다 및 매우 나쁘다고 인식하는 응답자는 각각 27.9%, 22.1%로, 나쁜 편이라고 응답한 경우가 절반에 이르는 50.0%로 나타났는데 이러한 결과는 1998

년 조사결과와 거의 유사하다. 1998년에도 매우 좋다와 약간 좋다가 각각 1.7%, 9.5%로 좋은 편이라고 응답한 경우가 11.2%, 보통이라고 응답한 경우가 38.9%, 약간 나쁘다와 매우 나쁘다가 각각 28.4%, 21.5%이며 나쁜 편이라고 응답한 경우가 49.9%였다.

따라서 노인의 취업에 대한 의식을 살펴보고 취업을 희망하는 노인에게 취업의 기회를 제공해 주며, 취업을 희망하지 않는 노인이 바라는 욕구의 정도를 파악하여 그에 맞게 대책 수립에 임한다면 노인의 건강한 생활보장을 위해 더없이 좋은 일이 될 것이다. 그런데 취업을 희망하는 노인에게 있어서, 산업사회에서 요구하는 지식과 기술의 변화, 신체적 능력의 감소 등은 사실상 노인의 취업활동 보장에 어려움을 갖게 한다. 앞에서도 보았듯이 미약하나마 임금 근로자의 비중이 높아져 가고 있지만 현재 노인의 취업종사 상태는 비임금 근로자로서 농림수산업에 종사하는 형태가 아직까지 가장 많이 나타나고 있다. 그러므로 점차 높아져 가는 장년 및 노인들의 노후 취업활동의 욕구에 맞추기 위해서는 다양한 노인에게 알맞은 직종의 개발이 필요하며 아울러 취업기회의 확대가 시급히 이루어져야 할 것이다. 일하기를 원하는 노인에게 적절한 일자리를 제공함으로써, 보충적 소득보전이 가능하도록 하고, 정기적 사회활동을 통해 사회관계 개선에도 도움을 주게 되면 이는 노인의 건강증진에도 큰 효과가 있을 것이기 때문이다.

2. 사회관계 및 취업활동의 삶의 질에 대한 경험적 분석

1) 객관적 지표

(1) 사회관계

① 형제자매

노인의 사회관계는 평소 개인적 문제를 털어놓거나 여러 가지 도움을 주고받는 형제자매와 친척, 친구, 이웃의 수와 만나는 빈도를 통해 측정될 수 있다. 먼저 노인의 형제자매의 차원에서 사회관계를 살펴보면 평소 긴밀한 관계를 유지하고 있는 형제자매의 수는 평균 1.5명 정도이며, 이들과 만나는 빈도의 평균값은 1.67로서 그렇게 자주 만나는 것은 아님을 알 수 있다.[3)]

인구사회학적 변인별로 형제자매 관계의 수와 접촉빈도를 분석한 결과가 아래의 [표 7-14]에서 제시되고 있다. 먼저 성별은 평소 긴밀한 관계를 유지하는 형제자매의 수와 접촉빈도에 큰 영향을 미치지는 않는 것으로 파악되었다. 여자노인에 비해 남자노인들이 관계의 수와 접촉빈도에서 높은 평균값을 가지고 있다. 그러나 남자노인의 형제자매 관계의 수는 평균 1.59이며, 여자노인은 1.41이다. 접촉빈도에서는 남자

3) 본 경험적 분석에서 제시된 사회관계의 접촉 빈도는 7단계로 측정되었다. 구체적으로 '전혀 만나지 않음'이 0점, '결혼식 등 특별한 경우' 1점, '1년에 1회 이하' 2점, '1년에 2-4회' 3점, '월 1-3회' 4점, '주 1-3회' 5점, '거의 매일' 6점이 부여되었다. 만약 접촉평균의 평균치 1.5점인 경우 '결혼식 등의 특별한 경우'와 '1년에 1회 이하'의 중간 단계로 파악할 수 있다.

노인 집단이 평균 1.78인데 비해 여자노인은 1.59로 양 집단 모두에서 관계의 수와 접촉빈도가 전반적으로 미약한 것으로 판단된다.

[표 7-14] 인구사회학적 변인별 형제자매와의 관계 분산분석

		관계의 수		접촉빈도	
		평균	F값	평균	F값
전 체		1.49		1.67	
성별	남	1.59	2.4	1.78	2.7
	여	1.41		1.59	
연령	60-64세	1.77	14.1***	2.07	31.2***
	65-74세	1.51		1.72	
	75세 이상	.96		.91	
교육수준	정규학력무	1.26	7.6**	1.21	18.1***
	초졸-중졸	1.39		1.63	
	고졸 이상	1.81		2.11	
직업	하위직업	1.18	6.3*	1.27	13.5***
	중위직업	1.57		1.69	
	상위직업	1.66		1.99	

* p<.05, ** p<.01, *** p<.001

성별의 경우와는 상반되게 연령별, 교육수준별, 직업 변인은 형제자매의 접촉빈도에서 통계적으로 유의미한 차이를 나타내고 있다. 먼저 연령별로는 연령이 낮은 집단일수록 긴밀하게 지내는 형제자매의 수와 접촉빈도의 평균값이 높게 나타난다. 초기노인의 관계의 수는 평균 1.77인데 비해 중기노인은 1.51이고 후기노인은 .96에 불과하다. 접촉빈도에서도 초기노인은 2.07을 평균으로 하는데 비해 중기노인은 1.72, 후기노인은 .91에 불과하다. 연령별로 관계의 크기보다 접촉빈도의 차이가 보다 명확하다. 이러한 결과는 바로 노인의 연령이 증가할수록 형제자매가 생존할 가능성이 낮아지는 경향과 건강의 악화로 인해 상

호교류의 가능성이 낮아지는 두 가지 경향을 반영한 것이다. 즉 75세 이상의 후기노인 집단이 앞의 두 집단과 큰 차이를 보이는 것이 이를 적절하게 보여준다.

교육수준과 직업은 연령보다는 상대적으로 미약하지만 형제자매와의 관계의 크기와 접촉빈도에서 유의미한 차이를 확인할 수 있다. 먼저 교육수준이 높은 집단일수록 관계의 수와 접촉빈도가 높다. 정규학력을 보유하지 못한 집단의 관계의 수 평균은 1.26인데 비해 고등학교 졸업 이상 집단의 평균은 1.81에 달하고 있다. 접촉빈도에서도 정규학력이 없는 집단의 평균은 1.21인데 비해 고졸이상 집단은 평균값이 전자보다 1정도 높은 2.11을 보이고 있다. 교육수준에 따른 형제자매 관계의 수와 접촉빈도의 차이는 성별과 연령효과가 교육수준에 복합적으로 작용했다는 점을 통해 설명이 가능하다.

관계의 수와 접촉빈도에 대한 직업별 분산분석의 결과는 생애 최장기 종사 직업의 위세에 따라 형제자매 관계의 크기와 접촉빈도가 차별적임을 나타내고 있다. 특히 단순노무직 등으로 구성된 직업위세가 가장 낮은 집단은 관계의 수와 접촉빈도에서 다른 두 집단, 중위직업 집단과 상위직업 집단과 큰 간격을 나타내고 있다. 관계의 수에서 하위직업은 평균 1.18이며, 중위직업은 1.57, 상위직업은 1.66이다. 접촉빈도는 하위직업이 1.27, 중위직업 1.69, 상위직업 1.99이며 직업에 따른 집단별 차이는 연령과 교육수준의 경우와 유사한 방식으로 설명될 수 있다.

② 친척

노인의 사회관계에서 또 하나의 큰 축을 형성하고 있는 것은 친척관계이다. 산업화, 도시화, 핵가족화로 대변되는 사회변동은 개인의 사회관계에서 친척이 갖는 의미를 축소시키고 있다. 하지만 노인세대는 이러한 변화의 영향으로부터 상대적으로 벗어나 있는 집단이기 때문에 친척관계를 살펴볼 필요가 있다. 먼저 평소 긴밀하게 지내는 친척의 수는 평균 2.6이다. 그리고 친척들과 활발하게 상호작용을 하고 있지 않는 것으로 판단된다. 조사대상 노인들의 친척들과의 평균 접촉빈도는 1.28로서 결혼식 등과 같은 특별한 행사를 통해서나 1년에 1회 이하 정도로 이들 친척들을 만나고 있다.

[표 7-15] 인구사회학적 변인별 친척과의 관계 분산분석

		관계의 수		접촉빈도	
		평균	F값	평균	F값
전 체		2.60		1.28	
성별	남	3.25	9.4*	1.42	5.8*
	여	2.13		1.17	
연령	60-64세	2.79	.5	1.37	3.1*
	65-74세	2.55		1.32	
	75세 이상	2.36		1.04	
교육수준	정규학력무	2.04	2.7	1.18	4.5*
	초졸-중졸	2.53		1.18	
	고졸이상	3.16		1.51	
직업	하위직업	2.01	2.2	.93	12.6***
	중위직업	2.86		1.27	
	상위직업	2.84		1.56	

* p<.05, ** p<.01, *** p<.001

인구사회학적 변인별로 친척과의 관계의 수와 접촉빈도를 살펴보면, 성별에 따라 관계의 수가 유의미한 차이를 가지고 있으며, 성별과 연령, 교육수준, 직업에 따라 접촉빈도의 차이가 통계적으로 유의미한 수준이다. 성별로는 남자노인과 여자노인간에 친척과의 관계의 수와 접촉빈도의 평균값에서 유의한 차이를 확인할 수 있다. 남자노인 집단의 관계의

수는 3.25개로서 여자노인 집단의 관계의 수 2.13과 큰 차이를 갖고 있으며 접촉빈도에서도 여자노인에 비해 상대적으로 높은 수준을 보인다. 이처럼 남자노인들이 친척과의 관계의 크기와 강도에서 우위를 점하고 있는 것은 남자노인들의 사회활동의 범위가 큰 것을 반영한다.

연령별 분석에서는 연령이 높은 집단일수록 관계의 크기가 작고 접촉빈도가 낮아지고 있다. 관계의 수를 먼저 살펴보면 초기노인집단이 평균 2.79개인 반면에 중기노인집단은 2.55개, 후기노인집단은 2.36개의 평균 관계를 가지고 있다. 연령이 높아짐에 따라 관계의 수가 줄어들고 있지만 이들 세 집단 간의 차이가 통계적으로 유의미한 수준은 아니다. 그러나 관계의 접촉빈도는 연령집단들 간에 유의한 차이가 나타나고 있다. 64세 이하의 초기노인집단과 65-74세의 중기노인집단 간에는 큰 차이가 없으나, 이들 두 집단과 후기노인집단(75세 이상)사이에는 큰 간격이 존재하고 있다. 후기노인집단의 접촉빈도의 평균은 1.04에 불과해 특별한 행사가 있을 때에만 친척들을 만나는 수준이다. 연령집단들 간의 이와 같은 차이는 결국 연령이 높아짐에 따라 건강상태가 나빠지고 궁극적으로 사회적 상호작용의 범위와 빈도는 낮아지는 경향이 존재함을 의미한다.

교육수준별 노인집단들 간에는 관계의 수와 접촉빈도의 차이가 나타나 교육수준이 높을수록 친척관계의 수가 증가하고 있다. 정규학력을 갖지 못한 저학력 노인들의 평균 관계의 수는 2.04개인 반면에 고졸이상의 고학력 노인들의 평균은 3.16으로서 1개 이상의 차이를 보이고 있다. 그러나 교육수준별 관계의 수의 평균의 차이는 통계적으로 유의한 수준은 아니다. 하지만 접촉빈도에서는 고졸 이상의 고학력 노인들과 여타의 노인들 간에 유의한 차이를 확인할 수 있다. 고졸 이상 집단의 평균 접촉빈도는 1.51인데 비해 나머지 두 집단의 평균은 1.18로 동일한 것으로 고학력 노인들의 사회관계의 강도가 상대적으로 강함을 알 수 있다.

직업별로 친척 관계의 수는 하위직업집단의 평균값이 특히 낮다는 점이 눈에 띠며 나머지 중위직업집단과 상위직업집단은 유사한 수준을 보이고 있다. 그러나 관계의 접촉빈도에서는 직업의 위세가 높은 노인들일수록 평균값이 높은 경향을 나타내고 있다. 하위직업집단의 평균이 .93, 중위직업집단은 1.27, 상위직업집단은 1.56으로 나타나 직업 집단간에 매우 유의한 차이를 확인할 수 있다.

③ 친구

노인들의 사회관계의 차원에서 친구관계는 가장 중요한 영역으로 존재하며 실제 분석에서도 관계의 수와 접촉빈도에서 가장 높은 평균치를 나타내고 있다. 평소 개인적 문제를 털어놓고 도움을 주고받으며 친하게 지내는 친구의 수에 대한 질문에서 조사대상자들은 평균 약 4명의 친구가 있다고 응답하였다. 이 수치는 형제자매와 친척, 친구, 이웃을 대상으로 한 사회관계의 조사에서 가장 높은 수치이다. 친구와의 평균 접촉빈도 역시 3.33으로 나머지 세 부문에 비해 월등히 높은 평균값을 갖고 있으며 친구들과의 접촉빈도는 평균 월 1회 정도 되는 것으로 파악된다.

노인들의 친구의 수와 접촉빈도는 인구사회학적 특성에 따라 차이를 나타내고 있다. 먼저 여자노인에 비해 남자노인들의 관계의 수가 월등히 높다. 여자노인의 평균 친구관계의 수는 3명 정도에 불과한데 비해 남자노인들의 평균 친구 수는 5.17명에 달하고 있다. 친구관계는 교육기회와 직업기회, 기타 사회적 경험의 다양성이 높아질수록 그 수가 증가하는 경향이 있다. 즉 초등학교만 졸업한 사람보다는 고등학교를 졸업한 사람이, 전업주부보다는 직장생활을 활발하게 수행한 사람이 사회관계의 범위가 넓은 것이 일반적이다. 그리고 남자노인들에 비해 여자노인들은 자녀들과 동거할 경우 가사노동이나 육아의 부담을 지고 있다.

[표 7-16] 인구사회학적 변인별 친구와의 관계 분산분석

		관계의 수		접촉빈도	
		평균	F값	평균	F값
전 체		3.90		3.33	
성별	남	5.17	32.7***	3.53	5.7*
	여	2.99		3.17	
연령	60-64세	3.69	.4	3.42	3.4*
	65-74세	4.06		3.43	
	75세 이상	3.98		2.96	
교육수준	정규학력무	2.92	8.6***	3.05	3.8*
	초졸-중졸	3.71		3.29	
	고졸이상	4.98		3.60	
직업	하위직업	2.77	7.7***	2.86	8.6***
	중위직업	4.22		3.46	
	상위직업	4.53		3.57	

* $p<.05$, ** $p<.01$, *** $p<.001$

따라서 남자노인에 비해 친구관계에 투자할 여력이 상대적으로 적다. 관계의 수에 대한 차이보다는 상대적으로 미약하지만 친구의 접촉빈도에 있어서의 남녀차이는 유의한 수준으로 남자노인들이 접촉빈도의 평균값이 3.53인데 비해 여자노인은 3.17에 불과하다.

연령집단별로는 노인들의 친구관계의 수와 접촉빈도에 대한 분산분석에서 관계의 수에 대해서 연령이 체계적인 영향을 미치지는 않는 것으로 분석되었다. 특이한 것은 65-74세의 중기노인집단의 평균값이

4.06으로 가장 높고 초기노인(64세 이하)집단의 평균값이 3.69로 가장 작다는 점이다. 이와 같은 결과는 연령이 낮을수록 본격적으로 노인생활에 접어들기보다는 취업활동과 같은 공식적 사회활동의 비중이 높을 가능성이 크다는 점으로 설명 가능하다. 따라서 일상생활을 영위하는데 있어서 친구관계에 대한 필요나 이에 투자할 시간적 여유가 작다는 특성을 갖는다. 친구와의 접촉빈도에 있어서는 초기노인집단과 중기노인집단은 각각 3.42와 3.43으로서 유사하며, 다만 후기노인집단의 평균값이 2.96으로 앞의 두 집단과 큰 차이를 보이고 있다. 고연령층의 노인들은 건강이나 경제적 능력의 차원에서 상대적으로 열악한 상황에 처해 있으며 따라서 친구들과의 접촉빈도가 낮아질 수밖에 없다.

노인의 교육수준과 직업위세의 정도 역시 친구관계의 수와 접촉빈도에 통계적으로 유의한 영향을 행사하고 있다. 교육수준별로는 교육수준이 높을수록 친구관계의 수의 크게 높아지고 있고 정규학력이 없는 집단의 평균이 2.92인데 비해 고졸 이상의 고학력층은 4.98로서 평균적으로 2명 이상의 친밀한 친구를 더 보유하고 있다. 친구와의 접촉빈도에서도 교육수준이 높은 집단일수록 평균값이 높으며 정규학력이 없는 집단의 평균값은 3.05로서 1년에 2-4회 정도 친구와 접촉하는데 비해, 고졸 이상의 고학력층의 평균값은 3.60에 이르고 있다. 교육수준별로 친구관계의 수와 접촉빈도의 차이는 결국 사회관계의 형성과 유지가 교육기회에 의해 크게 영향을 받고 있음을 반영한다.

직업의 위세수준별로 친구관계의 수와 접촉빈도의 차이가 나타나고 있으며 전반적으로 직업위세가 높은 집단일수록 관계의 수와 접촉빈도의 평균치가 높아지고 있다. 여기서 특기할 점은 단순노무직 등으로 구성되는 하위직업집단의 평균값이 다른 두 집단과 비교해 매우 낮다는 점을 들 수 있으나 그러나 중위직업집단과 상위직업집단간의 차이는 근소하다. 집촉빈도에서도 관계의 수에서와 마찬가지의 결과가 확인된다. 직업위세가 높은 집단일수록 접촉빈도의 평균값이 높은 가운데, 하위직업의 평균이 다른 두 집단과 비교해서 크게 낮다는 점이다.

④ **이웃**

노인의 이웃관계는 대도시의 사회공간 내에서의 근린관계를 대변한다. 현대사회에서 인간관계가 분절화 됨에 따라 사회관계에서 근린관계의 양적, 질적인 중요성이 약화되고 있는 것이 현실이다. 그러나 지역사회를 중심으로 한 노인에 대한 사회적 지지(social support)와 사회복지서비스의 제공의 중요성이 증가하는 상황에서 노인들의 이웃관계의 의미 역시 증대되고 있다.

대도시 노인들을 대상으로 조사한 바에 따르면, 평균 2.3명 정도와 긴밀한 이웃관계를 가지고 있다. 또한 이들과의 접촉빈도는 평균 2.7 정도로서 활발한 교류가 있는 것은 아님을 알 수 있다. 이웃관계는 관계의 수의 평균값에서 친구, 친척 다음에 위치하며, 접촉빈도에서는 친구 다음으로 높은 평균치를 가지고 있다. 노인들의 사회관계에서 혈연중심의 관계가 아니라 친구와 이웃이라는 비혈연관계의 중요성이 지적될 수 있겠다.

인구사회학적 변인별로 이웃관계의 상황을 분석한 결과가 아래의 [표 7-17]에 제시되고 있다. 성별과 연령, 교육수준, 직업의 영향력이 관계의 수에서는 불분명하나, 접촉빈도에서는 명확한 차이가 드러나고 있다. 성별로는 평소 긴밀한 관계를 갖고 있는 이웃의 수에 있어서 남자노인과 여자노인 간에 전혀 차이가 없다. 반면에 접촉빈도에 있어서는 남자노인의 평균이 3.0인 반면에 여자노인의 빈도는 2.27에 불과해서 두 집단간에 통계적으로 유의한 차이가 발견된다.

연령을 기준으로 한 분산분석 결과에서도 관계의 수에 있어서 연령별 집단들 간의 차이는 거의 무시해도 좋은 반면에 관계의 접촉빈도에서는 차이가 나타난다. 관계의 수에서는 75세 이상의 후기노인집단의 평균값이 2.53으로 가장 크다. 상대적으로 젊은 집단에 비해 후기노인집단의 이웃관계의 크기가 큰 것은 이들이 건강상, 경제적 이유에서 활동범위가 매우 제한되어 있다는 점에 기인한다. 즉 활동능력과 경제적 여유가 없는 상황에서 멀리 떨어져 있는 사람들보다는 지리적으로 가깝게 위치하는 사람들이 더욱 가치 있는 셈이다. 접촉빈도의 분석결과는 관계의 수의 결과와 완연히 독립적이다. 이웃과의 접촉빈도에서는 평균값이 3.06인 초기노인집단(60-64세)과 2.14인 75세 이상의 후기노인집단 간에 큰 간격이 존재한다. 후기노인들의 경우 관계의 수는 상대적으로 크지만 활동능력의 저하로 인해 접촉빈도의 수준은 떨어지고 있다.

[표 7-17] 인구사회학적 변인별 이웃과의 관계 분산분석

		관계의 수		접촉빈도	
		평균	F값	평균	F값
전 체		2.31		2.70	
성별	남	2.30	.00	3.01	18.1***
	여	2.32		2.27	
연령	60-64세	2.23	.3	3.06	8.1***
	65-74세	2.27		2.67	
	75세 이상	2.53		2.14	
교육수준	정규학력무	1.98	.9	2.94	5.0**
	초졸-중졸	2.41		2.84	
	고졸이상	2.45		2.30	
직업	하위직업	2.58	4.9**	2.78	12.1***
	중위직업	2.05		2.70	
	상위직업	2.34		2.63	

* p<.05, ** p<.01, *** p<.001

교육수준에 따른 분석에서는 교육수준이 높은 집단일수록 이웃관계의 수가 크지만 통계적으로 유의한 수준은 아니다. 다만 정규학력이 없는 집단은 다른 두 집단(초졸-중졸, 고졸이상)과 큰 차이를 보이고 있다. 교육수준과 관련하여 이웃관계의 수와 접촉빈도는 역(-)의 관계를 나타내고 있으며 관계의 크기는 교육수준이 높을수록 증가하지만 접촉의 빈도는 반대로 낮아지고 있다. 교육수준이 가장 낮은 집단인 정규학력이 없는 집단은 평균 2.94인 반면에 고졸 이상의 고학력층의 평균은 2.30에 불과하다. 이와 같은 결과는 교육수준이 낮은 집단일수록 개인이 보유하고 있는 전체 사회관계에서 이웃이 갖는 비중이 증가하는 것을 반영한다 하겠다. 교육수준이 높은 노인일수록 다양한 범위의 사회관계를 형성할 수 있는 기회를 크게 갖고 있으며, 따라서 이웃관계에 대한 애착이나 중요성이 떨어진다.

노인의 생애 직업의 위세를 고려한 분석에서도 이웃관계의 수와 접촉빈도가 통계적으로 유의하게 차이를 보이고 있다. 먼저 관계의 수에서는 하위직업 집단이 평균 2.58로서 가장 높고 상위직업 집단 2.34, 중위직업 집단이 2.05의 순을 보이고 있다. 교육수준에서와 마찬가지로 하위직업 집단에서 이웃관계의 수가 가장 큰 것은 이들이 사회관계의 범위가 상대적으로 제약되어 있기 때문에 사회관계에서 이웃관계가 차지하는 비중이 높기 때문이다. 이러한 해석은 접촉빈도에 대한 직업위세별 분포에서도 재확인된다. 이웃과의 접촉빈도는 하위직업 집단이 가장 높은 수치를 보이며 직업위세가 높은 상위직업 집단의 평균이 가장 낮다.

⑤ 종합

다음 단계에서는 앞에서 살펴본 형제자매, 친척, 친구, 이웃관계를 통합하여 종합적 차원에서 노인들의 사회관계의 차원을 분석한 결과가 제시된다. 먼저 사회관계를 구성하는 각 항목들 간의 상관관계를 살펴보면 다음과 같다. 종합하면 앞서 제시한 네 가지 유형의 관계들의 규모에 있어서 통계적으로 매우 유의미한 수준의 상관관계가 나타나고 있다. 특히 친구관계와 이웃관계 간의 단순 상관계수는 .39로서 매우 강한 상관이 나타나고 있다. 이는 평소 긴밀한 관계를 유지하고 있는 친구들이 많은 노인들이 이웃관계 역시 폭넓게 유지되고 있음을 반영한다 하겠다. 또 형제자매의 수와 친척관계의 수 역시 높은 상관관계를 형성하고 있다.

[표 7-18] 노인의 사회관계의 규모 상관관계 분석

	형제자매 수	친척 수	친구 수	이웃 수
형제자매 수	1.0			
친척 수	.36***	1.0		
친구 수	.26***	.33***	1.0	
이웃 수	.16***	.27***	.39***	1.0

* p〈.05, ** p〈.01, *** p〈.001

그리고 네 가지 유형의 사회관계들의 접촉빈도 간에도 강한 정(+)의 상관관계를 확인할 수 있다. 노인들의 사회관계는 혈연을 중심으로 한 형제자매와 친척관계와 비 혈연적인 친구관계, 이웃관계로 양분될 수 있는데, 특히 형제자매와의 접촉빈도는 나머지 세 가지 유형의 사회관계의 접촉빈도와 상대적으로 높은 상관관계를 형성하고 있는 것으로 밝혀졌다. 이와 같은 결과는 형제관계가 노인의 사회관계의 근간을 이루고 있는 것으로 해석될 수 있다. 그리고 혈연관계를 구성하고 있는 형제자매와 친척관계가 접촉빈도에 있어서 높은 상관관계를 형성하고 있다는 점 역시 노인들의 사회관계가 상호연관성이 높음을 반영한다.

[표 7-19] 노인의 사회관계의 접촉빈도 상관관계 분석

	형제자매 접촉빈도	친척 접촉빈도	친구 접촉빈도	이웃 접촉빈도
형제자매 접촉빈도	1.0			
친척 접촉빈도	.38***	1.0		
친구 접촉빈도	.27***	.19***	1.0	
이웃 접촉빈도	.24***	.27***	.20***	1.0

* p<.05, ** p<.01, *** p<.001

네 가지 유형의 사회관계들을 모두 포함한 종합적 사회관계의 규모와 접촉빈도를 분석한 결과를 제시하면 다음과 같다.[4] 먼저 조사대상 노인들의 평균 관계의 수는 11.81이며, 접촉빈도는 2.66이다. 노인들이 가족 이외에 평소 개인적 문제를 상의하고 도움을 주고받는 사람들의 수가 약 12명에 달하고 있다. 그러나 접촉빈도는 평균 1년에 2-4회 정도로 그리 높은 편이 아니다. 따라서 조사 대상 도시노인들은 전반적으로 삶에 있어서 필요한 경제적, 신체적, 정서적 지원을 양적, 질적 차원에서 충분히 제공받을 수 있는 사회관계를 결여하고 있다고 판단된다.

성별과 교육수준, 직업에 따라 사회관계의 수가 유의미한 차이를 가지고 있으며, 접촉빈도는 연령과 교육수준, 직업 변인과 관련하여 다른 양상을 나타내고 있다. 먼저 여자노인에 비해 남자노인의 사회관계의 수가 월등히 높은 수준을 나타낸다. 남자노인의 경우 평균 사회관계의 수가 약 14개에 달하는 반면에 여자노인들은 그 수가 10개 정도에 그치고 있다. 이와 같은 남녀간의 차이는 생애과정에서의 사회생활의 차

4) 사회관계의 수는 앞에서 제시된 형제자매의 수, 친척의 수, 친구의 수, 그리고 이웃의 수를 합산한 값이다. 그리고 사회관계의 접촉빈도는 앞의 네 가지 유형의 사회관계의 접촉빈도를 합산한 다음 4로 나눈 값이다.

이가 반영된 결과이다. 사회관계의 수와는 달리 접촉빈도에서는 남녀간의 유의미한 차이가 확인되지 않는다. 연령별로는 연령이 낮은 집단일수록 사회관계의 수가 크고 연령집단별 평균값의 차이는 미미하며 통계적으로 유의한 수준이지 않다. 반면에 접촉빈도에서 60-64세의 초기노인집단의 평균값이 3.0인데 비해 75세 이상의 후기노인집단의 평균은 1.99에 불과하다. 연령이 높아질수록 사회적 상호작용의 빈도가 줄어듦을 보여주는데 이는 연령이 증가할수록 건강에 문제가 발생하고 경제적 능력이 약화되는 과정을 반영한다.

[표 7-20] 인구사회학적 변인별 사회관계 분산분석

		관계의 수		접촉빈도	
		평균	F값	평균	F값
전 체		11.81		2.66	
성별	남	13.92	17.0***	2.70	.3
	여	10.27		2.64	
연령	60-64세	12.27	.8	3.00	24.8***
	65-74세	11.92		2.72	
	75세 이상	10.81		1.99	
교육수준	정규학력무	9.48	8.5***	2.40	5.9**
	초졸-중졸	11.43		2.64	
	고졸이상	14.22		2.90	
직업	하위직업	9.74	4.9**	2.28	12.1***
	중위직업	12.29		2.71	
	상위직업	13.04		2.94	

* p<.05, ** p<.01, *** p<.001

노인의 교육수준에 따라 사회관계의 수와 접촉빈도 모두에서 유의미한 차이가 확인되는데 교육수준이 높은 집단일수록 사회관계의 수가 증가한다. 정규학력을 갖지 못한 집단의 경우 평균값이 9.48인데 비해 초졸-중졸 집단은 11.43, 고졸 이상 집단은 14.22 개의 사회관계를 보유하고 있다. 정규학력을 갖지 못한 집단과 고졸 이상 집단 간의 차이는 매우 큰 것을 느낄 수 있다. 접촉빈도에서도 교육수준의 영향력을 확인할 수 있어 고졸이상 집단은 평균치가 2.90인데 비해 정규학력이 없는 집단은 2.40에 불과하다. 직업별로는 단순노무직과 같은 하위직업의 경우 관계의 수가 평균 9.74개에 불과한 반면에 고위관리직과 전문직을 포함하는 상위직업 집단은 13.4개이다. 접촉빈도에서도 직업위세가 높을수록 접촉빈도의 평균이 높아지는 경향이 뚜렷이 나타나 특히 하위직업은 평균값이 2.28로서 다른 두 직업집단과 완연히 구분되는 위치에 있다.

이처럼 도시노인들의 사회관계의 객관적 수준은 노인의 성별과 연령, 교육수준, 직업위세에 따라 큰 차이를 보이고 있으며 이러한 차이는 결국 노인의 삶에 대한 만족도로 이어질 것으로 생각된다.

(2) 취업활동

노인에 대한 사회적 규정은 건강상의 노화에 기초하고 있으며, 노인이 된다는 것은 신체적 능력이 약화되는 것을 이유로 연장자들에게는 사회적 역할의 상실이 강요된다. 인간에게 있어서 노동은 생계유지의 수단일 뿐만 아니라 자신의 정체성과 존재가치를 확인하는 과정이다. 따라서 사회적 노동과정으로부터의 일방적 배제는 노인의 삶에 경제적 차원에서뿐만 아니라 신체적, 심리적으로 큰 영향을 미치게 된다. 따라서 노년기에 취업활동을 유지하느냐의 여부는 노인의 삶의 질에 큰 영향을 미칠 수 있다.

남자노인 가운데 128명(30.3%), 여자노인의 58명(10.0%)이 취업활동을 하고 있으며, 남자노인의 취업활동 비율이 여자노인의 3배에 달하고 있다. 연령별로는 초기노인(60-64세)의 32.1%, 중기노인(65-74세)의 13.5%, 후기노인(75세 이상)의 4.1%만이 현재 취업을 하고 있다. 연령이 증가하면서 취업활동의 비율이 급속히 떨어지는 것은 고연령층의 노인들 스스로 신체적 이유에서 취업활동을 꺼리는 경향도 있지만 사회적으로 이들에게 취업활동의 기회가 제공되지 않기 때문으로 해석할 수 있다.

[표 7-21] 인구사회학적 변인별 현재 취업활동 여부 분석

		현재 취업활동 여부		X^2값
		있다	없다	
전 체(1,004명)		186(18.5)	818(81.5)	
성별	남	128(30.3)	295(69.7)	66.6***
	여	58(10.0)	523(90.0)	
연령	60-64세	123(32.1)	260(67.9)	84.1***
	65-74세	54(13.5)	346(86.5)	
	75세 이상	9(4.1)	212(95.9)	
교육수준	정규학력무	22(8.7)	230(91.3)	51.3***
	초졸-중졸	67(15.3)	372(84.7)	
	고졸 이상	97(31.0)	216(69.0)	
직업	하위직업	41(13.8)	256(86.2)	6.4*
	중위직업	72(21.1)	269(78.9)	
	상위직업	73(19.9)	293(80.1)	

* p<.05, ** p<.01, *** p<.001

교육수준별로는 교육수준이 높을수록 취업활동의 비율이 높아지고 있다. 정규학력이 없는 집단은 취업활동자의 비율이 8.7%에 불과한데 비해 초졸-중졸 집단은 15.3%, 고졸이상 집단은 31.0%에 달하고 있다.

가장 학력이 낮은 집단과 가장 높은 집단을 비교하면 거의 4배 이상의 차이가 발생하고 있다. 교육수준별로 취업활동의 차이가 크게 존재하는 것은 교육수준과 연령이 높은 역(-)의 상관관계를 가지고 있으며, 교육수준이 낮은 노인들에게 직업획득의 기회가 상당부분 봉쇄되어 있음을 의미한다.

노인의 취업활동 여부는 생애 과정에서 최장기적으로 종사한 직업에 따라 또한 다른 양상을 보인다. 단순노무직을 포함하는 하위직업에 종사했던 노인은 13.5%만이 현재 취업활동을 하고 있는 반면에 중위직업 집단은 21.1%, 고위직과 전문직이 포함된 상위직업집단의 노인은 약 20%가 취업활동을 하고 있다. 중위직업집단과 상위직업집단간에는 큰 차이가 없으나 하위직업집단은 크게 낮은 수치를 보인다.

노년기 취업활동의 이유에 대해서는 해당 노인 185명 가운데 절반을 상회하는 96명(51.9%)이 경제적 이유를 들고 있다. 노인들은 생활비나 용돈 등과 관련하여 금전적 필요를 강하게 느끼고 있으며, 이것이 노인들의 취업활동을 유발하는 가장 큰 이유이다. 그 외에 일 자체가 좋아서가 29.7%이며, 건강유지를 위해서가 4.9%, 시간을 보내기 위하서가 3.2% 등을 차지하고 있다.

노인들의 취업활동에 관한 조사에서 현재 직업을 가지고 있지 않은 노인들에게 향후 취업활동을 할 의향이 있는가를 질문하였다. 그 결과 현재 취업활동을 하지 않고 있는 818명의 노인들 가운데 315명(38.5%)은 직업을 갖고자 하는 의향을 가지고 있는 반면에 504명은 없다고 응답하였다. 성별로는 남자노인의 44.6%가 일을 할 의사가 있는 것으로 나타나 남자노인들의 일에 대한 욕구가 상대적으로 강함을 알 수 있다. 그러나 여자노인들 가운데 취업활동을 하고자 하는 노인의 비율이 35.0%에 달해 여자노인들의 일에 대한 의사 역시 매우 강한 양상을 띤다. 앞에서 제시된 현재 취업활동 여부에 대한 분포와 결합할 경우 남자노인 집단은 전체의 약 75%가 현재 직업을 가지고 있거나 향후 가질 의사를 가지고 있다. 따라서 노인들에게 있어서 취업활동이 매우 중요한 사안임을 알 수 있다.

취업활동의 여부에서 초기노인(60-64세)의 취업활동 비율이 높은 반면에 여타 두 집단의 취업활동 비율은 매우 낮았다. 그러나 향후 취업활동의 의향이 있는가 라는 측면에서는 초기노인과 중기노인(65-74세), 후기노인(75세 이상)간에 그 격차가 많이 줄어들고 있다. 중기노인의 약 40%와 후기노인의 약 30%가 기회가 된다면 일을 하겠다라고 응답하고 있어 이들 집단의 노인들에게도 취업활동이라는 것이 매우 중요한 문제라는 것을 알 수 있다.

[표 7-22] 인구사회학적 변인별 향후 취업활동 의향 유무 분석

		향후 취업활동 의향		X^2값
		있다	없다	
전 체(1004명)		315(38.5)	503(61.5)	
성별	남	132(44.6)	164(55.4)	7.4**
	여	183(35.0)	340(65.0)	
연령	60-64세	111(42.5)	150(57.5)	8.5*
	65-74세	140(40.5)	206(59.5)	
	75세 이상	64(30.2)	148(69.8)	
교육수준	정규학력무	77(33.5)	153(66.5)	3.4
	초졸-중졸	151(40.5)	222(59.5)	
	고졸 이상	87(40.3)	129(59.7)	
직업	하위직업	105(41.0)	151(59.0)	2.8
	중위직업	108(40.1)	161(59.9)	
	상위직업	102(34.7)	192(65.3)	

* p<.05, ** p<.01, *** p<.001

노인의 교육수준과 직업에 따라서는 향후 취업활동의 의향의 차이가 명확하지 않다. 정규학력을 갖지 못한 집단에서 향후 취업활동의 의사를 가진 비율이 33.5%로 가장 낮지만, 이 수치는 초졸-중졸 집단, 고졸 이상 집단의 비율에 거의 근접한 수준이다. 직업별로는 생애 과정에서 최장기 종사한 직업의 위세가 낮은 노인집단에서 가장 높은 비율이 나타났다. 반면에 상위직업 종사자들은 약 34.7%만이 일을 할 의향이 있다고 응답한다. 앞에서 살펴보았듯이 하위직업집단의 현재 직업 종사 비율은 가장 낮은 13.8%에 불과한 반면에 향후 일할 의사가 있다는 응답이 41.0%에 달한다는 점은 한편으로는 이들이 경제적으로 취업활동의 필요성을 강하게 느끼고 있으며, 다른 한편으로는 사회적으로 직업획득의 기회가 매우 제약되어 있음을 반영한다.

이와 같은 결과는 현재 취업활동을 하고 있지는 않지만 향후 일을 하고자 하는 의향을 가지고 있는 노인들을 대상으로 일을 하고 있지 않는 이유에서도 재차 확인할 수 있다. 전체 315명의 노인들 가운데 202명(64.1%)이 일자리가 제공되지 않기 때문으로 응답하였다. 즉 노인들의 취업활동의 장애는 노인의 개인적 원인에 있다기보다는 사회구조적인 차원임을 알 수 있다. 그 외의 이유로는 건강이 좋지 않아서가 21.3%, 자식들이 반대해서가 10.2%를 차지하고 있다.

[표 7-23] 취업활동의 의향이 있으면서 현재 취업활동을 하지 않는 이유

	빈도	비율(%)
마땅한 일자리가 없어서	202	64.1
근로여건이 열악해서	10	3.2
자식들이 반대해서	32	10.2
건강이 좋지 않아서	67	21.3
기타	4	1.3
합계	315	100.0

2) 개인적 욕구

(1) 사회관계

도시노인의 사회관계에 대한 욕구 수준은 앞서 제시한 바와 같이 신체적 욕구와 경제적 욕구뿐만 아니라 가족관계에 대한 욕구에 비해서도 다소 낮은 수준을 나타내고 있다.[5] 가족관계에 대한 욕구의 평균값이 8.27인데 비해 사회관계 욕구는 7.45에 불과하다.

[표 7-24] 인구사회학적 변인별 사회적 욕구 분산분석

		평균	F값
전 체		7.45	
성별	남	7.51	.6
	여	7.41	
연령	60-64세	7.45	4.0*
	65-74세	7.61	
	75세 이상	7.15	
교육수준	정규학력무	7.49	.1
	초졸-중졸	7.43	
	고졸이상	7.43	
직업	하위직업	7.24	3.1*
	중위직업	7.45	
	상위직업	7.62	

* $p<.05$, ** $p<.01$, *** $p<.001$

사회관계에 대한 욕구 수준은 [표 7-24]와 같이 노인의 연령과 직업에 따라 유의미한 차이를 나타내고 있다. 먼저 연령의 차원에서는 65

5) 노인들의 사회관계에 대한 욕구는 '친구들과의 교제', '친척들과의 교류와 상호부조', '이웃들과의 교류'라는 세 가지 항목들을 결합하여 측정한 것이다 .

세에서 74세 사이에 있는 중기노인집단의 평균값이 7.61로서 가장 높고 초기노인집단 7.45, 후기노인집단 7.15의 순이다. 직업별로는 직업의 사회적 위세가 높은 노인집단일수록 사회관계의 욕구를 강하게 가지고 있다. 사회계층적 지위가 높을수록 보다 폭넓은 사회연결망을 가지고 있으며, 생애과정에서의 직업경험을 통해 사회연결망의 도구적, 정서적 가치를 크게 인식하고 있다. 이들은 사회관계에 대한 개인적 욕구가 강한 경향을 띠게 된다.

[표 7-25] 사회관계의 객관적 지표와 개인적 욕구간의 차이 분산분석

		사회관계의 객관적 지표와 욕구간의 차이	
		평균	F값
전 체		-.05	
성별	남	.00	.1
	여	-.08	
연령	60-64세	.52	8.9***
	65-74세	-.29	
	75세 이상	-.58	
교육수준	정규학력무	-.63	7.9***
	초졸-중졸	-.11	
	고졸이상	.51	
직업	하위직업	-.37	1.8
	중위직업	.05	
	상위직업	.12	

* $p<.05$, ** $p<.01$, *** $p<.001$

사회관계의 객관적 지표와 개인적 욕구 간에 존재하는 차이는 앞서 제시한 가족관계의 경우와 유사한 결과가 나타나고 있다. 사회관계에 대한 객관적 지표와 개인적 욕구간의 차이를 인구사회학적 변인별로 분석한 결과 연령과 교육수준에 따라 집단별로 유의미한 차이가 발견

된다. 먼저 초기노인 집단은 10분위화된 순위점수에서 객관적 지표에 비해 개인적 욕구의 수준이 다소 낮은 것으로 제시된다. 반대로 중기노인집단과 후기노인집단의 경우 객관적 지표의 수준보다 상대적으로 강한 개인적 욕구를 가지고 있다. 이와 같은 현실과 욕구간의 괴리는 사회관계에 대한 만족도를 낮출 수 있다.

교육수준별 분석 결과는 [표 7-25]에서와 같이 학력수준이 낮은 집단의 경우 객관적 지표에 비해 높은 개인적 욕구를 가지고 있는 반면에 고학력 집단은 객관적 지표의 순위점수가 순위점수화된 개인적 욕구의 점수보다 높다. 교육수준에 따라 객관적 지표와 개인적 욕구간의 괴리가 상당 정도 나타나고 있다. 이처럼 객관적 지표와 개인적 욕구간의 비교에서 개인적 욕구의 수준이 높은 경우 사회관계에 대한 만족도에 부정적 영향을 미칠 수 있다.

노인의 사회관계는 평소 어려운 문제를 털어놓으며 도움을 주고받는 형제자매와 친척, 친구, 이웃과 같은 사회관계의 수와 접촉빈도를 통해 파악되었다. 그리고 이 두 가지 변인들을 순위점수화한 후 결합하여 사회관계 종합 지표를 구성하였다. 이들 변인들과 사회관계의 개인적 욕구 간에는 [표 7-26]과 같이 매우 강한 상관관계가 존재하고 있으며 사회관계의 수와 개인적 욕구간의 단순상관계수 값은 .24로서 사회관계의 폭이 넓은 노인들의 개인적 욕구 또한 높음을 알 수 있다.

사회관계의 접촉빈도 역시 사회관계의 개인적 욕구와 .26의 상관계수를 갖고 있다. 그리고 이들 종합지표와 사회관계의 개인적 욕구간의 단순상관계수 값은 가장 높은 .29를 나타내고 있으며, 이 상관관계는 인구사회학적 변인들을 통제한 가운데에도 유지되고 있다.

[표 7-26] 사회관계의 객관적 지표와 개인적 욕구간의 상관관계 분석

	사회관계 개인적 욕구				
	단순상관계수	부분상관계수			
		성별통제	연령통제	교육통제	직업통제
사회관계의 수	.24***	.23***	.23***	.24***	.23***
사회관계의 접촉빈도	.26***	.26***	.25***	.26***	.25***
사회관계 종합지표	.29***	.29***	.28***	.29***	.28***

* p<.05, ** p<.01, *** p<.001

(2) 취업활동

노인들의 취업활동에 대한 욕구는 [표 7-27]과 같이 성별과 연령, 교육수준에 따라 구분된 집단별로 큰 차이를 보여주고 있다. 여자노인에 비해 남자노인들의 욕구 수준이 매우 높게 나타나고 있으며, 이는 남성들이 생애과정에서 취업활동의 경험이 많고 노년기에도 직업획득의 기회구조가 상대적으로 폭넓게 열려있기 때문이다. 그리고 연령이 낮을수록 취업활동에 대한 욕구가 강하게 나타나고 있다. 노동에 대한 욕구의 평균값은 초기노인집단이 7.69이며, 중기노인집단은 7.28, 후기노인집단은 6.88로 초기노인집단과 후기노인집단간에 약 1에 가까운 차이가 존재한다. 노인의 연령별 노동에 대한 개인적 욕구의 차이는 연령에 따른 건강상태와 사회적으로 제공되는 직업기회의 불평등이 복합적으로 작용한 결과로 보인다.

교육수준이 높은 노인집단일수록 노동에 대한 개인적 욕구가 상승하고 있다. 정규학력을 갖지 못한 집단의 평균은 7.01인데 비해 고졸이상의 고학력 노인집단은 7.84에 달하고 있다. 직업별 노동에 대한 욕구의 차이는 통계적으로 유의미한 수준은 아니지만 직업위세가 높은 직업에 종사해왔던 노인의 개인적 욕구가 상대적으로 높게 나타났다.

[표 7-27] 인구사회학적 변인별 취업활동의 욕구 분산분석

		평균	F값
전 체		7.35	
성별	남	7.90	34.5***
	여	6.95	
연령	60-64세	7.69	7.3**
	65-74세	7.28	
	75세 이상	6.88	
교육수준	정규학력무	7.01	8.8***
	초졸-중졸	7.19	
	고졸이상	7.84	
직업	하위직업	7.20	.9
	중위직업	7.35	
	상위직업	7.47	

* $p<.05$, ** $p<.01$, *** $p<.001$

노인들의 경우 취업활동의 기회가 많이 제약되어 있는 상황에서 여가활동은 단순한 휴식과 놀이의 의미를 넘어서는 중요성을 갖는다. [표 7- 28]에서와 같이 취업활동 여부와 자아실현의 개인적 욕구간에는 .14의 통계적으로 매우 유의미한 상관관계가 존재한다. 취업활동을 하고 있는 노인이 상대적으로 강한 자아실현의 개인적 욕구를 가지고 있다. 취업활동 여부와 자아실현의 개인적 욕구간의 상관관계는 인구사회학적 변인들을 통제할 경우 그 관계의 강도가 약화되고 있다. 특히 성별과 연령, 교육수준을 통제할 경우 부분상관계수의 값이 단순상관계수에 비해 많이 낮아지고 있어 성별과 연령, 교육수준이 미치는 효과가 상당함을 알 수 있다.

[표 7- 28] 취업활동과 자아실현욕구간의 상관관계 분석

	자아실현욕구				
	단순상관계수	부분상관계수			
		성별통제	연령통제	교육통제	직업통제
취업활동 여부	.14***	.09**	.09**	.09**	.13***

* p<.05, ** p<.01, *** p<.001

3) 주관적 만족도

도시노인들의 사회관계에 대한 만족도는 [표 7- 29]에서 성별을 제외한 다른 변인들과 유의미한 상관관계를 형성하고 있는 것으로 분석되었다. 먼저 연령이 증가할수록 사회관계의 만족도가 낮아지고 있다. 이와 같은 결과는 노인의 경우 연령이 증가할수록 건강상태가 나빠짐으로 인해 사회관계의 범위가 줄어들고 제약을 받아 노인의 내적인 외적인 다양한 요인들의 작용으로 노인의 사회적 고립이 증대함을 반영한다 하겠다.

[표 7-29] 사회관계 만족도 상관관계 분석

	사회관계 주관적 만족도
성별	.01
연령	-.19***
교육수준	.10**
직업위세	.08*
사회관계 객관적 지표	.55***
사회관계 개인적 욕구	.09**
사회관계 객관적 지표와 욕구 차이	.40***

* p<.05, ** p<.01, *** p<.001

교육수준에 있어서도 교육수준이 낮은 노인보다는 높은 노인들이 사

회적 활동 범위가 넓고 따라서 이에 대한 만족도도 높아지고 있다. 노인이 생애과정에서 종사해온 직업의 위세도 노인의 사회관계의 범위와 접촉빈도에 영향을 주고, 이는 사회관계에 대한 만족도에 작용을 미치고 있다.

사회관계의 객관적 지표와 주관적 만족도간의 상관계수의 값이 무려 .55에 달하고 있어 사회적 접촉의 범위와 강도가 높아지면 이것이 사회관계에 대한 만족도를 향상시키는 경향으로 강하게 작용하고 있다. 또한 사회관계에 대한 노인의 욕구를 비롯하여 객관적 지표와 개인적 욕구간의 차이 역시 주관적 만족도에 긍정적인 영향을 미치고 있다. 사회관계에 대한 욕구는 강한 반면에 현실적으로 사회관계의 범위가 제약될 경우 주관적 만족도를 낮추는 결과를 유발하고 있다.

4) 종합적 삶의 질

도시노인들에게 있어서 사회관계의 양적, 질적 특성과 이에 대한 개인적 욕구 수준은 삶의 질에 상당한 영향을 미치고 있는 것으로 분석되었다. 사회관계의 객관적 지표와 종합적 삶의 만족도 간의 단순상관계수는 .21이며, 사회관계의 개인적 욕구의 경우 .32에 달하고 있다. 여기서 특징적인 점은 종합적 삶의 만족도가 사회관계의 객관적 지표 보다는 사회관계의 개인적 욕구와 보다 강한 상관관계를 형성하고 있다는 점이다. 즉 형제와 친척, 이웃, 친구관계에 대한 욕구 수준이 높을수록 종합적 삶의 만족도가 향상되는 경향이 확인된다.

이와 같은 실증적 분석 결과를 종합하면 다음과 같이 정리할 수 있을 것이다. 평소 폭넓은 범위의 사람들과 긴밀한 관계를 유지하는 것을 중요하게 여기고 실제로 그렇게 하고 있는 노인들의 종합적 삶의 만족도가 높음을 알 수 있다.

현대사회에서 개인의 사회관계가 축소되는 상황에서 노인들의 사회관계를 확장시키고 이를 통해 사회적 존재로서의 욕구를 충족시키는 것은 삶의 질을 높이는 데 있어서 매우 중요한 요인이 될 수 있다. 노년기에도 사회관계가 양적, 질적으로 크게 축소되지 않도록 할 수 있는 현실적인 방안은 취업활동을 유지하는 것이다. 노인에게 있어서 직업은 중요한 소득원으로 기능할 뿐만 아니라 긴밀한 인간관계를 형성할 수 있는 토대가 된다.

[표 7-30] 종합적 삶의 만족도와 사회관계의 상관관계 분석

	연령	교육수준	직업위세	사회관계 객관적 지표	사회관계 개인적 욕구	사회관계 주관적 만족도	종합적 삶의 만족도
성별	.02	.38***	.21***	.04	.03	.01	.08*
연령		-.26***	-.04	-.21***	-.08*	-.19***	-.03
교육수준			.41***	.14***	.02	.10**	.19***
직업위세				.12***	.09**	.08*	.22***
사회관계 객관적 지표					.29***	.56***	.21***
사회관계 개인적 욕구						.09**	.32***
사회관계 주관적 만족도							.01
종합적 삶의 만족도							1.0

* p<.05, ** p<.01, *** p<.001

노인의 취업활동을 지원하는 고용보장정책 및 서비스는 "직업교육'과

'노인 창업지원', '노인직종 개발', '정년의 연장' 등으로 모색해 볼 수 있다. 이러한 고용보장정책 및 서비스의 인지여부와 노인의 삶의 질 관련 변인들과의 관계를 살펴 본 결과 고용보장정책 및 서비스의 인지여부는 도시노인들의 교육수준, 직업위세, 취업활동 욕구와 유의미한 상관관계를 가지고 있다. 즉, 교육수준이 높아짐에 따라 고용보장정책 및 서비스에 대한 인지여부는 높아지고 있고 직업위세가 높아짐에 따라 고용보장정책 및 서비스에 대한 인지여부는 낮아지고 있으며 취업활동에 대한 욕구가 높아짐에 따라 고용보장정책 및 서비스에 대한 인지여부는 높아지고 있는 것을 알 수 있다.

[표 7-31] 노인의 삶의 질 관련 변인들과 고용보장정책 및 서비스간의 상관관계 분석

	고용보장정책 및 서비스 인지여부	고용보장정책 및 서비스 필요도
성별	-.12	.17***
연령	.09	-.14***
교육수준	-.46***	.14***
직업위세	.59**	.07*
취업활동 여부	.04	.17***
취업활동 욕구	-.50*	.29***
종합적 삶의 만족도	.07	.14***

* p〈.05, ** p〈.01, *** p〈.001

노인을 대상으로 한 고용보장정책 및 서비스의 필요도는 노인의 성별과 연령, 교육수준, 직업위세, 현재 취업활동 여부, 취업활동에 대한 욕구, 삶의 만족도 모두와 유의미한 상관관계를 가지고 있다. 먼저 고용보장정책 및 서비스 필요도와 성별과의 단순상관계수는 .17로서 남자노인들이 갖는 필요도의 인식이 보다 강한 수준이다. 즉 남자노인들이 취업활동에 대해 강한 욕구를 가지고 있으며 이는 고용보장정책 및

서비스의 필요도로 이어진다. 연령과 관련해서는 저연령층이 인식하고 있는 필요도가 보다 강한 수준이다. 교육수준과 생애과정에서 최장기 종사한 직업의 위세가 높은 노인일수록 고용보장정책 및 서비스의 필요도가 강하다. 즉 사회계층상 높은 지위에 있는 노인들이 보다 강한 취업활동의 욕구를 가지고 있으나 현실적으로 취업활동의 여건이 마련되고 있지 않다는 점에서 외부의 지원을 강하게 느끼고 있다. 그리고 현재 직업을 가지고 노동을 하고 있는 노인들이 고용보장정책 및 서비스에 대해 상대적으로 강한 필요성을 인식하고 있다. 그리고 취업활동에 대한 욕구와 고용보장정책 및 서비스의 필요성간의 단순상관계수는 .29로서 매우 강한 상관관계가 제시되고 있다. 마지막으로 종합적 삶의 만족도가 높은 노인일수록 각종 고용 프로그램에 대한 필요성이 높게 나타난다. 즉 도시노인들은 생계수단의 확보라는 차원에서 취업활동을 원하는 것이 아니라 상대적으로 삶의 질이 높은 노인들도 자신의 정체성을 확인하고 자아실현을 하는 수단으로서 취업활동에 대한 욕구를 가지고 있으며, 이것이 고용보장정책 및 서비스에 대한 필요도로 연결되고 있다.

3. 사회관계 및 취업활동의 삶의 질을 위한 정책 및 서비스

노인의 사회관계는 매우 다양하게 나타나고 있어 앞서 경험적 분석에서와 같이 노인들은 형제, 자매, 이웃, 친척 등과 다양한 사회관계를 유지하고 있다. 그러나 사회관계를 단순히 이웃, 친척 등 비공식 관계에 한정한다는 것은 노인의 사회관계를 축소해서 받아들이는 오류를 범할 수 있다. 노인의 사회관계를 보다 확장하여 적극적으로 이해하기 위해서는 일을 통한 사회관계의 형성일 것이다. 경험적 분석의 결과에서 알 수 있듯이 일을 하고자 하는 취업활동에 대한 욕구가 상당히 높은 것으로 나타나고 있는데, 이는 노인들의 사회적 욕구가 높음을 알 수 있는 대목이다. 그러나 현실상황은 노인들이 일을 할 수 없어 사회관계를 형성하지 못하고 있는 것이다. 경험적 분석에서도 마땅한 일자리가 없어서 사회관계를 형성하지 못한다는 응답이 64.1%로 나타나고 있어 일자리 마련이 매우 중요함을 밝혀주고 있었다. 또한 사회관계가 많은 노인일수록 삶의 만족도도 높게 나타나 노인에게 일자리를 마련하여 일을 통해 사회관계를 형성하게 하는 것이 노인의 삶의 질에 많은 영향이 준다는 것을 경험적 분석을 통해 알 수 있었다. 따라서 사회관계를 증진할 수 있도록 국가에서 시행하는 노인일자리사업과 관련한 정책 및 서비스의 현황을 먼저 파악해서 여기에서는 이를 바탕으로 그 개선방안을 제시하고자 한다.

1) 현황과 문제점

(1) 노인일자리사업

노인의 사회관계를 증진시킬 수 있는 정책 및 서비스로 여겨질 수 있는 것은 노인일자리사업이다. 노인일자리사업은 노인에게 소득을 일정 정도 보장해 준다는 의미도 있지만, 일자리사업을 통하여 이웃, 동료 등 다른 노인들과 교류함으로써 사회관계가 확장될 수 있도록 하는 것이다. 노인일자리사업은 노인에게 '일'을 제공하여 소득과 사회관계를 제공하는 복합적 목적이 담겨 있는 것이다(변재관 · 김창규, 2005)

정부는 고령인구의 급속한 증대에 따라 노인의 능력과 적성에 맞는 적극적 사회참여의 기회를 제공하여 사회적 가치를 창출하고, 생산적 활동을 통해 노후에 보다 건강한 삶을 유지하며, 보충적 소득지원 등의 사회적 비용을 절감하기 위해, 노인복지법 제23조, 제23조의 2항과 저출산고령사회기본법 제11조에 의거하여, 2004년부터 65세 이상의 노인을 대상으로 '노인적합형 일자리[6]'를 창출 및 제공하는 '노인일자리사업'을 시작하여, 매년 지속적으로 이를 확대해오고 있다.

2009년 현재 노인일자리사업의 유형은 크게 공공분야 일자리와 민간분야 일자리로 구분되며, 전자는 다시 공익형, 교육형, 복지형으로, 후자는 다시 인력파견형과 시장형, 창업모델형으로 운영되고 있으며 그 내용은 아래 [표 7-32]와 같다(보건복지가족부, 2009). 공공분야 일자리는 정부가 노인의 보수 및 부대비용을 지원하여 창출되는 일자리이며, 민간분야 일자리는 기업이나 각종 물품 및 서비스 판매 수익금에 의해 노인의 임금이 지급되는 일자리이다.

대표적인 일자리로는 거리환경지킴이, 교통 및 방범지킴이 등 공공성이 높은 공익형 일자리, 전문지식을 가진 특정분야의 유경험자가 교육기관 등에서 한자·서예, 예절, 숲생태 문화재를 강의 및 해설하는 교육형 일자리, 사회의 소외계층을 직접 방문하여 보호서비스를 제공하는 복지형 일자리, 소규모 사업을 공동으로 운영하여 자체수익을 창출하는 시장형 일자리, 수요처의 요구에 의해 일정기간 동안 연속적인 활동의 대가로 보수를 지급받는 인력파견형 일자리가 있다.

---

6) '노인적합형 일자리'란 일하고자 하는 65세 이상 노인들에게 능력과 경륜을 활용한 사회참여 기회를 확대하고, 건강하고 활기찬 삶을 영위할 수 있도록 대부분 공공 또는 민간부문에 의하여 창출·제공되는 '사회적 일자리'를 말하며, '사회적 일자리'란 사회발전이나 국민의 삶의 질 향상을 위해 꼭 필요하나 수익성이 낮아 민간시장에서 배제된 일자리(예컨대, 교육·의료·사회복지·환경·지역사회개발 등에서 주로 비영리조직에 의해 창출되는 일자리)를 의미하며, 2009년 현재 11개 정부부처에서 총 43개 사회적일자리 사업을 추진하고 있다.

[표 7-32] 노인일자리사업의 일자리 유형과 일자리 예시

구 분		정 의	일자리 예시
공공분야	공익형	지방자치단체 및 공공기관에서 공공서비스 향상을 목적으로 업무영역(환경, 질서유지, 시설관리 등) 및 지역사회 현안 문제해결 등을 위해 창출된 일자리로서 공공의 이익에 부합하고 사회적으로 유용성이 강한 일자리	아동안전보호사업, 초등학교 급식 도우미, 환경개선보호사업, 문화재관리사업, 공공질서 계도사업 및 도서관 관리 사업 등
	교육형	경험과 교육을 통해 습득한 지식을 가진 노인이 다양한 계층을 대상으로 자신의 경륜과 지식을 전달함으로써 세대 간 문화전승의 효과를 살리고 교육대상자의 능력을 향상시키는 일자리	강사파견사업, 숲생태 해설사업, 문화재해설사업, 해외이주자 정서지원사업 등
	복지형	사회·경제·문화적 소외계층을 대상으로 제공되는 사회서비스 중 노인적합형일자리를 창출·제공하여 사회서비스 확대를 도모하고 서비스이용자의 사회적응 및 안정적 생활을 유지할 수 있도록 지원하는 일자리	거동불편노인돕기사업, 장애인, 아동,청소년 등 소외계층 돌봄사업, 노인 주거개선사업 및 문화 복지지원 사업 등
민간분야	시장형	노인에게 적합한 업종 중 소규모 창업 및 전문직종 사업단을 공동으로 운영하여 창출되는 일자리로서 일정기간 사업비 또는 참여자 인건비를 일부 보충지원하고 추가 사업소득으로 연중 운영하는 일자리	식품제조 및 판매사업, 특산물제작 및 판매사업,공동작업장운영사업,아파트택배사업,지하철택배 및 지역영농사업 등
	인력파견형	수요처의 요구에 의해서 일정 교육을 수료하거나 관련된 업무능력이 있는 자를 해당 수요처로 파견하여 근무기간에 대한 일정 보수를 지급받을 수 있는 일자리	시험감독관파견사업, 주례사파견사업, 주유원사업, 경비원사업, 가사도우미사업 및 농어촌 일손도우미 파견사업 등
	창업모델형	구매력 있는 노인 세대의 등장에 대비, 노인창업을 유도하는 한편, 노인창업 아이템의 발굴과 창업 장애요인 분석 및 제거를 통해 노인에게 적합하고 소득 창출효과가 큰 사업 모델을 개발하여 민간 노인일자리 사업의 활성화에 기여하고 노인 창업의 사회적 확산 및 파급효과를 도모하기 위한 일자리	청소, 도시락, 경비, 환경정리, 도배, 농어촌 하수구 작업 등 (사업단을 조직하여 복지부에 신청한 후 심사를 통과하는 사업단에 대하여 국가의 지원이 가능함)

노인에게 적합한 창업모델을 발굴하고 지원하여 성공모델에 대한 사회적 확산을 도모하기 위해 노인일자리사업 중 민간분야 일자리 유형의 하나로 기존 시장형, 인력파견형 외에 '창업모델형 사업'이 2009년부터 시작되었다. 지방자치단체에 등록된 비영리 단체 또는 기관으로, 해당 사업분야 인·허가가 가능한 기관을 대상으로 하여 공모방식으로 진행되며, 인건비, 임차료, 설비비 및 경비 등 2억원 이내의 사업비와 경영컨설팅, 전문교육 등이 지원된다.

이외에 한국노인인력개발원은 주유원, 시험감독관, 아파트택배원, 시설관리원, 카드배송원 등을 희망하는 노인을 대상으로 교육 및 훈련하여 채용을 희망하는 기업 및 공단에 파견하는 사업을 자체 개발하여 실시하고 있다.

현재 참여대상은 65세 이상의 건강하고 일할 의사와 능력이 있는 노인이며, 사업의 성격에 따라 60세 이상의 노인도 참여 가능하다. 사업 예산은 보건복지부에서 광역자치단체를 거쳐 기초자치단체를 통해 사업수행기관으로 지원하며, 전국적으로 총 1,000여개의 기관이 이 사업을 수행하고 있다.

노인일자리사업의 운영주체는 보건복지부, 한국노인인력개발원, 지방자치단체, 민간 사업수행기관으로 구성되어 있으며, 각각의 주요 역할을 살펴보면 다음과 같다. 먼저 보건복지부 노인지원과는 노인일자리사업과 관련된 전반적인 종합계획을 수립하고, 지방자치단체 및 사업수행기관의 노인일자리사업에 대한 예산을 지원한다. 다음으로 노인일자리사업을 총괄 및 지원하는 한국노인인력개발원은 각 지역의 사업수행기관 간 연계·조정을 담당하고 프로그램 개발·보급 및 심사·평가, 노인일자리 관계자 교육·훈련 및 정책포럼 개최, 노인일자리사업에 관한 조사·연구 등을 진행한다. 지방자치단체는 지역 내 사업을 총괄하여 재정 및 행정을 지원하며, 사업 수행기관 선정 및 수행기관 사업운영에 대한 관리감독, 노인일자리 박람회 개최 지원 등의 업무를 추진하고 있다. 마지막으로 실질적 서비스 주체인 사회복지관, 노인복지관, 시니어클럽, 대한노인회, 노인복지시설 등의 민간 사업수행기관은 사업 참여자 모집, 상담, 선발, 교육, 현장투입에 이르기 까지 일자리 관련 제반 업무 수행, 보수지급, 근무상황, 업무확인에서 참여노인관리, 정기간담회 개최, 만족도조사, 사업자체평가회에서 사업관리, 참여자관리, 보수내역 등에 대하여 각종 업무지원전산시스템을 활용하여 수행한다.

노인일자리사업이 노인의 소득을 보장하고 사회관계망을 형성할 수 있도록 하기 위해서는 앞으로 개선해야 할 점이 적지 않다. 먼저 고려되어야 할 점은 과연 노인일자리사업이 노인의 소득보장에 도움이 되느냐 하는 것이다. 규정상 월 20만원 이내에서 지급하도록 되어 있어서 노인들의 소득보장을 뒷받침하기에는 매우 미흡하다는 것이다. 그러면 사회관계의 형성에는 효과가 있는가 하는 점인데, 이 또한 기대에 미치지 못한다고 할 수 있다. 공익형, 교육형, 복지형 등 다양한 유형의 노인일자리에서 다양한 수요처를 발굴해야 하는데 아직까지 여러가지로 미비한 실정이다. 유치원이나 초등학교 등과 연계하여 노인인력을 활용한 일일교사제를 운영하여 세대간 통합의 장점을 보여주려하고 있지만 아직까지 3세대의 반응이 그리 활발하다고 보기 어렵다는 것이 단적인 한 예이다.

(2) 노인취업 지원정책

노인에게 소득활동과 사회관계를 증진시킬 수 있는 방안으로 노인취업지원정책을 들 수 있다. 이는 노인일자리사업과 함께 가정에 있는 노인을 사회로 안내하여 적극적인 사회활동을 하도록 장려하는 정책이라 할 수 있다. 노인취업을 위한 지원정책은 앞으로 고령사회가 도래하면서 국가에서 더 적극적으로 수행해 나가야 하는 정책과제이며 이에 대응하여 노인의 취업활동을 적극적으로 지원하기 위한 민간의 대표적 사업으로는 대한노인회 취업지원센터와 지역사회시니어클럽의 운영, 노인일자리 경진대회 등이 있다.

대한노인회 산하의 시·도 연합회 및 시·군·구 지회에 설치 운영되었던 기존 취업알선센터가 노인일자리 사업의 추진에 따라 2004년부터 취업지원센터로 명칭이 변경되어 운영되고 있으며 2009년 현재 전국에 252개소가 운영되고 있다. 대한노인회 취업지원센터는 지역사회에 구직을 희망하는 노인의 취업상담·알선 등을 통하여 노인취업을 희망하는 업체 및 기관과 연계시키는 역할을 담당하고 있다. 주요 업무로는 구직 희망 노인의 상담·알선, 취업, 직업훈련 및 교육, 지역사회 업체 및 기관(단체) 대상으로 노인 구인처 개발, 취업 희망 노인의 능력과 적성에 맞는 교육 프로그램 개발, 경로당 공동작업장 운영 활성화 지원, 취업 희망 노인을 위한 사회활동 참여 확대, 노인취업 지원 사업에 대한 지속적인 홍보활동, 지역사회 내 노인취업의 정보 네트워크 구축 등이 있다. 이를 위해 대한노인회 취업지원본부, 대한노인회 연합회 취업지원센터, 대한노인회 지회 취업지원센터의 역할이 매우 중요하다.

이와 더불어 노인의 사회적 경험 및 지식을 활용할 수 있는 다양한 '노인적합형 일자리'를 개발·보급하기 위한 목적으로 지역사회시니어클럽(CSC/Community Senior Club)이 운영되고 있다. 이는 지역사회복지 및 노인일자리사업 경험이 있고 사업수행능력이 있는 사회복지법인 등 비영리법인이나 단체를 대상으로, 지역의 자원을 활용하여 노인일자리를 창출·제공하는 노인일자리전담기관으로 2001년 5개소에서 시범사업을 실시한 이래 2009년 현재 77개소가 있다. 주요 업무로는 지역특성에 적합한 시장형 노인일자리사업 수행, 지역사회 내의 노인인력 활용을 위한 교육 훈련 및 사후관리, 일하는 노인을 위한 지역 연대 및 기타 관련사업 등을 수행한다. 지역사회시니어클럽은 몇 가지 운영원칙이 있는데, 노인들의 개별적 고유성과 존엄성이 최대한 보장되도록 운영하고, 독립된 행정체계와 운영체계를 가지며 노인들의 상담, 교육, 훈련 등을 위한 서비스 제공을 위하여 일정한 규모의 기준시설을 확보하고, 지역의 제반 자원을 활용한다는 원칙을 가지고 있다. 그런데 이 사업이 성공적으로 이루어지기 위해서는 먼저 보건복지부, 지방자치단체, 관련협회 등과의 원활한 협조체제 구축이 필요하다고 하겠다.

한편 지방자치단체가 운영을 지원하는 대표적인 노인일자리 창출기관으로는 서울시 고령자취업알선센터, 인천시 노인인력개발센터, 경기 실버인력뱅크, 전북 노인일자리추진본부, 경남 노인일자리창출지원센터 등이 있다.

또한 노인일자리사업에서 우수 사업단과 인력을 발굴 홍보함으로써 노인일자리사업의 사회적 파급력 제고, 모범사례의 전국적 확산, 노인일자리사업 주체인 수행기관·지방자치단체·공공기관·기업체·참여자 간 상호 협력과 발전 방안 등을 모색하고자 2009년부터는 '전국 노인일자리 경진대회 또는 노인생산품 경연대회'를 진행하고 있다. 이 경연대회는, 취업알선 중심의 기존 '노인일자리박람회'에서 보다 더욱 능동적이고 역동적인 노인상을 구현하기 위한 개인/프로그램 경연, 생산품 전시, 체험, UCC공모전 등이 추가되어 강화되고 종합적인 일자리 박람회로 발전하고 있다.

노인들의 취업을 활성화하기 위한 정부의 노력에도 불구하고, 노인

취업은 여러 가지 한계에 직면해 있다. 특히 청년실업이 심각한 상황에서 노인취업을 거론하는 것을 일면 못마땅해 하는 사회분위기가 아직도 상존하고 있다. 그러나 노인취업은 청년들과 일자리 다툼을 하는 것이 아니라, 노인들만이 할 수 있는 일자리 분야를 새롭게 개척하여 노인들이 취업을 하도록 하려는 것이다. 그런데 현재의 노인취업정책은 주로 단순하고 소일거리수준에 그치는 취업프로그램으로만 일관하고 있어서 노인들의 취업이라고 말하기에 매우 미흡한 상태에 있다. 그러나 앞으로 노인들의 재취업이 활발하게 이루어져야 단절된 사회관계가 회복되고, 사회적 연결망이 활성화되어 이를 통해 노인의 삶의 질이 향상될 수 있을 것이다.

(3) 노인의 사회단체 참여

노인의 사회활동을 확장시키는 노인사화단체의 참여로는 노인 사회관계와 밀접한 관련성이 있는 대한노인회 활동을 빼놓을 수 없다. 대한노인회는 우리나라의 대표적인 노인단체로서 1969년 사단법인으로 발족하였으며 중앙회와 16개 시도 연합회 그리고 245개 시군구 지회를 두고 있는 등 매우 방대한 조직을 이루고 있다. 대한노인회는 자원봉사활동, 노인취업지원, 노인건강대축제, 경로당 운영 등 노인의 사회참여를 향상시키기 위한 다양한 활동을 하고 있다. 그러나 원활하게 노인들의 사회관계를 연결해나가야 한다는 측면에서 볼 때 대한노인회는 폭넓게 노인의 참여를 적극적으로 유도하지 못하고 있으며, 몇몇 명망가 위주의 노인단체로 머물러 있어 많은 회원을 두고 있으면서도 사회적 영향력은 비교적 제한적이다. 특히 경로당 운영도 소수의 노인들만이 이용하고 있어서 지역사회노인의 사회관계를 소통시키기에는 한계지어진 구조로 되어있고, 행사 위주 즉, 이벤트성 행사에 그쳐 정작 노인의 사회관계를 활성화하는 데는 크게 기여하지 못하고 있는 것이 사실이다.

대한노인회가 노인의 입장을 대변하고, 보다 많은 노인의 지지를 획득하면서 노인의 사회관계를 확대하기 위해서는 미국의 은퇴자협회로부터 시사점을 얻을 수 있을 것이다. 미국은퇴자협회(AARP)는 미국 은퇴자 7천여만명 가운데 절반인 약 3,500만명의 회원을 확보하고 있는 세계 최대의 고령자단체이다. 1957년에 조직된 미국은퇴자협회는 퇴직자들을 위한 정보제공과 금융대출, 연령차별 금지 등 정부의 공공정책에도 큰 영향력을 발휘해온 단체이다. 물론 우리나라에도 2000년대에 들어 '한국시니어연합'과 '21세기 실버포럼', '대한은퇴자협회' 등이 창설되어 활동하고 있다. 앞으로 이 단체들이 실버 파워를 형성함으로써 노인들이 대 사회적인 발언과 활동을 지속적으로 확대해 나갈 수 있을 것이다. 그러나 아직도 이 단체들의 재정, 활동성 등은 다른 일반사회단체에 비할 수 없을 정도로 미약한 수준이라 하겠다.

2) 개선 방안

건강하고 사회활동의 욕구가 있는 노인들이 점차 증가하면서 노인들의 원활한 사회관계의 중요성이 더 강조되고 있다. 과거 가족원에게 부양받고 마을에서 웃어른으로 대접받던 노인이 아니라 이제 현실사회의 당당한 구성원으로의 참여를 통한 자신의 역할을 찾으려는 노인의 사회활동 욕구가 높아지고 있는 것이다. 특히 1955년에서 1963년에 걸쳐 태어난 이른바 '베이비 붐(baby boom)'세대가 2010년부터 본격적인 은퇴시기에 접어들게 됨에 따라 앞으로 고령사회의 도래에 따라 노인층의 판도가 달라지게 될 것이다. 이에 따라 베이비 붐 세대가 은퇴한 후에 연계될 수 있는 일자리 창출을 비롯해 직무경험을 전수할 수 있는 사업을 확대하여 지원 인프라 개선 등 정책적 대안 마련이 시급한 실정이다.

따라서 노인들이 다양한 취업활동을 할 수 있는 사회참여를 촉진하여 건강하고 활기찬 노후를 보낼 수 있도록 하는 방안을 찾기 위하여 다음과 같은 몇 가지 제언을 하고자 한다.

첫째, 우리 사회가 노인에게 갖는 기존 인식부터 변화해야 할 것이다. 한 연구결과에서도 드러나듯이 노인에 대해 상당히 부정적인 인식이 있으며(조명희, 1994), 보건복지부의 조사결과에도 노인들은 자신들을 비교적 긍정적으로 인식하는데, 젊은이들은 노인들을 상당히 부정적으로 보는 것으로 나타나고 있다(보건복지부, 2005). 이제 이러한 인식의 틀을 바꾸어 노인을 부양해야할 부담으로 보지 않고 오히려 자원으로 받아들이며 그 힘을 활용하는 새로운 노년상으로 패러다임의 전환이 요구되는 시점에 있다.

둘째, 노인일자리를 통한 사회참여 촉진을 위해서는 일자리사업이 안정적으로 이루어져야 한다. 지금의 일자리사업은 1년 단위로 이루어지기 보다는 필요에 의해 시행과 단절이 반복되어 노인 소득에도 크게 도움이 안 되고 사회관계를 형성하는데도 매우 부적절하다. 또한, 일자리사업에 노인들의 참여를 확대해야 하는 것이 중요한데도 현재는 기초생활수급자의 참여를 제한하고 있다. 물론 기초생활보장수급자는 국가에서 생계비를 수급하기 때문에 이를 제한시켜 놓았을 것으로 여겨지지만, 앞으로 저소득층을 보호하고 사회활동을 촉진하기 위해서는 기초생활수급자의 참여확대가 필요하다고 할 것이다.

셋째, 노인들의 일자리사업 참여를 확대하기 위해서는 이를 홍보하여 모집하는 것이 관건인데 현재는 각종 게시판, 여러 지역신문, 한국

노인인력개발원 홈페이지 등에 고시하는 것이 고작이다. 이 정도로는 노인들에게 접근성이 떨어지므로 노인들이 많이 있는 집결지 예컨대, 경로당, 노인복지회관 등을 적극 이용해야 한다. 그리고 노인일자리사업에 민간기관이 참여하도록 세제 혜택 등이 적극적으로 고려되어야 할 것이다(원영희 · 김욱, 2006). 앞으로는 국가의 정책에만 의존할 것이 아니라 각종 기업에서 노인들이 활동할 수 있는 공간을 제공하도록 해야 한다. 그러나 기업에서 뒷받침 한다고 해서 반드시 생산활동만 할 것이 아니라 노인동아리 운영 등 공익적인 활동을 펼칠 것을 제안한다.

넷째, 노인의 사회관계 증진을 위해서는 시군구에 있는 문화센터에 노인들을 위한 교양강좌의 개설이 필요하다. 지금은 주로 여성을 위한 문화강좌가 개설되어 있는데 이를 노인에게 확대할 필요가 있다. 또한 노인의 사회참여와 사회관계의 활성화를 위해서는 대한노인회 등 노인단체가 적극 나서도록 해야 하며, 현재의 프로그램뿐만 아니라 노인레크레이션, 상담, 소집단 활성화 등을 통하여 노인사회관계의 증진에 기여해야 한다.

다섯째, 국가는 노인의 사회관계 향상을 위해 노인 소집단이 활동할 수 있는 뒷받침을 하고 이를 관리하는 시스템을 구축하는 것이 필요하다. 노인복지회관, 경로당 등에서 노인을 대상으로 노인들이 소집단 프로그램계획서를 제출하면, 이를 심사하여 활동비를 지급하는 방식을 적용해 나간다면 다양한 면모로 사회참여 노인이 증가할 것이다.

여섯째, 노인들의 사회참여를 촉진시키고 소득을 증진할 수 있는 아이디어 공모전을 개최하여 노인들이 스스로 사회참여의 길을 찾고 선택하도록 하는 등 노인 자기결정권을 존중하는 방식으로 방향을 잡는 것이 필요하다고 본다.

일곱째, 노인의 사회활동은 노인들이 스스로 권익을 확보하고 사회참여의 공간을 확장하는데서 이루어질 수 있다. 따라서 노인들의 의견과 역량을 집약할 수 있고 이를 추진할 수 있는 리더십과 이를 집행할 수 있는 사회행동가의 양성이 필요하다. 또한 무엇보다 노인이 사회활동을 하는 것은 매우 당연하며 정당성을 갖는다고 이를 지지해 줄 수 있는 사회적 인식으로의 전환이 필요하다고 하겠다(이소정 외, 2007).

제 8 장

도시노인의 여가활동과 삶의 질

1. 연구 성과 논의

1) 노인의 삶과 여가

(1) 여가의 개념과 기능

먼저 인간이 하루에 사용가능한 시간의 할당을 통해 여가(餘暇)의 의미를 살펴보자. 육체적 생존을 위한 기본적 욕구를 해결하기 위해 투여되는 시간은 식사하는 시간과 잠자는 시간, 기타 생리적 욕구를 해결하는 데 필요한 시간이 해당되며, 사회적 생존에 필요한 시간은 노동시간, 학업시간, 그리고 가사시간 등을 들 수 있다. 그렇다면 여가에 할당된 시간은 위의 두 가지 시간을 제외한 나머지 시간이 될 것이다. 그러므로 여가란 삶을 유지하기 위해 필수적으로 행해야 하는 식사, 수면 등을 포함한 생리적 시간과 사회생활을 유지하기 위한 경제활동과 같은 노동시간, 그리고 노동시간 이외의 의무시간 등을 제외한 나머지 여분을 의미한다(Parker, 1971).[1)]

여가(leisure)의 어원은 그리스어인 Schole(Scole)와 라틴어 Licere에서 유래되었는데, 그리스어인 scole는 본래 조용함(quietness) 또는 평화(peace) 등을 의미하며, 어떤 경우에는 잔여 시간(spare time) 또는 자유 시간(free time) 등을 뜻하기도 하였다. 여기서의 잔여 혹은 자유라는 의미는 시간에 대한 개념보다 어떤 의무로부터 해방되어 아무런 구속이 없게 되었다는 상태를 더 강하게 내포하고 있다. 결국 여가란 노동을 하지 않아도 되는 허락된 시간 또는 하등의 구속을 받지 않는 자유시간을 의미한다. 하지만 자유시간은 여가시간과 차별되는 개념으로 자유시간은 쉬거나 마음대로 무엇인가 할 수 있도록 주어진 시간인데 반해 여가시간은 새로운 창조적 활동으로서의 의미를 지닌다(이종구・염건령, 2003). 이러한 측면에서 여가활동은 단순히 노동하지 않는 시간적 여유만이 아닌 보다 적극적인 활동의 개념으로 개인이 누리는 생활의 질과 관련이 된다고 할 수 있다(정옥분・김동배・정순화・손화희, 2008). 따라서 여가는 의무적이고 시간 제약적인 노동과 대비되는 개념으로 강제성이나 의무감에 의하지 않고 스스로 만족을 얻기 위한 자발적 선택행위에 의해 정신 및 정서적 자유와 휴식, 즐거움을 추구하는 자유로운 창조적 활동을 일컫는다고 할 수 있다(Dumazedier, 1980; Kaplan, 1960). Kaplan(1960)은 여가의 기본속성에 대해 원칙적으로 경제적 기능을 하는 일과 반대되는 것, 즐거움으로 기대되고 회

---

1) Parker(1971)는 여가의 개념을 다음의 3가지로 구분하여 정의하고 있다. 첫째는 생활에서 노동시간, 생리적 필수시간, 노동이외의 의무시간 등을 제외한 잔여시간을 중시하는 보편론적 개념으로 이해하는 것이며, 둘째는 여가활동의 내용과 기능을 중시해야 한다는 기능론적 개념, 셋째는 여가내용의 질적 측면을 중시하고 특정가치와 관련하여 여가활동의 바람직한 모습을 규정하는 규범론적 정의가 있다.

상될 수 있는 것, 자발적으로 사회적 역할을 수행해야 하며, 의무성이 최소한인 것, 심리적으로 자유를 느낄 수 있는 것, 문화적 가치에 위배되지 않는 것, 중요성과 관심의 정도가 다양한 것, 가끔 놀이의 요소를 어느 정도 포함하고 있는 것이라 했다(원영희, 2000).

Neulinger(1976)는 노동의 반대개념으로서 여가를 이해할 수도 있지만, 경우에 따라서는 달리 해석될 수도 있다는 점을 강조하고 있다. 즉, 여가활동도 경우에 따라서는 노동의 형태로 나타날 수도 있다는 것이다. 다만 노동과 여가의 개념상 차이는 여가활동이 개인의 내재적 동기에 의해 자유로이 선택되는 특징을 갖는다면 노동은 내재적 동기보다는 외재적 동기가 더 크다는 특징을 가지고 있다고 보았다. 예를 들면, 우리가 일반적으로 여가선용의 예로 제시하고 있는 스포츠, 무용, 음악, 미술 및 서예 등도 그것을 직업으로 삼는 경우와는 확연하게 다른 차이를 보이고 있다.

여가가 어떤 종류의 활동을 의미하는지를 살펴보면, 그 종류는 매우 다양하다. 여러 명이 같이 하거나 혼자서 하기도 하고, 가끔 또는 자주 하기도 하며, 미리 계획해서 하거나 즉흥적으로 하기도 한다. 이런 다양한 여가활동의 공통점은 장소나 시간의 제약, 친구의 유무가 아니라, 어떤 만족을 얻기 위한 것이라는 점이다. 이러한 여가활동의 범위에 대하여는 견해 차이가 있으나, 일반적으로 여가활동은 개인적인 취미활동과 자원봉사·종교·교육·사회단체 등과 같은 사회활동으로 정의되고 있다.

한편 여가는 시대의 흐름에 따라 그 기능이 변화해왔는데 원시사회에서는 노동과 함께 여가활동, 즉 놀이와 축제의 행위 등이 종족의 생활적 필요와 직접적 관련이 있는 삶의 중요한 요소였다. 따라서 노동과 여가가 미분화된 상태로 있었으며 여가활동은 생활의 부수적인 것이 아니라 본질적인 것이었으며 이는 농경사회에서도 마찬가지였다. 그러나 문화가 복잡해지고 사회계층이 형성되면서 노동과 여가는 분화되기 시작했다(한국임상사회사업학회 편, 2004). 즉, 산업사회 이전에는 노동과 여가의 구분이 명확하지 않아 여가의 개념이 불분명했으나, 산업화를 거치면서 노동의 분업과 전문화에 따라 노동과 여가의 개념이 명확히 구분된 것이다.

산업사회 초기에 여가는 노동으로 인해 축적된 피로를 회복시키고 양질의 노동력을 재창출하기 위한 재충전으로써 휴식이라는 노동에 대한 부수적 의미가 강했던 반면, 후기 산업사회로 진입하면서 여가는 자기 개발과 성취감 등 여가활동 그 자체가 목적이 되는 보다 더 적극적인 의미를 포함하게 되었다(정옥분 외, 2008). 오늘날 현대인들은 여가활동에 점점 더 큰 의미를 부여하고 있어 여가활동은 개인적 차원에서는 직장생활의 업무와 생활에서 오는 스트레스를 해소하여 신체적·정서적 건강을 유지하고 원만한 사회관계를 형성할 뿐만 아니라 사회적 차원에서는 경제적 효과를 창출하는 주요 산업의 한 분야로 기능하고 있다.

(2) 노년기 여가활동의 특성

직장에서의 은퇴 이후 경제활동에 참여하지 않고 있는 노인들의 경우, 일상생활의 많은 부분이 여가시간으로 사용될 수 있으므로, 결국 노년기를 여가활동의 시기라고 표현해도 과언이 아니다. 노년기에는 일반적으로 평균수명의 연장, 퇴직, 자녀의 독립 등으로 인하여 사회적 역할과 책임에서 벗어나 자유롭게 활용할 수 있는 여가시간이 증가하며, 오늘날 노인의 여가시간은 평균수명의 연장과 함께 더욱 증가하고 있다. 그러므로 은퇴 이후의 여가시간을 어떻게 보낼 것인가의 문제는 개인적으로나 사회적으로 매우 중요한 과제가 아닐 수 없다(임춘식, 1997: 17).

여가활동 자체가 다른 연령층에 비해 시간적으로 여유가 있는 노년층의 전유물은 아니다. 그러나 노인의 여가는 생산적 활동에 왕성하게 참여하고 있는 젊은 층의 그것과는 분명 다르다. 노인에게 있어서 여가활동은 경제활동의 시기에 지속적 생산 활동을 위한 수단의 하나로써 축적된 심신의 피로를 회복하고 활력을 재충전하는 것을 목적으로 하는 젊은이들의 여가와는 목표의 차이가 있다.

하지만 여가활동을 통해 얻게 되는 개인적·사회적 차원의 효과와 기능은 그다지 크지 않다. 인간관계의 긴장상태에서 해방되어 휴식을 취하고 자기생활의 균형을 회복하는 본연의 의미로서의 여가가 노인에게도 필요하며, 노인들도 자신의 즐거움과 문화성 및 창조성을 발휘하여 특히 젊었을 때에 해보지 못한 새로운 경험에 도전하여 노년기의 생활을 의미있게 보내기 위하여 노인의 여가활동은 필요하다(한국임상사회사업학회 편, 2004).

노년기 여가활동의 순기능으로 신체적 건강, 사회적 접촉과 교류, 일상생활의 사기와 생활만족감, 자신감·자존감·자립성 등의 증진 및 향상을 들 수 있다(이장영 외, 2004). 여가활동은 노인에게 자아실현의 기회를 제공한다. 창작활동이나 기타 취미활동을 통해 즐거움과 보람을 얻고 타인에게도 도움이 되는 가치있는 삶을 누릴 수 있도록 한다. 특히 적극적 여가활동은 개인적 차원에서 이루어질 뿐만 아니라 친구 혹은 동료집단을 형성하게 되므로 노인질병을 예방하거나 고독과 소외감을 극복하는 등 정신적·신체적 건강을 유지하고 발전시킬 수 있다. 또 여가활동으로 인한 사회참여는 노인복지와 사회발전을 위한 사회적 책임을 수행하고 세대간의 이해와 공동체 문화의 창출에 기여할 수 있다(박재간, 1997:43).

Kaplan(1960)은 노인은 여가활동을 통해 여가시간을 만족스러운 방법으로 사용하려는 욕구, 개인으로 인정받고 싶은 욕구, 정상적인 동반자관계를 즐기려는 욕구, 자기표현과 성취감의 기회를 가지려는 욕구, 건강을 유지하고 보호하려는 욕구, 적절한 주거조건과 가족관계를 가지려는 욕구, 사회적으로 유용한 서비스를 제공하려는 욕구, 자신이 지역사회의 한 부분으로 느껴지고 싶은 욕구 등을 충족시킬 수 있다고 한다(정순희 · 최혜경, 2006:5).

노인들의 여가활동은 노인들이 그 동안 자신의 잠재능력과 열정을 발휘하여 성취하고자 하는 일이 있었지만 바쁜 직업생활과 같은 여러 가지 이유로 인해 할 수 없었던 일들을 시간적으로 여유가 있는 노년기 동안 실행함으로써 자아실현이 가능하도록 할 수 있다. 적극적이고 능동적 여가활동을 통해 자신감을 회복하고 자신을 적극적으로 표현하며, 자신이 사회에서 유용하고 중요한 존재라는 가치를 유지하고 일에 대한 성취감을 경험하면서 새로운 또는 과거로부터 지속되어온 사회활동을 할 수 있기 위해서도 여가활동은 필요하다.

한편 노년기에 여가시간은 증가하지만 여가의 질은 다른 연령층에 비해 떨어지는 경향이 있다. 여가시간은 연장되지만 여가활동의 범위와 참여도는 오히려 축소되어 70대 노인의 경우 20대의 여가활동 참여도의 20% 수준에 불과하다(Gorden et al., 1976). 노년기에는 주로 여가시간의 절반 이상을 실내에서 TV시청과 같은 대중매체 이용으로 수동적 여가활동이 증가하며(Gauthier & Smeeding, 2001), 신체적 움직임이 많은 활동보다는 앉아서 할 수 있는 정적인 여가활동이 많아지며, 가족 외부활동보다는 가족 내부활동이 증가한다(오영희 외, 2005:67). 노인의 여가활동은 범위가 좁아지고, 움직이는 활동보다 앉아서 하는 활동이 증가되고, 또한 가정 외적활동보다 가정 내적활동이 증가되는 경향이 있다(한국임상사회사업학회 편, 2004)

일반적으로 농촌 노인들은 늦은 연령까지 일을 하는데 반해 여가활동으로 보내는 시간은 적으며, 연소 노인층과 배우자가 있는 노인은 주로 일이나 가족과 관련하여 시간을 보내는 경향이 있으나, 배우자가 없고 고령인 경우 비자발적으로 여가시간을 보내는 경우가 많다(김진욱, 2006). 연령이 증가함에 따라 흥미가 증가하는 여가활동은 운동경기 관람, 사회적 이슈거리에 대한 토론, 단체활동 참여, 집안장식 등이며, 연령이 증가함에 따라 흥미가 감소하는 여가활동은 춤, 음주, 영화, 스포츠, 여행, 예술, 독서 등이다. 이에 비해 친구방문, 요리, TV시청, 가족관련 활동 등은 연령이 증가하더라도 흥미에 있어서 큰 변화가 없는 것으로 알려지고 있다(Kelly, 1996b; 장인협·최성재, 2003, 오영희 외, 2005:67 재인용).

노인의 여가활동은 활동장소, 관계범위, 활동목적 등에 따라 다양한 유형으로 분류될 수 있는데 먼저 활동장소에 따라서는 가족 내에서의 활동, 자녀와의 대화 등과 같은 가족중심형 여가활동과 가족 외부에서의 취미, 오락, 학습, 단체활동 등에 참여하는 가족외 활동중심형으로 분류할 수 있다(박재간, 1997). 사회관계의 범위에 따라서는 혼자서 미술, 음악, 서예, 사진, 수집, 독서 등의 활동을 하는 단독충실형, 친구들과 어울려 회식, 대화를 나누고, 관혼상제에 적극 참여하는 우인교류형, 가족단위의 외식과 소풍 또는 집단의 정원손질, 미화, 집수리 활동 등에 적극참여하는 가족충실형, 그리고 지역봉사활동, 동창회, 향우회, 친목회, 정치단체활동에 참여하는 사회참여형으로 구분할 수 있다(오영희 외, 2005:66).

노년기 여가활동 참여도를 여가활동 목적에 따른 여가활동 유형별로 비교해서 보면, 긴장해소활동은 노년기가 되면서 남녀 모두 참여도가 증가하는 반면, 기분전환활동은 연령증가와 함께 감소하는 것으로 나타나고 있다. 그리고 발전적 활동은 남녀 모두 소폭 감소하며, 창의적 활동은 노년기가 되면서 성에 관계없이 줄어드는 것으로 나타났다. 다만 여성들의 경우에는 이웃노인이나 친구들과의 사회적 이슈와 관련된 토론의 기회가 많아지면서 오히려 증가하는 경향을 보이고 있다. 그리고 감각적 쾌락활동은 연령이 증가함에 따라 남녀 모두에게 있어서 급격히 감소하는 것으로 나타나고 있다(Gorden et al,. 1976, 오영희 외, 2005:68 재인용).

여가시간을 효과적으로 이용하고 적극적으로 사회활동에 참여하는 것은 노년기의 적응과 삶의 만족도를 결정하는 매우 중요한 요인이지만, 특별히 하는 일 없이 무료하게 시간을 보낼 경우에는 고독감, 소외, 만성적 무료함, 더 나아가 삶 자체에 대한 불행감을 느낄 가능성이 높다(오영희 외, 2005:66). 노인의 여가는 선택적으로 즐기기보다는 사회적 제도와 일반적 인식에 기초해 여가가 일방적으로 주어지는 경우가 많기 때문에 이러한 경우라면 여가 자체가 정신적인 스트레스로 작동하여 정서적 불안감을 유발할 수도 있다. 따라서 소극적으로는 여가를 적절히 활용하지 못해 발생하는 문제점을 해소하고, 적극적으로는 여가를 즐겁고 보람되게 보냄으로써 인생을 의미있게 마무리 짓는 것에 초점을 둔 다양한 대안들이 모색되어야 한다(정옥분 외, 2008).

(3) 노인여가활동과 노인자원봉사

최근 노인문제의 소극적 해결에서 노인의 삶의 질 향상이라는 적극적 해결에 관심을 갖게 되면서 노인의 삶의 질과 관련된 최근의 연구에서는 삶의 질을 종합적 삶의 만족도로 개념화하여 건강과 소득, 주거와 가족관계 및 여가활동이 모두 종합적 삶의 만족도에 유의미한 영향을 미치나, 특히 여가활동의 객관적 지표와 개인적 욕구, 주관적 만족도 모두가 더욱 밀접한 관계가 있는 것으로 나타나고 있다(한형수, 2008 : 363).

그런데 기존에 행해졌던 노인여가활동은 노인여가복지시설을 활용한 취미활동, 레크리에이션 및 사회활동 등이 있었다. 그러나 최근 노인여가활동의 제 분야로 등장하고 있는 노인자원봉사는 기존의 여가활동의 효과라 할 수 있는 노인의 역할상실과 무위의 문제를 해결할 뿐만 아니라 자원봉사활동을 통해 노인의 고립과 소외문제도 동시에 해결할 수 있으므로 노인의 삶의 질 향상에 기여하며 노인의 풍부한 경험을 바탕으로 지역사회에도 매우 생산적 효과를 기대할 수 있는 '제3영역의 핵심'이라고도 할 수 있다(황진수 외, 2007 : 299).

[표 8-1] 노인의 자원봉사활동 경험 비교

(단위 : %)

구 분		현재 하고 있다	과거에 참여했다	경험 없다
전 체		4.0	10.7	85.3
지역	도 시	4.3	12.3	83.3
	농어촌	3.3	7.4	89.4
성별	남 자	5.8	13.4	80.8
	여 자	2.8	9.0	88.2
연령	65-69세	4.8	13.7	81.5
	70-74세	4.0	10.2	85.8
	75세 이상	3.0	7.2	89.8
가구 형태	노인독신	3.3	6.6	90.1
	노인부부	4.3	12.7	82.9
	자녀동거	4.0	10.8	85.2
	기 타	3.9	13.5	82.6

자료 : 한국보건사회연구원, 「2004년도 전국 노인생활실태 및 복지욕구조사 자료」, 2005

노인자원봉사활동의 경험 실태를 [표 8-1]에 의해 살펴보면, 전체 노인의 85.3%가 참가 경험이 없다고 응답하였으며, 과거에 참여한 경험이 있는 노인이 10.7%, 현재 자원봉사활동을 하고 있는 노인이 4.0%이다. 지역별로는 도시지역이 16.6%로 농어촌 지역의 10.7%보다 높게 나타나고 있으며, 성별로는 11.8%인 여성노인보다 남성노인이 19.2%로 자원봉사활동 경험이 더 많았다. 또 연령이 적을수록, 교육수준과 가구소득이 높을수록 자원봉사활동 경험이 증가하는 경향이 있었다.

우리나라 노인의 자원봉사활동 참여율은 2006년 한국사회복지협의회가 '사회복지인증관리사업' 운영결과를 토대로 한 자원봉사현황에서 전체 자원봉사자 대비 5.4%에 그치고 있으며 이는 앞에서 조사된 2004년도 조사에 비해서 다소 증가추세에 있으나 여전히 낮은 것을 알 수 있다. 그러나 사회복지전문포탈서비스인 복지넷(http://www.bokji.net)에 의하면 최근에는 전체 봉사자 가운데 60세 이상의 노인인구 비율이 11%에 달하고 있어 노인자원봉사의 증가추세가 뚜렷함을 알 수 있다. 또한 여러 연구들을 통해 노인자원봉사에 대한 노인들의 인식과 노인들의 참여태도를 살펴보면 다음과 같다.

먼저 이순자(2003 : 37)에서는 1년 이상 자원봉사활동에 참여한 노인자원봉사자는 전체 응답자의 70.5%로 나타났으며 3년 이상 자원봉사활동에 참여한 자원봉사자가 가장 높은 비율을 보이고 있어, 대개의 노인자원봉사자들의 자원봉사활동이 지속적으로 이루어지는 사회참여활동으로 받아들여지고 있음을 알 수 있었다.

또한 김미라(2005 : 273)에서는 일반노인을 대상으로 조사한 결과 전체 노인 중 자원봉사에 참여하는 노인은 46.4%이고 참여하지 않는 노인은 53.6%로 조사되어 참여하지 않는 비율이 다소 높게 나타났으나 자원봉사에 참여하고 있다고 응답한 응답자의 참여수준은 적극적인 참여태도가 91.5%로 자원봉사활동에 참여하는 노인들의 참여태도가 매우 적극적인 것을 알 수 있었다.

2) 노인의 여가 실태

먼저 우리나라 노인이 하루 중 여가에 시간을 얼마나 사용하고 있는지를 살펴보기 위해 2004년 생활시간 조사보고서(통계청, 2005)에 따르면, 2004년도에 우리나라의 65세 이상 노인은 수면, 식사, 직장 및 가사노동, 학습시간이 포함된 필수적·의무적 생활시간을 제외한 교제와 취미 등 여가활동에 하루 24시간 중 31%에 해당되는 7시간 21분을 사용했으며, 남성노인이 7시간 58분으로 여성노인의 6시간 58분보다 1시간 더 많은 시간을 투여하고 있는 것으로 나타났다. 이 가운데 TV·신문·잡지 등 미디어 이용에 3시간 40분을 사용하고, 타인과의 교제에 1시간 8분을, 개인적 취미활동에 1시간 9분을 소요했다.

평일에는 주말에 비해 일과 가정관리를 위해 사용하는 시간이 많은 편이고 주말은 교제 및 여가활동에 보내는 시간이 평일보다 많았다. 주말 및 휴일에 여가시간을 보내는 방법은 TV시청이 58.0%로 가장 높았고, 휴식 및 수면이 57.1%, 가사 일이 35.7%, 가족과 함께 보내는 경우가 15.8%순으로 나타났다. 전체적으로 휴식, 수면, TV시청을 제외한 다른 항목에서는 낮은 비율을 보이고 있으며, 특히 문화예술 관람, 컴퓨터, 자기개발 등에서는 현격한 차이를 보이고 있다.

[표 8-2] 65세 이상 노인의 하루 평균시간 사용량

(단위: 시간:분)

	전체			남자			여자		
	2004	1999	증감	2004	1999	증감	2004	1999	증감
• 필수생활시간	11:16	11:19	-0:03	11:16	11:20	-0:04	11:15	11:18	-0:03
수면	8:19	8:31	-0:12	8:14	8:26	-0:12	8:22	8:34	-0:12
식사 및 간식	1:38	1:34	0:04	1:42	1:38	0:04	1:35	1:32	0:03
기타	1:19	1:15	0:04	1:19	1:16	0:03	1:19	1:13	0:06
• 의무생활시간	5:23	5:24	-0:01	4:46	4:47	-0:01	5:47	5:48	-0:01
일(수입노동)	1:53	2:08	-0:15	2:25	2:37	-0:12	1:32	1:48	-0:16
가사노동	2:19	2:12	0:07	0:59	0:54	0:05	3:12	3:06	0:06
학습	-	-	-	-	-	-	-	-	-
이동	1:11	1:03	0:08	1:22	1:16	0:06	1:03	0:55	0:08
• 여가생활시간	7:21	7:18	0:04	7:58	7:53	0:05	6:58	6:54	0:04
미디어이용	3:40	3:33	0:07	4:13	4:04	0:09	3:18	3:12	0:06
교제	1:08	1:13	-0:05	1:02	1:09	-0:07	1:13	1:16	-0:03
취미 및 그 외 여가	1:09	1:22	-0:13	1:18	1:29	-0:11	1:03	1:17	-0:14
기타	1:25	1:10	0:15	1:24	1:11	0:13	1:24	1:09	0:15

자료 : 통계청, 「2004년 생활시간조사」, 2005.

다음으로 노인들의 여가활동 참여목적을 살펴보기 위해 2008년 여가백서(문화체육관광부 · 한국문화관광연구원, 2008)에 따르면, 2008년도에 60세 이상 노인들의 여가활동 참여목적은 건강증진이 31.2%로 가장 높은 비중을 차지하고 있으며, 이는 다른 연령대에 비해 상당히 높은 수치이다. 다음으로는 개인적 즐거움이 19.2%, 마음의 안정과 휴식이 12.8%, 대인관계 교제가 12.4% 순으로 나타났다.

[표 8-3] 60대 노인의 여가활동 참여목적

(단위 : %)

여가활동 참여목적	2006년	2007년	2008년
개인의 즐거움	20.8	21.8	19.2
건강 증진	26.0	31.3	31.2
스트레스 해소	11.1	7.1	8.4
마음의 안정과 휴식	14.9	15.3	12.8
시간 보내기	6.1	6.3	6.9
자기 발전 및 계발	5.5	3.8	3.9
대인관계 교제	13.5	12.1	12.4
자아실현 및 만족	2.0	2.1	4.4
가족 친목	-	0.1	0.8
정보 습득	-	0.1	-
전 체	100.0	100.0	100.0

자료 : 문화체육관광부·한국문화관광연구원, 「국민여가활동조사」, 각 년도

60대의 경우 건강이 주된 삶의 목표라고 말해도 과하지 않으며, 여가활동에 참여하는 목적도 단지 휴식이나 즐거움에 그치는 것이 아니라, 여가활동을 통한 건강증진이라는 참여의 목적이 가장 큰 것으로 보인다. 한국문화광관연구원의 국민여가활동조사에 의하면, TV시청과 라디오 청취가 전체 여가활동에서 차지하는 비중이 86.4%로 가장 높았다. 이는 모든 국민의 1순위 여가활동이나 60대 여가활동에서 최근에는 그 비중이 점점 줄어들고 있다는 점을 감안하면, 목욕·사우나·찜질방이 73.1%를 차지하고 등산과 산책의 비중이 증가하고 있어 건강증진을 위한 활동이 점차 더 큰 비중을 차지해 가고 있다하겠다.

한편 노인들의 여가활동은 [표 8-4]에 의하면 혼자서 즐기는 경우가 37.8%로 가장 높았으며, 그 다음으로는 친구와 함께 하는 경우가 33.2%, 가족 및 친척과 함께 하는 경우가 25.6%를 차지했다. 최근에는 동호회의 회원으로 참여하는 비중이 확대되는 추세이다.

[표 8-4] 60대 노인의 여가활동 동반자

(단위 : %)

여가활동 동반자	2006년	2007년	2008년
혼자서	38.4	38.4	37.8
가족/친척	26.8	29.4	25.6
친구	32.7	29.5	33.2
동호회 회원	0.9	2.3	2.7
직장동료	1.0	0.4	0.7
전체	100.0	100.0	100.0

자료 : 문화체육관광부 · 한국문화관광연구원, 「국민여가활동조사」, 각 년도

다음은 여가활동을 활발히 하는 노인들이 참여한 여가활동 전반을 파악하기 위해 여가활동 참여경로 및 여가시설 이용비용, 여가활동의 방해요인 등을 살펴보았다. [표 8-5]를 보면 먼저 노인들이 여가활동에 참여하게 된 경로를 보면, 친구 및 이웃의 권유가 56.3%로 가장 높았으며 다음으로 자발적 이용이 15.6%, 전문기관 및 자원봉사자의 추천이 8.7%, 자녀의 권유가 5.9%, 광고지를 통한 경우가 5.7%, 배우자의 권유가 4.3% 순으로 나타났다. 응답자 특성별로는 여성의 11.8%보다는 남성에게서 적극성을 보이며 교육수준이 높을수록 적극적으로 여가활동의 정보를 찾아서 이용하였다.

[표 8-5] 여가활동 참여 경로

(단위 : %)

구 분		친구/이웃 권유	자발적 이용	전문기관 연계	자녀권유	광고지 통해	배우자 권유	기존 이용시설	기타	없음
전 체		56.3	15.6	8.7	5.9	5.7	4.3	1.2	2.0	0.4
성별	남 성	53.6	20.9	10.4	2.8	4.3	3.8	1.9	2.4	0.0
	여 성	11.8	11.8	7.4	8.1	6.7	4.7	0.7	1.7	0.7
연령	65-69세	16.3	16.3	7.2	4.3	7.2	5.8	1.4	2.9	0.0
	70-75세	15.6	15.6	9.3	5.9	4.4	3.4	1.0	0.0	0.5
	75세 이상	13.7	13.7	10.5	9.5	5.3	3.2	1.1	1.1	1.1
학력	초등 이하	7.8	7.8	8.4	7.8	3.0	2.4	0.6	1.8	1.2
	중고등 이하	16.8	16.8	6.3	6.3	8.2	5.1	1.2	0.4	0.0
	전문대 이상	27.1	27.1	16.5	1.2	3.5	5.9	2.4	7.1	0.0
건강	양 호	17.4	17.4	9.8	5.5	6.0	4.5	1.5	2.3	0.5
	비양호	9.0	9.0	4.5	7.2	4.5	3.6	0.0	0.9	0.0
수득	상	18.6	18.6	10.3	2.1	6.2	9.3	5.2	4.1	1.0
	중	15.6	15.6	8.1	7.2	5.5	3.2	0.3	1.7	0.3
	하	10.9	10.9	9.4	4.7	6.3	3.1	0.0	0.0	0.0

자료 : 문화체육관광부 · 한국문화관광연구원, 「노인 여가문화 활성화 방안을 위한 실태조사」, 2008

현재 여가활동을 하고 있는 노인들을 대상으로 여가시설 이용 시 여가비 지출액을 조사한 결과를 보면, 월 평균 6만 5천원 정도를 지출한 것으로 나타났다. 성별로는 남성이 7만 9천원을 지출하여 여성의 5만 4천원 보다 더 높게 나타나고 있으며, 건강상태별로는 건강이 양호한 노인이 7만원으로 양호하지 못한 노인의 4만 3천원보다 더 높은 비용을 지출하고 있었다.

[표 8-6] 여가시설 이용시 월 평균 지출

(단위 : %)

구 분		없 음	1만원 이하	1-3만원	3-6만원	6-10만원	10만원 초과	평균 (천원)
전 체		8.5	14.2	32.1	15.0	17.9	12.4	65.00
성별	남 성	8.5	12.3	29.4	11.8	21.8	16.1	79.78
	여 성	8.4	15.5	34.0	17.2	15.2	9.8	54.51
연령	65-69세	7.2	9.6	28.4	18.3	20.2	16.3	79.64
	70-75세	8.3	17.1	35.1	12.7	15.1	11.7	58.55
	75세이상	11.6	17.9	33.7	12.6	18.9	5.3	46.23
학력	초등이하	12.6	25.1	38.3	12.0	7.8	4.2	37.69
	중고등 이하	7.0	9.0	32.8	17.6	20.7	12.9	66.68
	전문대 이상	4.7	8.2	17.6	12.9	29.4	27.1	113.61
건강	양 호	7.8	12.6	30.7	14.6	20.7	13.6	70.94
	비양호	10.8	19.8	36.9	16.2	8.1	8.1	43.77
수득	상	6.2	7.2	23.7	16.5	20.6	25.8	111.80
	중	9.2	12.4	34.6	15.0	19.0	9.8	56.35
	하	7.8	34.4	31.3	12.5	7.8	6.3	41.00

자료 : 문화체육관광부 · 한국문화관광연구원, 「노인 여가문화 활성화 방안을 위한 실태조사」, 2008

노인들의 여가활동에 방해가 되는 요인을 질문한 결과(문화체육관광부 · 한국문화관광연구원, 2008), 여가에 대한 정보나 지식이 충분하지 못하다는 응답이 33.7%로 가장 높게 나타났으며, 다음으로 여가를 즐길 장소나 시설이 부족하다는 응답이 15.4%, 비용이 부족하다는 응답이 11.4%, 건강상의 이유가 9.8%, 교통 등 접근성의 이유가 5.1% 순으로 나타났다. 응답자 특성별로는 성별, 학력, 건강, 소득수준의 모든 범위에서 공통적으로 여가에 대한 정보와 지식의 부족을 가장 높게 지적했다.

한편 여가활동을 통해 변화된 긍정적 변화를 살펴본 결과, [표 8-7]에서 생활이 즐거워졌다는 답변이 56.7%로 가장 높은 비율을 차지했으며, 다음으로 친구가 많아져서 좋다는 답변이 25.4%, 건강해졌다는 답변이 16.7%, 가족관계가 좋아진 경우가 0.4%로 순으로 나타났다. 응답자 특성별로 살펴보면, 성별, 교육수준별, 소득수준별에서 모두 생활이 즐거워졌다는 것이 가장 큰 긍정적 변화였으나, 건강상태가 좋지 못한 노인의 경우 생활의 즐거움 못지않게 친구가 많아졌다는 점이 39.6%로 같은 비중을 차지하고 있었다.

[표 8-7] 여가활동을 통한 긍정적 변화

(단위 : %)

구 분		생활이 즐거워짐	친구가 많아짐	건강이 좋아짐	가족관계가 좋아짐	없 음
전 체		56.7	25.4	16.7	0.4	0.8
성별	남 성	56.4	23.2	19.9	0.0	0.5
	여 성	56.9	26.9	14.5	0.7	1.0
연령	65-69세	62.0	21.6	15.9	0.5	0.0
	70-75세	52.7	28.3	18.0	0.5	0.5
	75세 이상	53.7	27.4	15.8	0.0	3.2
학력	초등 이하	53.9	33.5	10.8	0.0	1.8
	중고등 이하	54.3	23.0	21.9	0.4	0.4
	전문대 이상	69.4	16.5	12.9	1.2	0.0
건강	양 호	61.5	21.4	16.4	0.3	0.5
	비양호	39.6	39.6	18.0	0.9	1.8
수득	상	57.7	19.6	21.6	1.0	0.0
	중	55.3	27.1	16.7	0.3	0.6
	하	62.5	25.0	9.4	0.0	3.1

자료 : 문화체육관광부 · 한국문화관광연구원, 「노인 여가문화 활성화 방안을 위한 실태조사」, 2008

[표 8-8] 노인의 특성별 가장 즐거움을 느꼈던 활동 비율

(단위 : %)

구 분	전체	지역		성		연령		
		도시	농어촌	남자	여자	65-69세	70-74세	75세 이상
학습활동 (영어, 한문, 교양강좌 등)	0.4	0.4	0.2	0.5	0.3	0.3	0.6	0.3
사회(자원)봉사활동	0.9	1.1	0.5	1.5	0.5	1.2	0.9	0.4
컴퓨터 또는 인터넷 활동	0.2	0.3	0.1	0.5	0.1	0.2	0.2	0.1
스포츠활동 (게이트볼, 수영, 체조, 축구, 산책 등)	2.7	3.5	1.1	4.7	1.5	4.0	2.2	1.7
사교활동 (친구 및 친가방문, 동호회)	21.7	23.0	19.0	22.3	21.4	22.0	22.2	20.8
여행 (관광, 등산, 낚시, 답사 등)	5.8	6.2	5.1	9.0	3.9	8.8	4.6	3.2
영화감상, 연극·운동경기 관람 등	0.3	0.3	0.3	0.5	0.2	0.5	0.2	0.1
서예, 독서, 그림그리기, 종이접기 등	1.4	1.7	0.7	3.0	0.4	1.5	1.3	1.4
건전가요, 시조, 장구, 풍물 등	1.2	1.5	0.5	1.4	1.0	1.2	1.2	1.0
바둑, 장기, 화투 등	3.0	3.1	2.9	4.2	2.3	2.8	2.4	3.9
가족과 함께 하는 일 (외식, 쇼핑, 주말농장 등)	29.8	25.4	39.3	26.7	31.8	30.4	30.1	28.5
TV 시청, 라디오 청취, 신문보기	9.5	10.8	6.8	8.8	9.9	7.3	11.6	10.2
자녀 및 손자녀 양육	3.0	2.8	3.5	2.6	3.2	3.5	2.9	2.5
집안일 하기	0.8	1.1	0.3	0.3	1.2	0.5	0.9	1.2
종교활동	5.1	5.8	3.9	2.0	7.2	4.6	4.2	6.7
기타	2.4	2.6	1.9	2.9	2.1	2.7	2.3	2.1
특별히 없음	11.6	10.6	13.8	9.2	13.1	8.5	11.7	15.7
계	100.0	100.0	100.0	100.0	100.0	100.0	100.0	100.0

자료 : 한국보건사회연구원, 「2004년도 전국 노인생활실태 및 복지욕구조사 자료」, 2005

노인이 가장 즐거움을 느꼈던 여가활동을 살펴보면, 가족과 함께 하는 일들이 29.8%로 가장 높았으며, 다음으로는 친구 및 동료들과 어울리는 사교활동이 21.7%로 높았고, TV 시청과 라디오 청취, 신문보기가 9.5%, 관광·등산·낚시·답사 등의 여행이 5.8%, 종교활동이 5.1%, 바둑·장기·화투 등이 3.0% 등으로 나타났다.

지역별로는 도시지역의 경우 사교활동이 23.0%, TV시청 등이 10.8%, 종교활동이 5.8%로 상대적으로 높은 반면, 농어촌지역의 경우 가족과 함께 하는 일이 39.3%로 매우 높게 나타나, 지역별 특성에 따른 현격한 차이를 보이고 있다. 성별에 따라서는 남성노인의 경우 스포츠 활동이 4.7%, 여행이 9.0%로 동적활동이 여성노인보다 높은 반면, 여성노인의 경우 가족과 함께 하는 일이 31.8%, 종교 활동이 7.2%로 정적활동이 남성노인보다 높게 나타나고 있다. 연령별로는 65-69세와 70-74세는 비슷한 경향이지만, 65-69세는 여행이 조금 더 높고, 70-74세는 TV 시청 등이 11.9%로 상대적으로 더 높은 편이어서 고령자일수록 활동력이 줄어드는 것을 확인할 수 있다.

현행 노인복지법상 노인여가복지시설과 구분된 시설은 노인학교 및 노인교실을 포함한 노인대학 시설, 각 지역에 위치한 노인(종합)복지회관, 그리고 마을단위로 자리 잡고 있는 경로당(노인정)이며, 많은 노인들은 세 가지 여가복지시설에 대하여 대부분 인지하고 있지만, 이용경험률은 그다지 높지 않게 나타나고 있다.

특히 경로당의 경우 99.3%로 거의 대부분의 노인들이 알고 있었으며, 무엇보다 이용경험 여부나 이용을 희망하는 비율이 다른 시설에 비해 월등히 높은 것으로 나타났다. 과거 이용한 경험이 있거나 현재 이용 중이라는 노인의 비율이 전체의 48.2%였으며, 향후 이용하기를 원하는 노인들도 47.2%를 차지하였다. 노인대학의 경우 인지율은

90.7%로 높게 나타났으나 경험률이 8.7%로 가장 낮게 나타났으며, 노인복지회관에서는 노인여가 뿐 아니라 노인과 관련한 다양한 서비스가 제공되고 있기 때문에 83.9%의 인지율에 비해 이용경험률과 희망률이 높게 나타난 것으로 보인다.

[표 8-9] 노인의 여가복지시설 이용 경험

(단위 : %)

구분	인지율	이용경험 여부			이용 희망률
		경험없음	경험있음	이용 중	
노인대학, 노인학교, 노인교실	90.7	87.5	8.7	3.9	22.1
노인복지회관	83.9	85.4	9.9	4.8	25.5
경로당(노인정)	99.3	51.8	15.4	32.8	47.2

자료 : 한국보건사회연구원, 「2004년도 전국 노인생활실태 및 복지욕구조사 자료」, 2005

노인들의 경로당 이용에 관한 조사 결과를 살펴보면, 전체의 34.5%가 현재 경로당을 이용하고 있으며, 이들 중 48.0%가 주 6회 이상, 즉 거의 매일 이용하고 있는 것으로 나타났다. 지역별로는 농어촌이 54.6%로 도시의 24.9%에 비해 높은 것으로 나타났으며, 성별의 차이는 거의 없었다. 그러나 이용 빈도에 있어서는 여성이 남성보다 더 자주 이용하고 있음을 알 수 있다. 연령별로는 고령자일수록 이용률과 빈도가 모두 높아지는 경향을 보이고 있으며, 특히 75세 이상 노인의 경우, 이용률이 43.2%로 평균보다 높고 이용 빈도도 주 6회 이상이 54.1%로 나타나 평균보다 높게 나타났다. 가구형태별 이용률은 큰 차이가 없었다.

[표 8-10] 노인의 경로당 이용률 및 이용 빈도

(단위 : %)

구 분		이용률	경로당 이용 빈도			
			주1회 미만	주2-3회	주4-5회	주6회 이상
전 체		34.5	18.1	21.3	12.6	48.0
지 역	도 시	24.9	20.0	23.2	10.8	46.0
	농어촌	54.6	16.2	19.5	14.3	49.9
성 별	남 자	34.4	19.3	24.0	13.0	43.7
	여 자	34.5	17.3	19.7	12.4	50.7
연 령	65-69세	26.2	20.7	25.4	10.6	43.4
	70-74세	36.8	18.5	18.5	17.7	45.3
	75세 이상	43.2	15.5	20.4	10.0	54.1
가구 형태	노인독신	34.8	16.5	20.1	14.3	49.1
	노인부부	34.5	20.9	20.6	11.0	47.5
	자녀동거	35.4	16.4	22.1	12.3	49.3
	기 타	27.8	17.3	26.8	19.5	36.4

자료 : 한국보건사회연구원, 「2004년도 전국 노인생활실태 및 복지욕구조사 자료」, 2005

노인들이 경로당을 이용하지 않는 이유로는 '경로당을 이용하는 노인들과 맞지 않아서'가 27.7%로 가장 높았으며, 다음으로 '시간이 없어서'가 21.2%, '사람들과 어울리는 것이 싫어서'가 12.3%, '몸이 불편해서'가 11.3% 순으로 나타났다.

지역별로는 도시 지역의 경우에는 '경로당을 이용하는 노인들과 맞지 않아서'가 29.4%로 농어촌의 21.8%에 비해 높았으며, 성별 역시 같은 응답의 비율이 남성이 35.8%로 여성의 22.6%에 보다 높은 것으로 나타났다. 이는 남성의 경우 과거의 직업이나 학력 등의 개인별 차이가 크기 때문인 것으로 추정된다. 반면 '몸이 불편해서'라는 응답의 비율은 도시에 비해 농어촌의 비율이, 남성에 비해 여성의 비율이 높았다. 농어촌의 경우 '시간이 없어서'가 22.8%로 가장 높게 나타났다. 연령별로는 젊을수록 바빠서라는 응답이 높았으며, 연령이 높을수록 몸이 불편하다는 응답이 높았다.

[표 8-11] 노인의 지역별 및 성별 경로당을 이용하지 않는 이유

(단위 : %)

구 분	전체	지역		성		연령		
		도시	농어촌	남자	여자	65-69세	70-74세	75세 이상
시간이 없어서	21.2	20.7	22.8	20.3	21.7	26.3	21.1	12.2
시설이 좋지 않아서	2.6	2.0	4.7	3.1	2.3	1.9	3.5	2.9
거리가 너무 멀어서	5.1	4.4	7.6	2.8	6.5	3.0	7.2	6.2
좋은 프로그램이 없어서	2.5	3.0	0.7	4.1	1.4	2.9	2.8	1.4
경로당을 이용하는 노인들과 맞지 않아서	27.7	29.4	21.8	35.9	22.6	28.9	25.3	28.4
몸이 불편해서	11.3	9.8	16.4	6.4	14.3	6.3	10.9	20.3
가입비 또는 연(월)회비가 부담스러워서	7.3	8.1	4.3	4.0	9.3	4.6	8.6	10.4
사람들과 어울리는 것이 싫어서	12.3	11.8	14.0	10.0	13.7	8.4	16.2	14.9
경로당을 이용하기에는 젊다고 생각해서	1.8	1.6	2.8	1.7	1.9	2.0	1.1	2.3
기타	8.3	9.3	5.0	11.7	6.2	15.7	3.3	1.0
계	100.0	100.0	100.0	100.0	100.0	100.0	100.0	100.0

자료 : 한국보건사회연구원, 「2004년도 전국 노인생활실태 및 복지욕구조사 자료」, 2005

한국보건사회연구원(2005)에 의하면, 향후 평생교육 프로그램에 대한 참여 희망에 있어서는 19.9%가 희망하고 있으며, 80.1%는 평생교육을 희망하지 않았다. 도시지역, 남자, 연령이 적을수록, 노인부부가구가 평생교육프로그램에 참가를 더 희망하고 있었다.

참가를 희망하는 프로그램을 내용을 살펴보면, 취미 프로그램이 70.9%로 가장 많으며, 그 다음은 한글 · 한자 · 수학교실 등 기초학습이 13.4%, 외국어 학습이 6.4%, 재취업관련 프로그램이 2.5%, 자격증 취득을 위한 기술강좌가 1.0% 순이다. 지역별로는 도시지역은 외국어학습, 농어촌지역은 기초학습을 상대적으로 더 원하고 있으며, 여성노인은 기초학습, 남성노인은 재취업 관련 프로그램이 더 높았다. 연령이 많을수록 기초학습과 취미 프로그램을 더 희망하고 있으며, 교육수준이 낮을수록, 기능제한이 있는 경우 기초학습 프로그램 희망률이 상승하는 추세이다.

평생교육 프로그램에 참여하기를 원하지 않는 이유로는, 본인이 하고 싶지 않아서가 31.3%로 가장 많으며, 그 다음은 건강이 안 좋아서가 25.9%, 시간이 없어서가 15.9%, 필요성을 못 느껴서 14.7%, 참가비용이 부담스러워서 6.0%, 심리적 부담감이 2.9% 순으로 나타났다.

지역별로는 도시지역은 본인이 원하지 않은 이유가 높은 반면, 농어촌지역은 시간이 없고, 교육장소가 멀거나 몰라서라는 이유가 상대적으로 더 높은 편이다. 여성노인은 건강의 이유가 가장 큰 반면, 남성노인은 자신의 희망여부가 더 크게 작용하고 있으며, 연령이 적을수록 시간이 없어서라는 이유는 증가하는 데 비해 건강의 이유는 감소하고 있다.

[표 8-12] 노인의 향후 평생교육프로그램 참여율 및 프로그램 종류

(단위 : %)

구 분		향후 평생교육 참여 희망률	평생 교육프로그램 종류					
			기초학습	외국어	취미	기술	재취업	기타
전 체		19.9	13.4	6.4	70.9	1.0	2.5	5.8
지 역	도 시	21.9	11.8	7.3	71.0	1.1	3.1	5.8
	농어촌	15.7	18.3	3.9	70.6	0.7	0.7	5.9
성 별	남 자	21.1	7.3	6.1	70.9	2.0	4.9	8.9
	여 자	19.2	17.7	6.5	71.0	0.3	0.8	3.7
연 령	65-69세	27.0	12.8	7.3	68.0	1.8	3.0	7.0
	70-74세	20.1	13.3	3.9	74.6	-	2.8	5.5
	75세 이상	10.3	14.9	8.5	74.5	-	-	2.1
가구 형태	노인독신	19.7	15.3	4.6	72.5	-	0.8	6.9
	노인부부	20.7	9.8	7.1	71.0	2.2	4.9	4.9
	자녀동거	18.3	15.6	6.0	71.4	0.5	1.5	5.1
	기 타	26.3						

자료 : 한국보건사회연구원, 「2004년도 전국 노인생활실태 및 복지욕구조사 자료」, 2005

3) 노인의 여가활동과 삶의 질

(1) 노인의 생활세계와 여가활동

시간적 여유가 많은 노인들에게 여가활동은 고독과 무료함을 극복하는 역할을 할 뿐만 아니라 노인의 생활만족에 큰 영향을 미친다(장현 · 이철우, 1996:40). 생활양식의 변화에 따른 적응이 노년기 행복의

지표라면 순응적인 여가생활로의 전이와 성공적 노화는 밀접한 관계가 있다. 여가활동은 노인의 소득과 건강 및 기능적 능력, 교육수준, 사회적 능력, 참여기회와 같은 요인들에 의해 직·간접적 영향을 받는다. 즉, 노인의 여가활동에 개인의 경제적·물질적·사회적 환경 등 인구사회학적 특성들은 일정한 영향을 미친다.

노년기의 여가활동에 영향을 미치는 요인에 관한 선행연구들을 살펴보면, 연령 자체가 여가활동의 범위나 종류, 그리고 참여도를 결정하는 중요한 요인은 아니며, 교육, 가족관계, 건강상태나 일상생활동작능력, 경제상태, 사회관계망의 축소 등이 여가활동의 중요한 제약 요인이 된다고 보고 있다(Kelly, 1996b; 오영희 외, 2005:68 재인용). 성별과 여가활동은 대체적으로 일관적 결과를 도출하고 있다. 여성 노인은 남성 노인보다 종교 활동, 문화관람 활동, 단순휴식 시간 등 정적인 활동이 더 많은 것으로 나타나며(박미석·이유리, 2003), 남성노인은 여성노인보다 음주, 라디오 청취나 텔레비전 시청, 스포츠 및 레저활동 등 동적 활동이 높은 것으로 나타났으며(이윤정·정순희, 2004) 학력은 여가태도에 가장 영향을 주는 중요한 요인으로 드러났다(이영기, 1992).

노인의 건강상태 또한 노인의 여가활동에 직접적인 영향을 미치므로(Parker, 1979; Riddick, 1985), 노인의 주관적 건강인지도도 여가태도에 영향을 주는 요인으로 간주되어야 한다(김현나·임영삼, 2007:303). 선행연구들은 노인의 건강상태와 여가활동 간에 유의미한 정적 관계가 있다는 결과를 도출하고 있다. 건강상태는 여가활동의 범위 및 참여빈도와 관련성이 있는데, 건강한 노인의 경우 그렇지 못한 경우보다 다양한 여가활동에 적극적으로 참여하는 경향이 있다(Parker, 1979; Riddick & Stewart, 1994). 이러한 점에서 건강상태가 좋지 못한 노인일수록 여가로 인한 무료함을 호소할 가능성이 높다(김귀봉 외, 2000; 김희년 · 정미숙, 2004). 한편 운동 및 스포츠 등으로 여가활동을 하는 경우 다른 여가활동 노인에 비해 건강에 대한 평가가 높은 편이며 노인의 주관적 건강평가가 좋을수록 고독감이 낮다(김양례, 2006).

또 경제적 수준은 여가행동에 영향을 미치는 필수적인 요인이 되며(이익섭 · 최재성, 1986). 경제적 여유는 여가활동의 참여도와 다양성에 긍정적 영향을 미친다(김귀봉 외, 2000; 김희년 · 정미숙, 2004). 저소득층은 어려운 경제적 여건으로 인해 여가활동에 소요되는 제반 비용 및 여가를 즐길만한 심리적 여유도 부족하여 대체적으로 부정적 태도를 보이는 편이다(최성재, 1996). 한편 경제활동을 하는 경우 여가활동에 소요할 수 있는 시간 및 정신적 여유가 적은 반면, 퇴직 이후 여유시간이 더 많아지게 되고(이윤정 · 정순희, 2003), 이전 직업생활에서 경험한 사회적 역할을 대체하기 위해 여가활동을 할 가능성이 높아진다.

캐나다 노인의 여가시간에 관한 연구(Fast & Frederick, 2004)에 의하면, 은퇴한 노인들이 취업자보다 신체적 · 정신적으로 자극적인 워킹, 하이킹, 조깅, 러닝, 골프, 카드놀이 및 기타 게임 등과 같은 취미활동에 더 많은 시간을 소비하는 경향이 있었다. 은퇴상태에 있는 노인이 시장 노동요구에 직면하고 있는 취업노인보다 더 역동적인 여가활동을 가진다는 것이다. 반면 한국의 노인의 경우 은퇴노인보다 취업노인의 여가활동이 더 많고 다양하다는 보고가 다수이다(이희범 · 한혜원, 2000). 즉, 국내의 선행연구들은 일반적으로 은퇴와 노인의 여가활동간 부적 관계에 있음을 보여주는 반면, 국외의 선행연구들은 정적(+)관계에 있음을 보여주었다. 이는 국가 간 노인을 둘러싼 물적 · 환경적 조건과 관련되는 것으로 추정된다.

동거가족 여부가 노인의 여가태도에 영향을 미치기 때문에 노인을 둘러싸고 있는 환경적 요인으로 배우자의 생존 유무, 현재 누구와 함께 살고 있는지도 살펴보아야 한다. 가족관계가 원만하고 손자녀 또는 자녀들과 여가시간을 같이 지낼 수 있는 노인의 경우 가정 내에서 여가를 보내는 경향이 많다. 또한 자녀와 함께 거주하는 노인은 별거노인에 비해 가정 밖에서 여가활동에 관심이 적은데 비해, 자녀와 따로 거주하는 노인일수록 자녀와의 교류시간을 대치할 수 있는 여가활동에 더욱 적극적이다(원영희, 1999b). 한편 노인들의 여가활동에 대한 자녀들의 태도 역시 영향을 주는데 자녀들이 노인의 여가활동에 대해 긍정적일수록 노인들은 여가활동에 참여가능성이 높다(남기민, 1998).

거주지역은 생활양식의 차이 및 여가활동의 기회접근성 등에 차이를 가져온다(Riesman, 1963). 거주하는 지역에 노인 여가시설이 적거나 이웃이나 친구가 적은 경우 노인의 여가활동 범위 및 참여가 줄어들 가능성이 많다(장인협 · 최성재, 2003). 일반적으로 도시노인은 농촌노인보다 여가를 즐기는 활동유형이 다양하며 참여비율도 높은 편인데, 이는 농촌노인의 경우 농사일로 인해 여가활동이 쉽지 않으며 농촌지역에 노인을 위한 여가시설이 부족하기 때문인 것으로 해석된다(원영희, 1996b). 이 밖에도 여가에 대한 인식 및 정보 부족, 시설에 대한 접근성 제약이 노인의 여가활동에 영향을 주는 것으로 인식되고 있다(김희년 · 정미숙, 2004). 일상적으로 거주하는 공간인 주택의 유형도 노인의 여가활동에 영향을 미친다. 아파트 및 연립주택에 거주하는 노인의 여가활동의 참여도가 단독주택에 거주하는 노인에 비해 상대적으로 높았으며(홍성희 · 송정선, 1997), 단순 휴식 시간은 단독주택에 거주하는 노인이 가장 길게 나타났다(박미석 · 이유리, 2003).

(2) 노인의 여가활동과 삶의 만족도

대부분의 노인들은 하루 시간 중 일정한 생리적 시간을 제외한 대부분의 시간을 여가활동에 사용하고 있기 때문에 노인의 여가활동 형태가 노인의 성공적 노화여부와 유의미한 관계를 맺고 노인의 삶의 질을 구성한다고 할 수 있다. 노년기의 여가는 다른 생애주기에서의 여가와는 달리 일하고 쉬는 생활의 일부분으로서의 의미보다는 생활 그 자체이기 때문에 노인의 삶의 질이 노인의 여가활동에 달려 있다고 해도 과언이 아니다. 노년기의 여가활동으로 인한 효과에 관한 선행연구들에 의하면(박미석 · 이유리, 2003; 원영희, 2000; 모선희, 2004; 나항진, 2004), 노년기의 적극적 여가활동은 신체적, 정신적, 사회적으로 삶의 질을 향상시키는 것으로 밝혀졌다.

여가가 삶의 만족에 미치는 영향을 살펴보기 위해 먼저 여가와 정신적 · 정서적 관계를 살펴보면 여가활동은 퇴직이후 일정한 역할이 없어서 시간적 여유가 많은 노인에게 고독과 무료감을 해소시키는 역할 뿐만 아니라 노인의 생활만족도 향상에 기여하기도 한다. 노인은 여가활동에 참여하게 됨으로써 직장동료관계, 가족관계 등의 위축된 사회관계를 보완, 유지 또는 확대할 수 있는 기회를 가지게 되어 고독과 소외감을 경감할 수 있다. 또한 여가활동을 통해 의미있는 활동을 할 수 있는 기회를 마련하게 되어 무위 상태에서 벗어나고 자기유용감과 자아개념이 긍정적으로 변화되며, 직장이나 가정에 대한 책임으로 인해 지금까지 발휘하지 못했던 자신의 잠재적 재능을 확인하고 이를 표현함으로써 자아실현의 기회를 가질 수 있게 된다. 따라서 취미와 여가활동은 개인의 환경에 대한 통제와 능력을 증진시킴으로써 개인의 삶의 만족도를 증진시킬 수 있다. 바람직한 여가활동은 노인의 삶 속에서 경험하게 되는 역할상실의 부작용을 최소화하고, 긍정적 자아개념을 갖게 한다고 한다. 뿐만 아니라, 노인들도 다른 사람과의 상호작용을 통해 감정적, 사회적 고립을 벗어나게 되고, 어려운 상황에서 자신을 돕거나 지지해줄 수 있는 관계망을 형성하며, 결국 특정 공동체의 구성원이 되려고 하는 욕구를 갖게 함으로써 사회통합의 수단으로 기여하게 된다(나항진, 2004).

다음으로 여가 만족도와 삶의 만족도의 관계를 살펴보면 스스로 선택한 여가활동에 적극적으로 참여하여 얻는 긍정적 지각 또는 만족감, 유쾌함을 나타내는 여가만족(Beard & Ragheb, 1982)[2)]은 사회적 역할 상실과 가족 내 위치 비중의 변화를 겪으며 대부분의 시간이 여가시간인 노인들에게 삶의 질을 높여줄 수 있는 요인이라 할 수 있다. Ragheb(1980)은 여가만족, 여가활동, 여가태도를 설명함에 있어 여가 만족도가 클수록 여가참여 빈도가 높아지고 여가만족과 여가태도 간에는 긍정적 상관관계가 형성된다고 보고하여 여가만족이 여성노인의 여가활동과 삶의 질 인지에 중요한 변인임을 밝힌 바 있다(한혜원, 2008).

노인의 여가참여정도와 여가만족도에 관한 연구(정명숙, 2003)에 의하면, 노인들의 여가활동 참여정도와 여가만족도는 통계적으로 유의미한 상관관계를 나타내고 있다. 각각의 여가활동의 참여 정도가 높을수록 여가 만족도는 높은 것으로 나타났는데, 특히 우인교류 여가활동은 참여정도가 많을수록 여가만족도가 가장 높았다. 또 노인들의 연령, 결

---

2) Beard & Ragheb(1982)는 여가태도를 인지적 태도, 정의적 태도, 행동적 태도로 구분하여 여가태도를 측정하기 위해 Leisure Attitude Scale(LAS)를 개발했다. 인지적 태도란 여가에 대한 일반적 개념과 지식을 측정하는 것이며, 정의적 태도란 여가활동 참여자의 여가경험과 여가활동에 대한 평가이고, 행동적 태도란 여가선택과 여가활동에 대해 말로 나타난 행동적 의도를 말한다(김현나・임영삼, 2007:2).

혼상태, 학력, 종교, 건강상태, 용돈, 가족의 반응과 여가활동 참여정도는 통계적으로 유의미한 상관관계를 나타내고 있다. 즉, 연령이 적을수록, 노부부 함께 살고 있을 때, 학력이 높을수록, 건강상태가 좋을수록, 용돈이 많을수록, 가족의 반응이 우호적일수록 참여정도가 높아지는 경향이 있음을 알 수 있다. 노인 여가유형에서 우인교류형은 노인들의 여가 참여 정도가 가장 많았으며, 여가 만족도도 가장 높은 것으로 나타났다. 즉, 노인들은 친구들과 이웃간의 만남을 중요히 느끼고 있으며, 그들과의 만남의 장소를 많이 이용하고 있었다(정명숙, 2003).

하지만 또 다른 연구(김태현 외, 1999)에 의하면, 여가참여도와 여가만족도는 노인의 주관적 안녕감에 상반된 결과를 보이기도 했다. 즉, 여가활동 참여도가 높을수록 주관적 안녕감이 높지만, 여가만족도는 낮을수록 주관적 안녕감이 높게 나타났다. 이러한 결과가 도출된 이유는 여가활동에 참여를 많이 하는 노인은 경제적으로 수준이 높고 용돈도 많은 편이고 건강하여 여가활동에 참여가 적은 노인보다 여건이 좋아 주관적 안녕감이 높게 나오기 때문이지만, 현재 우리나라 노인들을 위한 여가활동 자체가 다양하지 못하고 여가다운 활동을 즐길 수 있는 여건이 마련되어 있지 못한 실정이다. 따라서 이런 노인들은 현재의 노인여가환경에 대해 불만족하기 때문에 여가활동에 불만족할수록 주관적 안녕감이 높은 결과가 나왔다고 추정된다. 오히려 여가활동에 대한 기대가 없는 건강하지 않고 용돈이나 경제적 상황이 열악한 노인이 여가활동에 대한 만족감이 높았다. 이들은 여가활동에 참여를 많이 한다기보다 한 가지를 해도 평소에 못해 보았던 것이었다면 매우 만족했으리라는 추측을 할 수 있다.

다음으로 운동과 같은 신체적 여가활동이 노인들의 신체, 정신, 정서, 사회적 측면에 미치는 효과를 분석한 선행연구들(신철호·손태열,

2004; 오상덕, 2005; 이상득, 2004)에 의하면, 노인은 신체적 활동을 통해 신체 및 정신건강을 유지하고 향상시킬 수 있어 삶의 활력과 만족도가 높아지며, 자신의 삶을 자율적으로 결정할 수 있는 기술과 능력이 증진되어 삶에 대한 통제력이 높아지게 된다. 노인의 생리적 측면에서의 운동효과를 검증한 선행연구(신철호·손태열, 2004; 오상덕, 2005)와 노인의 심리적 측면에서의 운동효과를 검증한 선행연구(최성애, 1998), 그리고 노인의 사회적 측면에서의 운동효과에 관한 연구(김경식, 2004; 이상득, 2004)는 모두 생활만족과 정적(+) 관계에 있음을 보여주고 있다.

노인이 스포츠 여가활동에 적극적으로 참여한 경우 여가태도가 보다 긍정적이었고, 스키활동 참여정도에 따라 인지적 태도와 정의적 태도가 높아졌고, 참여기간이 길수록 인지적 태도가 높아지고, 참여기간과 빈도가 커질수록 정의적 태도가 높아졌다고 보고한 바 있다. 스포츠센터의 참여가 여가태도에 유의한 영향을 미치며(임준형, 2003), 재즈댄스 참여와 여가태도의 긍정적 관계도 있다. 한편 여성노인들에게는 비신체적 여가활동보다 신체적 여가활동이 바람직한 형태이며, 그 중에서는 음악을 동반한 리듬운동이 가장 높은 여가만족도를 보였다(한혜원, 2008). 양로원에 거주하면서 여가활동으로 운동을 주로 하는 여성노인들을 대상으로 운동참여가 노인들의 스트레스와 고독감 감소, 그리고 생활만족도에 미치는 영향을 분석한 연구(김성희, 2008)에 의하면, 노인들의 신체적 여가활동의 참여는 양로원 여성노인의 스트레스와 고독감을 감소시켜, 생활만족도를 증가시키는 것으로 확인되었다. 운동참여 기간, 빈도, 그리고 시간이 길어질수록 그 효과는 더욱 커졌다. Nalin과 Maria(2000)은 신체활동이 정서적 안녕감을 제공하여 우울증을 호전시킬 수 있을 뿐만 아니라 약물치료의 대체요법으로도 효과가 있다고 제안했다(김성희, 2008). 기존의 선행연구를 살펴보면, 노인의 여가활동 참여기간과 빈도, 그리고 가입단체 수와 그 정도 등이 높을수록 생활만족도도 높은 것으로 조사되고 있다(나항진, 2004; 양순미 · 홍성례 · 옹숙자, 2004; 김영범 · 이승훈, 2008).

끝으로 노인의 여가활동의 유형과 삶의 만족도의 관계를 살펴보면, 노인들은 노인대학, 경로당, 재가노인의 순으로 만족하고 있었는데, 이들 또한 개인의 주관적 건강상태 및 경제상태에 대한 인식에 따라 건강한 집단 또는 경제상태가 좋은 집단이 그렇지 않은 집단에 비해 생활만족도가 높다고 할 수 있다. 생활만족도가 높을수록 여가활동 프로그램의 필요성을 더 크게 느끼고 있었으며, 특히 문화여가, 사회교육, 봉사활동에서 높게 나타났다(성희자 · 전보경, 2003). 포항시에 거주하고 현재 여가복지시설을 이용하고 있는 만 60세 이상의 노인을 대상으로 한 연구(이나영, 2008)에서는 건강증진형 프로그램이 노인의 우울감소와 삶의 만족도 증진에 가장 큰 영향을 미친 것으로 나타난 반면, 화투 등의 소일형 프로그램 유형은 오히려 노인들의 우울을 증가시키고 삶의 만족도를 떨어뜨리는 부정적 결과를 초래하기도 한다. 여가프로그램에 참여하는 시간이 길다고 해서 노인들의 삶의 질이 개선되지 않는다고 보았다. 즉, 종교활동, 가사노동, TV · 신문보기 등과 같은 소극적 여가활동은 생활만족도에 유의미한 영향을 미치지 못하는 반면, 취미운동, 노인대학, 봉사활동 등과 같은 보다 적극적인 여가활동은 생활만족도에 긍정적 영향을 미치고 있었다.

노인의 여가생활 가운데 자원봉사활동 등 공공단체에 참여하여 활동하는 것 또한 대부분 노인들의 삶의 만족도에 긍정적 영향을 미치는 것으로 조사되고 있다. 이러한 활동들은 노인들에게 지역사회에서의 참여와 자신의 유용성을 느낄 수 있는 기회를 제공함으로써, 사회적 역할을 상실한 노인들에게 긍정적 효과를 낳게 하는 것으로 지적되고 있다(장인협 · 최성재, 2001). 노년기 자원봉사활동은 자아존중감에 긍정적 영향을 미치는 것으로 나타났는데(김주현 · 한경혜, 2001), 이는 자원봉사활동에서 얻게 되는 보상과 연결된 것으로, 자원봉사활동은 노인들에게 사회적 책임감, 사회적 접촉, 타인의 기대부응, 사회적 인정 등의 효과를 갖게 할 뿐만 아니라, 가족들로부터도 긍정적 지지를 받는 것으로 나타났다. 곧 자원봉사활동에 참여함으로써 집단에의 소속감을 갖게 되고, 이들로부터 긍정적인 사회적 지지를 받을 뿐 아니라, 삶에 대한 긍정적 인식과 태도를 수용하게 되는 것이다.

노인교육의 참여가 노인이 지각하는 심리적 안녕감에 미치는 영향을 살펴본 연구(이진희 · 김욱, 2008)에 의하면, 노인교육에 참여한 노인들이 비참여 노인들에 비해 고독감은 낮게 나타났고, 삶의 만족도는 높게 나타났다. 이 과정에서 인구사회학적 요인 및 노인교육과 심리적 안녕감의 관계를 살펴보면, 노인이 건강하다고 느낄수록, 노인교육에 참여할수록, 종교활동에 참여할 경우, 생활수준이 부유할수록 노인의 삶의 만족도가 높은 것으로 나타났다. 또 일반적 특성을 통제한 후에도 노인교육 참여가 여전히 주요 변인으로 작용해 노인교육이 노인의 심리적 안녕감에 긍정적 영향을 미치는 것으로 나타나고 있다. 즉, 노인교육이 노인의 전반적인 심리적 안녕감을 높이는 데에 긍정적으로 작용하고 있음을 알 수 있었다. 노년기에 노인복지관 등에서 운영하는 교육 프로그램을 적극적으로 참여하는 경우 배움의 목적도 달성되지만 무료한 시간을 보람되게 보낼 수 있고, 친구관계의 폭도 넓어져 보다 활기찬 노후생활을 할 수 있는 것이다.

2. 여가활동의 삶의 질에 대한 경험적 분석

1) 객관적 지표

(1) 여가활동의 유형

직업활동을 정기적으로 하고 있는 젊은 세대에게 여가는 일을 위한 휴식, 충전의 의미를 갖는다. 직업활동이 개인적 또는 사회적 이유에서 상당부분 배제되고 있는 노인들에게 여가활동은 휴식이나 충전 이상의 의미를 지닌다. 노인들은 신체적으로나 정신적으로 만족스러운 여가활동을 영위함으로써 소외와 고독감, 그리고 자기 존재의 부인과 같은 부정적 상황으로부터 벗어날 수 있다.

노인들의 여가의 유형은 일반적으로 소일형 여가, 취미형 여가, 교류형 여가, 사회활동형 여가로 구분할 수 있다(김익기 외, 1997). 대도시 노인들이 평소 4가지 유형의 여가활동을 얼마나 자주 하고 있는지 분석한 결과를 제시하면 다음과 같다.

먼저 소일형 여가는 생산적 결과가 없이 단순히 시간 보내기 식의 여가를 의미하는 것으로서 TV 시청하기와 라디오 청취, 신문 및 잡지 읽기, 장기 · 바둑 · 화투 놀이, 쇼핑하기, 음주나 외식하기 등이 여기에 해당된다. 노인들이 일상생활에서 시간을 보내는 가장 간편한 방식이 바로 소일형 여가활동을 하는 것이다. 노인들의 여가활동 가운데 가장 활발하게 이루어지는 것이 소일형 여가이며, 소일형 여가 가운데 TV 시청과 라디오 청취가 가장 대표적 여가활동이다.

소일형 여가활동 다음으로 노인들이 활발하게 하고 있는 것은 교류형 여가활동이다. 교류형 여가활동은 다른 사람들과의 만남과 대화를 통해 시간을 보내고 즐거움을 찾는 것이다. 소일형 여가활동과 마찬가지로 생산적인 성격의 여가활동이라기보다는 무료한 시간을 소비하기 위한 방편으로서의 성격이 강하다. 교류형 여가활동은 크게 친구나 이웃 만나기와 경로당·노인회관 가기로 구분하여 조사되었다. [표 8-13]에 나타난 대로 먼저 친구, 이웃 만나기는 전체 응답자의 21.2%가 거의 매일 이루어지고 있으며, 17.6%가 주 1-2회 정도 하고 있다. 그러나 전혀 만나지 않는다는 응답이 18.3%, 6개월에 1-2회가 14.6%를 차지하고 있다. 경로당 및 노인회관 방문하기는 전체의 32.0%가 거의 매일하고 있으며, 12.5%가 주 1-2회 정도 하고 있다고 응답하였다. 전반적으로 도시노인들에게 있어서 교류형 여가활동은 중요한 여가유형으로 자리잡고 있다.

취미형 여가활동은 각종 취미활동과 문화활동, 운동, 그리고 여행과 같은 것들을 포함한다. 이 유형의 여가활동들 가운데 노인들이 활발하게 하고 있는 것은 컴퓨터나 그림, 노래, 서예 등과 같은 취미활동이다. 전체 노인들 가운데 155명이 거의 매일 하고 있으며, 주 1-2회가 10% 정도 된다. 반면에 전혀 하고 있지 않다는 응답도 58.3%에 달하고 있다. 취미형 여가활동 가운데 운동 역시 주요한 여가활동으로 자리잡고 있다. 전체 조사대상자의 11.2%가 매일 하고 있으며, 11.7%는 주 1-2회 정도 하고 있다. 취미형 여가활동 가운데 영화감상이나 음악회 및 전시회 참석과 같은 문화활동과 여행에 대한 노인들의 참여는 매우 미약한 수준이다. 문화활동의 경우 전체의 73.4%가 전혀 하고 있지 않으며 12.8%가 6개월에 1-2회 정도 하고 있다. 여행의 경우는 일반적으로 자주 할 수 있는 여가활동은 아니지만 전반적으로 참여도가 낮다. 전체 응답자의 53.9%가 전혀 하지 않으며, 33.4%가 6개월에 1-2회 하고 있는 수준이다.

[표 8-13] 항목별 여가활동의 빈도

		전혀 안함		6개월에 1-2회		월1-2회		월3-4회		주1-2회		거의 매일	
		빈도	%	빈도	%	빈도	%	빈도	%	빈도	%	빈도	%
소일형	TV/라디오	23	2.3	0	0.0	1	.1	5	.5	48	4.8	927	92.3
	신문, 잡지 읽기	300	29.9	27	2.7	25	2.5	43	4.3	147	14.6	462	46.0
	장기, 바둑, 화투	468	46.6	28	2.8	58	5.8	64	6.4	203	20.2	183	18.2
	쇼핑	382	38.0	60	6.0	121	12.1	94	9.4	266	26.5	81	8.1
	음주, 외식	374	37.3	102	102.	209	20.8	97	9.7	144	14.3	78	7.8
취미형	취미활동	585	58.3	57	5.7	50	5.0	56	5.6	101	10.1	155	15.4
	문화활동	737	73.4	129	12.8	71	7.1	30	3.0	27	2.7	10	1.0
	운동	471	46.9	96	9.6	118	11.8	90	9.0	117	11.7	112	11.2
	여행	539	53.7	335	33.4	89	8.9	26	2.6	13	1.3	2	.2
교류형	친구, 이웃 만나기	184	18.3	147	14.6	188	18.7	96	9.6	177	17.6	212	21.1
	경로당, 노인회관	428	42.6	40	4.0	45	4.5	45	4.5	125	12.5	321	32.0
사회활동형	학습활동	708	70.5	64	6.4	41	4.1	32	3.2	100	10.0	59	5.9
	종교활동	400	39.8	68	6.8	81	8.1	94	9.4	283	28.2	78	7.8
	사회봉사활동	840	83.7	59	5.9	49	4.9	16	1.6	27	2.7	13	1.3
	사회단체활동	950	94.6	23	2.3	12	1.2	10	1.0	4	.4	5	.5

노인의 여가유형 가운데 마지막으로 이야기할 수 있는 유형은 사회활동형 여가이다. 이 유형의 여가는 다양한 공식적 분야에서 사회활동을 수행하는 것이다. 구체적으로 학습활동(노인학교, 사회교육 강좌 참여),

종교활동, 사회봉사활동, 사회단체활동(정당, 문중단체, 사회단체 등의 참여)을 포괄한다. 전반적으로 조사대상 노인들에게 있어서 사회활동형 여가는 매우 미미한 수준이다. 사회활동형 여가 가운데 가장 활발하게 참여하고 있는 유형은 종교활동으로 전체 노인의 약 36%가 주 1-2회 이상 참여하고 있다. 종교활동 다음으로는 학습활동의 참여율이 높아 응답자의 약 16%가 주 1-2회 이상 학습활동에 참여하고 있으나 전혀 하지 않는다는 응답도 40%에 육박하고 있다. 한편 노인의 여가생활에서 사회봉사활동과 사회단체활동이 차지하는 비율은 매우 미미하다. 사회봉사활동의 경우 전혀 하지 않고 있다는 응답자가 83.7%를 차지하고 있으며, 월 1-2회 이상 하고 있는 응답자는 전체의 10%에 불과하다. 사회단체활동의 참여율은 더욱 낮아서 전체의 94.6%가 전혀 하고 있지 않으며, 단지 3%만이 월 1-2회 이상 참여하고 있다.

이와 같은 4가지 유형의 여가활동에 대한 노인들의 참여 행동은 상호 연관되어 있는 것으로 확인되었다. 분석 결과 네 가지 유형의 여가활동들간에는 강도의 차이는 존재하지만 통계적으로 매우 유의미한 정적(+)인 상관관계가 도출되었다. 특이할 점은 소일형 여가와 취미형 여가간에 그리고 취미형 여가와 사회활동형 여가간에 높은 상관관계가 존재한다는 점이다. 소일형 여가와 취미형 여가간의 단순상관계수 값은 .47이며, 취미형 여가와 사회활동형 여가간의 상관계수 값 역시 .40으로 매우 높은 수준이다. 즉 소일형 여가의 빈도가 높은 사람은 취미형 여가의 참여도가 높을 가능성이 크며, 취미형 여가의 참여도가 높을 경우 사회활동형 여가의 참여도 역시 높을 가능성이 있다는 것을 의미한다.

[표 8-14] 여가활동 유형들간의 상관관계 분석

	소일형 여가	취미형 여가	교류형 여가	사회활동형 여가
소일형 여가	1.0			
취미형 여가	.47***	1.0		
교류형 여가	.13***	.11**	1.0	
사회활동형 여가	.19***	.40***	.14***	1.0

* p〈.05, ** p〈.01, *** p〈.001

(2) 여가활동의 참여도

4개 유형의 여가활동에 대한 평균적인 참여도를 살펴보면 [표 8-15]에서 보듯이 소일형 여가의 평균 참여빈도가 2.75로서 가장 높은 수준이다.[3] 그 다음으로는 교류형 여가가 2.46이며, 취미형 여가 1.07, 사회활동형 여가 .86의 순이다. 평균값이 가장 높은 소일형 여가와 가장 낮은 사회활동 여가를 비교하면 조사대상 노인들은 소일형 여가를 3배 이상 자주 참여하고 있다.

3) 여가의 참여빈도는 앞에서 제시되고 있듯이 6단계로 측정되었다. 분산분석과 같이 연속적 측정수준이 필요한 경우 서열적 성격을 갖고 있는 빈도를 숫자로 전환한다. 구체적으로 '전혀 안함'은 0, '6개월에 1-2회' 1, '월 1-2회' 2, '월 3-4회' 3, '주 1-2회' 4, '거의 매일' 5를 부여한다. 만약 특정 여가활동의 참여 빈도의 평균값이 2.5인 경우 '월 1-2회'와 '월 3-4회'의 중간 수준으로 간주된다.

[표 8-15] 인구사회학적 변인별 여가참여도 분산분석

		소일형 여가		취미형 여가		교류형 여가		사회활동형 여가		여가활동 종합	
		평균	F값	평균	F값	평균	F값	평균	F값	평균	F값
전체		2.75		1.07		2.46		.86		1.78	
성별	남	3.01	54.6***	1.25	23.5***	2.34	4.3*	.71	25.8***	1.83	2.5
	여	2.56		.93		2.55		.97		1.75	
연령	60-64세	2.95	33.9***	1.20	17.9***	2.09	18.3***	.89	2.7	1.78	6.0**
	65-74세	2.81		1.13		2.60		.89		1.86	
	75세이상	2.31		.71		2.84		.75		1.65	
교육수준	정규 학력무	2.28	56.6***	.68	57.3***	2.81	20.5***	.74	7.8***	1.63	11.0***
	초졸-중졸	2.77		.96		2.58		.83		1.78	
	고졸이상	3.11		1.53		2.01		1.00		1.91	
직업	하위직업	2.34	50.6***	.78	30.5***	2.43	2.7	.76	6.8**	1.58	21.7***
	중위직업	2.77		.98		2.62		.81		1.80	
	상위직업	3.07		1.38		2.34		.98		1.94	

* p〈.05, ** p〈.01, *** p〈.001

일상생활에서 소일형 여가의 참여 빈도는 노인의 성별과 연령, 교육수준, 직업에 따라 통계적으로 유의미한 차이를 나타내고 있다. 먼저 성별로는 남자노인들의 참여빈도의 평균값이 여자노인들의 그것보다 크게 높은 수준을 보여준다. 연령별로는 연령이 낮은 집단의 평균값이 상대적으로 높아 64세 이하의 초기노인 집단의 평균값은 2.95인데 비해 중기노인(65-74세) 집단은 2.81, 후기노인 집단은 2.31에 그치고 있다. 그리고 소일형 여가의 참여도는 교육수준이 높은 노인집단에서 많이 높게 나타나고 있어 정규학력이 없는 노인집단의 평균 참여도는

2.28인데 비해 고졸 이상의 고학력 집단의 참여도는 3.11로서 대비된다. 직업위세에 따른 집단구분에서도 생애 최장 종사 직업의 위세가 높은 노인집단의 참여도가 가장 높은 것으로 보인다.

취미형 여가의 참여도 역시 성별과 연령, 교육수준, 직업별로 구분된 집단에 따라 매우 다른 수준을 나타내고 있다. 취미형 여가에 대한 교차분석의 결과는 소일형 여가의 결과도 동일한 경향을 보이고 있는데 먼저 성별 교차분석의 결과 여자노인에 비해 남자노인의 평균적인 여가 참여도가 매우 높은 것을 볼 수 있다. 연령별로는 연령이 낮은 초기노인 집단의 평균값이 가장 높게 나타났다. 특히 75세 이상의 후기노인들의 평균값은 다른 두 집단에 비해 매우 낮은 수준으로 교육수준에서는 가장 고학력 집단인 고졸 이상의 노인들의 참여도의 평균값이 1.53으로서 정규학력을 갖지 못한 집단의 평균값을 2배 이상 상회하고 있다. 직업별로도 최장기 종사 직업의 사회적 위세가 높은 집단의 참여도가 가장 높은 수준으로 이 집단의 평균값은 1.38인 반면에 하위직업 집단의 평균값은 .78에 그치고 있다.

교류형 여가에 대한 노인들의 참여도는 앞의 두 가지 유형의 여가와 정반대의 성격을 띠고 있으며 교류형 여가의 참여는 남자노인에 비해 여자노인이 더욱 높게 나타난다. 일반적으로 여자노인들이 상대적으로 사교성이 강하며, 이런 특성이 반영된 결과라고 하겠다. 연령별로도 가장 고연령층인 후기노인집단의 참여도의 평균값이 가장 높아 초기노인집단의 평균은 2.09인데 비해 후기노인집단의 평균값은 2.84에 달하고 있다. 도시노인들의 경우 연령이 높아질수록 다른 노인들과의 대화와 교류를 주요한 여가활동으로 삼고 있다. 교육수준에서도 고학력 노인집단보다는 저학력층에서 교류형 여가에 많이 의존하고 있다. 직업별 교차분석의 결과는 각 집단간에 통계적으로 유의미한 차이가 없는 것을 보여주고 있으며 특기할 사항은 직업위세가 중간 정도인 노인집단의 참여도가 가장 높다는 점이다.

마지막으로 사회활동형 여가는 앞에서 지적되었듯이 전반적으로 참여도가 미미하다. 그러나 이 유형의 여가에 대한 참여도 역시 성별과 교육수준, 직업위세에 따라 다른 수준을 나타내고 있다는 점이 지적될 수 있다. 교류형 여가와 마찬가지로 남자노인에 비해 여자노인들의 참여도가 더욱 높은 수준을 나타내고 있다. 이와 같은 결과는 종교활동에 여자노인들이 매우 활발하게 참여하고 있는 점에 기인한다. 한국사회에서 각종 종교단체의 인적 구성과 활동에서 여성들이 차지하는 비중은 매우 크다. 사회활동형 여가에 대한 연령별 참여도 분석에서는 75세 이상의 후기노인 집단에 비해 초기노인집단과 중기노인 집단의 평균값이 크고 초기노인 집단과 중기노인 집단간에는 차이가 존재하지 않는다. 교육수준별 분석에서는 상대적으로 고학력 노인집단의 참여빈도가 높으며, 직업별로는 직업위세가 높은 상위직업 집단의 참여가 높다.

소일형 여가와 취미형 여가의 경우 여자노인에 비해 남자노인이, 연령별로는 연령이 낮은 초기노인 집단이, 교육수준이 높은 집단이, 직업별로는 직업위세가 높은 상위직업 집단이 그 참여도가 상대적으로 높다. 반면에 교류형 여가는 성별로는 여자노인 집단이, 연령별로는 상대적으로 고령자인 후기노인 집단이, 교육수준에서는 교육수준이 낮은 집단이, 직업별로는 직업위세가 상대적으로 낮은 집단이 참여도가 상대적으로 높게 나타났다. 사회활동형 여가는 성별로는 여자노인이, 연령별로는 초기노인 집단, 교육수준에서는 고학력집단, 그리고 직업별로는 사회적 위세가 높은 상위직업에서 참여도가 상대적으로 높은 것으로 보인다. 따라서 소일형 여가와 취미형 여가가 관련성이 크다면 교류형 여가가 전자와 대립되는 특성을 띠고 있다.

마지막으로 네 가지 유형의 여가활동의 참여빈도를 결합하여 종합적 여가활동의 참여도를 측정하였다. 전체적으로 여가활동의 참여빈도는 1.78이며, 연령과 교육수준, 직업에 따라 집단별로 유의미한 차이가 발견된다. 먼저 성별 분석에서는 남자노인의 참여빈도가 다소 높긴 하지만 통계적으로 유의미한 정도는 아니다. 연령별로는 65-74세 사이의 중기노인 집단의 여가활동의 참여빈도가 가장 높은 것으로 나타났다. 그 다음이 초기노인 집단이며, 후기노인 집단이 가장 낮은 수준이다. 이처럼 중간연령대의 노인들이 가장 활발하게 여가활동을 하는 것은 이들의 건강상태와 사회적 역할의 수준을 통해 설명이 가능하다. 이들의 건강상태는 나쁜 수준은 아니며 직업활동의 참여가 배제되고 있기 때문에 시간적 여유가 많은 반면에 초기노인 집단은 건강상태는 좋지만 아직까지는 가족과 사회에서 수행해야 할 역할이 남아 있어 여가활동의 시간적 여유가 적다. 반대로 후기노인 집단은 시간적 여유는 갖지만 건강상태가 좋지 않기 때문에 여가활동의 참여도가 낮게 나타난다. 교육수준별로는 상대적으로 고학력 노인집단일수록, 직업과 관련해서는 최장기 종사 직업의 사회적 위세가 높을수록 평균적인 여가활동의 참여빈도가 높다. 이와 같은 결과는 다양한 여가활동을 통해 삶의 질을 높이기 위해서는 건강이 기초를 이루는 가운데 경제적 능력과 여가를 누릴 수 있는 기본적 능력이 갖추어져야 함을 반영한다.

2) 개인적 욕구

(1) 욕구 수준

Maslow(1970)는 위계적 욕구이론에서 자아실현의 욕구가 인간의 삶에 대한 욕구 가운데에서 가장 상위단계에 위치하는 것으로 설명하고 있다. 노인 역시 사회적 존재로서 자아실현의 욕구를 가지고 있으며, 따라서 이 부문에 대한 분석이 중요한 것으로 간주한다. 본 경험적 분석에서는 [표 8-16]과 같이 노인의 자아실현 욕구를 '노동'과 '여가활동', '사회활동'으로 구분하여 각각 측정하였으며, 이 세 가지 항목들에 대한 평가를 종합하여 자아실현 욕구 점수를 도출하였다.

자아실현 욕구 가운데 가장 높은 평균값을 갖는 것은 노동의 개인적 욕구이다. 조사대상 노인들은 힘닿는 한 열심히 일하는 것을 통해 경제적 문제의 해결뿐만 아니라 자신의 사회적 가치와 정체성을 획득하고자 하는 개인적 욕구를 가지고 있다고 하겠다. 반면에 여가활동에 대한 개인적 욕구의 평균값은 5.95이며, 그리고 사회활동의 개인적 욕구는 그 평균값이 4.32에 그치고 있다. 종합적인 자아실현 욕구의 평균 점수는 6.0으로서, 신체적 욕구와 사회적 욕구, 물질적 욕구에 비해 낮은 수준을 나타내고 있다.

여가활동에 대한 노인들의 욕구는 다른 부문의 욕구에 비해 상대적으로 낮은 수준이지만, 인구사회학적 변인별로 뚜렷한 차이가 감지된다. 먼저 성별로는 남자노인이 6.39의 평균값을 갖는데 비해 여자노인은 5.63에 불과하고 연령별로는 초기노인과 중기노인 집단에 비해 후기노인 집단의 욕구가 상당히 낮게 나타났다. 이러한 결과 역시 연령에 따른 건강상태와 다른 역할 또는 활동 가능성의 차이를 반영하며 교육수준이 높은 집단일수록 여가활동에 대한 욕구가 크게 작용하고 있다. 여가활동에 대한 개인적 욕구는 현재의 건강과 경제적, 시간적 여유가 토대를 이루기도 하지만 생애 과정에서의 경험도 관여한다. 교육수준과 여가활동의 욕구간의 정적(+)인 관계는 이와 같은 차원에서 설명 가능하다. 또 직업별로도 직업위세가 높은 직업에 종사해 온 노인일수록 평균적으로 여가활동에 대한 욕구가 높은 것을 확인할 수 있다.

[표 8-16] 인구사회학적 변인별 자아실현욕구 분산분석

		노동		여가활동		사회활동		자아실현욕구	
		평균	F값	평균	F값	평균	F값	평균	F값
전 체		7.35		5.95		4.32		6.0	
성별	남	7.90	34.5***	6.39	35.8***	4.89	32.8***	6.51	54.1***
	여	6.95		5.63		3.91		5.63	
연령	60-64세	7.69	7.3**	6.14	15.3***	4.60	8.4***	6.22	13.6***
	65-74세	7.28		6.13		4.40		6.11	
	75세 이상	6.88		5.30		3.69		5.42	
교육수준	정규 학력무	7.01	8.8***	5.49	18.5***	4.05	2.7	5.63	17.3***
	초졸-중졸	7.19		5.84		4.29		5.86	
	고졸이상	7.84		6.48		4.58		6.51	
직업	하위직업	7.20	.9	5.39	21.4***	3.84	8.1***	5.50	17.0***
	중위직업	7.35		5.96		4.35		6.07	
	상위직업	7.47		6.40		4.69		6.35	

* p<.05, ** p<.01, *** p<.001

사회활동에 대한 개인적 욕구는 전체적으로 상당히 낮은 수준이다. 전체 평균이 4.32로서 사회활동을 그다지 중요하게 여기지 않고 있으

나 이와 같은 사회활동에 대한 욕구는 성별과 연령, 직업에 따른 집단별로 매우 큰 차이를 보여주고 있다. 먼저 여자노인에 비해 남자노인들의 사회활동에 대한 욕구가 상대적으로 높게 나타난다. 남자노인의 평균이 4.89인데 비해 여자노인의 평균은 3.91에 불과하고 노인의 사회활동의 욕구는 연령이 낮은 집단일수록 강화되는 경향이 존재한다. 75세 이상의 후기노인집단의 평균이 3.69로서 사회활동을 중요하지 않게 여기는데 비해, 64세 이하의 초기노인집단의 평균은 4.60으로서 중간정도 수준에 있다. 직업별로는 직업의 위세가 낮은 노인일수록 사회활동의 욕구가 보다 미약하게 나타나고 있다.

종합적 차원의 자아실현 욕구는 인구사회학적 변인들의 범주에 따라 통계적으로 유의미한 차이를 내포하고 있다. 다른 유형의 개인적 욕구들과 마찬가지로 남자들이 자아실현 욕구를 상대적으로 보다 강하게 가지고 있다. 연령별로는 연령이 낮을수록 자아실현 욕구가 강하며, 특히 75세 이상의 후기노인집단의 욕구는 크게 낮은 수준을 보이고 있으며 교육수준이 높은 집단일수록, 직업위세가 높은 집단일수록 자아실현 욕구 역시 증가하고 있다.

(2) 객관적 지표와 개인적 욕구간의 차이분석

노인들의 경우 직업활동의 기회가 많이 제약되어 있는 상황에서 여가활동은 단순한 휴식과 놀이의 의미를 넘어서는 중요성을 갖는다. [표 8-17]과 같이 여가활동의 욕구와 자아실현 욕구 간에는 강한 상관관계가 존재하고 있는 것으로 분석되었다. 성별과 연령, 교육수준, 직업을 통제한 부분상관계수의 값 역시 통계적으로 매우 유의미한 수준을 유지하고 있어 여가활동과 자아실현 욕구간의 상관관계가 이들 인구사회학적 변인들에 의해 영향을 받아 성립되는 것은 아님을 알 수 있다.

[표 8-17] 여가활동과 자아실현욕구간의 상관관계 분석

	자아실현욕구				
	단순상관계수	부분상관계수			
		성별통제	연령통제	교육통제	직업통제
여가활동	.19***	.18***	.18***	.16***	.16***

* p<.05, ** p<.01, *** p<.001

노인들의 여가활동의 객관적 지표와 개인적 욕구 수준 간에는 상당한차이가 확인된다. 특히 남자노인과 여자노인 사이에 객관적 지표와 욕구간의 차이가 통계적으로 매우 유의미하게 나타나고 있다. 남자노인의 경우 여가활동의 현실적 상황과 자아실현의 욕구간에 음(-)의 차원에서 괴리가 나타나고 있다. 즉 순위점수로 전환된 여가활동의 객관적 지표에 비해 개인적 욕구가 높은 수준을 보여주고 있다. 즉 현실적으로는 여가활동이 상대적으로 낮은 수준인데 비해 여기에 대한 개인적 욕구는 강하다는 점이 지적된다. 반대로 여자노인의 경우 순위점수로 살펴보았을 때 여가활동을 통한 자아실현의 욕구가 객관적 여가활동 지표와 비교해서 상대적으로 낮은 수준을 나타내고 있다.

일반적으로 남자노인들이 여가활동의 참여빈도에서 높다는 것을 고려할 때 [표 8-18]에 나타나듯이 여자노인들이 객관적 지표와 개인적 욕구간의 비교에서 양(+)의 점수를 갖는 것은 결국 여자노인들의 여가활동에 대한 욕구가 낮기 때문으로 해석된다. 연령별 분석에서는 초기노인(60-64세)집단의 경우 객관적 여가활동의 수준에 비해 높은 수준의 개인적 욕구를 가지고 있는 반면에 75세 이상의 후기노인집단은 여가활동의 객관적 지표에 비해 개인적 욕구가 낮은 수준이다. 이러한 결과는 후기노인집단의 여가활동에의 참여가 빈번하기 때문이 아니라 이들이 여가활동에 대한 욕구가 낮기 때문이다.

[표 8-18] 여가활동의 객관적 지표와 개인적 욕구간의 차이 분산분석

		여가의 객관적 지표와 욕구간의 차이	
		평균	F값
전 체		-.08	
성별	남	-.63	21.5***
	여	.45	
연령	60-64세	-.34	2.6
	65-74세	.14	
	75세 이상	.29	
교육수준	정규학력무	-.05	1.6
	초졸-중졸	.21	
	고졸이상	-.28	
직업	하위직업	-.06	.1
	중위직업	-.01	
	상위직업	.03	

* p<.05, ** p<.01, *** p<.001

3) 주관적 만족도

도시노인의 여가활동의 만족도는 [표 8-19]와 같이 노인의 교육수준과 직업위세, 객관적 지표, 개인적 욕구, 그리고 객관적 지표와 욕구간의 차이 변인들과 유의미한 상관관계를 갖는 것으로 분석되었다. 앞에서 살펴본 바와 같이 노인의 교육수준이 높아질수록 여가활동에 대한 참여도가 높으며 이는 주관적 만족도의 증대를 유발하는 것으로 나타났다. 직업별 분석에서도 직업의 위세가 낮은 단순노무직과 같은 하위직업 집단의 평균은 3.21에 불과한데 비해 고위전문직을 대상으로 하는 상위직업 집단의 평균값은 3.49에 달하고 있다. 교육수준과 다찬가지로 노인의 직업은 경제적 조건을 결정짓는 중요한 변인이며, 이는

여가활동의 차이를 가져온다.

[표 8-19] 여가활동 만족도 상관관계 분석

	여가활동 주관적 만족도
성별	-.03
연령	.00
교육수준	.11***
직업위세	.16***
여가활동 객관적 지표	.39***
여가활동 개인적 욕구	.16***
여가활동의 객관적 지표와 욕구 차이	.63***

* p<.05, ** p<.01, *** p<.001

노인의 여가활동의 만족도는 여가활동에 대한 개인적 욕구보다는 객관적 지표, 즉 평소 즐기는 여가활동의 수준과 밀접히 연관되는 것으로 나타났다. 소극적 여가활동보다는 적극적이고 사회참여형의 여가활동에 보다 빈번하게 참여하는 노인일수록 여가활동의 만족도는 증가할 가능성이 높다. 이와 같은 분석은 여가활동의 객관적 지표와 욕구 간의 차이가 여가활동의 만족도와 형성하고 있는 상관관계에서도 재차 확인된다. 여가활동에 대한 개인적 욕구 수준보다 객관적 지표가 상대적으로 높을수록 여가활동의 만족도는 향상된다.

4) 종합적 삶의 질

마지막으로 여가활동 역시 종합적인 삶의 평가와 강한 상관관계를 가지고 있다. [표 8-20]을 보면 먼저 다양한 여가활동의 참여 빈도 및 여가활동의 개인적 욕구와 종합적 삶의 만족도간의 상관계수 값은 각각 .32와 .40에 달하고 있다. 그리고 평소 여가활동에 대한 주관적 만족도의 수준이 높을수록 종합적 삶의 만족도의 수준 역시 증가할 가능성이 크다는 것을 확인할 수 있다.

[표 8-20] 종합적 삶의 만족도와 여가활동의 상관관계 분석

	연령	교육수준	직업위세	여가활동 객관적 지표	여가활동 개인적 욕구	여가활동 주관적 만족도	종합적 삶의 만족도
성별	.02	.38***	.21***	.05	.23***	-.03	.08*
연령		-.26***	-.04	-.07*	-.17***	.00	-.03
교육수준			.41***	.15***	.22***	.11***	.19***
직업위세				.20***	.20***	.16***	.22***
여가활동 객관적 지표					.19***	.39***	.32***
여가활동 개인적 욕구						.16***	.40**
여가활동 주관적 만족도							.47***
종합적 삶의 만족도							1.0

* p<.05, ** p<.01, *** p<.001

현재 노인을 대상으로 한 여가복지정책 및 서비스는 '사회복지관', '경로당', '노인교실'을 통해 주로 제공되고 있다. 노인들의 여가복지정책 및 서비스 이용 경험은 인구사회학적 변인들과 여가활동의 객관적 지표, 개인적 욕구, 주관적 만족도와 밀접하게 연관되어 있는 것으로 나타났다. 먼저 성별과의 상관계수는 -.10으로서 여성노인들의 이용경험이 높은 수준이다. 그리고 여가복지정책 및 서비스의 이용경험은 연령이 증가할수록 높아지며 교육수준과 직업위세와는 역(-)의 상관관계를 가지고 있다. 따라서 현재 한국에서 보편적으로 제공되는 여가복지정책 및 서비스의 특징은 여성과 고연령 노인집단, 저학력 노인집단,

하위직업 집단을 주된 대상으로 하고 있다는 점이다. 따라서 상대적으로 남자노인이며, 연령이 낮고 교육수준이 높으며, 직업적 지위가 높은 집단을 위한 여가복지정책 및 서비스의 개발과 보급이 시급하다. 여가복지정책 및 서비스의 이용 경험은 여가활동의 객관적 참여빈도와 여가의 객관적 지표와 개인적 욕구간의 차이, 그리고 여가활동의 만족도와 강한 정(+)의 상관관계를 갖고 있다.

[표 8-21] 노인의 삶의 질 관련 변인들과 여가복지정책 및 서비스간의 상관관계 분석

	여가복지정책 및 서비스 이용	여가복지정책 및 서비스 필요도
성별	-.10**	.06
연령	.20***	-.05
교육수준	-.19***	.05
직업위세	-.07*	.04
여가활동 객관적 지표	.40***	.20***
여가활동 개인적 욕구	-.06	.10***
여가활동 객관적 지표와 욕구 간 차이	.36***	.07*
여가활동 주관적 만족도	.15***	.08*
종합적 삶의 만족도	.00	.09**

* p〈.05, ** p〈.01, *** p〈.001

여가복지정책 및 서비스의 필요도는 노인의 인구사회학적 변인과는 유의미한 상관관계를 가지고 있지 않다. 반면에 여가활동의 객관적 지표와 여가활동에 대한 개인적 욕구, 여가활동의 객관적 지표와 개인적 욕구간의 차이, 여가활동의 주관적 만족도, 그리고 종합적 삶의 만족도와 정(+)의 상관관계를 가지고 있다. 즉 평소 여가활동을 많이 하고 있으며, 여가활동에 관한 개인적 욕구를 강하게 가지고 있으며, 여가활동의 주관적 만족도가 높은 노인들일수록 여가복지정책 및 서비스의

필요도를 강하게 지적한다. 이와 같은 현상은 현재 노인들이 주로 하고 있는 여가복지정책 및 서비스가 전반적으로 충분하지 않으며, 결국 노인의 자아실현 욕구를 충족시키지 못하고 있다는 점을 반영한다고 하겠다.

3. 여가활동의 삶의 질을 위한 정책 및 서비스

오늘날에 와서 여가활동은 인간생활의 중요한 삶의 영역이 되었다. 특히 긴 노후생활을 맞게 된 노인에게 여가활동은 매우 중요한 의미를 지니고 있다. 여가활동을 어떻게 보내느냐에 따라 한 인간의 노년기가 활기 있을 수도 있고, 활력을 잃을 수도 있다. 앞서의 경험적 분석에 나타난 것을 보면, 조사대상 노인들이 여가시간을 가장 많이 보내는 곳은 경로당으로 52.4%였으며 이에 비해 노인복지회관이나 노인교실 등은 상대적으로 이용 빈도가 낮았다. 기대수명이 80세를 바라보고 있고, 더구나 건강한 노인이 증가하고 있는 오늘날 노인을 위한 여가활동에 대한 정책과 서비스는 매우 필요하고도 중요하다고 할 수 있다. 노인들이 가정에서 TV시청이나 손자녀 돌보기 등으로 주된 여가시간을 보낸다면 이는 노인 자신에게 크게 도움이 되지 않을 것이므로 노인들이 노년기를 활기있게 보낼 수 있고, 건강한 노인들이 사회적 공익활동을 할 수 있도록 이를 연계하는 것이 긴요하다고 본다. 이는 본 경험적 분석에서 나타난 바와 같이, 여가활동에 대한 객관적 지표가 높은 노인과 여가활동에 대한 개인적 욕구가 많은 노인일수록 여가복지정책과 서비스에 대한 욕구가 높은 것으로 나타난 것을 보면 알 수 있다.

따라서 노인의 여가활동을 더 활성화하기 위하여 노인복지법에서 규정하는 노인여가복지시설인 노인복지회관, 경로당, 노인교실, 노인휴양소와 노인여가를 의미있게 보낼 수 있는 노인자원봉사에 대해 그 현황을 살펴보고 이를 바탕으로 앞으로의 개선방안을 제시하도록 하겠다.

1) 현황과 문제점

우리나라에서 노인의 여가정책이 법률적으로 분명하게 규정되어 있지는 않다. 그러나 국가가 정책적으로 추진하려는 업무(대한민국, 2009) 항목에는 노인여가가 노인여가활동을 위한 인프라 마련, 다양한 노인프로그램 개발 및 보급, 고령층 정보화 교육 지원, 노인 여가문화 전문 인력 양성활용 등이 포함되어 있다. 그러나 이것은 정책이라기보다 추진방향을 설정하였다는 점에서 선언적인 의미가 강하고, 아직까지 이러한 사업이 구체화되어 본격적으로 추진되기에는 미흡한 실정이다.

현재까지 노인여가는 노인복지법에 노인여가복지시설에 대한 규정을 두고 있어서 이것을 노인여가복지정책의 일환으로 보는 것이 타당하다고 할 수 있고 따라서 여기서는 노인여가서비스를 노인복지 시설을 중심으로 살펴보고자 한다.

노인여가복지시설은 노인복지회관, 경로당, 노인교실, 노인휴양소 등으로 나누어 볼 수 있다. 노인복지회관은 무료 혹은 저렴한 요금으로 노인에 대하여 각종 상담에 응하고, 건강증진 · 교양 · 오락 · 기타 노인의 복지증진에 필요한 편의를 제공하고자 하는 시설이며 이곳을 이용할 수 있는 노인은 60세 이상이면 가능하다.

경로당은 우리나라의 노인여가복지시설 가운데 노인들이 가장 많이 이용하고 있는 지역단위의 여가시설이다. 경로당은 지역 노인들이 자율적으로 친목을 도모하고, 취미활동을 하며, 공동작업장을 운영하고, 각종 정보교환과 여가활동을 할 수 있는 장소로서 65세 이상의 노인들이 이용하는 시설이다.

노인교실은 사회활동의 욕구가 있는 노인들을 대상으로 그 사회참여 욕구를 충족시키기 위하여 취미, 건강유지, 소득보장 그리고 일상생활과 관련한 학습프로그램을 주로 제공하는 시설이다. 그러나 노인교실 운영은 주로 민간단체에서 비정기적으로 운영하고 있어 그 실태 파악이 좀 어려운 면이 있다.

노인휴양소는 노인들에 대하여 심신의 휴양과 관련한 위생시설·여가시설·기타 편의시설을 단기간 제공하는 것을 기능으로 한다.

(1) 노인복지회관

과거 노인복지의 정책 및 서비스는 저소득층 노인과 건강하지 못한 노인을 주된 대상으로 하고 있었다. 그러나 그 동안의 사회경제적인 변화와 이에 대응하는 복지이념의 변모 속에서 다양한 노인들의 욕구를 충족해야 할 필요성을 갖게 되었으며 이에 따라 설립된 노인여가복지시설이 노인복지회관이라 할 수 있다.

우리나라에서 노인복지회관은 무료 또는 저렴한 요금으로 노인에 대해서 각종 상담에 응하고, 건강의 증진·교육·오락·기타 노인의 복지 향상에 필요한 편의를 제공함을 목적으로 하며, 지역사회의 다양한 노인복지 욕구에 대응하는 종합서비스를 제공하는 역할을 하고 있다.

노인복지회관은 노인복지법상의 명칭이고, 실제로는 노인종합복지관, 노인종합복지회관, 노인복지관 등과 혼용되고 있다. 그러나 대부분은 노인복지관이라고 부르고 있으며, 2007년 말 현재 211개소가 운영되고 있다(보건복지가족부, 2008). 노인복지관은 주로 지방자치단체의 재정

지원으로 건립하여 운영능력이 있는 사회복지법인 또는 비영리법인에게 위탁 운영하는 형태를 취하고 있다. 2005년부터는 중앙정부의 분권교부세로 노인복지관 신축비용을 지원하기도 하는데, 노인복지관은 노인의 교양·취미생활 및 사회참여활동 등에 대한 각종 정보를 제공하고, 건강증진 및 질병예방과 소득보장·재가복지 등의 노인복지 서비스 활동을 하고 있으며 이를 위해 다양한 프로그램을 운영하고 있다. 프로그램은 사업의 형태로 이루어지며, 사업은 기본사업과 선택사업으로 구성되어 있다. 기본사업은 평생교육·취미여가사업으로 사회교육사업, 고용지원으로 노인일자리사업, 기능회복사업, 정서지원사업, 사회참여로 노인자원봉사활성화사업, 경로당운영 혁신사업, 노인복지관 운영의 사업 관리 등이다. 선택사업은 지역 또는 노인복지회관의 특성을 반영해 개발·추진 가능한 사업으로 식사배달, 방문보건사업, 목욕서비스사업, 독거노인 생활관리사 파견사업, 노인주거개선사업, 교통안전봉사대 사업 등을 말한다(보건복지가족부, 2008).

노인복지관은 사회복지사업법에 의하여 매 3년마다 1회 이상 시설평가를 받아 서비스 질의 제고를 꾀하고 있고, 직원연수, 사례훈련 등을 통해 전문성 제고를 위해 노력하고 있다. 그럼에도 불구하고 노인복지관과 타 사회복지 기관간의 중복 서비스 제공의 문제, 종사 인력의 전문성 부족, 평가를 대비한 실적 위주의 프로그램 운영 등의 문제(박재간·원영희, 1997)가 있고, 시설의 부족, 이용 노인의 편중 현상 등 개선해야 할 문제점이 제기되고 있다.

(2) 경로당

경로당은 그동안 노인들의 사랑방 역할을 해 왔는데, 최근에는 단순한 사랑방의 역할을 넘어 지역 노인들이 자율적으로 친목 도모·

취미활동 · 공동작업장 운영 및 각종 정보 교환과 기타 여가활동을 할 수 있도록 하는 장소를 제공함을 목적으로 설치된 노인여가복지시설의 하나로 되어 있다. 경로당은 오늘날 지역사회단위로 노인들의 정보교환, 경제활동, 취미활동 등을 통하여 노인의 삶의 질을 높일 수 있는 매우 유익한 시설이라 하겠다.

경로당은 2007년 12월 현재 전국에 56,480개소이며(보건복지가족부, 2008) 시도별로 노인 경로당 1개소에 해당하는 노인 수를 보면, 서울은 노인 286명당 경로당 1개소에 해당되어 1개소 당 가장 많은 노인이 이용하고 있었으며, 전북이 46명당 1개소, 전남이 42명당 1개소로 이용노인에 대비해 경로당이 많은 시도로 되어 있다. 전반적으로 울산을 제외한 모든 광역시 이상의 지역에서 1개소당 100명 이상의 노인들이 경로당을 이용하고 있는 것으로 나타나고 있다.

그 동안 경로당은 노인의 안식처로서의 사랑방 역할을 해 왔다는 긍정적인 측면이 있으나 '쉬는 곳' 또는 '시간을 때우는 곳'으로 인식되어 활기찬 노후생활을 위한 여가활동 공간으로의 기능은 부족한 측면이 많다고 비판받아 왔다. 때문에 경로당을 재구성하여 노인들의 생산적 190공간으로 변화하려는 노력이 있어 왔는데, 그것이 바로 경로당운영혁신사업이다. 이는 경로당을 지역의 노인복지 · 정보센터로 기능을 혁신하고, 노인의 건강관리 · 운동 · 교육 · 여가 · 자원봉사 등 다양한 프로그램을 제공하여 노인이 가장 쉽게 접근할 수 있는 공간으로 만들고자 하는 것이다. 이를 위해 프로그램 조정 · 지원을 담당하는 경로당 순회 프로그램 관리자를 배치하고, 경로당을 독거노인 생활교육 실시장소로 활용하여 지역사회 독거노인 보호기능을 겸하고자 하는 내용이 포함되어 있다.

즉, 경로당이 지역 노인복지증진을 위한 공공의 역할을 강화하도록 하기 위하여 경로당에서 독거노인을 위한 건강·영양관리 및 간단한 신체기능 프로그램 등을 하기도 한다. 특히 농어촌의 경우 겨울에 난방비 절감과 상호간 안전확인 그리고 정서적 외로움 해소 차원에서 노인공동생활의 공간으로 확대 활용하고 있다. 또한 경로당 운영 지원체계를 구축하여 지역사회내의 인적·물적 자원을 효과적으로 동원하며 지역 간으로 확대와 연계를 강화하는 사업을 진행하고 있다.

한편 지역사회 노인복지회관이나 종합사회복지관 등에서 인근 경로당을 순회해 프로그램을 제공할 수 있는 경로당 활성화 프로그램 지원을 펼쳐왔다. 이에는 프로그램으로 자원봉사활동, 공동작업장 운영, 노후생활교육, 레크리에이션 활동, 건강운동활성화, 노인복지회관 연계 프로그램 운영 등이 포함된다(보건복지가족부, 2008).

지금까지 경로당은 수적 증가를 계속해와 노인들이 이용하는 여가복지시설로서 가장 많은 비중을 차지하고 있지만, 경로당 참여 노인은 교육 수준과 소득 수준이 비이용 노인에 비해 상대적으로 낮은 것(김희년·정미숙, 2004)이라든지 일부 노인들이 경로당 이용을 독점하고 있는 문제도 지적되고 있다. 또 많은 프로그램을 적용하고자 노력하고 있지만, 경로당이 폐쇄성을 벗어나지 못해 여전히 단순한 쉼터의 역할만 하는 경로당이 대부분을 차지하고 있다. 난방비의 경우 지방자치단체에서 주로 지원을 하지만 부족한 난방비로 겨울철 어려움을 겪고 있는 경로당이 많이 있는 형편이며 경로당 순회 프로그램의 경우, 프로그램이 실시되는 횟수가 부족하여 노인들에게 충분한 여가제공 기능이 미흡하다. 또한 경로당과 관련하여 시설 협소 및 노후화, 설비 및 비품의 부족, 프로그램 부족, 운영비 및 행정적 지원 미비, 지역사회와의 미약한 유대 관계, 그리고 운영 임원진의 리더십 부족 등의 문제(오영희·이윤경, 2003, ; 임춘식 외, 2005)가 현안 과제로 되고 있어 경로당은 노인을 위한 매우 유용한 시설이면서도 동시에 또 많은 문제점을 안고 있다고 할 수 있다.

앞으로 노인의 삶의 질 향상을 위해서는 변화하는 시대 상황에 따른 경로당의 새로운 역할과 기능이 이루어져 경로당이 노인복지를 증진하고 나아가 노인의 사회 참여 기회를 확대시켜 나가는 교차로와 같은 역할을 하게 되는 발전적 변모가 요구된다(남궁완 · 엄정식, 2006).

(3) 노인교실

노인교실도 노인복지법에 규정되어 있는 노인여가복지시설의 하나인데, 그 실제 명칭에 있어서는 노인대학, 노인교실, 노인학교 등으로 다양하게 불리고 있다. 2007년 말 현재 1,082개소가 있는 것으로 집계되고 있는 노인교실은 경로당 다음으로 노인들이 많이 이용하는 여가복지시설이다. 여기에서는 노인들의 사회활동 참여 욕구를 충족시키기 위한 건전한 취미활동과 노후 건강 유지와 소득보장 그리고 기타 일상생활과 관련한 학습 프로그램의 제공을 목적으로 하고 있다.

노인교실에서는 운영기관에 따라 서비스 수준이 격차가 크며, 운영주체 간 교육 목표 및 방법이 상당한 차이를 보인다. 그러나 대부분의 노인교실이 종교기관의 부설로 운영되고 있고, 경로당이나 사회단체에서 일부 운영하고 있는 것으로 되어 있지만, 운영주체가 제대로 파악되고 있지 못하다. 또 많은 노인교실이 중앙정부나 지방자치단체의 보조에 의해 운영되기보다는 운영 주체 즉, 대부분 종교단체에서 주로 운영하고 있어서 노인교실이 정규적인 커리큘럼에 의해 운영된다기보다 임의적으로 되는 경우가 많고, 일시적인 프로그램으로 운영되는 사례가 많은 형편이다.

노인교실에서 운영되는 프로그램은 노인들이 원하는 강좌를 중심으로 춤과 노래 등 놀이, 취미, 오락 위주로 여가활동 프로그램이 이루어지는 경우가 많다. 교양 교육프로그램을 하는 경우는 상대적으로 적은 편이어서 교육 및 학습의 효과를 기대하기는 용이하지 않다. 노인교실과 관련한 문제점으로 노인교실의 교육 목표의 미설정, 교육 프로그램의 미흡, 운영자들의 비전문성, 전문 강사진의 부족, 시설 낙후 및 영세성, 열악한 재정, 교육시설, 교재 및 교육 방법의 미비 등이 지적되고 있다(임춘식 외, 1999)

(4) 노인휴양소

노인여가복지시설의 하나인 노인휴양소는 노인의 삶의 질 향상을 위한 시설이다. 노인휴양소는 노인을 대상으로 심신의 휴양과 관련한 위생시설·여가시설, 기타 편의시설을 단기간 제공하게 되어 있는데 2008년 12월 말 현재 전국에 걸쳐 4개소가 설치·운영되고 있다(보건복지가족부, 2008). 노인휴양소는 노인의 휴식과 여가활동을 만족시킬 수 있다는 점에서 앞으로 새로운 노인여가복지시설로서의 발전 가능성이 있을 것으로 예상되지만, 아직까지 노인휴양소 운영 및 사업에 대한 평가가 제대로 이루어 지지 않았고 앞으로 이의 확대 전망도 명확하지 않은 형편이다.

또한, 노인휴양소는 설치 이후 수익성이 없다는 이유로 콘도 등 일반 휴양시설로 사용되어진 경우가 있는데, 앞으로 이에 대한 대책 마련이 요구된다.

(5) 노인자원봉사

노인이 여가생활을 보내는 가장 유용한 방법은 노인자원봉사일 것이다. 노인자원봉사활동의 목적은 노인의 경륜을 사회에 재투자할 수 있는 봉사활동을 활성화하여 노인의 적극적인 사회참여 및 노인의 인적 자원을 극대화하고자 하는데 있다. 이를 위해 노인에게 적합한 새르운 자원봉사활동을 개발하여 노인의 지식, 경험, 기술을 지역 내 사회븍지 자원으로 유도하여 확대한다.

노인자원봉사는 노인복지법 제23조에서 노인사회참여 지원을 명시하고 있는데, 그 내용은 '국가 또는 지방자치단체는 노인의 사회참여 확대를 위하여 노인의 지역봉사 기회를 넓히고 노인에게 적합한 직종의 개발과 그 보급을 위한 시책을 강구하며 근로 능력있는 노인에게 일할 기회를 우선적으로 제공하도록 노력하여야 한다'고 규정하고 있다. 다음 항목에서는 '국가 또는 지방자치단체는 노인의 지역봉사활동 및 사업의 활성화를 기하기 위하여 노인지역봉사기관, 노인취업알선기관 등 노인복지관계기관에 대하여 필요한 지원을 할 수 있다'고 하였다. 이 법적인 규정에 의하여 노인자원봉사활동이 이루어지는데, 보건복지부에서는 노인자원봉사활성화를 위하여 전문노인자원봉사 프로그램지원, 전문 노인자원봉사 매뉴얼 제작 보급, 전국자원봉사 대축제 개최, 노인자원봉사 수기 공모전, 노인자원봉사 전문인력 양성 등을 수행하고 있다.

노인자원봉사 프로그램 지원은 노인의 지식, 경험, 기술을 바탕으로 사회참여를 확대하기 위하여 노인들의 전문성을 활용할 수 있도록 지원하는 것이다. 이 사업에 참여할 수 있는 노인들은 전문성이 있어야 하고, 프로그램 운영능력이 있어야 하며, 자원봉사를 지속적으로 할 수 있는 노인단체여야 한다.

전문 노인자원봉사 매뉴얼 제작 보급은 이 사업을 통해 개발된 전문 노인자원봉사 프로그램의 보급 및 확산을 하여 노인자원봉사활동의 제고하고 전문 노인자원봉사 매뉴얼을 통한 전문 노인자원봉사 프로그램을 개발하고자 하는데 그 취지가 있다. 이는 노인들의 전문성을 최대한 발휘하도록 공모사업 형태로 진행되는데, 공모사업에 채택된 사업은 매뉴얼을 제작하여 지방자치단체, 노인자원봉사 관련 기관에 배포하게 한다.

전국자원봉사자 대축제는 사회발전에 봉사하는 적극적이고 활동적인 노인의 이미지를 제고하고 한편으로 자원봉사하는 노인들의 자긍심을 고취시켜 노인자원봉사활성화를 이룩할 목적으로 하여 시행되어지고 있다. 이 행사는 매년 5월 말에 개최되는데, 자원봉사활동을 하는 많은 노인들이 참여하여 사례발표, 자원봉사 리더십 교육, 노인자원봉사 프로그램 박람회, 노인자원봉사 캠페인 전개 및 프로그램 시연 등으로 이루어지고 있다.

노인자원봉사 사진 및 수기 공모전은 노인자원봉사 활동에 대한 사회적 관심을 높이고 노인의 자원봉사 활동 참여를 독려하기 위해 이루어지고 있는데, 매년 4월 한 달 동안 개최되어지고 있다.

이렇게 노인자원봉사에 대한 사업은 여러 가지로 전개되고 있지만, 다른 연령층의 자원봉사 참여와 마찬가지로 노인 자원봉사 참여의 정도 역시 극히 저조한 것으로 나타나고 있다. 실제로 노인들의 자원봉사 참여율은 전체 노인의 12.1%에 불과하고, 현재 자원봉사를 하고 있는 노인도 향후 계속 참여할 의향이 있다는 노인은 11.3%에 불과하였다(보건복지가족부, 2009). 점차 노인자원봉사에 대한 인식이 개선되고 있고, 국가에서 정책적으로 자원봉사 참여를 고취시키고 있지만, 아직도 여전히 미흡한 수준에 머물러 있는 것이 현실이다.

2) 개선 방안

우리나라는 이미 2000년에 고령화 사회에 이르렀으며 노인이 인구의

14% 이상인 고령사회 진입을 눈앞에 두고 있다. 즉, 전체 인구에서 차지하는 노인인구가 빠른 속도로 계속 늘어나고 있고, 예전과 다르게 활동성있고 시간과 여유가 있는 노인들이 증가하고 있다. 따라서 이제 노인여가복지정책도 단순히 노인들을 보호하고 수동적으로 시간을 보내게 하는 기조로 수립되어져서는 안될 것이다. 앞으로 노인들이 보다 생산적이고 창조적인 활동을 할 수 있도록 유도하여 노인의 삶의 질을 한 단계 향상시킬 수 있는 방향으로 노인여가복지정책이 마련되어져야 할 것이다.

노인의 여가 문제는 개인적 차원에서는 늘어난 여가 시간을 여가활동을 통해 유용하게 보냄으로써 개인의 삶의 질 향상을 도모함과 관련되며, 사회적 차원에서는 노인들의 노년기 여가활동이 가능하도록 하는 제반 여건 및 환경을 마련하는 것과 연관되어 진다. 이는 노인의 여가활동이 단순히 개인적 차원에서 머물러야 하는 것이 아니라 전체 사회적인 차원에서 이루어져야 하며, 노년기의 일시적인 대응이 아니라 전 생애의 차원에서 이루어져야 함을 의미하는 것이기도 한다. 따라서 젊었을 때부터 여가활동에 대한 올바른 인식을 갖도록 하고, 여가활동을 능동적으로 보낼 수 있는 가치 전제가 이루어져야만 노년기 여가를 효과적으로 활용할 수 있는 것이기 때문에 이를 바탕으로 다음과 같은 몇 가지 제언을 하고자 한다.

첫째, 지역사회 차원에서 노인을 위한 다양한 여가 프로그램의 개발이 필요하다. 지역사회에는 사회복지관, 초·중·고등학교, 종교시설, 관공서, 보건시설 등 매우 다양한 시설들이 있다. 우리나라에서 노인복지관을 포함한 사회복지관은 주로 도시지역에 편중되어 있어서 특히 농어촌노인들이 이용하기에는 매우 많은 한계를 지니고 있다 따라서 지역사회차원에서 노인 여가프로그램을 개발할 수 있게 초·중·고등학교, 관공서, 종교시설, 보건소 등의 장소를 노인여가프로그램장소로 활용하도록 개방하게 해야 할 것이다. 또한 이러한 여가활동프로그램을 운영하는 주체는 공모형식으로 사업계획서를 받아서 민간이 이를 운영하도록 하고 지방자치단체가 지원과 감독업무를 하는 역할을 하여 노인들이 여가활동을 활발하게 하는데 도움이 되도록 뒷받침 하여야 할 것이다.

둘째, 노인의 특성에 맞는 여가프로그램 개발이 필요하다. 노년기가 확장되면서 노인층에는 젊은 노인과 연로한 노인간 차이, 소득의 차이, 성별의 차이, 지역의 차이, 교육수준의 차이 등 많은 차이가 있는 다양한 노인들이 동시에 존재한다. 이런 노인들을 대상으로 획일적인 여가프로그램을 적용하면 흥미를 감소시키게 되고 그렇게 되면 프로그램의 참여율도 저조하게 된다. 이러한 문제를 해결하기 위하여 노인의 연령, 성별, 교육 수준, 경제 수준, 건강 상태, 취미 등의 인구사회학적 특성을 고려한 다양한 여가프로그램의 개발이 요구된다. 다각적으로 노인들의 흥미를 유발할 수 있도록 교양적 요소를 가미한 프로그램을 개발해서 문화, 학습, 여행, 자원봉사활동 등 여러 영역에서 노인들의 여가활동을 유도할 수 있는 보다 구체적이고 다채로운 프로그램 내용 발굴이 필요하다.

셋째, 노인뿐 아니라 여러 세대가 함께 어울어질 수 있는 노인여가프로그램을 개발하여 세대통합 및 가족간 의사소통에도 여가활동을 활용할 수 있게 하는 것이 필요하다. 노인을 포함한 가족구성원이 함께 할 수 있는 다양하고 테마 있는 문화 프로그램, 노인 세대의 사회문화를 제조명하여 노인과 젊은 세대가 공감할 수 있는 프로그램, 그리고 대중매체 및 정보매체를 활용하여 효과가 확산될 수 있는 여가 프로그램 등의 개발이 고려될 수 있다(오영희, 2006).

넷째, 노인여가활동 활성화를 위해 보다 적극적인 재정 지원이 필요하다. 예컨대, 노인복지회관의 경우 도시 지역을 벗어나면 이러한 시설이 태부족하여 극히 일부 노인들만이 경로당에서 주로 시간을 보내는 일로 소일하는 경우가 고작이다. 따라서 노인복지회관의 증설을 통하여 지역적인 격차없이 노인복지회관이 노인복지서비스를 제공하는 보편적인 노인여가복지시설로서 이용되도록 그 위상을 확대해야 할 것이다. 따라서 노인복지회관은 지역사회 내 노인들의 여가활동 욕구를 심층적으로 파악해서 이에 기초한 질 높고 다양한 여가활동 관련 전문프로그램 및 서비스를 제공하도록 해야 할 것이다(남궁완·엄정식, 2006).

다섯째, 경로당 운영혁신사업을 꾸준히 진행하여 경로당이 노인들의 시간만 보내는 장소에서 탈피해야 할 것이다. 즉 이용 노인의 특성 및 욕구, 경로당의 여건, 지역적 특성 등을 반영하여 적절한 여가활동 프로그램을 개발·수행 할 수 있도록 함으로써 지역사회 노인복지서비스가 종합적으로 작동하는 기초시설로 그 역할을 정립해야 할 것이다. 또한 여가활동을 위한 비품 및 장비 보강, 그리고 여가 프로그램 운영 등에 소요될 수 있는 경로당 운영비 지원이 제대로 이루어져야 한다.

여섯째, 노인교실은 앞으로 대대적인 실태조사와 이에 따른 정비가 이루어져야 할 것이다. 각종 종교단체, 사회단체 등에서 운영하고 있는 노인교실을 종합적으로 실태 파악을 한 후 노인여가 프로그램을 제대로 수행할 수 있는 노인교실에 대해서는 읍면동사무소에서 예산지원 등 부가적인 지원을 하고, 어느 정도 이에 따른 관리·감독을 하는 방향으로 개선이 이루어져야 할 것이다. 노인교실은 노인복지회관이 담당하지 못하는 특정화된 역할을 할 수 있고, 적은 예산으로 소규모로도 운영되어질 수 있기 때문에 프로그램운영을 제대로만 하면 노인여가활동을 위한 매우 적절한 노인여가복지시설로서의 역할을 할 수 있을 것으로 기대된다.

일곱째, 노인여가활동은 건강, 봉사, 복지, 교육 등 여러 가지 기능이 가능한 복합적 역할이 이루어질 수 있도록 설계되어야 한다는 점이다. 즉 노인복지회관, 경로당, 노인교실 등의 장소에서 노인들이 배우고, 치료받고, 봉사하는 다양한 여가활동이 가능하도록 설계되고, 또 노인들이 그러한 활동에 적극 나설 수 있도록 유도하는 방향으로 노인여가활동을 펼칠 수 있도록 설계되어 이에 대한 뒷받침이 되어야 한다는 것이다.

여덟째, 노인여가 전문가의 양성이 필요하다. 노인여가 활동지도는 전문 지식이 없이도 누구나 할 수 있는 것이 아니라 노인의 특성을 제대로 파악하고 노인의 욕구를 해결해 나가는 노인여가전문가가 담당하는 것이 필요하다. 현재 노인복지시설 현장에는 노인여가 전문 인력이 매우 부족한 형편에 있어 노인여가 프로그램을 개발·진행할 수 있는 전문 인력의 양성이 시급히 요구된다.

아홉째, 올바른 노인여가활동을 위한 홍보 및 교육이 요청된다. 이는 전 생애에 걸친 노인여가활동이라는 여가활동의 새로운 패러다임도입이 뒷받침되어야 하는 것이다. 즉 여가활동이라는 것이 단순히 '논다', '시간을 보낸다'라는 차원이 아닌 매우 생산적이고 삶에 필요한 과정이라는 것을 젊었을 때부터 인식하도록 발상을 전환하게 하여 올바른 여가활동문화가 형성되도록 해야 하겠다.

열째, 노인여가활동으로서 노인자원봉사 활성화를 위해서는 노인에게 자원봉사를 적극 홍보하고, 노인들이 쉽게 할 수 있는 노인친화적인 자원봉사 프로그램을 개발해야만 한다. 여기에서 교통비나 식대 등 어느 정도의 지원을 통해 노인들에게 심리적 보상 뿐만 아니라 물질적 보상도 이루어지도록 하는 것이 필요하다 하겠다.

제 9 장

결 론

본 서는 압축적 산업화, 급격한 도시화에 의한 사회변동을 가져온 한국사회가 이제 고령사회로 진입해 가고 있는데 과연 도시노인의 삶의 질은 어떻게 변화되고 있는가 그리고 앞으로 그 향상 방안은 어떻게 모색될 수 있을 것인가를 밝히려는 목적으로 이루어졌다. 여기서는 도시노인의 삶의 생활세계를 객관적 차원뿐만 아니라 삶에 대한 개인적 욕구 그리고 이러한 자극과 제약 속에서 주관적으로 인식되고 구성된 삶의 만족도간의 관계를 종합적 삶의 질로 파악하려는 분석틀로 그 적용을 시도하였다.

이와 같은 접근 방법으로 한국사회에서의 도시노인의 삶의 질을 구성하는 주요 영역을 여섯 가지로 분류하여 건강생활, 경제생활, 주거생활, 가족관계, 사회관계 및 취업활동, 여가활동의 삶의 질을 먼저 연구성과 논의를 바탕으로 하여 각 영역별 객관적 지표, 개인적 욕구, 주관적 만족도, 그리고 종합적 삶의 질에 대한 심층적인 경험적 분석을 진행하였다.

또한 연구성과 논의 및 경험적 분석과 연관성을 지니고 있는 각 영역별 삶의 질 향상을 위한 정책 및 서비스의 현황 및 문제점을 파악하여 그 개선 방안을 도출하였는데 이러한 연구결과에 의한 정책제언이 21세기 고령사회에 진입하려는 한국사회의 현 단계에 도시노인의 삶의 질 향상을 도모할 비전으로 일조하기를 기대한다.

1. 요 약

1) 도시노인의 건강생활과 삶의 질

노인의 건강수준을 종합적으로 파악하기 위해 노화(aging)의 과정이 노인의 신체적, 인지적, 심리적 상태에 미치는 영향을 살펴보았다. 연구성과 논의에 따르면, 과거에 비해 노인의 평균수명은 늘어난 반면, 노인의 유병률 역시 증가했다. 오늘날 노인성 질환의 구조가 감염성 질환보다 퇴행적 만성질환의 증가로 이어져 건강수명과는 10여년 가량 차이를 보이고 있어서 노인들은 생애주기의 마지막 시기를 질병에 시달리고 있는 것으로 조사되고 있다.

이러한 질병은 뇌 기능의 저하를 가져와 노인성 치매를 유발하고 있어 매년 치매 유병률이 급격히 증가하고 있는 추세이다. 또한 노년의 신체적·인지적 측면에서의 기능적 변화는 노인의 심리적 상태에도 부정적 영향을 미쳐 노인 우울증과 자살율의 증가를 초래하고 있어 심각한 사회문제로 대두되고 있는 실정이다.

다음으로 노인의 건강생활과 삶의 질에 대해 객관적 지표, 개인적 욕구, 주관적 만족도, 종합적 삶의 질이라는 4가지 차원에서 노인들을 대상으로 경험적 분석을 시도하였다. 먼저, 노인의 건강을 객관적으로 파악하기 위해 만성적 질환의 경험여부와 질환의 종류, 그리고 일상생활수행능력을 파악하였다. 전체 응답자의 절반에 가까운 노인들이 장기적 치료를 요하는 만성질환을 앓고 있었으며, 2개 이상의 질환을 가지고 있는 복합적 질환에 시달리고 있었다. 또 식사, 목욕, 옷 갈아입기, 계단 오르내리기, 화장실 이용하기, 대중교통수단 이용하기, 물건사기 등 7가지 범주에 대한 일상생활능력을 측정한 결과, 대부분의 응답자들은 스스로의 힘으로 가능했으나, 일부 응답자의 경우, 주위의 도움을 필요로 했으며 그 중에서 대중교통수단 이용하기를 가장 어려워하고 있었다.

이는 성별, 연령, 교육수준, 직업 등 인구사회학적 변인에 따라 유의미한 차이를 보이고 있었는데, 남성보다 여성이, 연령대가 높을수록, 교육수준과 직업수준이 낮을수록 만성질환을 더 많이 보유하고 일상생활수행능력이 낮아 전반적인 건강상태는 좋지 못한 것으로 파악되었다. 이러한 결과는 기존 연구성과 논의와 동일한 결론을 제시하고 있다.

다음으로 노인의 건강에 대한 욕구를 조사한 결과, 대부분의 노인들은 '질병없이 건강하게 사는 것'과 '신체적으로 의존하지 않고 스스로 일상생활을 유지할 수 있는 것'을 매우 중요하게 생각한 반면, '각종 범죄 및 사고로부터의 안전'에 대해서는 크게 중요성을 부여하지 않고 있었다. 또 객관적 지표와 개인적 욕구간의 상관관계는 노인이 보유한 만성질환의 종류가 많을수록, 즉 건강상태가 나쁠수록 건강관련 욕구는 낮아지는 반면, 일상생활수행능력이 높을수록 건강관련 욕구, 특히 신체적 욕구는 매우 강하게 나타나고 있었다.

노인의 건강생활에 대한 주관적 만족도의 경우, 연령대를 제외하고 성별, 교육수준, 직업위세와 유의미한 상관관계를 보였는데 여성노인에 비해 남성노인이, 교육수준과 직업위세가 높을수록 주관적 만족도는 높게 나타나 객관적 지표와 매우 유사한 결과를 보이고 있었다. 또 만성질환이 적고 일상생활수행능력이 높을수록, 건강에 대한 욕구가 강할수록 자신의 건강에 대체적으로 만족하고 있었다.

마지막으로 종합적 삶의 질은 앞서 살펴본 객관적 지표가 높고, 개인적 욕구가 강할수록, 그리고 주관적 만족도가 높아질수록 더욱 좋아지는 것으로 파악되었다. 개인의 건강수준과 삶의 만족도가 그 사회의 의료보장 관련 정책 및 서비스의 영향을 어느 정도 받고 있는지 파악하기 위해 의료보장정책 및 서비스의 인지도, 이용률, 필요도를 살펴보았다. 노인들의 의료보장정책 및 서비스에 대한 인지도의 경우, 인구사회학적 변인들에 따라 유의미한 차이를 보이고 있었으나 전반적으로 낮은 수준이었으며, 이는 이용경험의 경우 더욱 낮게 나타났다. 한편 객관적 건강수준이 상대적으로 좋지 않고, 개인적 욕구와 주관적 만족도가 낮을수록 이용경험은 증가하는 반면, 객관적 건강수준이 상대적으로 좋고 건강에 대한 욕구가 강할수록 그 필요성을 더욱 느끼고 있었다.

2) 도시노인의 경제생활과 삶의 질

먼저 기존 연구성과 논의에 따르면, 노인의 자산 및 소득 실태는 매우 열악한 것으로 파악되었으며, 노인가구의 상대적 빈곤율은 지속적으로 확대되어 30% 수준으로 매우 높게 나타났다. 노인가구 중에서는 부부노인에 비해 단독노인이, 남성노인보다 여성노인이, 저연령층보다 고연령층이, 저학력자보다 고학력자가, 농어촌 지역보다 도시지역 노인가구의 소득수준이 더 낮게 나타났다. 노인의 경우 직장에서의 퇴직 및 경제활동의 중단으로 인해 근로소득 및 사업소득의 비중이 줄어드는 반면, 기존의 재산소득과 자녀로부터의 지원에 의존적이었으며, 가장 큰 비중을 차지한 소득원은 자녀로부터의 지원이었다. 반면 공적연금의 경우 전체 수급자의 수는 과거에 비해 다소 증가되었으나 노인전체 인구 대비 실질적인 수급률은 여전히 30%를 넘어서지 못해 매우 낮은 실정이었다. 또 노인가구의 지출은 비노인가구에 비해 식료품비와 주거비, 수도 광열비, 보건의료비의 비중이 매우 높게 나타난 반면, 교육비, 교양오락비 등의 비중은 낮았다. 즉, 생계유지를 위해 필수적인 생활비의 비중은 높으면서도 부담이 되는 지출항목으로 지목되었다. 한편 노인의 경제활동 실태와 욕구를 살펴본 결과에 따르면, 경제활동참가율의 경우 남성이 여성에 비해 월등히 높았고, 직종별로는 자영업의 비중이 가장 높았으며, 농어축산업과 단순노무직이 큰 비중을 차지했다. 많은 노인이 일자리를 원하고 있었으나, 그 주된 이유가 생활비 충당이며, 일자리 선택의 기준으로 임금수준을 고려하고 있었다.

다음으로는 경험적 분석을 통해 객관적 지표, 개인적 욕구, 주관적 만족도, 종합적인 삶의 질을 파악하였다. 먼저 노인의 경제적 조건들을 객관적으로 파악하기 위해 재산, 월 소득, 소득원, 용돈의 규모를 성별, 연령, 교육수준, 직업 등 인구사회학적 변인과 비교한 결과, 앞서 살펴본 연구성과 논의와 매우 유사한 결과를 보였다.

재산 및 소득과 소비에 대한 노인의 욕구를 조사한 결과에 따르면, '충분한 재산과 안정적인 수입'에 대한 욕구는 '좋은 옷과 음식에 대한 소비'의 욕구에 비해 다소 높게 나타났으나, 전반적인 경제적 욕구는 건강에 대한 욕구에 비해 다소 약한 것으로 나타났으며, 인구사회학적 특성에 따라서는 큰 차이를 보이지는 않았다. 그러나 객관적 경제생활의 지표와는 통계적으로 유의미한 상관관계를 보이고 있었으며, 특히 재산, 월수입, 용돈의 규모가 클수록 노인의 경제적 욕구 또한 높은 것으로 파악되었다. 초기 노인의 경우, 상대적으로 긴 노년기의 생활을 고려하여 노후에도 충분한 소득이 안정적으로 보장되기를 강하게 희망하였다.

노인의 경제생활에 대한 주관적 만족도의 경우, 교육수준과 직업위세, 경제생활에 관한 객관적 지표, 그리고 객관적 지표와 개인적 욕구 간의 차이 등의 변인과 정(+)의 상관관계를 보였으며, 특히 객관적 지표는 가장 강한 상관관계에 있었다. 한편 경제활동에 대한 욕구와 만족도는 부(-)의 상관관계를 보이고 있어, 경제생활의 객관적 지표와 비교하여 상대적으로 경제생활에 대한 욕구가 높을수록 만족도는 낮아지고 있었다. 이는 준거집단이나 상대적 박탈감과 같은 개념에서 설명될 수 있다.

마지막으로 종합적 삶의 질에 대한 분석 결과에 따르면, 삶의 질은 재산, 월수입, 용돈의 규모와 수입원의 다양성과 같은 객관적 지표뿐만 아니라 경제생활에 대한 주관적 만족도가 높아질수록 더욱 높아지는 경향을 보이고 있었다. 한편 노후소득보장정책 및 서비스에 대한 노인들의 인식수준, 이용정도, 필요성을 살펴본 결과, 여성노인에 비해 남성노인이, 연령대와 교육수준이 낮을수록, 그리고 직업위세가 높을수록 인식수준은 높게 나타났다. 이용정도의 경우 남성노인이, 연령대가 증가할수록, 교육수준이 낮을수록, 경제생활에 대한 욕구수준이 낮은 노인일수록 이용경험이 더 빈번했다. 반면 필요성의 경우 여성에 비해 남성노인이, 연령이 낮을수록, 교육수준은 높을수록, 종합적 삶의 만족도가 높은 노인일수록 필요성을 더 강하게 느끼고 있었다.

3) 도시노인의 주거생활과 삶의 질

노인의 주거에 대한 욕구와 주거 환경에 대한 연구성과 논의에 따르면, 자녀와의 동거에 대한 의향은 과거에 비해 점차 낮아지고 있는데, 연령대가 낮은 노인, 배우자가 없는 노인, 여성노인보다 남성노인이 독립적 생활에 대한 의지가 더 강하게 나타났다. 노인복지시설에 거주하는 노인들을 대상으로 시설에 대한 불만족도를 조사한 결과 주로 거주공간의 규모와 의료 및 문화체육 시설에 대한 만족도가 낮은 것으로 나타났다. 주택개조에 대한 희망사항을 살펴본 결과, 자가에 거주하는 노인의 경우에는 도시에 비해 농어촌이, 남성에 비해 여성이, 고연령대의 노인이 더 강한 욕구를 보였으며, 시설에 거주하는 노인의 경우에는 유료시설에 비해 무료시설이, 여성에 비해 남성이, 저연령대의 노인이 더 강한 욕구를 가지고 있어 주거공간의 특성에 따라 상이한 욕구를 보이고 있었다.

그 결과, 노인의 주거환경은 비노인에 비해 매우 열악한 것으로 파악되었다. 주택소유 형태는 다른 연령층에 비해 자가 소유가 높았으나, 건축연도가 오래된 노후주택에 거주하고 있는 비율이 높고, 최저주거기준의 시설기준에 미달율도 높았으며, 도시보다 농촌의 주거환경이 더욱 열악하게 나타났다. 이로 인해 발생하는 미끄러짐, 넘어짐 등의 안전사고의 비율도 매우 높게 나타났다. 최근 노인주거복지시설과 시설거주 노인의 수는 모두 증가하고 있으며, 시설의 경우 안전사고의 비율은 자가에 비해 낮은 편으로 나타났다.

다음은 경험적 분석을 통해, 노인의 주거생활과 관련된 객관적 지표, 노인의 주거욕구, 주관적 만족도, 종합적 삶의 질을 검토하였다. 조사대상 노인 중 48%가 아파트에 거주하고 있었으며, 70.1%가 자신 또는 가족소유의 주택에 거주하고 있으며, 주택의 규모는 30-34평이 20.5%로 가장 높게 나타났다. 이는 성별, 교육수준별, 직업별로 유의미한 차이를 보였는데, 여성노인에 비해 남성노인이, 직업위세와 교육수준이 높을수록 자가 소유의 비중과 주택의 크기가 높게 나타났다. 성별에 따른 차이가 나타나는 이유는 남성노인과 여성노인의 동거형태가 상이하기 때문인 것으로 추정된다.

노인의 주거 욕구를 분석한 결과, 노인들은 '넓고 편안한 주거 공간'에 대한 선호수준은 평균 6.71점으로 앞서 살펴본 소득 및 소비에 대한 욕구에 비해서는 다소 낮은 수준으로 나타났으며, 인구학적 특성에 따른 유의미한 차이는 나타나지 않았다. 그리고 자기 주택을 소유하고, 주택의 규모가 큰 노인일수록 주거환경에 대한 욕구수준이 높았으며, 이는 성별, 연령, 교육수준, 직업변인을 통제한 후에도 여전히 유지되고 있었다.

한편 주거환경에 대한 만족도는 소득 및 소비 등에 관한 만족도와 마찬가지로 노인의 경제사회적 지위와 밀접한 관련을 맺고 있었다. 노인의 교육수준과 직업위세는 주거환경에 대한 만족도와 강한 상관관계를 가지고 있었으며, 이는 주거의 객관적 지표를 매개로 하고 있었다.

마지막으로 종합적인 삶의 만족도와 주거관련 변인들의 관련성을 분석한 결과, 자기 주택에 거주하고 있고 주택의 크기가 클수록 삶의 만족도는 높게 나타났다. 한편 현존하는 주거복지정책 및 서비스에 대한 노인들의 인지도와 이용경험은 매우 낮게 나타났는데, 전체 응답자의 41.9%가 4개 유형의 주거복지정책 및 서비스에 대해 전혀 알지 못한다고 응답했고, 85.5%가 전혀 이용한 적이 없다고 응답했으며, 주거환경이 열악할수록, 주거에 대한 욕구가 낮을수록 이용경험이 높은 것으로 나타났다. 주거복지정책 및 서비스의 필요성은 노인의 성별, 연령, 교육수준, 객관적 지표, 그리고 객관적 지표와 개인적 욕구간의 차이의 변화에 따라 그 수준이 다르게 나타났다.

4) 도시노인의 가족관계와 삶의 질

연구성과 논의를 보면 가족은 혈연·결혼·입양 등을 통해 인적 관계가 형성된 1차적 집단의 기초단위로, 그 구성원에게 경제적, 사회적, 심리적, 교육적 지원 등 다양한 사회적 기능을 제공하고 있다. 이처럼 여전히 중요한 사회적 기능을 담당하고 있으나, 오늘날 가족구조 및 가족관계는 산업화·도시화의 진전으로 기존의 사회적 기능이 많이 축소되었다. 특히 가족 내에서 노인의 권한과 역할은 약화되고 자녀보다 부부관계가 더욱 중요해지는 특성을 보인다. 특히, 노년기는 배우자·친구 등 또래집단의 사별로 인한 심리적 고독이 증가하고 직장에서의 은퇴에 따른 사회적 지위 및 역할의 상실에 따라 사회관계가 축소되기 때문에 그 중요성은 더욱 커진다고 할 수 있다.

자녀 및 친족의 규모는 과거에 비해 상당히 축소되고 있으며, 세대구성에 있어서도 3세대가구의 비중은 점점 더 낮아지고 있었다. 더불어 노인부부가구 또는 노인독신가구 등 노인들만으로 구성된 노인단독가구의 비중은 증가하고 있으며, 특히 도시보다 농어촌 지역의 증가가 더 크다. 노인부부가구의 만족도가 노인독신가구보다 건강, 경제, 자녀관계 등 모든 측면에서 높게 나타나 배우자 유무가 일정한 영향을 미치는 것으로 파악되고 있다.

다음으로 경험적 분석의 결과를 보면 먼저 배우자 유무와 자녀와의 동거여부를 통해 노인이 처해있는 객관적 가족관계를 살펴 본 결과, 남성·초기·고학력·상위직업의 노인이 유배우자의 비율이 높았으며, 자녀와의 동거여부는 성별과 직업에 따라 집단별로 유의미한 차이를 보이고 있는데, 여성·중위직업 노인의 경우 자녀와의 동거비율이 더 높았다. 또 향후 자녀와의 동거의향을 살펴보면 성별, 연령, 교육수준에 따라 달라지고 있었는데, 여성·후기·저학력·중하위직업 노인의 동거의향이 더 낮게 나타났다. 노인들의 가족관계 유형을 비교해보면, 전체적으로는 유배우자/자녀동거 형이 30.1%로 나타나 가장 높았으며, 다음으로 무배우자/자녀동거, 유배우자/비자녀동거, 무배우자/비자녀동거 순으로 나타났다. 이는 성별, 연령, 교육수준, 직업에 따라 상이한 비중을 보였다.

배우자 및 가족구성원간의 친밀도를 통해 가족관계의 욕구를 살펴본 결과, 남성·초기·고학력·상위직업의 노인이 가족관계에 대한 욕구수준이 더 높은 것으로 파악되었다. 또 가족관계의 욕구는 자녀와의 동거보다는 배우자의 유무와 보다 밀접한 관련을 가지고 있었으며 성별, 연령, 교육수준, 직업위세를 통제한 후에도 매우 강한 상관관계를 보이고 있었다. 남성노인들은 객관적 조건에 비해 욕구의 상대적 수준이 다소 낮은 반면, 여성노인들은 반대의 경향을 가지고 있었다.

가족관계에 대한 주관적 만족도는 인구사회학적 변인을 포함하여 객관적 지표 및 개인적 욕구 등 관련 변인들과 유의미한 상관관계를 가지고 있었다. 연령을 제외한 나머지 모든 변인들은 정(+)적 상관관계를 가지고 있었는데, 남성·초기·고학력·상위직업 노인이 가족관계 만족도가 높은 경향을 보였다. 가족관계의 객관적 지표, 개인적 욕구, 주관적 만족도는 노인의 삶의 질에 대한 종합적 평가와 긴밀한 상관관계를 보이고 있었다. 배우자 및 자녀와 동거하고 있고, 주관적 만족도가 높을수록, 평소 가족관계의 중요성을 강조하고 있는 노인일수록 종합적 삶의 만족도가 높은 것으로 판단된다.

마지막으로 가족복지정책 및 서비스에 대한 인지여부 및 필요성을 파악한 결과, 저연령대·고학력·상위직업, 가족관계의 객관적 지표,

개인적 욕구, 주관적 만족도, 종합적 삶의 만족도가 높은 노인의 인지수준이 더 높은 것으로 나타났다. 가족복지정책 및 프로그램의 필요도는 직업위세, 가족관계 지표, 주관적 만족도, 종합적 삶의 만족도에서 유의미한 정(+)적 상관관계를 보이고 있었다.

5) 도시노인의 사회관계 및 취업활동과 삶의 질

사회관계란 다양한 일상적 활동 또는 자신이 속한 단체활동을 통해 맺는 인적유대관계를 의미한다. 연구성과 논의를 보면 노인은 사회관계를 통해 사회 구성원과 물질적 지원, 정서적 지지, 서비스와 정보 등을 상호교환하게 되고 자신의 사회적 지위와 정체성을 획득하게 된다. 노인에게 근로기간 동안 경제적 활동을 통해 유지된 사회적 지위와 역할의 축소, 노령으로 인한 건강의 약화는 기존의 사회관계를 축소시키는 반면, 새로운 사회관계를 형성하기도 한다.

노인의 사회관계는 농어촌·여성·유배우자·후기노인이 더 크게 나타난 반면, 도시·여성·유배우자·전기노인일수록 더 다양한 관계를 맺고 있었다. 남성노인은 친구를, 여성노인은 이웃과 더 많이 접촉하며 상호지원을 받고 있었으며 사회단체별 노인의 가입여부를 살펴보면, 종교 및 사회단체의 가입률이 가장 높았으며 종교단체는 도시·여성·독신노인이, 사교단체는 남성노인의 가입률이 더 높았다. 사회적 참여활동의 유형별 결정요인을 살펴보면 노인의 인구사회학적 배경에 따라 매우 상이한 결과를 보였다.

한편 노인이 취업을 희망하는 가장 주된 이유로는 생활비를 조달하기 위함이었고, 전기노인과 남성노인이 취업에 대한 더 강한 욕구를 가지고 있었다. 일자리 선택의 주요 기준은 임금수준이 가장 높았으며,

지난 10년간 노인의 경제활동참가율과 고용률은 모두 지속적으로 증가하였다. 직종별로는 1차 산업 비중이 가장 높고, 단순노무직 종사자가 많았으며, 임금근로자보다 자영업의 비율이 높았고 임금근로자의 경우 임시직의 비중이 높게 나타났다.

다음으로 경험적 분석을 통해 먼저 형제·자매, 친척, 친구, 이웃과 맺는 관계의 수와 접촉빈도를 통해 노인의 사회관계를 살펴보았다. 그 결과, 4가지 유형의 사회관계는 긴밀한 상관관계를 가지고 있었으며, 성별, 연령, 학력, 직업위세에 따라 큰 차이를 보이고 있었다. 각각의 관계를 보다 세부적으로 살펴보면, 형제·자매관계에서 성별은 유의미한 변인으로 작동하지 않았으며, 초기·고학력·상위직업의 노인일수록 관계의 크기와 접촉빈도가 높게 나타났다. 친척관계에서는 남성노인이 여성노인보다 친척과의 관계의 규모가 컸으며 성별, 연령, 학력, 직업에 따라 접촉빈도의 차이가 나타났다. 즉, 남성·초기·고학력·상위직업의 노인일수록 접촉을 더 많이 하고 있었다. 친구관계는 나머지 다른 사회관계보다 그 관계의 규모와 접촉빈도에서 가장 높은 평균치를 보이고 있었다. 노인들의 친구의 수와 접촉빈도는 인구사회학적 특성에 따라 차이를 보이고 있는데, 연령집단별로는 노인의 친구관계의 수에 대해 체계적인 영향을 미치지 않는 것으로 나타났다. 이웃관계의 경우 관계의 규모에는 성별, 연령, 학력 집단간 유의미한 차이를 보이지 않았다.

노인의 사회관계에 대한 욕구는 건강·경제·가족관계의 욕구에 비해 다소 낮은 수준이었으며, 연령과 직업에 따라 차이를 보였다. 즉, 연령이 낮고 직업의 사회적 위세가 높은 노인집단일수록 사회관계의 욕구를 강하게 가지고 있으며, 사회관계의 폭이 넓은 노인들의 개인적 욕구 또한 높게 나타나고 있었다. 한편 노인들의 취업활동에 대한 욕구는 성별, 연령, 학력에 따라 집단별 큰 차이를 보였다.

노인들의 사회관계에 대한 만족도는 성별을 제외한 다른 변인들과 유의미한 상관관계를 보이고 있었다. 연령은 증가할수록 만족도가 낮아지는 반면 교육수준, 직업위세는 높아질수록 만족도가 높아지고 있었다. 사회적 접촉의 범위와 강도가 커지면 이것이 관계의 만족도를 향상시키는 경향이 강하게 작용하고 있었다. 사회관계의 양적, 질적 특성과 욕구수준은 결국 노인의 삶의 질에 상당한 영향을 미치는 것으로 분석되었다. 종합적 만족도는 사회관계의 객관적 지표보다 욕구수준과 보다 강한 관계를 형성하고 있어, 형제・자매, 친척, 이웃, 친구관계에 대한 욕구수준이 높을수록 삶의 만족도가 향상되는 경향을 보였다.

노인의 취업활동을 분석한 결과에 의하면, 응답자의 18.5%만이 현재 취업활동을 하고 있었으며, 이들 중 남성・초기・고학력・직업위세가 높은 노인이 직업을 가지고 있었다. 직업을 가지고 있지 않은 노인을 대상으로 향후 취업활동에 대한 의향을 조사한 결과, 전체 응답자의 38.5%가 있다고 응답했는데, 남성・초기노인들이 강한 욕구를 가지고 있었다.

마지막으로 노인의 취업활동을 지원하는 고용보장정책 및 서비스에 대한 인지 여부와 필요성을 살펴본 결과, 교육수준과 직업위세가 높은 노인일수록 고용보장정책 및 서비스에 대한 인지도가 높게 나타났으며, 정책 및 서비스의 필요성은 모든 인구사회학적 변인에서 유의미한 상관관계를 가지고 있었다. 상대적으로 삶의 질이 높은 노인들도 자신의 정체성을 확인하고 자아실현을 위한 수단으로 취업활동에 대한 욕구와 필요성을 가지고 있는 것으로 분석되었다.

6) 도시노인의 여가활동과 삶의 질

먼저 연구성과 논의에 따르면, 노인은 평균적으로 하루의 1/3에 해당하는 시간을 여가에 할애하고 있었다. 주로 TV, 신문, 잡지 등 미디어 이용에 가장 많은 시간을 소요하고 있으며, 혼자서 여가시간을 보내는 경우가 많았다. 성별로는 여성보다는 남성노인이 보다 활동적이고 적극적이었으며, 교육수준이 높고 건강상태가 양호할수록 여가활동에 더 많은 비용을 지출하고 있었다. 지역별로는 농어촌의 경우 가족중심의 활동이 많은 반면, 도시는 사교 및 종교 활동의 비중이 높게 나타났다. 노인여가복지시설 중에서는 경로당의 이용률이 가장 높으며, 이는 농어촌이 도시에 비해 더 높게 나타났다. 여가활동의 일환인 평생교육 프로그램에 대한 참여도를 조사한 연구성과 논의에 의하면, 도시노인, 남성노인, 초기노인, 부부노인의 경우 더 많은 참여를 희망하고 있었으며, 내용별로는 단순 취미활동에 집중되어 있었다.

특히, 시간적 여유가 많은 노인에게 여가활동은 고독과 무료함을 극복하는 역할 뿐만 아니라 전반적 생활만족도를 향상시킨다. 하지만 연령 그 자체가 여가활동의 범위, 종류, 참여도를 결정하는 주요 요인은 아니며, 교육수준, 가족관계, 건강상태, 경제상태, 사회관계망 등이 여가활동의 주요한 영향 요인으로 작동하고 있었다.

다음은 노인의 여가활동과 관련된 객관적 지표, 노인의 여가욕구, 주관적 만족도, 종합적 삶의 질을 경험적 분석한 결과를 보면 앞서의 연구성과 논의와 마찬가지로, 노인 여가활동 가운데 가장 활발한 유형은 소일형으로, TV시청과 라디오 청취 등 미디어 이용이 가장 크게 나타났다. 다음은 친구 및 이웃을 만나는 교류형이 높았으며, 특히 도시 노

더 이상 노후소득보장정책의 대상은 저소득층 노인에게만 초점을 맞추는 공공부조형에 머물러서는 안 될 것이며 중산층 이상의 일반노인을 포괄하는 보편적 차원으로 더욱 확대되어야 한다. 하지만 소득수준이 낮은 노인들의 노후소득보장정책 및 서비스에 대한 인식수준이 낮게 나타났다는 점을 감안한다면, 보다 효율적인 정보제공과 신청 및 수급절차의 간소화가 병행되어야 할 것이다.

또 남성에 비해 여성노인의 경제적 어려움이 더욱 심각하다는 사실을 감안한다면 노후소득보장은 기존의 남성소득자 중심의 보험방식보다 조세방식에 의한 개인별 지원이 강조되어야 할 것이다. 그러므로 2008년에 도입된 기초노령연금은 향후 그 적용대상과 급여수준을 보다 확대하고, 보험방식으로 운영되고 있는 국민연금과 특수직역연금은 제도 간 상이한 체계를 조절함으로써 형평성을 맞추어 모든 노인들을 대상으로 한 공적연금에 의한 기본적 생계의 보장이 보편적으로 갖추어져야 할 것이다.

한편 지출의 측면에서는 무엇보다도 노인가구의 보건의료비 지출을 줄일 수 있는 방안을 적극적으로 강구해야 할 것이다. 최근 노인장기요양보험제도의 도입으로 장기요양이 필요한 노인들의 개인부담을 줄일 수 있게 되었다. 그러나 여전히 노인에게 퇴행성 만성질환에 대한 의료비는 보건의료비의 큰 비중을 차지하고 있어 노인가구에 큰 부담으로 작용하고 있다. 따라서 장기적 지출이 크게 소요될 것으로 추정되는 만성질환에 대한 건강보험의 적용 혜택을 더욱 강화하여 가계의 부담을 줄이는 것이 삶의 질을 향상시키는 방향이 될 것이다.

3) 도시노인의 주거생활과 삶의 질

노인의 건강한 주거생활을 위해서는 현재 노인이 처해 있는 물리적 주거환경과 지역사회의 조건뿐만 아니라, 노인의 경제적, 사회적, 신체적, 정서적 특성과 욕구를 충분히 반영하는 것이 무엇보다 중요하다. 하지만 현실적으로는 이러한 종합적이고 다각적인 접근에 따라가지 못하고 있는 실정에 있으며 앞으로 보다 체계적 접근을 위해서는 다음과 같은 두 가지 차원의 접근이 필요할 것인데, 이를 크게 시설복지적 접근과 재가복지적 접근으로 구분해 볼 수 있다.

먼저 시설복지적 접근의 경우, 집단 거주적 특성을 반영하여 거주공간에 대한 위생 및 보건상태의 정기적 점검을 통해 청결하고 쾌적한 주거공간을 확보할 필요가 있으며, 각 노인별 개별적 욕구를 어느 정도 감안하여 주거공간을 효율적으로 배치하고 각종 여가 및 문화 프로그램을 병행하여 종합적 복지서비스가 제공될 수 있도록 함으로써 주거욕구의 만족도를 높일 수 있을 것이다.

다음으로 재가복지적 접근을 위해서는 먼저 현재 정부가 추진 중인 각종 주거지원 정책 및 서비스에 대한 적극적인 홍보활동이 강화될 필요가 있다. 비록 미진한 상태이지만 과거에 비해서는 다양한 주거지원 정책이 마련되었음에도 불구하고 경험적 조사를 통해 살펴본 결과, 다수의 노인들은 현재 정부가 추진 중인 노인주거복지정책 및 서비스에 대해 잘 인지하지 못하고 있으며, 이용해본 경험도 거의 없었던 것으로 나타나고 있다.

각 지자체마다 보건, 의료, 복지, 건축 등 다양한 전문가로 구성된 네트워크를 구축함으로써 고령자형 주택개조에 대한 자문이 이루어져

용이하게 뒷받침 될 수 있는 가능한 조건을 조성하는 것이 필요하다. 만약 가까운 지역사회 내에 전문가 네트워크가 형성되어 있어, 충분한 자문과 주택개조 비용에 대한 보조금의 지원, 저리의 융자, 정보 및 서비스 제공 등 경제적 지원을 제공받을 수 있다면, 정책 접근성 역시 높아질 것이다. 한편 주거환경 개선 시에는 고령자의 신체적 특성과 기본적 욕구가 충분히 반영할 수 있도록 관련 법안에 그 기준과 요건이 보다 구체적으로 명시되어야 할 것이다. 마지막으로 노인이 지금까지 살아온 주거지역에서 인위적으로 떠나가지 않고 지역사회의 일원으로 살아갈 수 있도록 주거환경이 개선되어야 하며, 지역사회 내에서 노인의 특성에 따라 다양한 복지서비스가 제공될 수 있는 지역사회복지서비스 환경이 마련되어야 한다. 다양한 주거환경을 제공하여 노인에게 신체적·경제적 조건에 맞게 선택할 수 있는 기회를 제공하여, 필요에 따라 적절한 서비스가 제공될 수 있는 주거환경과 지원시스템을 갖추어야만 지역사회 내에서 진정한 의미의 노후주거생활이 영위될 수 있을 것이다.

4) 도시노인의 가족관계와 삶의 질

앞서 살펴본 연구성과 논의와 경험적 분석의 결과를 통해 알 수 있듯이, 노인의 삶의 질 향상을 위해서는 가족의 기능을 지원하고 보완해 주는 다양한 가족복지정책 및 서비스가 필요하다고 하겠다.

먼저 노인부양에 대한 기존의 인식을 전환시키는 노력이 더욱 필요하다. 최근 도입되어 현재 시행 중인 노인장기요양보험제도의 배경 역시 부양가족의 부담에 대해 지원하고 노인부양에 대한 사회적 공동부담과 책임을 강조하고 있다. 노인장기요양보험의 시행으로 과거에 비해 많은 인식의 전환이 이루어지고 있지만, 여전히 가족책임우선이 강한 것이 우리의 현실이다. 그러나 오늘날 가족구조 및 가족관계의 변화는 더 이상 가족만의 노인부양을 사실상 불가능한 것으로 만들고 있다. 따라서 향후 도래할 고령사회에 대한 대응을 위해 사회적 책임과 역할이 더욱 강화될 필요가 있음을 인식해야 한다.

다음으로 노인만으로 구성된 노인단독가구에 대한 지원이 필요하다. 특히, 배우자와의 사별 또는 가족들과 떨어져 혼자 생활하는 독신가구의 노인이 경험하는 경제적, 사회적, 의료적, 심리적 고충이 더욱 크다는 점에서 이들에 대한 지역사회 중심의 지원이 강화되어야 한다. 한편 노인뿐만 아니라 노인부양의 책임을 맡고 있는 주부양자인 가족구성원에 대한 다방면의 지원 역시 필요하다. 이는 세제지원, 부양수당 및 휴가 등 경제적 측면의 지원뿐만 아니라 가족관계 개선을 위한 가족치료, 전문적 개입 등 프로그램의 개발과 문화적 지원 등이 이루어져야 할 것이다. 특히, 노인 우울증과 노인성 치매의 경우 노인의 정신건강의 개선이라는 측면에서의 접근과 더불어 질병의 특성상 가족관계의 회복과 개선적 측면에서도 접근이 필요한 특성을 지니고 있다고 하겠다. 따라서 치매 노인과 자살예방을 위한 전문적 개입프로그램의 개발과 그 전문 인력의 양성이 도모되어야 할 것이다.

5) 도시노인의 사회관계 및 취업활동과 삶의 질

인구 고령화와 함께 심신이 건강하고 사회적 활동 욕구가 있는 노인들이 점차 증가하면서 노인들의 사회관계의 중요성이 더욱 커지고 있다. 앞서 경험적 분석을 통해 살펴본 바와 같이, 노인들은 형제, 자매, 이웃, 친척, 친구 등 주로 비공식적 관계를 주로 유지하고 있다. 그러나 사회관계를 이러한 비공식 관계에만 한정한다는 것은 노인의 사회관계를 축소해서 받아들이는 한계를 보일 수 있다. 비공식적 관계를 넘어 다양한 사회활동을 통해 노인의 사회관계를 보다 적극적으로 확장할 수 있는 기회가 제공될 수 있어야 한다.

이를 위해서는 무엇보다도 노인에 대한 인식의 틀을 바꾸어 노인을 부양해야할 부담으로 보지 않고 활용할 자원으로 보는 새로운 노년상으로 패러다임의 전환이 우선되어야 한다. 노인의 사회적 활동을 사회적으로 비효율적이고 소모적인 것으로 인식하는 시각은 노인으로 하여금 자신의 사회관계를 확장시키는 활동에 소극적으로 대처하게 만들기도 한다. 이러한 인식이 사회화되어 정책적 노력에도 반영되기 때문에 정책을 만들어 나가기에 앞서 노인에 대한 인식을 긍정적으로 전환할 필요가 있다. 노인은 더 이상 생산적인 활동을 지속할 수 없는 세대가 아니라 경제, 여가, 문화, 정치, 교육 등 다양한 사회적 참여활동을 통해 지속적으로 노인을 자원으로 받아들이고 잘 활용해 나가면 오히려 이는 노인의 심신의 건강, 소득, 가족 및 사회관계를 개선하는 긍정적 기능을 발휘하게 된다는 사실이다.

노인의 사회관계를 보다 적극적으로 이해하고 확대하기 위한 정부의 주요한 정책적 노력 가운데 하나가 바로 노인일자리사업이다. 노인의 능력과 적성에 맞는 적당한 취업활동은 노인에게 소득을 일정 정도 보장해 준다는 의미도 있지만, 일을 통해 다양한 사회관계를 맺을 수 있는 주요한 통로가 된다. 노인일자리사업은 노인의 능력과 적성에 맞는 적극적 사회참여의 기회를 제공하여 사회적 가치를 창출하고, 생산적 활동을 통해 노후에 보다 건강한 삶을 유지하며, 보충적 소득지원 등의 사회적 비용을 절감하는 효과를 가져온다. 앞서 살펴본 연구성과 논의와 경험적 분석을 통해서도 알 수 있듯이, 취업활동에 대한 노인의 욕구가 여전히 높은 것으로 나타났으며, 이는 노인들의 사회적 욕구가 상당히 높음을 알 수 있는 대목이다. 그러나 대부분의 노인들은 마땅한 일자리가 없어서 사회관계를 형성하지 못한다는 응답이 가장 높게 나타나 일자리 마련이 매우 중요한 정책과제임을 알 수 있다. 사회관계가 많은 노인일수록 삶의 만족도도 높게 나타나 노인에게 일자리를 마련하여 이들이 일을 통해 사회관계를 형성하게 하는 것이 매우 의미있는 것임을 알 수 있다. 따라서 정부에서 시행하고 있는 노인일자리 사업을 더욱 안정적으로 발전시키는 것은 매우 중요하며 이 과정에서 지역, 성별, 연령, 학력 등 인구사회학적 특성에 따른 편차를 고려하여 다양성 있게 접근하는 것이 필요할 것이다.

6) 도시노인의 여가활동과 삶의 질

노인의 여가활동이 노인의 신체적, 정서적, 정신적 건강과 연결되어 있다는 점을 상기해 본다면, 건전한 노인 여가문화의 정착 및 여가활동의 활성화를 위해서 다음과 같은 점이 고려되어야 할 것이다.

우선 노년기에 이르기 전 청소년기부터 근로활동 뿐만 아니라 여가활동의 중요성을 강조할 필요가 있다. 이를 위해서, 여가문화에 대한 올바른 인식을 갖도록 지속적인 홍보 및 교육활동을 구체적으로 수행하는 동시에 이를 체계적으로 전담할 인프라, 즉 여가복지시설과 여가전문 인력을 구축하고 양성해야 한다.

또한 노인을 위한 여가 및 문화 프로그램을 적극적으로 개발할 필요가 있다. 이를 위해서, 가장 먼저 노인이 경험하는 일반적 특징과 공통된 욕구를 반영하는 것이 무엇보다 중요하다. 하지만 오늘날은 노년기가 길어지면서 노인의 욕구와 특성 역시 매우 다양해졌다. 이에 따라 과거의 단순 획일적인 여가 프로그램만으로는 노인들의 지속적인 관심과 참여를 유도하기 어려워지고 있다. 그러므로 노인의 일반적 특성과 공통적 욕구를 반영할 뿐만 아니라 연령, 성별, 지역, 건강, 교육, 소득수준에 따른 노인들의 특성에 따라 취사선택할 수 있는 다양한 여가 프로그램들이 개발되어야 할 것이다. 또한 급변하는 기술, 환경, 가치 및 문화의 홍수 속에서 세대 간 소통과 신뢰를 위해 노인들만을 대상으로 하는 프로그램뿐만 아니라 다양한 여러 세대가 함께 어울릴 수 있는 방향의 프로그램과 공간 역시 마련될 필요가 있다.

한편 노인여가활동으로서 노인자원봉사의 활성화를 위해서는 노인에게 자원봉사를 적극 홍보하고 노인들이 쉽게 할 수 있는 노인친화적인 자원봉사프로그램을 개발하고 노인들에게 심리적 보상뿐만 아니라 물질적 보상도 이루어지는 것이 필요하다하겠다.

마지막으로 지역사회 차원에서 재정적·물적·인적 지원이 종합적으로 이루어져야 한다. 지방자치단체의 직접적인 재정적 지원과 함께 민간단체들을 유도하기 위한 다양한 제도적 유인 및 강화책을 통해 시설 및 전문 인력 등 복합적 인프라가 확대되어야 한다. 다양한 시설 및 공간에서 노인들이 필요에 따라 자유롭게 만나서 소통하고, 배우고, 치료받고, 봉사하고, 즐기는 활동에 나설 수 있어야 할 것이다.

참고문헌

강경혜. 1999.『기독교 노인의 종교활동과 생활만족도에 관한 연구』. 한성대학교 행정대학원 석사학위 논문.

강대기. 1987.『현대도시론』, 민음사.

강미나 외. 2007.『노인주거복지 제고를 위한 종합계획 수립연구: 고령자 생활패턴 분석을 통한 주거환경 편리성 개선방안 연구』, 국토연구원.

강수지. 1996.『실버시대의 실버산업』. 동인사.

강연욱. 2006. "노화에 따른 한국 노인들의 인지적 변화", 한림대학교 고령사회연구소 편.『한국 노인의 삶의 질』. 211-224. 한림대학교 출판부.

강연욱・나덕렬. 2003.『서울신경심리검사(SNSB)』. Human Brain Research & Consulting Co.

강영실. 2006.『사회복지정책의 이해』, 신정

강임옥・박종연・이용갑・서수라・김경하・최숙자. 2005.『치매환자의 사회경제적 비용 분석: 의료이용 치매환자를 대상으로』. 국민건강보험공단 건강보험연구센터.

강주령 외, 1991, "가족관계에 따른 노년여성의 적응에 관한 연구",『대한가정학회지』. 29(2):185-197.

건설교통부, 2007,『노인가구 주택개조 매뉴얼』.

고령화 및 미래사회위원회. 2004.『고령사회에 대비한 주거환경 개선방안』.

고보선・유용식. 2002, "제주노인의 사회적 지지와 삶의 질에 관한 연구",『노인복지연구』, 23: 49-72.

고수현 외. 2004.『노인복지론』. 양서원.

고승덕・조숙행. 1995. "노인의 삶의 질 향상을 위한 요인 추출."『한국노년학』17(2): 17-36.

구소원. 1987.『노인여성의 역할에 관한 연구 - 서울 노인 여성의 경제계층별 비교를 중심으로-』. 이화여자대학교 대학원 석사학위논문.

구인회. 2002. "빈곤층의 사회경제적 특성과 빈곤이행: 경제위기 이후의 시기를 중심으로".『한국사회복지학』48: 82-112.

국민건강보험공단. 2007,『노인장기요양보험제도 준비현황과 향후 추진 계획』.

국토해양부・국토연구원. 2008.『2007년 주거실태조사: 노인가구』.

권 혁. 1985.『농촌노인의 가족내 역할의 지각과 수행에 관한 조사연구- 밀양군을 중심으로-』. 동아대학교 대학원 석사학위논문.

권중돈. 2004.『노인복지론』. 학지사.

권중돈. 조주연 2000. "노년기의 삶의 만족도에 영향을 미치는 요인".『한국노년학』20(3): 61-76.

김경동・설동훈. 1994, "청소년의 사회적 삶과 태도."『사회과학과 정책연구』, 16(2): 95-155.

김경식. 2004. "노인의 여가스포츠활동과 무력감, 사회적 지지 및 건강증진행위의 관계".『한국스포츠사회학회지』17(1): 17-31.

김경신・이선미. 2001. "노년기 부부갈등 및 관련변인에 관한 연구".『한국노년학연구』10:31-54.

김경자. 2002. "여성노인의 성인식이 삶의 만족도에 미치는 영향에 관한 연구", 한림대학교 대학원 사학위논문.

김경자. 1993. "가계의 경제적 안정도: 단기지표와 장기지표의 비교".『한국가정관리학회지』11(1): 107-118.

김경혜·선화숙·이은경. 2007.『노인장기요양보험제도 도입에 따른 서울시 과제 및 대응방안』. 서울시정개발연구원.
김교성. 2008. "노인의 빈곤과 소득 및 소비 실태". 중앙사회복지연구회 편.『한국의 노인복지: 정책과 실천』. 인간과 복지. 3-30.
김귀봉·송주호·박주영. 2000. "노인의 신체활동 참여가 고독감, 우울에 미치는 영향".『한국체육학회지』39(4):217-226.
김기태·성명옥·박봉길·이은희·최송식·최희경·박미진. 2009.『노인복지론』. 공동체.
김기태·박봉길. 1998. "생활보호대상자노인과 일반노인의 생활만족도 비교."『노인복지연구』1(1): 57-83.
김기태·박봉길. 2000. "독거노인의 생활만족도와 사회지지망: 지역복지관의 서비스를 제공받고 있는 노인을 중심으로",『한국노년학』20(1): 153-168.
김대빈·이금룡. 2005.『고령자 고용활성화 전략』. 한국학술정보.
김동배·권중돈. 1998.『인간행동이론과 사회복지실천』. 학지사.
김두섭. 2003. "한국 사회구조의 변화와 노년기의 가족관계". 김두섭 편.『변화하는 노인의 삶과 노인복지』. 한양대학교 출판부. 23-72.
김명자. 1982. "노인의 생활만족에 관한 연구."『대한가정학회지』. 20(3) : 45-54.
김미라. 2005.『노인자원봉사 활동현황과 과제 : 고령사회에 대비하는 사회복지정책의 쟁점과 방향 : 제4분과 발표』, 269-276, 한국사회복지정책학회.
김미령. 2005. "여성노인의 고독감에 미치는 영향 연구".『정신보건과 사회사업』21: 90-111.
김미령. 2006. "전기, 후기 여성노인의 삶의 질 및 영향요인 비교연구".『한국사회복지학』58(2): 197-222.
김미숙·박민정. 2000. "종교가 노인의 삶의 질에 미치는 영향 연구".『한국노년학』20(2): 29-47.
김미혜·이금룡·정순둘. 2000. "노년기 우울증 원인에 대한 경로분석".『한국노년학』20(3): 211-226.
김미혜·정경희·정순둘. 2000. "노인복지지표 개발에 관한 연구".『한국노년학』20(1): 241-261.
김병관·박준식. 1995. "삶의 질 연구의 필요성과 기존연구의 검토."『사회발전연구』창간호.
김상균 외. 1996.『21세기 삶의 질에 관한 지표 연구』. 서울대학교 사회복지연구소.
김선자·김애순. 2004. "노년기 이성친구관계에서의 성 차이에 대한 탐색적 연구".『2004 한국노년학회 추계학술대회 기획주제 발표』. 8-19.
김성희. 2008. "양로원 여성노인의 신체적 여가활동이 스트레스, 고독감 및 생활만족에 미치는 영향".『한국체육과학회지』17(3): 367-376.
김수완·조유미. 2006. "우리나라 노인가구의 소득구성 및 빈곤율 구성: 가구유형별 근로소득과 공적연금소득의 비중 및 빈곤제거효과를 중심으로".『사회복지연구』29: 5-37.
김수현·이현주·손병돈. 2009.『한국의 가난』. 한울.
김숙경. 2004. "농촌노인의 삶의 질 향상에 미치는 요인",『노인복지연구』. 23:179-202
김애련. 1989.『노인의 가정내 지위와 역할』. 원광대학교 대학원 석사학위논문.
김애련. 2001.『노인의 삶의 질에 관한 연구』. 원광대학교 대학원 박사학위논문.
김연명. 2008. "불안정한 국민연금과 불안한 노후". 중앙사회복지연구회 편.『한국의 노인복지: 정책과 실천』. 인간과 복지. 55-72.
김연정. 1998. "은퇴노인가계와 취업노인가계의 소득, 지출 및 자산의 비교분석".『대한가정학회지』36(7): 57-67.
김영기·박재규. 2001.『IMF 경제위기, 실직위험 그리고 삶의 질』. 나눔의 집.
김영모. 2000.『빈곤 가족해체 시설보호』, 중앙대학교출판부.
김영모. 2007. "동북아 노인의 삶과 복지정책 및 서비스",『사회정책연구』. 34: 1-19, 한국복지정책연구소.
김영범·박준식. 2004. "한국 노인의 가족관계망과 삶의 만족도: 서울 지역 노인을 중심으로".

『한국노년학』 24(1): 169-185.
김영범・박준식. 2004. "한국 노인의 가족관계망과 삶의 만족도: 서울 지역 노인을 중심으로". 『한국노년학』 24(1): 169-185.
김영범・박준식. 2005. "한국 노인의 가족관계망과 삶의 만족도". 『한국노년학』 24(1): 169-185.
김영범・박준식. 2006. "노인의 사회관계망 결정요인에 대한 연구: 비혈연집단을 중심으로". 『한국노년학』 26(2): 261-273.
김영범・이승훈. 2008. "한국 노인의 사회활동과 주관적 안녕감: 서울 및 춘천 노인을 대상으로". 『한국노년학』 28(1): 1-18.
김영숙. 2002. "도시 빈곤노인 가계의 경제적 생활수준에 관한 연구". 『소비자학연구』 13(3): 95-118.
김왕배. 1995. "일상생활의 철학적 의미와 생활정치", 『일상공간과 생활정치』, 대윤.
김용택 외. 2003. "노인의 주관적 삶의 질의 구성요인과 측정도구 분석에 대한 연구 - 시설노인을 중심으로", 『노인복지연구』 22: 313-331
김용학. 1987. "사회연결망 분석의 이론틀: 구조와 행위의 연결을 중심으로". 『한국사회학회』 21(1): 1031-1058.
김응렬 외. 2003. 『한국의 노인복지: 의존성의 증대와 생활 위기』. 고려대학교 한국학연구소.
김익기・김동배・모선희・박경숙・원영희・이연숙・조성남. 1999. 『한국 노인의 삶: 진단과 전망』. 미래인력연구센터.
김익기・이연숙・김동배・조성남・모선희・원영희・박경숙. 1997. 『노인의 주거 및 삶의 질에 관한 실태조사』, 미간행보고서.
김정석・김익기. 2000. "세대 간 지원교환의 형태와 노인들의 생활만족도". 『한국노년학』 20(2): 155-168.
김종숙. 1987. 『한국노인의 생활만족에 관한 연구』. 이화여자대학교 대학원 박사학위논문.
김주현・한경혜. 2001. "노년기 자원봉사활동과 자아존중감". 『한국노년학』 21(2): 209-224.
김진욱. 2006. "한국 노인의 생활만족에 관한 연구". 『노인복지연구』 32: 149-177.
김춘택・박종우. 1999. "대구시 노인의 생활만족에 영향을 미치는 요인." 『한국노년학』. 19(3): 21-33.
김태현. 1994. 『노년학』. 학문사.
김태현・김동배・김미혜・이영진・김애순. 1999. "노년기 삶의 질 향상에 관한 연구(Ⅱ)". 『한국노년학』 19(1): 61-81.
김학주. 2006. "노인가구 대 비노인가구의 소비불평등에 관한 연구". 『사회보장연구』 22(4): 141-161.
김화중・이꽃메, 2000, "MDS-HC 2.0을 이용한 재가노인의 우울 및 불안현황분석", 『한국노년학』, 20(2): 109-121.
김현나・임영삼. 2007. "운동참가별 노인의 여가태도와 여가활동 선호도". 『코칭능력개발지』 9(4): 301-310.
김현숙・김희영, 2007, "보건소방문보건대상 노인들의 우울에 영향을 미치는 요인-사회적 지지와 인지된 건강상태를 중심으로-. 『보건교육・건강증진학회』, 24(2): 1-14
김형수. 2000. "노인과 자살". 『한국노인연구』 10(1): 25-45.
김혜승 외. 2004. 『주거복지지원 및 전달체계 구축방안 연구』. 국토연구원.
김혜승・강미나. 2008. 『주거수요분석에 기초한 노인주거지원 정책과제 연구』. 국토연구원.
김화중. 1997. 『지역사회간호학』. 수문사.
김희년・정미숙. 2004. "지역사회복지시설 이용노인들의 여가활용실태 및 활성화에 관한 연구". 『노인복지연구』 26: 263-285.
나동석. 2008. "노인의 생활만족과 사회적 지지". 중앙사회복지연구회 편. 『한국의 노인복지: 정책과 실천』. 인간과 복지. 313-332.

나항진. 2004. "삶의 질 향상을 위한 노인 여가의 역할에 관한 연구". 『한국노년학』 24(1): 53-70.
나항진. 2003. "서울지역 노인들의 여가의식에 관한 연구". 『노인복지연구』 22: 35-53.
남궁완 · 엄정식. 2006. "노인여가시설의 정책적 발전 방안". 『한국스포츠리서치』. 17(3): 99-108.
남기민 편. 1998. 『현대노인복지연구』. 청주대학교 출판부.
노유자. 1988. 『서울지역 중년기 성인의 삶의 질(Quality of Life)에 관한 분석 연구』. 연세대학교 대학원 박사학위논문.
대한민국. 2009. 『저출산고령사회기본계획(보완판)』 새로마지플랜 2010.
모선희 외. 2005. 『현대 노인복지론』. 학지사.
모선희. 1997. "노년기 부부관계와 결혼만족도에 관한 탐색적 연구". 『한국가족복지학』 2(2): 1-15.
모선희. 2004. "서울시 노인여가 문화정책의 현황과 쟁점" 『2004년도 한국사회복지정책학회 주최 서울사회복지정책 포럼 자료집』.
문화체육관광부 · 한국문화관광연구원. 2008a. 『2008년 여가백서』.
문화체육관광부 · 한국문화관광연구원. 2008b. 『노인 여가문화 활성화 방안을 위한 실태조사』
문화체육관광부 · 한국문화관광연구원. 각 년도. 『국민여가활동조사』.
박경민. 1993. 『자기효능감과 사회적 지지에 따른 노년기 우울에 관한 연구』. 이화여자대학교 대학원 석사학위논문.
박경숙. 2000. "한국 노인의 사회적 관계: 가족과 지역사회의 연계정도". 『한국사회학』 34(4): 621-647.
박계범. 1985. 『노인의 가정내 역할과 생활만족도에 관한 연구』. 성균관대학교 대학원 석사학위논문.
박광준. 2004. 『고령사회의 노인복지정책: 국제 비교적 관점』. 현학사.
박기남. 2005. "성별 · 지역별 특성에 따른 노인의 삶의 만족도 연구". 『여성연구』 69: 5-34.
박기남. 2004. "노년기 삶의 만족도의 성별 차이". 『한국노년학』 242(3): 13-29.
박기남. 2006. "성별 · 지역별 특성에 따른 노인의 삶의 만족도 연구". 한림대학교 고령사회연구소 편. 『한국 노인의 삶의 질』. 한림대학교 출판부. 61-84.
박능후 · 송미영. 2006. "노인가구 유형별 빈곤상태 변화에 대한 연구". 『노인복지연구』 31: 7-26.
박루미. 1986. 『노년기 역할변화에 대한 만족도 연구』. 성신여자대학교 대학원 석사학위 논문.
박미석 · 이유리. 2003. "한국 노인의 여가활동시간에 관한 연구". 『한국가정관리학회지』 21(1): 37-48.
박부진. 1996. "가족구성의 변화와 전망." 『정신문화연구』 19(2)39-58. 한국정신문화연구원.
박석돈. 2008. 『노인복지론』. 양서원
박신영. 2007. "고령자 주거정책의 방향". 『한국노인복지학회 2007 춘계학술대회 자료집: 고령자 주거복지정책의 현황과 과제』.
박영례 외. 2005. "노인의 자아존중감, 자기 효능과 삶의 질에 관한 연구". 『노인복지연구』. 29: 237-258.
박윤영. 2008. "노인과 주거복지". 중앙사회복지연구회 편. 『한국의 노인복지: 정책과 실천』. 인간과 복지. 435-451.
박은아 · 이정우. 2005. "부부단독가구 노인의 부부간 의사소통, 의사결정 참여가 가정생활만족도에 미치는 영향". 『한국가정관리학회지』 23(3): 197-215.
박재간. 1997. "노년기 여가생활의 실태와 정책과제". 『노인복지정책연구』 5: 9-51.
박재간 편. 2003. 『고령화 사회와 노인복지의 과제』. 푸른북.
박재간. 2006. 『노인전용 주거시설의 개발전략』. 푸른북.
박재간 · 원영희. 1997. 『노인종합복지관 운영 개선 및 프로그램 개발에 관한 연구』 서울특별시
박차상 외. 2005. 『한국 노인복지론』. 학지사.
변용찬. 1997. 『치매관리 Mapping 개발 연구』. 한국보건사회연구원.
변재관 · 김창규. 2005. "30만 노인일자리 창출을 위한 추진전략". 『2005년 노인일자리사업 혁신포럼 자료집』. 13-27.

보건복지부. 1999.『1999년 생활보호대상자의 현황 분석』.
보건복지부. 2004.『노인생활실태조사』.
보건복지가족부. 2007.『장애인 등록현황』.
보건복지가족부. 2007.『사회복지자원봉사통계 2006연보』.
보건복지가족부. 2008a.『2007년 보건복지가족백서』.
보건복지가족부. 2008b.『2008년 노인복지시설현황』.
보건복지가족부. 2008c.『2009년 노인보건복지사업안내』.
보건복지가복부. 2008d.『2007년 국민기초생활보장수급자 현황』.
보건복지가족부, 2009a,『2008년도 노인 실태조사』.
보건복지가족부, 2009b,『2009노인보건복지사업안내』.
보건복지가족부, 2009c,『2008년 노인복지시설현황』.
보건복지부. 2009d.『2010년 노인보건복지사업안내』.
서미경·김정석. 1995. "한국노인의 생활만족도에 대한 요인분석".『보건사회연구』. 15(2): 40-59한국보건사회연구원.
서병숙. 1988.『노후적응에 관한 연구-생활만족도 및 가족교류도를 중심으로-』. 동국대학교 대학원 박사학위논문.
서병숙·오경숙. 1990. "활동을 중심으로 한 노후 적응".『한국노년학』10: 125-145.
서수오. 2007.『노인일자리 사업 참여에 따른 생활만족도에 관한 연구』. 대구가톨릭대학교 대학원 석사학위 논문.
서희숙·한영현. 2006. "재가노인의 일상생활수행능력, 우울 및 수면이 생활만족도에 미치는 영향".『한국노년학연구』15: 159-170.
석재은·최병호·김용하·박병현·이상은·홍경준·임정기·최옥금. 2005.『삶의 질 향상을 위한 국민 기본생활 보장』. 한국보건사회연구원.
선우덕·송현종·황나미·강은정·서영준·김태일·김동진. 2005.『고령화 사회에서의 노인보건의료체계 구축방안』. 한국보건사회연구원.
성혜영·유정헌. 2002. "성공적 노화 개념의 인식에 관한 연구: Q 방법론적 접근".『한국노년학』22(2): 75-93.
성희자·전보경. 2003. "노인의 여가활동과 생활만족도에 관한 연구: 대구광역시 남구지역 중심으로".『복지행정논총』13(2): 151-169.
손신영. 2006. "농촌 노인과 도시 노인의 삶의 질과 관련요인에 대한 비교 연구".『한국노년학』26(3): 601-615.
손장권·조용하. 2004. "부산지역 노인의 사회활동, 사회관계 그리고 생애만족에 관한 연구".『한국사회학회 사회학대회 논문집』2004(1): 497-509.
손화희·정옥분. 1999. "재가복지 수혜노인의 주관적 안녕감에 대한 생태학적 접근".『한국노년학』19(1): 83-103.
송효석. 1998.『가족의 노인부양에 관한 조사연구』. 연세대학교 대학원 석사학위논문.
신미화·고성희. 1996. "노인의 고독감과 사회적 지지".『정신간호학회지』5(1): 78-87.
신수진. 1998.『한국의 가족주의 전통과 그 변화』. 이화여자대학교 대학원 박사학위논문.
신철호·손태열. 2004. "여성노인의 댄스스포츠 활동이 에스트로겐과 뇌혈관류에 미치는 영향".『한국체육학회지』43(4): 405-416.
심영. 2003. "주택소유형태와 주거비용을 토대로 한 노인 단독가계의 경제복지 분석".『한국생활과학회지』12(1): 25-38.
안경숙. 2005. "노인부부가구·노인독신가구의 사회적 지지가 삶의 질에 미치는 요인에 관한 연구",『한국노년학』, 25-1: 1-19
양경순 외. 2005. "뇌졸중 환자를 위한 체조가 우울과 재활동기에 미치는 효과",『임상간호연구』,

11(1): 47-56
양세정. 2000. 『노인가계의 가계경제구조 분석』. 가톨릭대학교 생활과학연구소 가을 심포지움 자료집. 25-34.
양순미 · 홍성례 · 홍숙자. 2004. "농촌 노인의 사회활동과 자아존중감에 관한 연구". 『농촌사회』 14(2): 145-178.
양정선. 2007. "노인가계의 의료비 지출과 부담에 관한 연구". 『한국가정관리학회지』 25(1): 1-13.
엄기욱. 2008. "노인장기요양보험제도의 서비스 질 향상 방안", 『보건복지포럼』. 142: 38-46
여윤경. 2003. "노인부부가계와 노인독신가계의 소비패턴 비교". 『한국가정관리학회지』 21(5): 1-12.
여윤경 · 양세정. 2001. "가구유형에 따른 소비지출패턴 비교 분석". 『소비자학연구』 12(4): 65-81.
오상덕. 2005. "노인들의 장기간 유산소 운동 참여가 면역물질 변화에 미치는 영향". 『운동과학』 14(1): 77-85.
오승환 · 윤동성. 2006. "노인의 삶의 질 특성에 관한 연구: 도시, 농촌, 어촌지역 비교를 중심으로". 『노인복지연구』 32: 119-147.
오영희 외. 2005. 『노인의 삶의 질 향상을 위한 정책방안 연구: 여성, 농어촌, 독거노인의 생활실태를 중심으로』. 한국보건사회연구원.
오영희. 2006. "고령사회의 사회통합적 여가활성화 방안", 『보건복지포럼』. 113: 31-38
오영희 · 이윤경. 2004. "경로당 운영 실태 및 기능 재정립 방안", 『보건복지포럼』. 94: 66-72
오영희 · 석재은 · 권중돈 · 김정석 · 박영란 · 임정기. 2005. 『노인의 삶의 질 향상을 위한 정책방안 연구: 여성, 농어촌, 독거노인의 생활실태를 중심으로』. 한국보건사회연구원.
오준심. 2003. 『노년기 종교성과 정신건강』. 호서대학교 여성문화복지대학원 석사학위 논문.
원영희. 1995. "동 · 별거 형태가 한국노인의 심리적 행복감에 미치는 영향." 『한국노년학』. 제15(2): 97-116
원영희. 1999. "노인과 여가: 즐거운 노후, 과연 어려운 일인가?". 김익기 외. 『한국 노인의 삶: 진단과 전망』, 미래인력연구센터. 317-361
원영희. 2000. "노인과 여가". 한국노년학회 편. 『노년학의 이해』. 대영문화사. 217-235
원영희 · 김욱. 2006. 『노인일자리사업의 이해』. 한국학술정보.
유영주. 1993. 『한국가족의 기능 연구: 대내적 기능을 중심으로』. 교문사.
유희정. 2000. "노인의 주거유형에 따른 자녀와의 결속과 갈등: 동 · 별거 및 경제적 자립 · 의존을 중심으로". 『한국가족복지학』 5(2): 109-126.
윤 진. "성공적 노화와 삶의 질." 『삶의 질의 심리학』: 47-75.
윤 진. 1982. "노인생활만족도 척도 제작 연구". 『한국심리학회 학술 발표대회 논문 초록』.
윤 진. 1985. 『성인 노인심리학』. 중앙적성출판사.
윤선이. 2002. 『노인의 삶의 질 만족도 요인에 관한 연구』. 국민대학교 행정대학원 석사학위논문.
윤소영 · 이윤지. 2008. 『노인 여가문화 활성화 방안을 위한 실태조사: 노인여가시설을 중심으로』. 한국문화관광연구원.
윤순덕 · 한경혜. 2004. "농촌노인의 생산적 활동과 심리적 복지". 『한국노년학』 24(2): 57-77.
윤형호. 2006. 『서울시 고령자 고용개발체계에 관한 연구』. 서울시정개발연구원.
윤혜진. 2002. 『노인의 종교활동정도와 우울에 관한 연구』. 이화여자대학교 대학원 석사학위 논문.
은기수. 2003. "한국의 고령화와 노인가구". 김두섭 편. 『변화하는 노인의 삶과 노인복지』. 한양대학교 출판부. 73-112.
이가옥 외. 1990. 『노인단독가구 실태에 관한 연구』. 한국인구보건원.
이가옥 · 이현송 · 김정석 · 이미진. 2002. 『노년기 삶의 질에 관한 연구』. 한국노인문제연구소.
이근홍. 2006. 『인간행동과 사회환경』. 공동체.
이근홍. 2008. "노인과 여가활동". 중앙사회복지연구회 편. 『한국의 노인복지: 정책과 실천』. 인간과 복지. 421-434.

이기홍 외. 2006.『한국 노인의 삶의 질』. 한림대학교 출판부.
이꽃메 · 김화중. 2000. "MDS-HC 2.0을 이용한 재가 노인의 우울 및 불안 현황 분석".『한국노년학』20(2): 109-121.
이나영. 2008.『노인 여가복지시설 이용경험이 삶의 질에 미치는 영향 : 노인복지회관, 경로당, 노인대학을 중심으로』. 위덕대학교 사회복지대학원 석사학위 논문.
이미진 · 김미혜 · 홍백의. 2007. "남성고령자의 소득불평등에 관한 연구".『사회보장연구』23(1): 1-26.
이삼식. 2007.『노년기의 노동참여는 어떻게 이루어지는가?』. 한국학술정보.
이상득. 2004. "노인의 여가스포츠참여와 여가만족 및 생활만족과의 관계"『한국여가레크레이션 학회지』26: 161-174.
이선형 · 김근홍. 2003. "노인 가계지출구조 분석을 통한 집단 내 이질성에 대한 연구".『사회복지정책』16: 43-60.
이선혜. 2008. "노인의 우울증과 정신건강 서비스: 노인우울증 왜 방치되는가?". 중앙사회복지연구회 편.『한국의 노인복지: 정책과 실천』. 인간과 복지. 271-294.
이성혜. 1994.『노인의 종교참여에 따른 자아통합 연구』. 중앙대학교 사회개발대학원 석사학위 논문.
이소정 · 정경희 · 이윤경 · 유삼현. 2007.『우리나라 노인의 사회참여 유형분석 및 정책적 함의』, 한국보건사회연구원.
이소정 · 정경희 · 손병돈 · 홍백의 · 이미숙 · 이은진. 2008.『노년기 사회경제적 불평등의 다차원적 구조분석』. 한국보건사회연구원.
이소정 · 정경희 · 이윤경 · 유삼현. 2007.『우리나라 노인의 사회참여 유형분석 및 정책적 함의』. 한국보건사회연구원.
이순자. 2003.『노인자원봉사활동 현황과 활성화 방안 연구』. 경희대학교 NGO대학원 석사학위 논문.
이애영. 2006.『치매 : 고귀함을 잃지 않는 삶』. 학지사.
이연숙. 1999. "노인과 주거". 김익기 외.『한국노인의 삶: 진단과 전망』. 미래인력연구센터 · 생각의 나무. 123-195.
이영기. 1992. "직업유형에 의한 여가태도의 성향 분석".『한국여가레크리에이션학회지』9: 31-38.
이영길. 1994.『노인의 생활만족도에 관한 연구-종교 및 사회활동 참여를 중심으로-』. 청주대학교 대학원 석사학위논문.
이영분 외. 2004『고령화사회와 노인인구의 보건복지』. 건국대학교 출판부.
이영분 · 신준섭 · 최희정 · 박상진 · 최혜지. 2004.『고령화사회와 노인인구의 보건복지』. 건국대학교 출판부.
이영자 · 김태현. 1999. "단독가구 노인의 스트레스와 우울감: 사회적 지지의 완충효과를 중심으로".『한국노년학』19(3): 79-93.
이용우 · 김혜란. 2008. "공 · 사적 소득이전과 노인가구의 빈곤". 중앙사회복지연구회 편.『한국의 노인복지: 정책과 실천』. 인간과 복지. 31-54.
이용재. 2008. "국민연금급여가 노인 소득불평등에 미치는 영향분석".『노인복지연구』41: 235-254.
이원숙. 1995.『사회적 망과 사회적 지지이론』. 홍익제.
이윤정 · 김순미. 2004. "남녀 노인독신가구의 경제상태와 소비지출의 영향요인 분석".『대한가정학회지』42(12): 93-106.
이윤정 · 정순희. 2003. "노인의 여가시간 소비의 영향요인 분석".『소비자학연구』14(4): 1-19.
이윤희 · 이연숙. 2005. "치매노인 가족의 삶의 질 향상을 위한 주거환경 연구".『한국노년학』25(4): 71-91.
이은희 외. 2004, "노인의 안녕감에 미치는 생성감의 역할",『한국노년학』. 24(3): 131-152.
이인수. 1996. "장기보호시설의 개발에 관한 연구(1): 기본모형을 중심으로".『한국노년학』16(1): 39-50.

이인수. 1996. "장기보호시설의 개발에 관한 연구(1): 기본모형을 중심으로". 『한국노년학』 16(1): 39-50.

이인수. 2001. "한국 노인의 정치 및 사회활동을 위한 과제". 『노인복지연구』 14: 35-66.

이인수. 2003. 『실버타운의 개발전략』. 21세기사.

이인수·김미주·박신영·현외성. 2008. 『복지국가의 고령자 주거정책』. 공동체.

이인정. 2007. "남녀노인의 우울. 삶의 만족에 대한 심리사회적 요인들의 영향의 차이에 관한 연구". 『노인복지연구』 36: 159-179.

이장영·김문겸·김민규·박근수·류승호·강효민·이경상·이재규·안민석·이훈·박영옥·이금룡·최미란. 2004. 『여가』. 일신사.

이재기·이은우·김재홍. 1998. 『삶의 질의 국제비교와 지역간 비교분석』. 집문당.

이재원. 2008. 『사회서비스 전자바우처』, 대영문화사

이정록. 1998. "광주시 공간·환경의 삶의 질 분석." 『지역개발연구』. 30(1): 1-33.

이정우·박은아. 2003. "노부부의 의사소통효율성 및 관련 변인연구". 『한국가족지원경영학회지』 7(2): 25-44.

이정화·한경혜. 2003. "농촌노인의 일과 여가활동이 심리적 복지감에 미치는 영향". 『농촌사회』 13(1): 209-238.

이정화·한경혜. 2008. "농촌 조손가족의 세대관계와 손자녀 양육 조모의 심리적 복지". 『한국노년학』 28(1): 177-196.

이종구·염건령. 2003. 『노인사회학 Ⅰ』. 도서출판 열린.

이주일. 2006. "노인의 대인애착 경향과 심리적 안녕감". 한림대학교 고령사회연구소 편. 『한국노인의 삶의 질』. 한림대학교 출판부. 225-254.

이주일·박군석·유경·김영범·장숙랑·윤현숙·유희정·김동현. 2008. 『성공적인 한국 노인의 삶: 다학제간 심층 인터뷰 사례』. 박학사.

이주일·박군석·한덕웅. 2006. "한국 노인의 신체건강과 주관 안녕에 영향을 미치는 요인들". 한림대학교 고령사회연구소 편. 『한국 노인의 삶의 질』. 한림대학교 출판부. 179-210.

이지현·강형곤·정우식·채유미·지영건. 2008. "취업이 노인의 삶의 질에 미치는 영향: 서울지역 남성노인을 중심으로". 『한국노년학』 28(1): 143-156.

이진희·김욱. 2008. "노인교육 참여가 노인의 심리적 안녕감에 미치는 영향". 『한국노년학』 28(4): 887-905.

이창원·최창현. 1996. 『새조직론』, 대영문화사.

이춘희·옥선화. 1994. "남자노인의 역할활동과 생활만족도." 『가족학회』. 6: 69-101.

이현송. 1997. "한국인의 삶의 질: 객관적 차원을 중심으로." 『한국사회학』. 31(여름호): 269-301.

이현송. 2001. "소득과 전반적 삶의 만족 간의 관계: 욕구이론과 비교이론의 대비." 『노동경제논집』. 24(1): 231-251.

이현송. 2006. "노인의 삶의 질에 대한 재검토". 『서울·북경·동경의 노인의 삶과 사회복지 정책 및 서비스』. 제1회 서울노년학국제학술심포지엄 자료집. 한국노년학회.

이혜영. 2000. 『케어복지론』. 양서원.

임정빈 외. 1995. "농촌가정의 의사소통, 재무관리행동, 가정생활만족: Deacon & Firebaugh의 체계적 접근법의 적용". 『한국가정관리학회』 13(2): 156-169.

임정빈·고보선. 1995. "도시신혼가계의 가정경제안정도인지와 가정생활만족도: 가정경제자립유형을 중심으로". 『대한가정학회지』 33(2): 1-18.

임준형. 2003. 『스포츠센터 참여와 여가태도의 관계』. 서울스포츠대학원대학교 석사학위 논문.

임춘식 외. 1999. "노인교실 운영실태 조사연구", 『노인복지연구』, 26: 125-159

임춘식 외. 2005. 『서울시 경로당 실태조사 및 발전 방안 연구』, 서울복지재단.

임춘식. 1997. 『경로당 활성화 방안 연구』. 제8회 노인복지학술대회자료집.

임춘식. 1997. “지역사회복지관의 노인여가 프로그램”. 『노인복지정책연구』 5:
임희섭. 1987. 『한국사회의 발전과 문화』, 나남출판.
임희섭. 1996. “삶의 질의 개념적 논의.” 『한국행정연구』. 5(1): 5-18.
장세철 외. 2006. 『노인복지』. 교문사.
장영식 외. 2007. 『한국인의 삶의 질 수준에 관한 연구』. 한국보건사회연구원.
장인협 · 최성재. 2001. 『노인복지학』. 서울대학교 출판부.
장현 · 이철우. 1996. “노인 생활만족도에 관한 시간적 차원의 연구”. 『한국노년학회』 16(2): 137-150.
저출산고령사회위원회. 2006. 『고령사회 주거지원 종합대책』
전귀연 · 임주영. 2002. “노인의 애착 유형과 사회적 지지가 주관적 안녕감에 미치는 영향”. 『한국노년학』 22(3): 173-191.
전미애. 2006. “공적 · 사적 사회적 지원과 삶의 질 연구: 서울과 춘천 지역을 중심으로”. 한림대학교 고령사회연구소 편. 『한국 노인의 삶의 질』. 한림대학교출판부. 85-100.
전봉천. 2005. 『대도시 노인의 삶의 질 수준과 이에 영향을 미치는 요인』. 대구한의대학교 대학원 박사학위논문.
전채휘. 1996. “고령자거주요소에 대한 거주자의 주관적 평가연구: 일본 치바시근교의 유료노인시설을 대상으로”. 『한국주거학회지』 7(2): 139-151.
전혜정. 2003. “노년기 비공식 지원제공에 영향을 미치는 요인에 관한 연구”. 『한국노년학』 23(4): 143-161.
전혜정. 2004. “노년기 종교활동이 정신건강에 미치는 영향”. 『노인복지연구』 25: 169-186.
전혜정. 2004. “미국노인의 사회적 지원제공과 정신건강: 종단적 자료분석”. 『한국노년학』 24(1): 89-105.
정경희. 1995. “노인들의 사회적 연계망에 관한 연구”. 『한국노년학』 15(2): 52-68.
정경희. 1999. “노인의 경제상황과 정책적 시사점”. 『보건복지포럼』 29: 17-29.
정경희. 2005. “2004년도 노인생활실태 및 복지욕구조사: 주요 조사결과와 정책적 함의”. 『보건복지포럼』 101: 49-65
정경희 외. 1998. 『1998년도 전국 노인생활실태 및 복지욕구조사』. 한국보건사회연구원.
정경희 외. 2005. 『2004년도 전국 노인생활실태 및 복지욕구조사』. 한국보건사회연구원.
정경희 · 한경혜 · 김정석 · 임정기. 2006. 『노인문화의 현황과 정책적 함의: ‘성공적 노화’ 담론에 대한 비판적 검토를 중심으로』. 한국보건사회연구원.
정명숙. 2003. 『노인의 여가참여정도와 여가만족도에 관한 연구 : 오산시를 중심으로』. 경기대학교 행정대학원 석사학위 논문.
정순둘. 2000. 『노인복지지표체계를 통해 본 노인복지현황』. 밝은 노후 창립2주년 기념자료집.
정순둘. 2001. “노인의 가족유형과 고독감에 관한 연구”. 『한국가족사회복지학』 7: 255-274.
정순둘. 2007. “여성노인과 남성노인의 성공적 노화에 관한 인식 비교연구”. 『한국노년학』 27(4): 829-845.
정순희 · 김현정. 2001. “노인 가계의 의료비 지출에 관한 연구: 비노인, 예비노인, 노인가계간 비교분석”. 『노인복지연구』 12: 129-151.
정순희 · 최혜경. 2006. “한국노인과 캐나다노인의 여가활동시간 관련변수에 대한 비교문화적 연구”. 『한국가족관계학회지』 11(2): 1-23.
정슬기. 2008. “노인과 음주문제”. 중앙사회복지연구회 편. 『한국의 노인복지: 정책과 실천』. 인간과 복지. 251-270.
정승은 · 최영희. 1996. “노인의 무력감에 관한 연구”. 『한국노년학』 16(2): 67-80.
정옥분 · 김동배 · 정순화 · 손화희. 2008. 『노인복지론』. 학지사.
조긍호. 1996. “삶의 질과 주관적 안녕: 비교문화적 고찰.” 『사회과학연구』. 5: 229-283. 서강대학교 사회과학연구소.

조명한·차경호. 1998. 『삶의 질에 대한 국가간 비교』. 집문당.
조명희. 1987. "청소년의 노인에 대한 태도 분석". 『지역환경』. 5: 73-87
조병은. 1990. "노부모와 성인자녀간의 결속도와 노부모의 인생만족도". 『한국노년학』 10: 105-112.
조성남. 2004. 『에이지붐 시대』. 이화여자대학교 출판부.
채수원·오경옥. 1992. "노인의 사회적 지지와 삶의 질에 관한 연구: 일반가정노인과 양로원노인을 대상으로". 『대한간호학회지』 22(4): 552-568.
최성애. 1998. "노인건강을 위한 핏볼(Fit-ball) 체조 프로그램 개발 연구". 『한국유산소운동과학회지』 2(1): 56-66.
최성재. 1986. "노인의 생활만족도 척도 개발에 관한 연구". 『한국문화원논총: 사회과학편』. (49): 233-258.
최성재. 2006. "한국의 노인주거 서비스 정책과 전망". 박재간 편. 『고령화 사회와 노인복지의 과제』. 푸른 북. 313-352.
최순남. 1997. "노인과 부양가족. 각국 노인의 가족부양 현황과 과제." 『노인복지정책 연구』 2(3):. 한국노인문제연구소.
최옥금. 2007. "노인 빈곤에 영향을 미치는 요인에 대한 연구: 패널자료를 활용한 분석". 『한국사회복지학』 59(1): 5-25.
최은영. 2005. "경상권과 수도권의 도시간 인구이동 특성". 『지리교육논집』 49: 355-367.
최은희. 2008. 『노인돌보미서비스 성과에 관한 연구』. 공주대학교 대학원 박사학위논문.
최인덕. 2008. "노인의료와 국민건강보험". 중앙사회복지연구회 편. 『한국의 노인복지: 정책과 실천』. 인간과 복지: 123-136.
최일섭 외. 1995. 『사회문제와 사회복지』. 나남출판.
최재석. 1982. 『현대가족연구』. 일지사.
최재석. 1994. 『한국인의 사회적 성격』. 개문사.
최재석. 2002. 『한국초기사회학과 가족의 연구』. 일지사.
최현수·류연규. 2003. "우리나라의 노인빈곤 동향 및 빈곤구성에 대한 연구". 『한국노년학』 23: 143-160.
최혜경·이신숙·이가옥·홍숙자. Harvey & Buhr은 김숙경, 2004에서 재인용
최혜경. 2000. "노인의 삶의 질 향상을 위한 가족부양의 방향." 『노인복지연구』. 2000년 겨울호: 141-164.
최혜지. 2006. "저소득층 조손가족의 조부모-손자녀 관계 결정모형에 관한 연구". 『한국노년학』 26(3): 641-655.
통계청. 2005a. 『장래인구특별추계: 2000~2050』.
통계청. 2005b. 『2004년 생활시간조사』.
통계청. 2005c. 『2005년 인구주택총조사』.
통계청. 2006. 『장래인구특별추계』.
통계청. 2007. 『2007 고령자통계』.
통계청. 2008a. 『2007년 생명표』.
통계청. 2008b. 『2007년 사망 및 사망원인통계』.
통계청. 2008c. 『2008년 고령자 통계』.
통계청. 2008d. 『경제활동인구조사 부가조사(고령층)』.
통계청e. 각 년도. 『사회통계조사』.
통계청f. 각 년도. 『인구주택총조사 보고서』.
한국갤럽조사연구소. 1990. 『한국노인의 생활과 의식구조』.
한국보건사회연구원. 1999. 『1998년도 노인생활실태 및 복지욕구조사』.
한국보건사회연구원. 2005. 『2004년도 전국 노인생활실태 및 복지욕구조사』.

한국임상사회사업학회 편. 2004.『노인복지론』. 양서원.

한림대학교 고령사회연구소, 2009『한국노인의 삶의 질 2』, 도서출판 소화.

한림대학교 고령사회연구소, 2009『한국노인의 삶: 한림고령자패널 2003』, 도서출판 소화.

한성덕. 1996. "삶의 질 지표체계의 구상."『21C 삶의 질 향상을 위한 전망과 과제』. 대구대학교 사회과학연구소. 35-73.

한인영 · 정순둘. 2002. "새로운 지지체계 연결이 여성 노인의 사회정서적 고립완화에 미치는 영향".『한국노년학』21(3): 145-156.

한형수. 1991. "한국사회의 도시화과정에 대한 비교론적 분석".『논문집』, 25: 167-188, 서울시립대학교.

한형수. 2002. "도시장애인의 사회복지욕구분석과 그 정책과제에 관한 연구",『사회복지정책』15: 155-181, 한국사회복지정책학회

한형수. 2004. "도시지역주민의 문제에 따른 사회복지욕구에 대한 분석",『한국사회복지』9: 433-464, 홍익제

한형수. 2004. "한국사회 도시노인의 삶의 질에 관한 연구".『사회복지정책』19: 113-142. 한국사회복지정책학회

한형수. 2007. "노인의 삶의 질". 황진수 외 공저.『현대노인복지정책론』. 대영문화사. 78-97.

한형수. 2008. "노인의 삶의 질의 객관적 지표와 주관적 만족도에 관한 연구",『노인복지연구』39: 347-372, 한국노인복지학회

한혜원. 2008. "여성 노인의 여가활동 참여 형태가 여가 만족도에 미치는 영향".『한국여성체육학회지』. 22(3): 47-58.

한혜원 · 이희범. 2000. "노년기 여가참여 형태와 여가만족과의 관계".『한국여가레크리에이션학회지』19: 213-224.

허선. 2008. "빈곤노인과 기초생활보장제도". 중앙사회복지연구회 편.『한국의 노인복지: 정책과 실천』. 인간과 복지:99-122.

현외성. 2005.『한국노인복지학강론』. 유풍출판사.

홍백의. 2005. "우리나라 노인 빈곤의 원인에 관한 연구".『한국사회복지학』57(4): 275-290.

홍성희. 1998. "노인의 여가활동 참여와 여가 만족이 생활만족에 미치는 영향".『한국가정관리학회지』. 16(1): 107-123.

홍성희 · 김성희. 1997. "노인의 여가태도 및 여가제약유형에 따른 여가활동 참여도".『한국가정관리학회지』15(4): 253-267.

홍숙자. 1992.『한국거주노인과 재미교포노인의 생활만족도 비교 연구』. 경희대학교 대학원 박사학위논문.

홍숙자. 1999.『노년학개론』. 도서출판 하우.

홍승직. 1987.『한국사회의 성격과 전망』, 고려대학교 아세아문제연구소

홍현방. 2002. "성공적인 노화와 노인의 종교성 관계 연구".『한국노년학』22(3): 245-259.

홍형옥 외. 1999. "도시여성노인의 주거환경 선호",『대한가정학회지』, 37(5): 123-123.

황진수. 2005.『노인복지 정책론』. 한성대학교 출판부.

황진수 · 김태현 · 박상철 · 한형수 · 민경진 · 변용찬 · 차흥봉 · 원영희 · 김미혜 · 김태일 · 오춘식 · 김태현 · 오진주 · 현외성. 2007.『현대 노인복지정책론』. 대영문화사.

金子勇. 1993.『都市高齡社會 と 地域福祉』. ミネルヴァ書房.

伊東眞理子. 1995.『たのレく學ぶ高齢者福祉』, ミネルヴマ書房.

植田政孝外. 1991.『高齡化社會 への總合政策』, 新評論.

倉澤進. 1990.『大都市の共同生活』, 日本評論社.

倉澤進. 1993.『大都市高齢者と盛り場』, 日本評論社.

Adams, B. N. 1979. *The Family: A Sociological Interpretation*. Chicago: Rand

McNally College Publishing Company.

Andrews, F. M.(Ed). 1986. *Research on the Quality of Life.* Ann Arber. University of Michigan.

APA(American Psychiatric Association). 2000. *Diagnostic and Statistical Manual of Mental Disorder DMS-IV-TR*(4th ed.).

Atchley, R. C. 1992. "Retirement and Marital Satisfaction". in *Families and Retirement.* edited by M. Szinovacz., D. Ekerdt., and B. Vinick. CA: SAGE.

Atchley, R. C. 2000. *Social Forces and Aging: An Introduction to Social Gerontology.* CA: Wadsworth.

Baltes, P. B. and Baltes, M. M. 1990. *Successful aging-Perspective from the Behavioral Sciences.* Cambridge. Cambridge University Press.

Barrera, M. 1986. "Distinctions Between Social Support Concepts, Measures, and Models." *American Journal of Community Psychology.* 14: 413-445.

Barrow, Georgia M. 1992. *Aging, the Individual, and Society*(5th). St. Paul, MN: West Publishing Company.

Beard and Ragheb. 1982. "Measuring Leisure Attitude." *Journal of Leisure Research* 14(2): 155-167.

Bolwing, A., Z. Gabriel, J. Dykes, O. Evans, A. Fleissig, D. Banister, and S. Suton. 2003. "Let's ask them: A national survey of definition of quality of life and its enhancement among people aged 65 and over." *International Journal of Aging and Human Development.* 56(4): 269-306.

Bowling, A. 1990. "Associations with Life Satisfaction among very Elderly People Living in a Deprived Part of Inner London." *Social Science and Medicine.* 31: 1003-1011.

Branholm, I. B. and Degerman. 1992. "Life Satisfaction and Activity Preferences in Parents of Down's Sundome Children." *Scandinavian Journal of Social Medicine.* 20: 37-44.

Brief, A. P., A. H. Butcher., J. M. George and K. E. Link. 1993. "Integrating Bottom-Up and Top-Down Theories of Subjective Well-Being : The Case of Health." *Journal of Personality and Social Psychology.* 64: 646-654.

Bull, C. 1975. "Voluntary Association Participation and Life Satisfaction: Replication Note". *Journal of Gerontology.* 30(1): 73-76.

Campbell, A. 1976. "Subjective Measures of Well-Being." *American Psychologist.* (2): 117-124.

Cantor, M. H. 1980. "Caring for the frail elderly." *Paper presented at the 33th Annual Scientific Meeting of the Gerontological Society of America.* San Diego.

Caplan, G. 1981. "Mastery of Stress: Psycho-social Aspects." *American Journal of Psychiatry,* 138: 413-420.

Chapman, N., and Beaulet, M. 1983. "Environmental Predictor of Well-being for at Risk Older Adults in Mid-sized City". *Journal of Gerontology.* 30(2): 237-244.

Chaturvedi, S. K. 1991. "What's Important for Quality of Life to Indians-in Relation to Cancer." *Social Science and Medicine.* 33: 91-94.

Clipp, E. C. 2002. "Quality of life." in Maddox (Ed.). *The encyclopedia of aging.* New York: Springer Publishing Co. 851-854.

Cobb. S. 1976. "Social Support as a Moderator of Life Stress." *Psychosomatic Medicine.* 38: 300-314.

Cohen. S., and Hoberman. H. M. 1983. "Positive Events and Social Support as Buffers of Life Change Stress." *Journal of Applied Social Psychology.* 13: 79-125.

Collette. J. 1984. "Sex Difference in Life Satisfaction : Australian Data." *Journal of Gerontology.* 39 : 243-245.

Cowgill. D. O. and Holmes L. D. 1974. "Aging and Modernization: A Revision of the Theory." in J. F. G unbrium (ed.). *Later life: Community and Environmental Policy.* Springfield Ill. Charles C. Thomas.

Dalkey. N. C. and Roureke. D. L. 1973. "The Delphi Procedure and Rating Quality of Life Factors in the Environmental Protection Agency." *The Quality of Life Concept.*

Davis E. and Fine-Davis. 1991. "Social Indicators of Living Condition in Ireland with European Comparisons." *Social Indicators Research.* 25.

Diener. E. 1984. "Subjective Well-being." *Psychological Bulletin.* 95(3): 542-575.

Diener. Ed. 1993. "Assessing Subjective Well-Being: Process and Opportunity." *Social Indicators Research.* 31: 103-157.

Dumazedier. J. 1980. *Toward a Society of Leisure.* NY: Free Press.

Fast. J. E., and Frederick. J. 2004. "Time is All There is". in *Days of Our Lives: Time Use and Transitions Over the Life Course.* Statistics Canada. Catalogue No. 89-584.

Fischer. C., and Phillips. S. 1982. "Who is Alone? Social Characteristics of People with Small Networks." in *Loneliness: a Sourcebook of Current Theory, Research and Therapy.* edited by L. A. Peplau and D. Perlman. NY:John Wiley & Sons, Inc. 21-39.

Fram. D. H. 2006. *Depression in the elderly.* http://www.medicinenet.com/depression_in_the_elderly/ article.htm

Gallo. J. J., and Lebowitz. B. D. 1999. "The epidemiology of common late-life mental disorder in the community: Themes for the new century." *Psychiatric Services.* 50: 1158-1166.

Gauthier. A. H., and Smeeding. T. M. 2003. "Time Use at Older Ages: Cross-National Differences." *Research on Aging.* 25(3): 247-274.

Gilbert. N. & Tere. P. 2005. *Dimensions of Social Welfare Policy.* Boston: Allyn & Bacon.

Gordon. C., Gaitz. C. M., and Scott. J. 1976. "Leisure & Lives: Personal Expressivity across the Life Span." in *Handbook of Aging and Social Science.* edited by R. H. Binstock and E. Shanas. NY: Van Nostrand Reinhold.

Gurland. B. J., Cross. P. S. and Katz. S. 1996. "Epidemiological perspectives on opportunities for treatment of depression." *American Journal of Geriatric Psychiatry.* 4(Suppl 1): S17 S13.

Hall and Wellman. 1985. "Social Networks and Social Support." in *Social Support and Health.* edited by Cohen and Syme. NYL.

Headey. B. and A. Wearing. 1992. *Understanding Happiness : A Theory of Subjective Well-Being.* New York : Longman.

Holahan, C. K. and Holahan, C. J. 1987. "Self-Efficacy, Social Support and Depression in Age in : A Logitudinal Analysis." *Journal of Gerontology*. 42: 65-68.

Hooyman, N .R. and Kiyak, H. A. 1988. *Social Gerontology : A Multidiciplinary Perspective*. Massachusetts : Allyn and Bacon: Inc.

Hooyman, N. R., and H. A. Kiyak, 2002. *Social gerontology: A multidisciplinary perspective*. Boston: Allyn and Bacon.

Hoyert, D. L. and M. M. Seltzer. 1992. "Factors Related to the Well-Being and Life Activities of Family Caregivers." *Family Relations*. 41: 74-81

Hughes, Carolyn and Bogseon Hwang. 1996. "Attempts to Conceptualize and Measure Quality of Life." Robert L. Schalock and Gary N. Siperstein(eds.). *Quality of Life*(Vol. I). American Association on Mental Retardation.

Hurd, M. D. 1990. "Research on the elderly: Economic status, retirement, and consumption and saving." *Journal of Economic Literature*. 28: 565-638.

Huttman, D. H. 1985. *Social science for the Elderly*. NY: The free Press.

Ider, E. L., and Kasl, S. V. 1997. "Religion among Disabled and Nondisabled Person I: Cross-sectional Patterns in Health Practices, Social Activities, and Well-Being," *Journal of Gerontology*. 52: 294-305.

Kahn, A. J. and Kammerman, S. B. 1976. *Social Services in International Perspective*. Washington, D. C: DHEW.

Kahn, R., and Rowe, J. 1999. *Successful aging*. International Creative Management, Inc.

Kaplan, B. H. 1977. "Social Support and Health." *Medical Care*. 15(5): 47-58.

Kaplan, M. 1960. *Leisure in America: A Social Inquiry*. NY: Wiley.

Kelly, J. R. 1996. *Leisure(3rd ed)*. Englewood Cliffs, NJ: Prentice Hall.

Krause, N. 1987. "Chronic Financial Strain, Social Support, and Depression Symptoms among Older Adults." *Psychology and Aging*. 2, 185-192

Kuypers, J. A. and Bengtson, V. L. 1973. "Social breakdown and competence: a model of normal aging." *Human Development*. 16: 181-201.

Larson, R. 1978. "Thirty years of research on the subjective well-being of older Americans." *Journal of Gerontology*. 33(1): 109-125.

Lee, G. R. and Shehan, C. L. 1989. "Retirement and Marital Satisfaction." *Journal of Gerontology* 44: 226-230.

Leitner, M. J., and Leitner, S. F. 1985. *Leisure in later life*. NY: Haworth Press.

Liang, Jersey. 1982. "Sex Differences in Life Satisfaction among the Elderly." *Journal of Gerontology*. 37(1).

Lin, Nan, 1991. "Quality of Life in Urban China: A Model and Data from Shanghai." in Robinson and Lin (eds.). *The Chinese and Their Future* Lexinton Press.

Litwin, H. 1996. "The Social Network of Elderly Immigrants: A Analytic Typology." *Journal of Aging Studies*. 9(2): 155-174.

Litwin, H. 2001. "Social Networks Type and Morale in Old Age." *The Gerontologist* 41(4): 516-524.

Lund, D. A., M. S. Caserta, and M. F. Dimond. 1989. "Impact of spousal bereavement on the subjective well-being of older adults." in *Older bereaved spouses: Research with practical applications*. edited by D. A. Lund. NY: Hemisphere Publishing Co. 3-15

Mannell, R. C. and Dupuis, S. 1996. "Life Satisfaction." in *Encyclopedia of Gerontology*(vol. 2). edited by J. E. Birren. NY: Academic Press. 59-64.

Mannell, Roger C. and Sherry. Dupuis. 1996. "Life Satisfaction." in *Encyclopedia of Gerontology.* (vol. 2). James E. Birren(ed). Los Angeles, California: Academic press

Maslow, A. H. 1954. "A Theory of Human Motivation." *Psychological Review* 50: 370-396.

Medley, M. L. 1976. "Satisfaction with Life among Persons Sixty-Five Years and Older. " *Journal of Gerontology.* 31(4): 448-454.

Mirowsky, J., and Ross, C. E. 1989. *Social Causes of Psychological Distress.* NY:Aldine De Gruyter.

Mookherjee, Harsha N(1990), Comparison of Perception of Well-Being among Metro and Non-Metro Population in the United States, Tennessee: [s.n.]

Mueller, D. P. 1980. "Social Networks:A processing Direction for Research on the Relationship of the Social Environment to Psychiatric Disorder." *Social Science & Medicine* 14: 147-161.

Nalin, A. S. & Maria, A. F. 2000. "Exercise and Depression in the older Adult." *Nutr ClinCare* 3: 197-208.

Neugarten, B. L., and Havighurst. R. J. 1961. "The Measurement of Life Satisfaction." *Journal of Gerontology* 31(4): 448-455.

Neulinger, J. 1976. "The Need for the Implications of a Psychological Conception of Leisure." *The Ontario Psychologist* 8(2): 13-20.

Neulinger, J. 1981. *Leisure: An introduction.* Boston: Alley & Bacon.

OECD. 1976. *The OECD List of Social Indicators.*

Oppong과 동료들, 1975 Christine Oppong, Christine Okali and Beverley Houghton, Woman Power: Retrograde Steps in Ghana, African Studies Review, Vol. 18, No. 3, Women in Africa (Dec., 1975), 71-84, African Studies Association

Parker, S. 1971. *The Future of Work and Leisure.* NY: Praeger.

Parker, S. 1979. *The Sociology of Leisure.* London: George Allen & Unwin.

Pavot, W. and E. Diener. 1993. "Review of Satisfaction with Life Scale." *Psychologyal Assessment* 3: 164-172.

Pearlin, L. I. 1983. "Role strains and personal stress." in *Psychosocial stress: Trends in theory and research,* edited by H. B. Kaplan. NY: Academic Press, Inc. 3-32.

Pearlin, L., Lieberman, M., Menaghan, E., and Mullan, J. 1981. "The Stress Process." *Journal of Health and Social Behavior* 22: 337-356.

Peplau, L., Bikson, T., Rook, K., and Goodchilds, J. 1982. "Being Old and Living Alone." in *Loneliness: A Sourcebook of Current Theory, Research and Therapy.* edited by L. A. Peplau and D. Perlman. NY: John Wiley & Sons, Inc. 327-350.

Pinos, J. & Regmer, V. 1993. *Housing the Aged.* Elsevier Press. London.

Ragheb, M. G. 1980. "Interrelationship among Leisure Participation and Leisure Satisfaction and Leisure Attitudes." *Journal of Leisure Research* 12(2): 138-149.

Reidel-Heller, S. G., Busse, A., and Angermeyer, M. C. 2006. "The state of mental health in old-age across the 'old' European Union-a systematic review." *Acta Psychiatrica Scandinavica.* 113(5): 388-401.

Riddick, C. C. 1985. "Life Satisfaction Determinants of Older Males and Female." *Leisure Science.* 7(1): 47-63.

Riddick, C., and Stewart, G. 1994. "An Examination of the Life Satisfaction and

Importance of Leisure in the Lives of Order Female Retirees: A Comparison of Black to Whites." *Journal of Leisure Research.* 26: 75-87.

Riesman, D. 1963. *Individualism Reconsidered.* IL: Free Press.

Ruffing-Rahal, M., & Wallace, J. 2000. "Successful aging in a wellness group for older women." *Health care for Women Intervention* 21(4): 267-275.

Salamon, Michael J. and Conte Vincent.(1984). *Manual for the Salamon-Conte Life Satisfaction in the Elderly Scale.* Woodmere, New York: Psychological Assessment Resources, Inc.

Scanlon, Thomas. 1990. "Values, Desires, and Quality of Life." Martha C. Nussbaum and Amartya Sen(eds.). *The Quality of Life*. Clarendon Press.

Schuessler, K. F.(1985). "Quality of life research and sociology." *Annual Review of Sociology*, 11. 129-149.

Sen, Amartya. 1990. "Capability and Well-Being." Martha C. Nussbaum and Amartya Sen(eds.). *The Quality of Life*, Clarendon Press.

Snowdon, J. 2002. "How is the prevalence of depression in old age?." *Rev Bras Psiquiatr* 24(Suppl) 42-47.

Spicker, Paul. 1989. *Social Housing and Social Service*. London.

Titmuss, R. M. 1974. *Social Policy: An Introduction*. London : Allen & Unwin

Veenhoven, R. 1991. "Is Hapiness Lelative?" *Social Indicators Research*. 24: 1-34.

Wan, T. H. 1982. *Stressful life events, social support network, and gerontological health.* Lexington, MA: Lexington Books.

Wang, H. 1995. "Income and Expenditure Inequality of Elderly Households: An Analysis Using The Gini Coefficient." *Family Economics and Resource Management Biennial.* 179-184.

Ward, R. A.(1979). "The meaning of voluntary association participation to older people." *Journal of Gerontology*. 34(3). 438-445.

Warren, 1981, *Helping Networks,* University Notre Dame Press.

Wenger, G. C. 1990. "The Special Role of Friends and Neighbors." *Journal of Aging Studies* 4(2): 149-169.

Wenger, G. C. 1994. *Understanding Support Networks and Community Care*, London: Avebury.

Wenger, G. C. 1997. "Review of Findings on Support Networks of Older Europeans," *Journal of Cross-cultural Gerontology*, 12: 1-21.

WHO(World Health Organization). 2001. "The world health report 2001." *Mental health: New understanding, new hope*. Geneva, Switzerland: World Health Organization.

Wilensky, H. & Lebeaux, C. 1965. *Industrial Society and Social Welfare*. NY,: Free Press

Yim Seong Hi. 1965. "The Recent Historical Process of Urbanism and Urban Drift," *Korean Affairs*. Vol.4, No. 1.

Yim Seong Hi. 1969, "The political Leadership un the Modernization of Korea," *Sahoehak Nonjip*, Vol. I, Sociological Association of Korea University

Yim Seong Hi. 1990. *The Impects on the Korean Society*, Nutinnamoo Publishing Co.

찾아보기

[ㄱ]

[ㄴ]

[ㄷ]

[ㅁ]

[ㅈ]

[ㅎ]

〈기 타〉

지은이 한형수(韓亨洙)

〈약　력〉
고려대학교 사회학과(문학사)
서울대학교 신문학과(문학석사)
중앙대학교 사회학과(문학석사)
고려대학교 사회학과(문학박사)
경희대 · 고려대 · 연세대 · 중앙대 · 한양대 강사
전북대학교 사회학과 전임강사
서울시립대학교 사회복지학과 교수,
　교무처장, 도시과학대학장, 도시과학대학원장, 세무대학원장
한국사회복지정책학회 회장
한국노년학회 회장
서울특별시 사회복지위원회 위원장
보건복지부 저출산고령사회위원회 위원
현 서울시립대학교 사회복지학과 명예교수

〈주요 논저〉
21세기 사회복지정책(2005, 청목출판사)
현대노인복지정책론(2007, 대영문화사)
도시장애인의 사회복지욕구분석과 그 정책과제에 관한 연구(2002)
도시지역주민의 사회복지욕구에 관한 연구(2004)
한국사회 도시노인의 삶의 질에 관한 연구(2004)
노인의 삶의 질의 객관적 지표와 주관적 만족도에 관한 연구(2008) 외 논문 다수

한국사회 도시노인의 삶의 질 연구

2011년 2월 23일 초판인쇄
2011년 2월 28일 초판발행

저 자 한 형 수
발행인 유 성 열
발행처 **청목출판사**
서울특별시 영등포구 신길동 233-96
전화 (02) 849-6157(代) · 2820
FAX (02) 849-0817
등록 제318-1994-000090호

파본은 바꾸어 드립니다. 값 23,000원

http : //www.chongmok.co.kr

ISBN 978-89-5565-401-1